U0665365

重庆工商大学"学习贯彻党的二十大精神"专题研究重点课题"我国社会智库参与反腐倡廉的路径研究"(ctbuesd08)

中央社会主义学院统一战线高端智库课题"统战视域下的社会组织协商体系构建研究"(ZK20220226)

重庆工商大学高层次人才科研项目"政府购买社会组织服务参与式预算治腐研究"(1855038)

国家社科基金一般项目"社会组织参与基层协商治理的模式及其效能研究"(20BZZ053)

社会组织协商的治理逻辑

Governance Logic of Social Organization Negotiation

王栋◎著

人民出版社

责任编辑:洪　琼

图书在版编目(CIP)数据

社会组织协商的治理逻辑/王栋 著. —北京:人民出版社,2023.5
ISBN 978－7－01－024581－2

Ⅰ.①社…　Ⅱ.①王…　Ⅲ.①民主协商-研究-中国　Ⅳ.①D621

中国版本图书馆 CIP 数据核字(2022)第 036526 号

社会组织协商的治理逻辑
SHEHUI ZUZHI XIESHANG DE ZHILI LUOJI

王　栋　著

人民出版社 出版发行
(100706　北京市东城区隆福寺街 99 号)

北京盛通印刷股份有限公司印刷　新华书店经销

2023 年 5 月第 1 版　2023 年 5 月北京第 1 次印刷
开本:710 毫米×1000 毫米 1/16　印张:24
字数:370 千字

ISBN 978－7－01－024581－2　定价:89.00 元

邮购地址 100706　北京市东城区隆福寺街 99 号
人民东方图书销售中心　电话 (010)65250042　65289539

版权所有·侵权必究
凡购买本社图书,如有印制质量问题,我社负责调换。
服务电话:(010)65250042

目　　录

第一章　导　论

第一节　研究的基本框架

一、相关概念与范畴

以协商民主的方式参与治理,即在公共部门政策制定过程中或群众公共事务决策过程中,利益相关方或事务相关方通过协商(民主)的方式,相互沟通,提出各自主张,吸收好的意见,不断修正原初方案或内容,使最终形成的政策或决策更加务实、科学、廉洁、高效。[①] 这只是对协商民主实现治理的一个基本理解,它并没有超出协商民主的基本范畴,或者说没有超出公共政策协商这一最为主要的体现形式。其实,协商民主对于治理的作用内涵十分丰富。

一是,从协商的阶段来看。协商分为事前协商、事中协商和事后协商。事前协商就是公共事务决策之前,针对某一公共议题,参与主体之间进行交换意见,达成共识或者形成基本的建议。事中协商就是决策执行过程中,参与者通过监督方式针对实施中出现的问题,及时与管理方、执行方等相关方面进行沟通,并提出相应的改进建议,这有利于信息的多方关联和集体意见的收集,通

[①]　周红云:《公共政策制定中公众的有效参与》,《人民论坛·学术前沿》2011 年第 1 期。

过多方联动实现监督和建议的高效性。事后协商则是对前期公共事务的完成情况进行一系列的概括与总结,向利益相关方和各相关业务部门反馈验收结果,提出进一步完善的建议,在必要的情况下组织召开有关政府部门、社会组织、公众等多方参与的评审会,对于项目执行方及其项目执行情况进行质询、辩论、评议,将评议结果与项目的预算执行情况结合起来,评估投入和产出的性价比,并接受民意的测评,从群众的满意度,即服务态度、细心程度、服务情感投入等方面进行感知分析,从而使得项目执行达到廉洁、高效以及人文关怀的目的。在现实政治协商活动中,又可以将协商的阶段划分为社会协商、会议协商和评议(反馈)协商。社会协商就是重大政策决策制定前,充分听取民众意见,给予民众讨论甚至争论的机会,通过不断地协商,弥补不足,完善方案,消除误解,凝聚共识,最终形成更为体现民有、民享、民意的方案。会议协商则是将经过社会协商过程形成的方案提交政协会议、人大会议或者相关党的会议等,进一步在会议代表之间进行讨论,通过代表们的意见交换,意见平衡和意见修补,最终形成完整的议案,经过严格的程序得到人大或者相关职能部门审批。最后就是方案执行后的评估和总结,即评议协商,总结经验教训,可以经过修正和救济得到弥补的,应立即采取挽救措施;不能改变事实的,下次注意避免;好的经验,后面继续发扬;不同意见,进一步择期讨论;等等。

二是,从协商的对象来看。关于社区事务的协商治理,在社区事务中,会涉及社区居委会、社区社会组织、社会工作人员、社会企业以及社区居民等,另外还有社区居委会职能延伸细化出来的楼栋长、小组长、互助会或者巡逻队等,这些组织都可以加入到社区公共事务中的决策讨论之中,各个主体针对公共事务的可行性、有效性和科学性,以及财务预算等作出详细的探讨,拿出大家共同接受的方案。协商问题对象还可以是针对社会公共利益问题的讨论参与,例如环保问题的协商治理。环保问题是公共问题,但是有些环保问题的处理不能使群众满意,原因就是对于有些导致环境污染的企业,政府往往通过罚款等方式追究责任,只是起到"敲山震虎"的作用,如果有了群众的参与监督,经过群众的集体协商讨论的解决方案,将会利于污染得到更有效的治理。还有公众对于政府预算的协商监督,即参与式预算的实施,参与式预算最大的特点就是利益相关方都参与到政府预算监督和建议中来,包括受益者——群众,执行者——社会组织或企业,以及购买方——政府等。民众对政府项目预算的明细进行讨论,提出改进的建议,政府认真倾听,积极吸收后,通过的预算方案还要经人大等职能部门的审批手续,赋予其合法性,任何个人(机构)都不能以个人(机构)意志而改变。除以上三种形式以外,协商的对象还有很多,包括关系到群众共同利益、涉及纳税人的财务收支、涉及社会特殊群体的关照、涉及国家或者社会的发展等问题。这些问题小到家庭管理、小区管理、社区管理、街道管理大到跨区域问题、社会问题、甚至国家问题都可以让相关民众或者社会组织参与进来,帮助出谋划策,检查问题所在,纠正不足,从而提升效果。

三是,从协商的形式来看。习近平总书记在庆祝中国人民政治协商会议成立65周年大会上的讲话中提出:"建立健全提案、会议、座谈、论证、听证、公示、评估、咨询、网络等多种协商方式,不断提高协商民主的科学性和实效性。"①这些方式基本上是从监督、建议和问询中提出的,通过这些方式可以有效防止腐败和不作为问题。另外协商还可以是通过媒体、通信,以及借助网络的最新技术进行更为便利的协商沟通,"与现实的政治空间相比,网络政治空间具有平等性、直接性、开放性、互动性、便捷廉价性和虚拟现实性等特性。这些特性符合了协商民主实践的基本要求,并为协商民主实践的开展提供了新的机遇和可能"。"网络空间逐渐成为中国最大的协商民主试验场。在网络空间里,全国各族人民开展着人类历史上最大范围、最高频次的民主协商、参政议政、民主监督。"②目前网络协商发展日益成熟,形式也多种多样,可以是

① 习近平:《在庆祝中国人民政治协商会议成立65周年大会上的讲话》,人民出版社2014年版,第20页。

② 张星:《网络空间的协商民主实践:现状与问题》,《电子政务》2015年第8期。

网络电子信箱、网络在线咨询、网络直播互动,其他如网上投诉、网上办理、网上查询、网上评分等都是网络协商的组成部分。还有的协商方式如信访协商,协商的空间、场所、条件和规则与前面的协商形式都有着很大不同,这种协商在上访者、被投诉方和信访部门之间建立了"隔空对话"的协商机制,它没有将各相关方集中到一个平台进行面对面的协商,而往往是通过通信的方式对于被投诉方的一种间接质询。这种方式因为有信访部门的权威性和体制内资源支持,一旦事件得到政府部门回应,将会产生积极的效应。另外,还有公益诉讼协商,因为发生的问题已经触及到公共的利益,公众没有能力或者还没有意识去追问此事,法院可以单方面提出公益诉讼,针对问题向相关方通过法律的途径进行司法审判。

以上是从协商的角度对治理的分析。除外,还可以从"治理"角度对协商民主方式进行解读。首先需要厘清"反腐""廉政建设""治理"这些含义相近或相似概念之间的区别。不同的概念表述包含的内容、体现的观点以及针对的目标都有很大不同。"协商民主与反腐"就是通过协商的方式进行腐败的治理。一方面,协商是一种柔性治理,作为反腐的手段不够直接,针对性不强;另一方面,协商的活动空间很大,协商的结果容易被改变的余地也大。而我们通常讲的反腐败一般是具有震慑力、强制力并且不可反弹的制度约束。而"协商民主与廉政建设"这个称谓是相对严谨的,它体现了协商过程的阶段性和周期性。协商的目的是为了在实现总体目标发展中,比如经济、社会或者某个项目做得更好。在这个过程中,通过协商、监督、学习,以及通过影响,从而达到一种廉洁有效的附带效果。但是"协商民主与廉政建设"弱化了廉政的直接目标,使得协商变得复杂,包括人员组成范围扩大,空间范围也增大。此外,"建设"是一个漫长的过程,以至于它与"协商"这个行为难以用某一空间和时间界定,弱化了治理目标的直接性、针对性和回应性。相比之下,"协商民主与治理"较好地体现了协商的手段所对应的空间场所,也体现了各个主体通过协商方式共同治理这个过程。"治理"顾名思义就是多元主体的合作、互动、相互协商、相互监督,从而达到一个廉政的善治图景。因此,"治理"是介于"反腐"和"廉政建设"之间的一个概念范畴,"反腐"目的太简单,具有短期效应,难以起到根本的治理效果,缺乏问题的深刻反思,缺乏长期的可持续问题化解;而"廉政建设"目标太大,内容太宽泛,导致找不到问题的坐标,把握不准行动的指南。因此"协商民主与治理"最能体现本研究主旨和总体框架,但是这不代表就抛弃反腐的目的和廉政建设的意义。他们的视角、案例、过程、方法,都应该成为"协商民主与治理"的素材或者有益的营养。

二、参与的主体:一种社会组织的分析框架

第一,社会组织参与的价值优势。"协商民主与治理",从其中的"协商"和"治理"的概念要素来看,只要是针对协商和治理的利益相关方或者实际参与者都可以认为是其参与主体的构成。当前公共治理中参与最多的主体包括政府、社会组织、企业、公民等。其中社会组织行为立场应保持相对中立、利益代表公共的或弱势一方。治理这个过程有了社会组织的参与,其目标更为明确、效果更为明显、可行性和可持续性大大增加。在公共领域的形成过程中,社会组织是重要的开拓力量,在制约权力、分化权力和增强民众的民主权利方面,社会组织是民主的拓荒者、公共领域的构建者,同时也是公共领域和民主成果的维护者。基于社会组织的精神和诉求、地位和性质,在政府和企业两大部门之间形成了第三领域,与政府和企业并驾齐驱,相互制约、相互协调。"政治现代化最基本的方面就是要使全社会性的社团得以参政,并且还需要形成诸如政党一类的政治机构来组织这种参政,以便使人民参政能超越村落和城镇范围。"①"一个平静和默认的市民社会产生一个权威主义国家;一个积

---

① [美]塞缪尔·P.亨廷顿:《变化社会中的政治秩序》,王冠华、刘为等译,上海人民出版社 2008 年版,第 28 页。

极的和充满活力的公民社会则保证有一个反应灵敏的和民主的国家。"①社会组织的崛起可以防止权力的过分集中,促使部分国家权力社会化,优化国家和社会的权力结构。马克思指出:"决不是国家制约和决定市民社会,而是市民社会制约和决定国家。"②例如,对社会的弱者给以扶助,对多样性的社会公益事业作出及时的反应;弘扬公共道德和服务精神,对违反伦理道德的事,以社会舆论的压力给予纠正;集中和反映不同社会群体的意见和要求,直接参与政府的决策过程,对政府治理提供社情、民意的依据,贡献来自人民群众和各行各业专家的智力资源与物资支持,并促进政务活动的公开和透明。③ 社会组织以专业的水准参与治理。社会组织分为社会团体、基金会、民办非企业(公共服务机构)三大类,每一类下面又细分,如社会团体可以分为专业类、学术类或联合类,民办非企业则可划分为民办学校、民办医院和民办福利院等。在每个地区、每个层级、每个领域或者行业都能找到对应的社会组织机构。因此社会组织分化非常细致,目标非常明确,聚集了所代表行业的精英和专业人士,如果通过社会组织协商参与治理,则能够使得协商更加有效,对于腐败问题的治理更具有针对性。

第二,社会组织参与有利于治理更加有序和规范。《社团管理条例》以及各类社会组织、行业协会、基金会、民办非企业的指导性条例和法规,规范着社会组织的行为。社会组织大都制定了组织章程,有着严格的内部管理制度,形成了民主选举、民主管理、民主监督以及民主决策等具体要求。社会组织是政府的合作伙伴、是企业的帮手、是民众的代言人,因此社会组织以积极建设性的姿态参与治理。康晓光认为,我国政府与社会组织关系经历三个阶段:第一个阶段是政府对于社会组织的全面控制,第二个阶段是政府主导地位下的与社会组织合作,即国家社团主义模式;目前已发展到第三

① 周国文:《"公民社会"概念及研究述评》,《哲学动态》2005 年第 3 期。
② 《马克思恩格斯全集》第 4 卷,人民出版社 1972 年版,第 192 页。
③ 郭道晖:《社会权力和公民社会》,译林出版社 2009 年版,第 375 页。

个阶段即社会组织获得更大的独立性,社会组织与政府积极合作,建立起有效的社会合作主义体制。① 因此,社会组织有着强力的法制约束,自身较高的专业素质,再加上职业道德要求,社会组织将以理性的态度参与到治理中来。

第三,社会组织在治理中代表正义一方、弱势一方和公共的利益。社会组织来自于民间,发展于民间,社会组织以维护社会公共利益为己任,与政府共同治理着社会,"一些新产生的社会组织,诸如律师协会、会计师协会、消费者协会、个体工商协会等行业组织以及各种文化学术团体、各种社会基金会等社会组织都可以通过其所联系的群众、所掌握的信息资源、所能支配的社会影响,通过各种不同渠道与方式来施展其社会权力,支持、监督、制约国家政治权力和行政权力朝向有利于社会多元主体的方向运作"。因此,在治理过程中,社会组织将以独立客观的视角,帮助受害者一方与腐败势力作斗争;在社会政策制定过程中,社会组织将代表弱势群体一方,积极为其争取权益,经过协商建议促使制定公平合理的公共政策;在政策执行中,社会组织监督执行者的行为,防止其侵害民众利益。不管哪一方违反规则或者侵犯集体利益,相应社会组织将通过法律途径对其进行问责。

第四,社会组织参与治理是以独立的姿态出现,减少了行政的干扰,减少了利益的干扰。社会组织因为是非政府、非营利的,它的资金来源主要是社会捐助、会费收入以及其他合法的服务性收入,所以社会组织能够保持中立,避免外界的干扰。在治理中涉及政府、企业及其他社会主体的腐败问题,社会组织都可以以独立的姿态提出批评建议,监督他们的行为并制约腐败问题的发生。当然由于历史原因,有的社会组织具有较浓厚的行政色彩,不过随着当前国家积极推进的政社分开改革,这种局面将会趋好。而另一方面社会组织也有自利的一面,当前我国社会组织发展还不够成熟,在对社会组织监管制度还

---

① 康晓光、韩恒:《分类控制:当前中国大陆国家与社会关系研究》,《社会学研究》2005 年第 6 期。

不够健全的情况下,尤其是随着政府购买社会组织服务事业的发展,在政府向社会放权的过程中,社会组织腐败问题有加重的趋势,需要加强对于新领域、新事业中社会组织的监管力度。

第五,社会组织可以对社会各个主体之间的力量起到分权和平衡作用。社会组织力量是治理的重要支柱,对于协商的平等进行也起到积极的支撑作用。达尔认为,为了防止多数人或少数人的暴政,重要的因素是社会上的多元制衡,而不仅是宪法上规定的分权制衡。一个多元的社会就意味着:意见的多元性、利益的多元性和权力的多元性。① 随着政府简政放权的改革推进,政府将许多管不了、不该管和管不好的社会事务转移给社会组织接管,同时也赋予社会组织相应的职责和权力,政府的权力从而进一步弱化,而以社会组织为代表的社会主体权力则增强。社会组织等社会主体有了更多的可以制约和影响政府的权力,将更加有效监管政府的腐败行为,制约政府的违法违规行为,民众也将从分权制度结构中获得更多的自主权和自治权。

三、基本特征

一是,从行为特征来看。通过协商民主方式推进治理,注重协商这个动态的行为,各相关主体在协商中相互沟通、讨论,甚至针对问题进行相互批评和自我批评,提出更为合理、公正、科学的决策方案;在互相沟通、互相制约和互相协调中实现了观点的交锋与融合,从而取得最优化的结果。同样,这种协商式治理也是过程性的,它的实施需要一个民主的、制度的和规范的程序。基于协商方式的治理也是整体性的,它是在党的统一领导下、在政府主导下、在社会组织的主持下、在公民及其他社会主体参与下,各个主体之间相互联系、互通有无。基于协商方式的治理也是互动的,它不是社会组织

---

① Dahl, *Dilemmas of Pluralist Democracy*: *Autonomy vs. Control*, New Haven: Yale University Press, 1982, p.1.

单向的针对政府进行批评,也不是单向的公民针对社会组织提出建议,而是在每一个决策之前都要经过相互协商。最后,基于协商方式的治理最大的优势特点就是参与的。不管是政府,还是社会组织,或者是公民代表,在协商的过程中,必须出现在协商的现场,不达到协商人数比例要求作出的决定是无效的。协商针对选举民主也体现出了它参与的优越性,选举民主只在选举的那一刻,让选民体会到了选举的效用。而协商民主要求不仅在制定决策过程,还是执行过程中的监督,甚至是任务完成后的总结和评议,相关利益方都要亲自参与。

二是,从效应特征来看。基于协商方式的治理是防腐与反腐结合的形式,尤其更注重前者,将问题制止在发生前是不同于很多反腐措施的重要特征,它不同于法院审判和制度追责,它在任务执行前就协商讨论如何避免资金浪费、工作人员不作为、权力滥用等问题。如,参与式预算就是通过政府或者公共事务的预算收支计划的协商,通过各参与主体对预算的审查监督,指出里面的问题、存在的漏洞,从而避免了腐败的滋生。基于协商方式的治理更注重治理的效应,它不仅是在根源上防止腐败问题的发生,而且在各个主体的参与过程中,通过各主体的共同智慧实现效益的最大化。基于协商方式的治理也是积极的,它不是为了反腐而反腐,而是本着廉政的目的,希望通过积极的协商,防止问题的出现,并且达到效果的最优化。无论是对各个主体的健康发展,还是对社会稳定和谐都具有积极意义。总而言之,基于协商方式的治理方式、效果、目的等都是综合性的,是全面的考虑、是全局的布置、是整体的考量,也是总体的提高。

三是,从形式特征来看。首先,基于协商方式的治理采取的措施是柔性治理和硬性惩治相结合的形式。"由于协商治理的广泛性、多样性、多层性和复杂性,协商过程不仅需要遵循刚性和准刚性规范,而且需要遵循具有相对弹性的社会规范和能使协商参与者达成共识和合约的软法规则。正因为如此,我国的协商治理具有刚性规范与柔性规范、刚性权力与柔性权力、硬法之治与软法之治有机结合的特点。"①尤其是协商更注重柔性的措施，一般来说各主体对于事前的协商是有一定的规则和依据的，这个规则既包括相关国家法律法规，也包括各主体事前达成的议事规则。"惩前毖后，治病救人"是基于协商方式的治理的主要原则，对于问题及时纠正，发现不足及时修补。其次，基于协商方式的治理是正式与非正式方式的结合，既有各主体之间的事前协商，达成基本一致的意见，将问题及时发现纠正，也有层层审批，严格地把控。在地方政府层面，形成的方案还要提交地方人大会议进行审批。最后，基于协商方式的治理是事前协商和会议正式协商的结合。大多数协商并不是在固定的场合完成的，而是在生活中、在生产中、在工作中，各主体通过各种形式交流意见，收集看法，并不断地融合完善。再次，基于协商方式的治理是线下和线上的结合。电子政务、在线访谈、现场直播、电话会议、网络评议等都是协商式治理可利用的有效方式，线上的协商方式便利、快捷、成本低，并且拉近了亲和的距离，避免了面对面的"不自在的严肃氛围"，得出的观点更客观。但是线上交流也有不足之处，如协商空间因为缺乏监控措施，导致信息的失真。线下协商则有着严格纪律规则，有效地避免这些问题，而且面对面的沟通显得相关方更重视、更认真、更直接也更体现有效性。当前很多网络社会组织出现，这些网络社会组织通过网络手段，有的监督政府行为或者向政府建言献策，有的帮助民众维权，还有的普及法律知识等。因此，注重线上与线下优势互补，融合发展是未来基于协商方式治理的重要趋势。

四是，从目的特征来看。基于协商方式的治理注重实质正义与程序正义的结合。实质正义主张协商的结果必须是正义的、公平的。罗尔斯指出，"一种程序的正义总是依赖于该程序之相应结果的正义，或者说依赖于实质正义"，"就政治正义而言，不存在任何纯粹的程序，并且也没有任何程序能够决定其实质性内容，从而，我们永远依赖于我们关于正义的实质性判断。"②而程

---

① 王浦渠：《中国协商治理的基本特点》，《求是》2013年第10期。
② Rawls, John. *Political Liberalism. Columbia University Press*, 1996, pp.421, 429.

序正义主张,只要是程序严谨,每一步不违反程序,最后的协商结果都是正义的。哈贝马斯认为实质性的正义,只能起到一种引导作用,具体怎么实现,必须依据严格的程序,"民主的意见形成和意志形成过程的程序条件和交往前提是唯一的合法性源泉。"①因此,在基于协商方式的治理这个过程中,实质正义和程序正义应该兼顾考虑。基于协商方式的治理目的是廉政、效能和公平相结合的。廉政是最基本的目的,效能是根本的目的,而公平是最终的目的。治理通过协商的方式,其过程漫长、程序复杂、内容丰富,目的就是为了方案更加完美,它不是利于某一个人或者集团,而是为了公共的、社会的整体利益,因此协商对于廉政的意义是多层次的,是不断发展的。

四、基于协商方式治理的适用条件

目前,我国社会组织数量已经十分可观,截至 2021 年 3 月,全国社会组织总数达到 90 万余个。但是我国社会组织与公民的政治参与能力还比较弱,通过协商民主的方式对政府和社会廉政建设提供帮助,还存在很多现实困境。从关键性问题来说,主要包括以下几个方面。

一是,社会组织主体发展与相关社会环境政策的扶助。首先,我国社会组织相关扶持性政策法规陆续出台,政府购买社会组织服务事业也蓬勃发展,为社会组织提供了良好的社会环境。但是社会组织中出现了很多违法违规的事件,如山寨社团、离岸社团,大量社会组织未经过民政部门注册,尤其是新兴出现的网络类自发组织,给我国社会组织有序管理造成极大的压力。针对非法社会组织、购买社会组织服务中的社会组织腐败、行业协会商会利用职权腐败等问题,从加强党在社会组织中的健康引领作用、加强政府对各类社会组织的管制、为行业协会制定行业的标准等方面着手,相关职能部门如财政部、审计署、公安部、民政部等也分别或联合出台社会组织的相关政策文件。但是由于

---

① ［德］哈贝马斯:《在事实与规范之间——关于法律和民主法治国的商谈理论》,童世骏译,三联书店 2011 年版,第 684 页。

缺乏统一的社会组织管理条例,缺乏基于国家最高层面的社会组织母法,以及缺乏社会组织联合管理机制,社会组织问题仍旧难以真正从根本上得以彻底遏制。其次,是政府对于社会组织的健康引导十分重要,在社会组织的初期发展过程中,在我国社会组织政策环境、制度环境和社会环境的构建中具有基础性前导作用,我国政府虽然制定了名目繁多的支持社会组织发展的政策法规,也制定了各种防止和惩治社会组织违法违规的政策法规,但是很多制度法律不够完善。我国社会正处于转型期,新问题新要素不断出现,针对社会组织的价值导向,政府的态度和认识也经历了不断发展提升的过程,过去政府以政绩为导向,以经济建设为唯一性的社会发展目标,随着新发展理念和全面深化改革的提出得到了一定改善,但现实条件制约和意识思维转变的滞后,这种政府对社会组织的价值导向还没有根本改变,在各种政策法规中也体现出了一定的不足,需要加大力度改革和完善。

二是,社会组织在治理中的独立性地位和自立性能力。首先,社会组织主体独立性和自立性是社会组织在治理中具备的必要条件。由于我国社会组织成立的背景和管理的体制,加之社会组织的成立和发展都需要得到政府的严格管束,这种情况下社会组织对政府依赖性强,社会组织就很难真正监督和制约政府的腐败问题。其次,有些社会组织的行政色彩浓厚,需要加强社会组织的去行政化改革,否则社会组织本身也难以逃脱利用政府赋予的"行政权力"谋取不当利益的问题。就实施的政府购买社会组织服务来看,因为社会组织承接政府转移的职能职权后,出现了社会组织大量腐败的问题,这就需要加大社会组织政社分开改革,增强社会组织的自立能力,从而更独立客观的参与到协商治理工作中来。

三是,民众利用社会组织参与协商治理的能力。首先,当前人民群众参与反腐败主要是通过监督实现的,真正通过直接参与的方式进行反腐败还十分薄弱,"拓宽社会参与反腐败渠道,完善社会参与反腐败的方式、方法、运行机制和模式,保护反腐败人的合法权益,将民间反腐倡廉行为纳入党政主导、司法执行的反腐败体系之中,与之有机结合并形成合力,是当今中国反腐倡廉体系的重要组成部分。这样反腐倡廉才能落到实处、才能取信于民并形成习惯和规则,这样的反腐倡廉才具有社会意义和震慑作用,才有社会教化价值和政治意义,这样的反腐倡廉才真正体现国家的人民性和社会性。"①同时,根除腐败还需要从民众及其民众身边的腐败做起。2017 年 1 月至 12 月,全国查处违反中央八项规定精神问题,查处问题数为 58602 件,处理人数为 82316 人,给予党政纪处分 57398 人。涉及的乡科级干部分别为 51768 人,73539 人,51643 人,分别占比总数的 88.3%,89.3%,90%。② 2019 年 1 月至 11 月,全国查处民生领域腐败和作风问题 8.64 万个、处理 11 万人。③ 民众身边严重的腐败问题亟须引起重视和加大惩治力度。其次,民众利用社会组织参与治理的能力。民众如何对于政府的腐败采取更为有效的措施,民众如何提升自我反腐的能力,谁来整治民众自身的腐败,社会组织在其中起着重要作用。社会组织以公平正义为宗旨,其独立性和志愿性特征为民众利用社会组织反腐提供了便捷、低成本、有效的载体。同时社会组织深入民间,扎根于民间,民众接触最多的、民众参与最多的组织也是社会组织。社会组织因其组织的纪律性、规范性,以及社会组织的科学民主管理,对周围的民众和参与组织的民众带来积极的影响和教化作用。再次,民众是社会组织的基础,民众的参与是社会组织规模发展的源泉,而民众的诉求是社会组织存在和发展的动力。社会组织必须紧跟民众的需求,抓住民众的困难,找准民众困难的症结,有针对性的采取措施。在治理中,相关社会组织的成立应依赖于民众的支持。但是如何组织这些民众,如何让民众参与这些社会组织,是民众通过社会组织参与治理的

---

① 董英豪:《民间反腐和防腐——国情调研的系统化思维》,中国水利水电出版社 2014年版。

② 《严肃整治群众身边腐败和作风问题　立足职能职责为群众办实事》,中央纪委国家监委网站,http://www.ccdi.gov.cn/toutiao/201801/t20180109_161363.html。

③ 《十九届中纪委四次全会今起召开　新年反腐部署引期待》,中新网,https://www.chinanews.com/gn/2020/01-13/9057972.Shtml。

重要内容。

四是,政府放权和社会组织利用权力的能力。社会组织参与治理应该有相对应的权力作为支撑,权力的来源之一就是政府放权,政府将不该管、管不了、管不好的社会事务交由社会组织管理,并赋予相应的权力。同时,政府也应进行转型,向着服务型、监督型和激励型的机构性质转型,只有转型成功的政府才能与社会组织建立良性的合作关系,实现功能互补,优势互补。然而,一个令人担忧的问题是社会组织有没有能力和条件承接政府转移的权力,从当前我国社会组织的自立性、专业性、规范性来看,社会组织发展还处于初期阶段,不管是外部制度还是内部管理制度都还很不成熟,社会组织发展参差不齐,大量非法社会组织和隐性社会组织存在,社会组织的意识、道德、素质、技术等方面还存在很大差距,需要加大对于社会组织的培育。此外,社会组织能否利用好这个权力也是一个关键。有的政府放权是"粗放型"的,不管权力符合不符合社会组织自身条件,是否与社会组织职责相匹配等,都没有经过严格的考察,在后期改革中需要对这方面问题进行纠正。

五是,选举民主对协商民主起着铺垫作用。基于协商方式的治理作为廉政建设新的开拓领域,在我国反腐倡廉工作中必将起到积极的作用。但是协商民主的优势不是在摈弃选举民主中实现的,相反,它需要选举民主的依托才能真正实现对于权力的全面制约,尤其是选举民主起到压轴性的作用,如果党政主要领导不是通过民主选举产生,不对民众负责,那么再多的协商,再好的协商程序,再完备的协商制度都将沦为妄谈。此外,基于协商方式的治理不仅要以选举民主作为基础,而且还要与选举民主结合。代议制民主的很多决策程序是经得住历史考验,也为最广大民众利益服务而设计的。因此,协商民主的主要成果应该与代议制程序进行结合,将协商的成果纳入国家政治系统,并经过审批上升为国家政策和国家意志。

第二节　基于协商方式治理的优势

基于协商方式治理的根本优势在于,民众参与了关于自己利益问题的探讨,并影响最后决策的制定。在政府的公共事务决策中,许多与人们切身相关的民生工程,包括基础设施建设、保险福利分配、公共交通修建、医疗卫生布局等,这些重要民生工程,其资金主要来源于政府财政收入,而财政收入的相当部分来自于人民的纳税所得。尽管在民生工程建设中为了保证政府的廉洁清正和高效务实,已经有了各种法律法规和制度保障,但是这些法制规章大多是政府机关自上而下单方面的自我约束,由于缺乏直接利益相关者的参与监督,从而使得制度可能与现实问题脱节,执行者甚至可能曲解这些制度法律。只有事关民生的工程真正有了民众亲身的参与,才能保证建设向着民众的利益和廉洁高效的方向发展。但我国公民政治参与水平还比较低,中国社科院政治学所研究评估认为中国当前的公民政治参与处于中等水平,即如果以 5 分作为评估标准,目前的得分为 2. 115 分。在政治参与涉及的 5 项指标中,得分最高的是"政治参与意识与政治参与评价"(0. 553 分),其次是"选举参与"(0. 529 分),再次是"政策参与"(0. 503 分),"人民团体与自治组织参与"得分位列第四(0. 452 分),"接触式参与"得分最低(0. 078 分)。[①] 这说明公众通过直接的参与方式对于公共事务进行政策的商议和监督的参与水平指标是最低的。当前,除了提高公民参与的意识和能力、增加公民参与的渠道与机会、简化公民参与的繁杂程序、降低公民参与的难度外,最为现实、有效的方式就是通过社会组织来代替民众参与这些公共政策的商议和监督。社会组织因其公益性、志愿性、非营利性等特征,为民众代言、发声、呼吁,在为民众服务时便有了先天的条件和优势,而且组织的力量更专业、有序和规范,参与的能力

---

① 　中国社科院政治学所:《蓝皮书:当前中国公民政治参与处于中等水平》,《北京晚报》2011 年 6 月 27 日。

更强,这就增加了在协商中建议和监督的有效性。

一、一种全面的结构

当前反腐的主要力量是党、政府、司法部门的强力推动,尤其是巡视制度的全面深入启用。2017 年 7 月,中央发布《关于修改中国共产党巡视工作条例的决定》,明确政治巡视定位、一届任期内巡视全覆盖任务、巡视监督内容、中央和国家机关巡视以及市县巡察制度。在十八届中央纪委执纪审查的案件中,超过60% 的线索来自于巡视。党的十八大以来,中央派出巡视组 160 组次,抽调 2000余人次。省区市党委完成对省辖 8362 个地方部门和企事业单位党组织全覆盖,62 个中央单位探索开展巡视工作。各省区市均建立市县巡察制度。但是自上而下的严厉整治,同时需要由下而上的积极呼应。如果说由上而下的监督更多体现的是党内监督,那么由下而上的监督更多体现的是人民监督,"我们一党长期执政、全面执政,最大的挑战是对权力的有效监督,实现党的历史使命必须破解自我监督这个难题,形成发现问题、纠正偏差的有效机制。""把党自我监督和人民群众监督有机结合起来,就有信心跳出'其兴也勃焉,其亡也忽焉'的历史周律期。"在由上而下监督和由下而上的监督之间,需要党与群众之间建立一种信任,"党员干部和广大群众对党充分信任,说真话、道实情、巡视制度才能真正有效管用"。但是,信任不能代替监督,信任是前提,监督是为了支撑信任。[1]

只有加强党内监督和人民群众监督的结合力度,才能实现监督的有效性,增强党的执政合法性。纵观我国各种反腐方式,从上到下的反腐方式如制度反腐、法治反腐、行政反腐,以及从下到上的反腐方式如道德反腐、监督反腐和网络反腐,这些反腐方式发展迅速。但是最能够体现民众自我治理方式,通过民众相互之间协商和监督,通过民众与社会组织、民众与政府等社会主体的协商监督来实现社会的清正廉洁的反腐方式还比较少,协商式监督的重要性逐

---

① 王岐山:《巡视是党内监督战略性制度安排 彰显中国特色社会主义民主监督优势》,《人民日报》2017 年 7 月 17 日。

步得到人们的重视,但是协商反腐的实践却还鲜有成果。随着协商民主的发展,以及公民参与的普及,协商式反腐方式逐渐会体现出它的重要地位。这种方式不是直接的以反腐为目的,协商主要是为了获得决策的共识和利益的共享,但是这其中一个重要的前提就是必须廉政方可公平。同时,在上与下之间建立了一种互动机制,更多体现的是纵向的反腐措施。还需要在上下互动之间,构建左右互动的平台机制,这种互动的模式包括党监督党、党监督群众、群众监督党、群众监督群众的结构网络,就如同要织一张反腐之网一样,需要经线和纬线的左右交织,单纯一个方向的线再多,也难以织出真正牢固的网来。

二、一种软法治理

软法治理是区别于硬法治理的对应手段。硬法,即由国家制定、发布和实施的具有强制性的法律法规。当前我国人大部门制定的各种法律,如宪法、刑法、商法、民法、环境法、国际法、诉讼法等,以及较大地级市以上政府部门制定的行政法,各部委制定的法规等都是约束党、政府、群众、社会组织、企业和各领域活动的硬性规定。但是在我国还有很多规则制度,并没有上升到国家法律范畴,它们散布于社会各个领域,如各种社会组织的章程、企业的规则、学校的校规,甚至在农村、社区、家族都有自己的村约、家规、族制。这些规则是各种组织在成立前后形成的规范其组织活动的有效约定,具有惩戒作用和激励作用,“从主体上,软法规则的形成主体具有多样性,既可能是政府,也可能是社会组织或公民。在效力上,一般不具有硬法那样的强制制裁性法律后果,而更多是自律和激励性规定。在内容上,开放机制和协调机制是主要方式,在实施原则上,兼顾公益与利益,公平与效率,这一系列原则共同建构起适宜社会权力成长的软法体系。”①

---

① 罗豪才:《软法与公共治理》,北京大学出版社2006年版,第23页。其相关著述还有:罗豪才:《软法与协商民主》,北京大学出版社2008年版;罗豪才:《软法亦法》,法律出版社2009年版;罗豪才:《软法的理论与实践》,北京大学出版社2010年版。

尤根·埃利希提出，"不论是现在还是其他任何时候，法律发展的重心不在立法、法学，也不在司法裁决，而在社会本身。"①传统的"法"的定义主要包括"体现国家意志、由国家制定或认可、依靠国家强制力保证实施"三个方面。要顺应公共治理的需要，就得对"法"的定义作相应修正："法是体现公共意志的、由国家制定或认可、依靠公共强制或自律机制保证实施的规范体系"。②由此，法律范围扩展为包括体现国家意志的硬法和体现社会意志的软法两部分，其中社会组织是软法治理中的重要主体。作为社会结构中的组织化部分——社会组织在软法治理中起到承上启下作用。社会组织是政府与民众联系的纽带，国家的许多社会活动和社会工作需要社会的支持，社会组织是承接这一任务的最优选择。社会组织除了自身建制所体现的自律、自治的软法治理效果，同时也遵循国家的重要法律法规等的约束。这两种"法"的效果必然影响到参与其中的民众的行为和意识。民众通过协商参与来制止政府活动的腐败问题需要有组织、有秩序地进行，国家的法律规范首先起到第一步规制作用，而真正组织群众参与其中的社会组织则通过各种组织制度和社会规约，将协商参与过程进行具体化的实施。

三、一种整合权力

在当前我国简政放权，激发市场和社会活力的背景下，社会组织的权力构建显得尤为重要。如果社会组织没有相对应职责的权力，那么社会组织参与公共事务的效果就难以达成，社会组织的自身权利也难以保障，因此笔者呼吁社会组织权力的建立，先后撰写《现代社会组织权力构建的社会化进路》《政社权限划分与互动的平衡性逻辑》《权力变移：现代社会组织权力培育路径探析》《放权方式转型与政社关系重构》《整体化分散治理：基于政社权力关系演

① ［奥地利］尤根·埃利希：《法律社会学基本原理》，叶名怡、袁震译，中国社会科学出版社 2009 年版，第 1 页。
② 罗豪才：《加强软法研究　推动法治发展》，《人民日报》2014 年 6 月 20 日。

变的轨迹》等。但是这些文章只是关注社会组织权力的构建与政府的互动关系，却没有体现社会组织在基于协商方式的治理中担当的角色和性质。权力的实质不是单纯确保一种主体权利的实现，更多的是如何促使整个公共领域的进步。肯尼斯·E.博尔丁在《权力的三张面孔》著作中区分了三种权力的类型：威胁权力（Threat power）、经济权力（Ecnomic power）和整合权力（Integrative power），形象地将它们比喻为大棒、胡萝卜和拥抱。威胁权力是采取强制的、硬性的、集中的压制性权力。经济权力就是通过交换，付出成本和代价获得对等的权益。而整合权力引用博尔丁的原话，就是"能够创造某种关系，如爱、尊敬、友谊、合法性等"。博尔丁认为，整合权力是权力的重要和主导形式。整合权力即使在极少涉及威胁权力和经济权力的家族之中也能够存在，而威胁权力和经济权力如果不能为其自身发展出整合权力，也极易破碎崩塌，由此可见，整合权力是最根本，最主导的权力。① 基于协商方式的治理不是靠打压、靠反对来实现反腐目标，而是在合力完成一项任务时，基于公众或者组织之间的配合互动，在互动中相互监督，这种商议的过程就是在利益最大化的基础上的成本最小化的过程。肖滨、黄迎虹研究了印度制定"官员腐败调查法"的过程，认为发展中国家的反腐败存在"三元复合反腐"模式：政府、社会精英与社会大众构成反腐的三大主体，以动态平衡的良性互动机制推动反腐败的制度建设；这种复合方式，区别于那些以抗争政治面目出现的反腐败运动，提供了一种和平、有序、平稳的反腐政治互动可能，从而避免落入对抗性、暴力性反腐运动的陷阱。②

协商是在决策之前，在执行之前进行的一次民主的对话，将问题摊牌，将经验呈现，将负面曝光，最后形成多方受益，相互激励的结果。全国人大常委

---

① 肯尼斯·E.博尔丁：《权力的三张面孔》，张岩译，经济科学出版社 2012 年版，第 2、48 页。

② 肖滨、黄迎虹：《发展中国家反腐败制度建设政治动力机制——基于印度制定"官员腐败调查法"的分析》，《中国社会科学》2015 年第 5 期。

会原副委员长严隽琪指出,"民主党派的监督,本质上是一种合作。我们的监督,不是靠强制约束力,也不是一味地追求监督的'硬度'和'刚性',更多的是靠真知灼见,靠政治影响力,靠社会影响力。"①民主党派的协商式监督特征其实就是其他所有主体参与协商监督的共性。"监督不是单纯的反对和否定,更重要的是合理的建议、积极的建言,其目标是共同成事、为民谋利、防范风险、合作共赢。"协商是方式和原则,监督是手段和途径。俞正声指出:"要坚持从协商式监督的要求和原则出发,树立'公、和、诚、实'的理念,开展监督必出于公,秉承公心才能坚持真理、敢于担当;必出于和,和合包容才能增进共识、凝心聚力;必出于诚,坦诚相见才能有效沟通、相互理解;必出于实,实事求是才能找准症结、破解问题。"协商不是一种单向反腐、不是一种单面反腐、不是一种阶段反腐,而是基于发展、共识、民主的共同约定,因共同利益而共同努力,秉承大公而无私,大义而小利的理念。

四、一种过程治理

基于协商方式的治理是一个长期的过程,它不见得立竿见影,因为这个工程的确立需要很多的配套建设和基础构筑。通常强制性的反腐机制,在反腐的力度、强度以及时间效度上非常强,能够很快见效,但是这种反腐措施不能成为根本之策,需要用协商式或参与式的过程监督作为基础。首先基于协商方式的治理是一种预防式治理。在决策之前通过公民或者社会组织代表的协商参与,将潜在的问题与障碍进行化解,将可能发生的风险和负面影响拟定回避措施,将可能产生的成本和效益进行合算。公共预算就是一个很好的例子,在政府年度支出计划中,谁来监督,谁来发现和制止问题的发生,这似乎很难,因为执行过程一般是政府或公务人员单方面的行为。而公众或社会组织参与公共预算的协商监督,将符合利益最大化、问题最小化的预算讨论拟定后,交

---

① 贺佳:《民进中央与湖南省在京举行脱贫攻坚民主监督工作协商座谈会》,《湖南日报》2017年3月10日。

人大部门审议,一旦通过就成为具有法律效益的预算计划,政府必须严格执行,若要监督执行中无问题产生,只需监督有无违背预算的初衷和额度即可。其次,基于协商方式的治理是一个多元参与的过程。在某些公共事务执行中,政府、社会组织、企业、公众发挥各自角色功能,政府承担政务角色,企业进行经济的支持,社会组织则以公益的角色参与志愿性任务,而公众则负责相应的公民义务。这个过程同样会发生各主体之间的互动,其中协商和监督是必不可少的。在整个实施过程中,为了共同任务的完成,每个主体都应以身作则,尽心尽力,否则会影响另一个环节任务的对接。再次,在结果呈现阶段,应该有第三方组织的绩效评估,在评估的基础上对于政府及各主体的行为绩效进行评议,拿出建设性的改进方案。评议是协商民主的重要形式,它采用科学的测验方法,通过数据和报告的方式呈现公共行为的是非、对错、好坏。评议是单方面利用专业知识独立的做出客观中立的判断,然后交由被测验的对象参考,被测验对象可以针对评估方的问题和建议提出自己的看法和对策,当然可以申辩也可以探讨。最后,在治理中,还有一个重要的环节是回馈。社会组织或者其他第三方机构,可以定期或者不定期的对于公共行为进行随访,将公共行为发生过程中的表现进行记录,对出现的问题及时诊断,拿出纠正意见,并反馈给实施对象。

五、一种教育式治理

基于协商方式的治理是一种公益、公共、共享的治理机制。在社会组织、公众及其他组织机构参与治理过程中,社会组织的公益精神和企业的社会责任都表现得淋漓尽致。社会各个主体齐心协力,为了避免因一方的失职或失误而造成整体事业的损失,或因一方的自私而造成其他主体的利益受损,各主体都抱着谨慎遵守的态度。在这个过程中培养的是一种自制的精神、一种公共的精神、一种奉献的精神。协商是一种参与式治理,在参与过程中,社会组织及各主体进行着管理、选举、监督、服务、决策等各种公共事务,这其中必然遇到各种利益的博弈和观点的交锋,也会遇到现实困境的阻挠。如何克服这些主客观因素造成的麻烦,"公共协商要实现有效的民主结果,必须依赖的一个重要条件是它赋予理性以核心角色"。科恩说过,"协商民主观念来源于民主联合体的观念,其中,联合体条件和状态的正当性是通过公民之间的公共争论和推理获得的。"①在协商过程中,公民具有一种理性的道德标准,他们在公共交往中需要尊重对方,遵从正义的原则。

因此,公共理性的形成赋予人们遵守法制,遵守规则的精神。"在当代多元主义文化所面临的道德冲突面前,公共理性不得不具有更多的包容性和反思性,即应当抛弃全体一致而寻求多元共识,能够包容道德妥协,这也是协商民主面对社会复杂时的必然结果。"②所谓社会组织的教育作用,主要包括以下几个方面:一是培育合作习惯和公共精神。在社团里面,尤其是非政治性、非经济性的社团,人们如果聚集在一起的话,他们更容易养成合作的习惯,因为这里不涉及任何利益。二是培育互信、互惠、温和、妥协、谅解、宽容的品性。在团体活动中,人们更容易超越狭隘的自我,逐步认识到合作互助的必要性和优越性,从而养成互相信任,妥协包容的习惯。三是培育与人交往、共事的交流技能。此外,人们在社团中还能学会怎么开会、怎么在公众面前说话、怎么写信、怎么组织项目、怎么去辩论等这样一些技能。反过来,这些习惯和技巧又强化了人们参与政治的积极性和能力,并加强了政治效能感和竞争意识。③

六、一种建设性治理

基于协商方式治理的概念界定来看,"基于协商方式的治理"与"基于协商方式的反腐"最大区别就在于"廉政"与"反腐"的区别。"廉政"的效应好

---

① Joshua Cohen,"Deliberation and Democratic Legitimacy",in Alan Hamlin and Philip Pettit, eds.,*The Good Polity:Normative Analysis of the State*,Oxford:Blackwell,1989,pp.21-22.

② 詹姆斯·博曼:《公共协商、多元主义、复杂性与民主》,黄相怀译,中央编译出版社 2006年版,第63—91页。

③ 王绍光:《公民社会"祛魅"》,人民网,2009年8月14日。

比"养生","反腐"的效应好比"动手术"。这种比喻说明了,社会组织参与的协商式腐败治理,是从积极的角度,为了避免腐败的发生,必须首先确定一个机制,这个机制有惩前毖后的作用。也就是反腐并不是协商式治理的最终目的,虽然是最有效的、根本的办法,但是它的目的在于构建一种更为文明进步的公共领域。胡安·林茨指出,"多元社会结构下的协商民主可以推动多元主体共识的达成和国家真正意义上民主的实现。"①因此,我国在现阶段通过协商民主方式进行治理具有积极的、建设性的作用。

第三节　研究的背景与思路

当前,我国防范腐败的重点领域仍然布局于党政领导干部的腐败治理。对于党政领导干部的腐败治理措施也主要聚焦于法律、制度、纪律和规矩的高压态势。可见,在我国多种多样的反腐倡廉主体与形式中,尤其是以党、政府以及司法检机构自上而下的反腐治理最为突出,成效最为显著。但是,在这种反腐模式的背后是一系列的问题与反思,短期效应与长期可持续如何协调、党风廉政建设如何与社会廉政建设协调、公民个体反腐如何与组织反腐协调、腐败的治标与治本如何协调等,都是摆在我们面前最为迫切需要解决的问题。本书就是基于以上思考,探索一条与党政主导的反腐行动互动,与社会、网络、媒体等反腐形式结合,与基于选举民主的反腐形式互补,建构一种可持续的、建设性的、深层次的,以及立体化的反腐倡廉机制,即社会组织参与下的协商民主与治理模式。

基于协商方式的治理就是在政府反腐力量的强势推动下,积极利用好民众这支力量,让民众亲身参与到反腐的第一线,给予民众参与反腐的机会和平台。协商式治理是符合我国实际,符合社会主义廉政建设道路的重要路径。

---

① 胡安·林茨、阿尔弗莱德·斯泰潘:《民主转型与巩固的问题:南欧、南美和后共产主义欧洲》,孙龙译,浙江人民出版社 2008 年版。

只有拥有人民这块广大而又丰厚的清正廉洁土壤,只有拥有人民这支无处不在的反腐力量,才能取得反腐斗争的压倒性优势,才能取得我国反腐斗争的根本性胜利。郑新立指出,应该对民间反腐力量予以正面肯定,因为这是民主与法制的要求。对于当前民间反腐力量蓬勃发展的现象,我们应当转变思想,深刻认识到公众是社会管理活动的共同责任承担者,公众理解、支持和参与是打赢反腐倡廉这场现代化战争的重要力量。①

民众如何提升反腐的意识,如何提升反腐的能力,如何利用好反腐的路径和手段,当前制约和影响民众反腐的主要障碍是什么?本研究以社会组织为载体,以协商民主为路径,以协同治理为目的,将民众反腐的天然弱势,通过组织化的合作形式转化为强大的基础力量;将高深莫测的政府决策,通过协商的方式暴露在公共场合之下,使得各相关利益方之间公平对话,相互监督、相互指正,从而实现公共事务的廉洁务实。研究从社会组织角度进行阐发,民众通过协商民主与政府或其他公共部门进行对话,但是独立个体的公民力量是薄弱的,其协商的能力和水平有限,这就影响了协商的效果,对腐败问题的纠正很难起到真正效果。而社会组织的引入,将以专业化、独立性和技术性角度进行协商,其规模力量、资源力量和组织力量都将推动协商反腐治理的有效实施。

基于协商方式的治理是一个系统工程,它涉及的问题复杂,涉及的层面繁多,涉及的主体多元,需要从社会历史发展背景、从政策演变趋势、从政治建设规律等方面深入剖析。通过严谨的逻辑推理,以科学的思维、历史的眼光、独特的视角,建构可行的、可推广的且能够经得住考验的反腐路径。以协商民主的方式参与治理是对我国当前反腐败与廉政建设模式的补充,虽然协商方式治理的实践已经存在,但是这种方式并没有专门提出并研究,而是在浙江公共预算改革、重庆南坪三事分流、广东惠州网络问政、北京圆明园湖底防渗工程

---

① 董英豪:《民间反腐与防腐——国情调研的系统化思维》,中国水利水电出版社 2014 年版,封底。

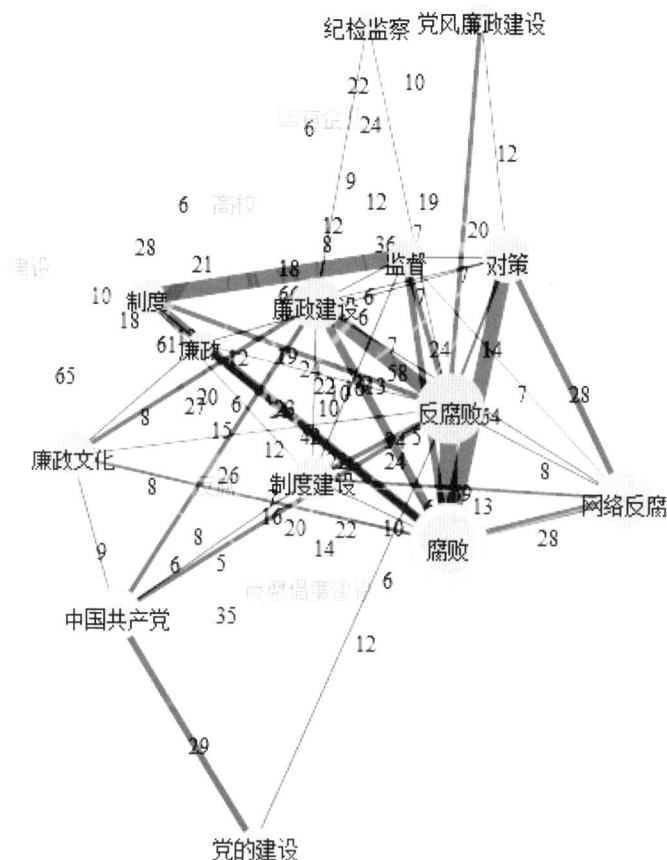

图 1-3-1　当前我国反腐廉政建设的主要关注点网络

听证会中以较为分散的形式体现,这些案例直接或者最终目的并不是要反腐或者治理,但是在实施这些项目或案例过程中为了实现其设定的目标,必然涉及预防腐败问题的发生,而这种目标的实现就是通过协商的方式。

因此,积极论证基于协商方式治理的重要意义,梳理和总结协商式治理的概念、主体、形式、特征以及适用条件形成协商式治理的理论体系;积极推论基于协商方式治理的历史背景、政治规律和社会基础以及实施载体,形成基于协商方式治理的逻辑体系;积极挖掘我国基于协商方式治理的典型案例,总结不同协商方式的异同,提出规律性的东西,形成基于协商方式治理的实践支撑;积极完善基于协商方式治理的程序步骤,构建严谨科学、可行有效的协商式治理路径。这是本书力图努力付诸实施和着力完成的任务。具体包括以下四个部分的研究。

首先,深刻、系统地分析民主、选举民主、协商民主与反腐败的内在联系,论证协商民主在反腐行动中的独特优势;分析社会组织在协商民主中的角色和作用,认识社会组织对协商民主的重要意义;分析社会组织在反腐败行动中的重要地位,探索社会组织参与反腐的各种形式;在前面各项问题清晰的基础上,进一步论证社会组织协商民主与治理等理论与现实的重大问题,逐步推论出社会组织协商民主与治理的可行性和重大意义。

其次,通过十一个现实发生的案例实践对当前社会组织协商民主与治理的紧密联系进行微观透视。研究的案例遵照从住宅小区、社区、乡镇、地市、省乃至中央高层的进阶路线,也系统性的从公共预算、听证协商、立法协商、观察协商、网络问政、第三方评价等专业性角度和从物业协商、行业协商、扶贫协商、冲突协商、劳动调解等领域视角进行分类比较。通过比较研究,找出各个案例项目的优缺点、发生和发展的背景、内在规律、存在问题,继而在此基础上找出更为科学可行的模式创新。通过案例的展示,突出社会组织通过协商方式参与治理的重要性,推进这种反腐模式经验在全国范围内复制和推广。

再次,分析基于协商方式的治理实施和发展的困境,找出制约社会组织协商参与治理困境的内外部原因,主要从社会组织主体形式规范、社会组织主体发展政策、社会组织去行政化、民众通过社会组织参与协商式治理的能力、社会组织权力构建、选举民主对于协商民主的积极性等方面展开探讨。在社会组织主体问题解决基础上,还要对于社会组织参与治理的制度化建设,尤其是社会组织协商参与廉政建设的程序进行分析。

最后,通过逐步分析协商民主与治理,具有了逻辑上的支撑,也得到了典型案例实践的验证。但是,为了使这种反腐模式得到经验推广,也为了使这种模式得到更多学者和政府部门的重视,更为了创造一个各方人士对于这种反腐模式进行交流的空间,必须将这种实践的探索上升为理论上的学术话语,从而促进这种反腐模式得到更多的经验参考和更多的学术资源支持。

第二章 社会组织通过协商 方式治理的逻辑

第一节 民主、选举民主与反腐

一、选举与反腐的逻辑关系

民主是反腐的一剂良药。龚蔚红与李虎分析了当前国际上基于民主与反腐败的关系,他总结为三种:一是蒙蒂诺拉和杰克曼研究表明,在一定程度政治竞争水平之下,部分民主国家的腐败情况要比在非民主制度下更严重,一旦超过了这一水平,即所谓拐点,民主水平越高,腐败水平越低,这种民主水平与腐败治理的关系为"U"型模型关系。二是宋鸿恩研究指出在民主化初期,腐败会减少;在民主化中期,腐败一定会增加;随着民主制度的完善和巩固,腐败又会减少,这种民主水平与腐败程度的关系是"S"型关系。① 三是巴克和黑登纽斯发现,当民主水平低时,民主对于国家能力的影响是消极的;当民主水平中等时,民主对于国家能力没有影响;当民主水平高时,民主对于国家能力的影响是积极的。这种关系可以称之

---

① Hung-EnSung. Democracy and Political Corruption:A Cross-national Comparison. Crime,Lawand Social Change,2004,(41).

为"J"型模型趋势。① 但以上民主与腐败程度关系的研究是基于竞争性选举制度的完善程度以及被选举上台的政治精英的权力的有效程度展开的。选举民主的发展,从印度等原属殖民地的发展中国家到俄罗斯等后共产主义国家,再到经历了民主化浪潮的拉美国家,在其民主发展的过程中,腐败未减反增。而当前的发达资本主义国家,大多标榜实行民主选举制度,但在 20 世纪下半叶以来,选举制度遭到诸多批评。琼·M.纳尔逊研究指出选举增加了社会项目的支出,但却未优化这些项目的资源分配。相当部分资金并未用到很多关于人们健康、医疗和教育等民生方面,而被用到了一些形象工程或者官员们认为重要的公共支出上,有时甚至是根据个人或者政治需要动用其中一部分资金。这是因为竞选者为了扩大自己的选民支持,为了避免因为在重新分配方面产生新的分歧,只有不断增加额外的新的投入。此外,如果在分配改革方面改变太大,尽管会利于民众的利益,但这动了资本家的奶酪,会遭到这方面人士的强烈反抗。因此,不仅选举这个过程耗费大量资金,而且经过选举的竞选承诺和各种上台后改革的方案,都会大大增加新的投入,这是一种与政府高效、务实、廉洁、公平建设目标相反的路径,也为整个国家的治理效能和政务公开透明产生不利影响。② 选举民主是精英民主、是代议制民主,这种民主形式是一群政治精英或者经济精英操纵的政治机制,是代表资本家的利益机器。选举民主也是一种效率低下的制度,实行直接选举的国家,其选举预选到正式选举再到选举结果公布的整个流程,时间跨度长,被选举出来的总统既要考虑到支持自己的财阀或利益集团,又要考虑广大选民的支持率,这种利益选择的权衡将会消耗大量的时间,并受到各种制约和监督机制的检查。更重要的是,选举民主并没有与腐败程度形成直接的正相关性,至少在很多国家和地区

① Hanna Bäck and Axel Hadenius.Democracy and State Capacity:Exploringa J-Shaped Relationship.Governance:An International Journal of Policy,Administration,and Institutions,2008,(21)1.

② [美]琼·M.纳尔逊:《选举、民主与社会服务》,包雅钧译,《经济社会体制比较》2009 年第 4 期。

出现了选举民主程度高的国家其腐败程度却十分严重。据透明国际 2016 年数据显示,选举民主程度并不好的新加坡、挪威等国其廉洁指数排名很靠前,而选举民主程度较高的美国、西班牙、葡萄牙、意大利等国却不尽如人意,甚至还低于阿联酋和卡特尔两个君主制国家。选举民主还可能带来政治暴政,实行直接选举的柬埔寨、泰国等东南亚国家备受政治动荡影响。法国、英国、德国这些传统发达资本主义国家也因为过度依赖直接选举,选举的争议性问题经常造成民意动摇,继而爆发游行抗议示威,导致国家稳定和社会秩序严重受损,民众正常生活也受到严重影响。赖利研究指出,竞选机制可能会引发群体之间争夺国家权力的斗争,而这些群体争夺权力的目的是为其所属群体获得最大的利益,因此竞选过程中必然会引发群体之间的社会冲突。[1] 美国学者 V.O.凯研究指出在美国南部各州的选举中,白人多的地区其白人的参选率还不如白人少的地区,这是因为白人为了获得较黑人更多的当地资源支配权,从而积极参与竞选以获得政治支持。但这无形之中造成了种族之间的利益争夺,里面也浸透了各种腐败问题和不透明、不公正的现象。投机取巧、滥用权利或者金钱诱惑往往是成功获选的保障。[2] "选民可能会容忍腐败官员以换取经济的普遍繁荣;选民可能因为坚持自己先入为主的对政客的认识而不考虑其腐败行为;或者选民对官员的行为并不完全了解;选民将腐败仅仅看做个人的缺点,他们不支持有腐败行为的候选人,却继续支持其所在的政党。"[3]以政治偏见绑架民众支持的政党,来转移民众对其腐败或者丑闻的关注,受政治倾向的影响,被蛊惑民心的民众也因政治见解而饶恕政府作为。也有研究指

---

[1] Benjamin Reilly Democracy and Diversity: Political Engineering in the Asia-Pacific.转引自 Nick Jorgensen, "Managing Diversity through Institutionanl Design", *Taiwan Journal of Democra_cy*, Vol.3, No.2, December 2007, pp.189–195.

[2] Stetan Krause and Fabio Mendez, "Corruption and Elections", *Economics &Politics*, July, 2009.

[3] 陈周旺:《选举、治理与基层社会的组织化——对上海近郊某村委会换届选举过程的观察》,《河北学刊》2018 年第 2 期。

出选举中,候选人能否成功,在于民众能否从这些候选人执政后获得好处,这在某种程度上削弱了人们对于这些候选人道德和纪律的重视程度。这种情况在发展中国家,尤其是在"贫富差距悬殊的情况下,选举过程易于为富人操纵和控制,他们或对金钱和物质财富极端匮乏的穷人进行贿赂,或向穷人许下各种诺言,换取他们手中的选票。而处于贫困状态的人群容易受人指使,滥用自己的政治权利。在东亚很多国家,参与投票的选民并不是为了争取自己的政治权利,展示自己对于民主政治的向往和支持,而是贪图候选人给予的贿选金钱。"①

二、选举民主对于中国的廉政效果反思

选举改革要尊重体制,这是中国基层选举改革历程演变的深刻体会。基层民主选举在四川、云南等地展开,取得了一系列成绩。1998 年的"步云直选"。2002 年,再次换届的步云乡启动了第二次民主选举试验,选举程序做了适当调整。步云完成了一场被认为"完美"的体制内"直选"实践:全体选民投票推选出一名乡长候选人,再由党委提名进入人代会等额选举。这是一次保留了直选内核的公选。赖海榕对四川省基层改革成功的原因进行了调查和分析,他的结论是,这些乡镇选举改革的实施者是县委,在一些地方,是县以上党委大力推动的。从改革设想的提出、设计、组织、操作及其后所有程序,全部都在县级领导、规范、参与甚至具体操办下进行的。② 2005 年"十大地方公共决策试验",政治改革样本占到一半比重:如宣城政改、泗洪乡镇党委书记直选、椒江党代表常任制、罗田政改、郑州"三票制"选干部。

---

① 李文:《民主选举与社会分裂——东亚民主转型国家与地区的政治与政局》,《当代亚太》2012 年第 2 期。
② 潘则福:《尊重体制寻求改良》,《廉政瞭望》2010 年第 10 期。

表 2-1-1　2000—2005 年我国地方政府创新案例中竞争性选举类入围项目

改革时间	地区	案例名称
1998.12	四川省遂宁市市中区步云乡	直选乡长
1999.1	中共广东省深圳市大鹏镇委	"三轮两票"制选举镇长
1999.12	河北省迁西县妇女联合会	村妇女代表大会直接选举
2001.3	四川省平昌县	公推直选乡镇党委班子
2002.6	浙江省椒江区	县市区党的代表大会常任制
2002.6	浙江省台州市	乡镇(街道)团委书记直选
2002.11	四川省雅安市	直选县级党代表
2006.1	中共四川省遂宁市市中区委	"公推直选"乡镇党委书记和乡镇长
2006.1	四川省雅安市人大常委会	人大代表选举制度改革

　　但是从 2006 年起,选举改革逐步淡出"十大"评选,政改入围项目也多集中在干部人事制度改革领域,例如贵阳县委书记公推竞岗,南京电视直播公推公选。"因为农村选举现在困难重重,争议很多,而且没有有效的法律途径解决选举中的冲突。这样,中国基层民主的发展就急需有一个新的领域,有新的突破,使得政府和老百姓两个方面都可以将这个民主发展下去。地方政府公共预算改革,特别是参与式预算改革,就是这个新的平台,既可以让老百姓广泛地参与,对政府最有利害关系的钱袋子实行监督,也可以广泛的推动人大的改革,并在改革的过程中把人大本身改变成更有代表性,更能为老百姓讲话的民意代表。而从政府官员的角度,也不会像要丢官那样对改革满怀反感并进行抵制。从公共预算切入这可能是一个策略上比较中间性的,既得到老百姓支持又容易获得政府认可的改革,这样人大、政府和老百姓三方面都参加的改革会有效地推动中国地方政府的治理改革。"与公共预算改革一起步入公众视野的是公共服务改革。与政治改革项目比重降低形成鲜明对比的,则是公共服务类改革创新的持续走强。2005 年 10 个获奖创新案例中只有 3 个公共服务类项目,到 2009 年已经增加到 6 个。

中国的基层选举改革任重道远,而且目前还存在着一些问题。

一是,中国基层选举存在着利益争夺问题。在一些农村选举中出现一种情况,凡是选出的村领导干部除非自己业务能力很强以外,一般是家族、宗族势力很强,否则村干部即使当上,也很难把握住村务运转。因而一些地区的选举高投票率的原因不仅在于政治效能高或者高效的选举动员,还包括人口结构变动导致组织化矛盾而引发的投票动机。陈周旺通过对 2012 年上海近郊邢村的案例研究发现,基层选举的投票率高,并不是选民关心政治,而是通过投票来垄断投票权。① 关心政治的那些农民往往是农村宗族势力较大,或者在村里有着企业、矿产等资源,为了保护自己的既有资本,也为了使得这些资本做得更大,就需要政治资源的维护,在农村获得了村里的村干部也就使得自己社会关系和资本关系转化为与政治关系结合的资源。

二是,收入高低分化了选举的倾向性。收入高的农民一般竞争意识强,社会交际能力也强,因为在农村肯干能干,积累了更多的知识,视野较为开阔,对于社会问题和政治问题的认知程度较高,他们认识到政治资源对于自己社会地位和经济地位的重要性,因此会积极参与争取。相反,收入低的农民可能因为竞争思维意识落后,或者因为家境困难,无暇顾及更高级的政治诉求。但正是由于这种收入分化,导致了对于政治追求的差异,获得政治资源的高收入者,由于有了政治这一层新的关系资源,收入进一步得到增加,进而拉大贫富差距,加剧阶层分化。为了维持政治地位,这些高收入者就需要对低收入者"贿选",有学者在东部某镇调查发现,村级贿选现象频发和高发,与农村群体高度分化密切相关,正是群体的高度分化导致群体内部的高度竞争与群体之间的高度排斥,形成了村级选举中的贿选。②

---

① 陈周旺:《选举、治理与基层社会的组织化——对上海近郊某村委会换届选举过程的观察》,《河北学刊》2018 年第 2 期。

② 杨华、罗兴佐:《阶层分化、资源动员与村级贿选现象》,《南京农业大学学报(社会科学版)》2018 年第 2 期。

三是,选出的执政者没有受到有效制约。民众在选举中对于候选人有一定的影响作用,可以根据民众的意愿选择自己心仪的干部。但是有些候选人成功入选后,他们根据相应的角色形塑自己的形象,包括言行举止,甚至自己的交往圈子,这些执政者认为如果不转变对于民众的态度和自己的形象,就很难体现自己的地位和影响力。由此导致一些人当上领导干部就与民众关系疏远了。更为严重的是,在我国"一把手"现象、政治地位"金字塔"问题比较突出,很多政策法规对领导干部约束力不强,因为这些干部拥有了较多的社会资源和政治资源后,反而增加了这些人不受一些政策法规约束的能力。另外,目前干部的选拔晋升靠上级的各种考核,这些干部承受着很大的对上级负责的压力,这某种程度上降低了干部对于民众利益的考虑,尤其是对社会经济发展长远目标的忽视,很多时候更关注形象工程、面子工程,甚至为了短期效应,牺牲长远发展的利益,为了个人功绩牺牲民众的公共利益。

中国选举民主的进步是一个系统工程,面对中国选举的现状,俞可平指出:"竞争性选举给我们造成了一个相当大的困境:不推进竞争性选举,民主政治就难有突破性进展;若推进竞争性选举,则有可能带来极大的政治性风险。继广大农村实行竞争性的'海选'后,乡镇和县两个行政层级,一些改革者大胆而审慎地进行了多种形式的竞争性选举实验。但总的来说,这方面进展很少。我们对竞争性选举还存在着极大的恐惧心理,竞争性选举制度很不完善,试点性的突破改革也不多见,甚至宪法和法律明确规定的县级以下人大代表直接选举也因缺乏操作性机制而很大程度上流于形式。"①邓小平曾经指出"改革党和国家领导制度的方针必须坚持,但是,方法要细密,步骤要稳妥。"②"我们首先要确定政治体制改革的范围,弄清从哪里着手。要先从一两件事上着手,不能一下子大干,那样就乱了。国家这么大,情况太复杂,改革不

---

① 俞可平:《敬畏民意:中国的民主治理与政治改革》,中央编译出版社 2012 年版,第 137 页。

② 《邓小平文选》第二卷,人民出版社 1994 年版,第 356 页。

容易,因此决定一定要慎重,看到成功的可能性较大以后再下决心。"①选举民主在我国当前改革需要循序渐进进行,沿着从底层向高层,从党内向党外逐步推进的过程。当前,关于选举与腐败问题,还主要关注的是选举本身的腐败治理,实际上这只是选举腐败治理的第一步,更重要的是怎么通过选举这个途径来制约腐败,通过选举选出真正清正廉洁的官员,通过选举对那些腐败官员形成被淘汰的压力,通过选举增强人们对官员的制衡权,对决策参与的各种决定性影响。

第二节　协商民主与反腐

一、选举民主与协商民主的反腐效果比较

选举民主很大程度上是一种程序民主或者是一种形式民主,而协商民主是一种实质民主,是就一件具体事务进行民主决策和执行。"选举民主通过人民选出的代表来作为人民意志的'传送带',去代表、代替人民'做主',即间接民主,难免有梗阻和扭曲的可能。公民直接参与协商、听证,可以直接向政府面陈意见,相互沟通,取得共识,帮助政府作出正确的并能得到社会主体支持的决策。这种协商民主的优势,不是代议制民主所能取代的。"②进入 21 世纪以来,西方国家普遍遭遇代议制民主危机,"由于西方代议制民主已陷入严重的危机,一些严肃思考者开始试图跳出选举民主的框架,重新审视一些司空见惯的问题,如民主的含义到底是什么? 选举民主到底是不是实现民主的唯一方式?"人们对于选举民主的主要质疑是因为选举民主已成为精英民主的代名词,通过选举,精英和贵族进入统治阶层,而广大公众却被排斥在民主之外。因此,基于对精英民主的反思,多元民主、审议民主等新的民主元素进入

---

① 《邓小平文选》第三卷,人民出版社 1993 年版,第 166—177 页。
② 郭道晖:《社会权力与公民社会》,译林出版社 2009 年版,第 330 页。

人们的视野,尤其对协商民主的重新认识和实践成为21世纪以来西方学者探求的重要新领域。除了在选举民主之外加上协商民主程序,一种直接在选举民主中加入协商的元素是另一些学者力求完善选举民主的重要选择。这就是源于古希腊时期的"抽签民主"的重新出现。"对抽签的理论探索在21世纪进入高潮。进入21世纪第一个十年,有关抽签理论的出版物数量几乎相当于此前260年的总和,出现了大量跟抽签相关的理论研究成果",鉴于选举民主种种弊端,而抽签民主的重新出现就是对于这一问题的回应。"在对抽签理论探索步步深入的同时,抽签实验遍地开花。从20世纪70年代起,各国出现了一系列抽签实践。"①这些抽签民主的实践很好地与协商民主结合了起来,其中两个主要抽签民主的形式是"商议式民调"和"公民大会"。抽签式民主的出现,验证了协商民主的重要性,缺乏群众协商的民主不是完整的民主,也不是真正的民主,这种民主势必会带来权力的滥用、权力的腐化和权力的专断。而诊治权力症结的优先办法,就是重新引入民众的参与,通过民众参与协商的方式,对于决策进行干预,才能避免决策的失误和权力的寻租。

提到协商民主首先想到的是人民政协机构。当前反腐倡廉成为党和国家健康发展的重要任务,各行各业在党中央的领导下,发挥各自反腐职责和优势。政协作为与人大、政府互补的政治部门,在反腐倡廉中担当什么角色?俞可平指出:"不仅需要权力体制的内部的决策权、执行权和监督权之间,以及人权、事权、财权之间的制衡,尤其重要的是要加强权力体制之外的民主监督,让人民群众通过合法的渠道监督各级政权组织和党政官员。各级人民政协应当对加强民主监督和制约官员腐败负起政治责任,政协也应当在民主监督中有自己的合法地位,党和国家应当从法律上确保人民政协实施民主监督的权威性和有效性。"②监督权力的正确运用是政协的主要职责,政协是民主监督

---

① 王绍光:《抽签与民主:释放对民主理念实现方式的想象力》,《经济导刊》2019年第2期。

② 俞可平:《人民政协与人民民主》,《人民政协报》2009年10月23日。

的重要力量,中共中央办公厅印发《关于加强和改进人民政协民主监督工作的意见》。但是怎么监督,用什么方式监督,俞正声代表政协第十二届全国委员会作工作报告时,对人民政协民主监督的性质和地位作出定位,"政协民主监督是在坚持中国共产党的领导、坚持中国特色社会主义基础上,参加人民政协的各党派团体和各族各界人士在政协组织的各种活动中,依据政协章程,以提出意见、批评、建议的方式进行协商式监督"。把人民政协的监督定位为"协商式监督",既给政协的民主监督以清晰明确的定位,也为人民政协民主监督工作如何开展指明了路径、提供了方向,必将极大地解放和活跃人民政协民主监督功能的发挥。[1]

二、新形势下亟须加强公民参与协商治理

协商民主不应仅限于人民政协机构内部,"很明显,如果协商民主仅仅停留在会议内部进行讨论和协商,也就无法担当作为一种民主思想或民主模式的重任"。"大多数协商民主理论家主张将公民参与扩大到更广泛的领域,主张一种参与程度更高的民主形式,探讨一种以对话和协商为核心的多层次公民参与机制。"[2]对于我国公民参与的情况如何,王绍光曾依据世界银行数据研究指出,在衡量治理的六项指标中,我国的"政府效能"与"政治稳定"比大多数国家和地区略胜一筹,"监控质量""法治"和"腐败控制"水平低于世界上多数国家或地区,而表现最差的则是"民众参与"[3]。俞建兴对此指出:"我国政府的治理手段基本有效,而且依法治理水平在缓慢提高;但社会力量发展严重不足,民众参与治理程度非常低。这一方面说明了政府对于社会的回应和培育还很不够;另一方面说明了为什么在政府效能提高的同时,我国政治稳

---

①　华羽:《协商式监督更务实更有效》,《光明日报》2017 年 3 月 13 日。

②　陈尧:《从参与到协商:协商民主对参与式民主的批判与深化》,《社会科学》2013 年第12 期。

③　王绍光:《中国治理水平的国际比较》,《比较》2003 年第 9 期。

定性和腐败控制程度尚有较大提升空间,即单独依靠政府已难以实现此类治理目标。"①当前反腐的主要力量来自于党、政府、司法检等公共部门,作为最大体量的社会主体——公民却未充分体现其参与反腐的作用和角色,在现在网络反腐、舆论反腐、举报、信访等各种形式调动群众反腐的情况下,群众自发主动的参与到政治活动中进行反腐的情况不多见。

民众参与反腐基于两种原因:一是民众是腐败发生的来源之一;二是民众是反对腐败的重要力量。国际透明组织对腐败的解释是:滥用委托权力谋取私利。该定义承认私营领域和公共领域都有可能发生腐败,随之将腐败的主体由公共权力行使者扩展为委托权力的行使者。杜治洲对腐败概念做了重新界定:腐败,即滥用委托权力或对委托权力施加不当影响以谋取私利的行为。依照杜治洲的概念阐释,没有公共权力、没有委托权力的普通民众也可能因为对公共权力或委托权力施加了不当影响而成为腐败的主体。② 因此,腐败并非为官者的"专利",任何人身上都有涉足腐败的风险。其实作为国家治理工具的法律和制度的真正运行和实施应该基于良好的个人素质和品质,或者说制度正义的基础是个人正义。

首先,制定这些制度的应是从事国家治理的人士。因此,从国家、从社会、从公平、从民主角度来说,统治阶级制定的法规制度应考虑到为全体人民谋福利。然而执政者也是人民的组成部分,他们的本性,他们的喜好,他们的教育和修养都是来自于其出生,成长,生活于其中的人民,人民的本性首先已经决定了他们的本性。其次,假设执政者有好的修养,能够从大局出发为国家全民的利益制定了良好的制度。比如,健全的法律、民主的制度、全民参与的机制等。"因为一种社会制度如果没有人去维护,这种制度只是纸面上的,而不是真正的社会制度。"③最终也影响了制度的顺利实施和民主的进程。反之,一

---

① 郁建兴:《在参与中成长的中国公民社会》,浙江大学出版社 2008 年版。
② 杜治洲:《反腐民本主义:内涵与模型》,《廉政文化研究》2016 年第 1 期。
③ 龚群:《罗尔斯政治哲学》,商务印书馆 2006 年版。

个秩序良好的社会也是为他的公共的正义观念所调节的。这个事实隐含着他的成员们对于按照正义原则所要求的那样行动有着一种强烈的正常的有效的欲望。"由于一个秩序良好的社会是持久地,他的正义观念就可能是稳定的,也就是说,当制度是正义的,那些参与这些社会安排的人们就获得了一种相应的正义感和努力维护这种制度的欲望。"①

综上所述,协商民主是公民参与的民主形式,通过公民自发、自主、自觉地参与社会领域和政府领域的廉政建设,反腐才能取得实质性的成效。因为评判和决定一个国家廉洁程度的标准是所有领域和主体的廉洁,腐败是一种关系链、是一种联系体,要切断腐败的根源,除了政府从上至下的严厉反腐措施和强有力的反腐制度构建,还需要群众自我依法治理的协商民主机制的构建,民众的廉洁是社会乃至国家廉洁衍生的土壤。因此,塑造一个具有良好品性,充满个人正义的人民首先得有一个良好的制度,而一个良好制度正义的维持和发展更需要具有良好品性的人民作为依托,这种良好的社会基本结构下的制度正义和个人正义具有双向良性循环效应。

三、公民参与协商民主的政治道德性困境

扩大公民有序政治参与与"人本民主"的确立,开辟了我国公民政治权利的新时代。然而这一时代与以往时代的最大区别就是,政治道德的主体已不仅仅是执政人员,它已向着整个政治参与主体扩展。因为公民有了参与政治的渠道和机会,就必然有对于政治参与的道德要求,这是时代变化的使然,也是时代变化给我们提出的新要求。

1. 当前扩大公民政治参与缺乏对公民政治道德的要求

当前我国公民政治参与主要包括:宪法中规定的公民有序政治参与内容

---

① John Rawls, *A Theory of Justice*, Harvard University press, 1971, p.454.

如政治选举、政治结社、政治表达;基层民主自治中公民政治参与内容如民主选举、民主监督、民主管理、民主决策;以及正在兴起的网络政治参与和作为公民社会成员的政治参与;等等。然而在这些公民政治参与过程中,一些非理性、非法的、非道德的政治参与表现越来越频繁,例如群体性事件的发生、网络政治参与中的非理性言论、基层选举中个人动机的利益性驱使等。当前我们国家对公民政治参与的推动,主要停留在如何保障公民政治参与这一权利和如何增强公民政治参与意识层面,而对加强公民本身政治参与中的道德要求还没有相关明确规定。因此,加强公民政治参与中的道德建设,以弥补这一现状的不足,具有重要现实意义。

2. 当前公民道德建设中缺少政治道德性要求

当前我国积极推进扩大公民有序政治参与,以及公民的政治生活已经越来越成为公民日常生活的重要组成部分,特别是在当前各种世界文化思潮的影响下,如何正确对待普世价值问题、如何建构我国特色社会主义政治参与价值观念体系,保证我国公民在政治参与中的道德性,是应对以上问题出现的重要举措。需要注意的是,当前公民道德建设内容主要是社会公德、职业道德、家庭美德,这就为公民政治道德建设留下了理论空间和现实依据。《公民道德建设实施纲要》提出:"必须适应形势发展的要求,抓住有利时机,巩固已有成果,加强薄弱环节,积极探索新形势下道德建设的特点和规律,在内容、形式、方法、手段、机制等方面努力改进和创新,把公民道德建设提高到一个新的水平。"

3. 当前廉政建设中缺乏公民政治道德性要求

廉政建设需要整个社会的支持,廉政建设只有在良好的社会环境中才能取得良好的效果。2005年初,中共中央颁布《关于建立健全教育、制度、监督并重的预防和惩治腐败体系的实施纲要》的主要用意之一就是要形成全党全社会高度重视和积极参与反腐败的局面。当前,我国的主流文化在很多方面都已认定了廉政在法律或者道德上的普遍性标准,然而,这种标准还没有完全转化为民众的普遍性标准,其对象主要是针对党和政府工作人员。对于公民本身在政治参与中应有的道德要求还是薄弱的一面,主流文化和大众文化之间还存在着一定的鸿沟,廉政的主流价值在一定范围内和一定程度上被扭曲和消解了。因此,党和政府工作人员的廉政建设与公民的政治道德培养需要联系在一起,并突出公民政治道德建设的重要性。

一般说来,公民参与公共政治生活的形式主要有两种:一是公民个体参与政治生活,二是以社团为平台参与政治生活。后者将成为培育公民政治参与中政治道德的主要形式。柯武刚对社团"内在规则"的解释:"指人们在交往的过程中,在群体内部随着经验的增长而逐渐形成和演化出来的一系列规则"[①]。基于市场经济和民主政治的精神要素的培育,自由、互助、平等成为主要的内生性规则。在这个内生规则体系中,自由是前提,即主体精神和公民意识,公民只有具备了自由的权利,才为自由结社、自由行动、独立决策提供基本的保障;互助是基础,它包括宽容、诚信、合作的精神,这是公民能够成功合作且取得效益最大化的基本保障;平等是对公民专业素养的要求,即要具有民主、法制和契约的精神,这是尽可能避免合作中出现利益侵犯和投机主义的屏障。

第三节　社会组织参与协商民主

一、社会组织参与协商民主的重要性

随着公民政治参与的形式与渠道增加,公民参与政治协商的诉求日渐增

---

① 柯武刚、史漫飞:《制度经济学:社会秩序与公共政策》,韩朝华译,商务印书馆2000年版。

多。但公民以个体的形式参加有一些现实的障碍:一是成本很高,公民的数量庞大,每个公民都参与政府的对话,必然造成政治渠道的堵塞,因为这种公共领域的对话,需要足够大的公共场所,也需要足够多的对话时间;二是秩序难以把控,人数如此众多,针对的每个公民的观点不尽相同,各自针对的情况也不尽一致,这就必然造成难以短时间内达成共识,甚至永远达不到理想状态,满足不了所有公民的个体愿望;三是公民的素质和参政能力有限,并不是所有公民都能够积极、建设性地参与协商对话,也并不是所有公民都具备政治对话协商的能力。因此,公民参与协商的场所日益集中,且逐步规范。从世界范围来看主要有公民协商大会、公民共识会议、公民陪审团、专题小组等。在我国公民参与协商的探索也有浙江温岭民主恳谈会、四川的坝坝会、各地的社区或农村议事会、社日活动等。不过,这种公民参与的协商形式,往往自主性不强,很多时候受到当地政府或行政的干预,活动不固定,容易走过场,可持续性不强,对话协商的结果落实不好。

科恩将注意力集中于各种社团组织,提出社团民主作为协商民主的最好办法,强调社团如何教会人们在复杂的多元社会中作出正确的集体判断,从而缓和协商政治与参与原则、共同善之间的紧张关系。"长期以来,自愿性协会等实践性的、务实的和富有活力的组织形式。高度参与性的协商民主产生于自治、分权的过程中,自治或分权使得面对面的讨论和公共决策过程成为现实。"①社团民主策略利用公共权力鼓励各种合适的次级社团的发展,在传统政治领域之外建构新的公共协商领域,目标是建立有价值的合作。② 本哈比也支持建立多元的数量众多的社团基础上的协商民主。"程序正义的协商民主模式不需要借助普通的公民大会集体协商的想象,其原因在于这种模式的

---

① 陈尧:《从参与到协商:协商民主对参与式民主的批判与深化》,《社会科学》2013 年第 12 期。

② [美]乔舒亚科恩:《协商民主的程序与实质》,载[美]塞拉本哈比:《民主与差异:挑战政治的边界》,黄相怀、严海兵等译,中央编译出版社 2009 年版,第 96—115 页。

程序规范赋予了许多社团组织以优先的地位。在这些组织中包括了政党、公民创议、社会运动、志愿团体,一直到各种增强自我意识的团体。正是通过多元化的组织、网络和结社现实之间的互相作用,一种匿名的'公共对话'浮现出来。这种互相交织的、互相重叠的协商、论辩和论证的网络和联合才是协商民主的核心。"①

党的十八届三中全会明确指出,要"构建程序合理、环节完整的协商民主体系,拓宽国家政权机关、政协组织、党派团体、基层组织、社会组织的协商渠道"②,首次将社会组织纳入协商民主体系的重要渠道。2015 年 2 月,中共中央印发的《关于加强社会主义协商民主建设的意见》,指出"要重点加强政党协商、政府协商和政协协商,积极开展人大协商、基层协商和人民团体协商,逐步探索社会组织协商。"在积极开展人大协商时,"探索建立有关国家机关、社会团体、专家学者等对立法中涉及的重大利益调整论证咨询机制";在扎实推进政府协商时,"涉及特定群体利益的,加强与相关人民团体、社会组织以及群众代表的沟通协商";在认真做好人民团体协商时,"积极发挥对相关领域社会组织的联系服务引领作用,搭建相关社会组织与党委政府沟通交流的平台";在稳步推进基层协商时,要"重视吸纳利益相关方、社会组织、外来务工人员、驻村(社区)单位参加协商",特别是要"探索开展社会组织协商","坚持党的领导和政府依法管理,健全与相关社会组织联系的工作机制和沟通渠道,引导社会组织有序开展协商,更好地为社会服务"。③

因此,社会组织协商民主的建立,激发了民众参与协商的积极性,赋予了民众参与的平台,社会组织可以给予民众在参与技术支持和能力培育方面的帮助,也可以给予参与机会和渠道上面的帮助,甚至有些社会组织还给予了资

---

① [美]塞拉本哈比:《走向协商模式的民主合法性》,载[美]塞拉本哈比:《民主与差异:挑战政治的边界》,黄相怀、严海兵等译,中央编译出版社 2009 年版,第 79 页。
② 《十八大以来重要文献选编(上)》,中央文献出版社 2014 年版,第 527 页。
③ 《关于加强社会主义协商民主建设的意见》,人民出版社 2015 年版,第 5、8、9、13、14—15 页。

金方面的资助,有了社会组织的帮助,民众参与协商便有了底气,有了依托,也有了中介力量。目前,社会组织涉及我国各个行业领域,如果将网络社会组织、兴趣类社会组织以及社区志愿性社会组织、学校的社团组织算进来,数量将更为可观。但在这些正式的和非正式的社会组织中,成员得到了组织规则的教育,得到了成员之间沟通交流的训练,得到了组织文化氛围的熏陶,得到了活动能力的提升。另外,社会组织还可以间接地为民众代言,不同的社会组织在各自领域具有擅长的能力和技术,也具有联系和交往的渠道和平台,同时也聚集和积累了各种社会资源包括政府部门的人脉和关系。当民众要与社会各主体进行对话,又找不到门路或无从下手的时候,社会组织可以以组织的力量,帮助民众找到机会和出路。社会组织的协商能力要大于分散的公民个体,所以公民与社会组织可以形成合作关系,利用社会组织的便利与外界进行沟通。在农村,有的村民难以将自家生产的作物收成转手销售出去,农村中各种合作社或者经济合作组织便主动为农民搭建平台,这些农村社会组织通过网络,通过与外界的关系以及对市场的把握,将农民的作物很快地变现。在基层社区,"三社联动"即社会组织、社区居委会、社会工作人员三者的合作互动,共同组成社区的治理主体,社会组织主要做些项目性组织活动,协助社区居委会做好居民的娱乐文化生活、困难群众的帮扶工作、社区经济能力发展工作等,社会工作人员则具体深入民众中间,深入各家各户之间进行一对一的指导。此外,有的地区社会企业也参与进来,将"三社联动"变为"四社联动",社会企业主要是从资金和经济方面给予社区民众帮助,同时在帮扶过程中,销售企业的产品,以获得一定利润收入,这部分利润收入又进入下一轮或者其他帮扶民众的项目资金运转中来。在社会组织协商作用中,有一个新的领域在得到开发,那就是通过社会组织协商作用扩大我国统一战线阵地。随着社会形势和经济形势的不断发展,以及国际化形势的影响,国内新的行业、新的职业以及新的成分的公民也不断出现,为了凝聚最大化的社会主义建设力量,为了壮大党的爱国统一战线阵营,就需要社会组织这个好的组织力量,将新的社会力量容纳起来。统一战线的主要工作方式就是协商,通过协商,达成共识,达成合作,共谋发展大计。因此社会组织协商无论对于公民个体权益、社区和谐还是国家统一而言,都有着积极的重要意义。协商的过程是多元化的,内容丰富的,作用也是多样的,协商就是形成大家共同认可的政策;协商就是通过利于大家的公平决策;协商就是避免浪费、避免不公平;协商就是制止不良行为;协商就是实现利益最大化目标。因此,协商还有着廉洁高效的促进功能,是团结的润滑剂,是效益的酵母,是廉洁的防腐剂。

二、社会组织参与协商民主的主要形式

关于社会组织协商研究,国内研究主要从社会组织协商的概念范畴、社会组织协商的领域范畴、社会组织协商的困境、社会组织协商的改善措施等方面展开,基本上是针对社会组织协商自身内在问题进行反思,而对于社会组织协商具体针对某一问题,或某一领域进行切入,以微观的视角和过程运行的方式进行观察研究还比较缺乏。康晓强认为,"社会组织协商民主,指的是社会组织成员就内部事务问题,社会组织之间就利益相关问题以及社会组织与国家政权机关等,就经济社会发展的重大问题和人民群众关心的直接现实利益问题,基于平等、理性、包容、公开等原则理性协商、充分讨论以达成一定共识。"[1]康晓强的定义包含社会组织内部和外部协商。而蓝煜昕对于社会组织协商的界定则将社会组织内部协商放到广义的视角考虑,广义的社会组织协商既包括社会组织参与各级党委、人大、政府、政协及其有关部门发起的决策协商,又包括社会组织与社会、社会组织与企业乃至社会组织内部的协商。而狭义的社会组织协商主要立足于公共政策的视角,强调社会组织在公共事务和决策中的协商参与,包括作为协商主体参与由各级党委、人大、政府、政协等发起的协商,以及作为平台吸纳社会主体参与各级党委、人大、政府部门的协

---

① 康晓强:《社会组织协商民主建设的四个关系》,《领导科学》2015 年第 8 期。

商。因此从狭义的概念上说,一些社会组织内部的协商以及其他不涉及公共事务事项的协商,并不属于社会组织协商。蓝煜昕教授的分析试图着重社会组织协商对于公共政策,对于其他主体和相关问题领域的影响,对于社会组织内部协商并不是严格意义上各主体之间的协商,这是符合协商的主旨涵义的。

从学者们对社会组织协商涉及的研究领域可以看出,社会组织协商涉及领域越来越多,其作用也日益明显,社会组织协商的重要性以其独特的视角,以全新的第三方力量的公益性、公共性、服务性等特质,为社会治理提供了重要支持。目前,我国社会组织参与协商民主的渠道越来越多:一是很多地区政府与社会组织建立了沟通协商机制;二是社会组织参与政治协商、政治活动也初步试点;三是社会组织内部协商机制日益完善;四是社会组织积极参与立法协商、标准制定和政策拟定;五是社会组织广泛参与社会协商和社会治理。唐自明也指出,社会组织协商的范畴包括"政府与社会组织沟通协商机制初步建立;社会组织作为专业性智库积极参与立法协商和政策制定;社会组织广泛参与社会协商和社会治理;社会组织参政议政渠道得到拓宽;社会组织普遍开展会员间和行业内部民主协商"[①]。从学者们对于社会组织协商的研究领域来看,大都包括了社会组织内部协商,唐自明将社会组织内部协商具体界定为社会组织普遍开展会员间和行业内部民主协商,这是对于社会组织协商的内部协商作用的具体阐释,其中社会组织行业内部民主协商,进一步突出了社会组织与社会组织之间协商的重要作用和相关领域。

社会组织协商在我国各个领域和地区有了初步的试点,主要包括立法协商、司法协商、行业协商、政策协商、价格协商、标准协商等等。但是这些协商只是因为活动涉及社会组织的主体参与,以及社会组织在里面的协商作用而将其纳入社会组织协商范畴,相当多的案例并不是因为要发挥社会组织的协商作用而实施的这些项目。真正将社会组织纳入协商试点,并形成规模效应

---

① 廖鸿、康晓强:《逐步探索社会组织协商》,《中国社会组织》2016 年第 2 期。

的并不多。2015 年湖州市社会组织协商民主试点工作启动,此为我国地方政府从社会协商工作方面开展的专门性社会组织协商建设。湖州市由统战部和民政局牵头,组建了一个参与协商的社会组织综合型、统战性"智库"。协商内容涵盖重大决策制定和实施、重点项目的规划和实施、政府部门的年度工作计划、群众普遍关注和反映强烈的重要事项。试点工作选拔社会组织中具有代表性的人员和部分党外人士参加"智库",按农业、工业、服务业等领域划分;协商对话的工作平台采取会议讨论协商、民主恳谈协商、决策听证协商等形式;协商程序则由事先告知、民主协商、纳入决策、决议反馈、过程监督等环节组成。而广东顺德区、博罗县则将社会组织纳入政协界别,其他如广州、深圳、上海、厦门等地增加社会组织人大代表的数量,还有济南、烟台等地增加新社会群体协商渠道等,更是将社会组织协商与政治协商共同融合发展。

三、社会组织参与协商民主的困境

但是,总体来说我国社会组织协商的形式较少,涉及的政府工作和社会治理内容还不多,已有的试点和创新还处于较为低层次的方式运营。蓝煜昕指出:"从类别上看,目前国内在社会组织参与协商的案例中,在领域上大部分还是集中在政治协商(36%)和政策协商(26%),二者加起来超过了总数的一半,其次是社区协商占 19%,立法协商占 12%,最少的行业协商占 7%。从对决策的影响力方面来看,现有的协商大部分是建议型协商,占了总数的 93%,附带表决权的协商只占了 7%。从政策过程的阶段来看,目前的协商更多聚焦于政策的形成阶段,也就是事前协商较多,占了 72%,在政策过程中和政策结束后的协商较少,其中执行阶段占 19%,反馈阶段占 9%。"[1]由此可见,我国虽然已经明确了社会组织协商的重要性,但是对协商的紧迫性、关键性和针对性的认识还不到位,相当部分政府或者社会人士认为社会组织协商是辅助性

---

[1]　蓝煜昕等:《社会组织协商民主机制构建研究》,2015 年 12 月 27 日,http://www.chinanpo.gov.cn/700105/92396/index.html。

的,是可有可无的。如果从这些角度来考虑,社会组织协商可能是一个表象性的东西。这些问题之所以还不够突出,是因为没有基于我国新的社会建设领域来思考,这些领域将以社会组织等社会力量为主要动力,是引入和激发社会基础性主体作用,解决政府不能完成、政府不能替代等工作领域。还有一些问题的处理单纯依靠政府已经难以达到优质效果,如果没有社会组织等社会第三方力量的参与,问题将永远处于低级运行阶段,如政府购买公共服务、政府对外交流、政府的社会文化建设等。如果不需要新的社会发展,不需要新的发展增长点,不需要新的发展空间,不需要拓展新的领域,不需要对原有工作、原有产业等进行深入改进,那么社会组织可以不必非有不可。然而面对国际化日益激烈竞争的挑战,面对新形势下的复杂危机挑战,面对群众的多元利益需求,以及从我国目前社会主要矛盾的转变带来的新的需求来说,社会组织协商必须站出来,积极参与到各项社会事业建设中来,并开拓新的领域。

对此,学者们积极建言,找出当前存在的现实问题,提出对策。"我国社会组织协商尚处于起步阶段,顶层设计不系统,基层探索不成熟。要以制度化、法治化的方式规范社会组织发展,解决社会组织协商所面临的问题。要以社会组织统战工作促进社会组织协商建设,把推进社会组织统战工作与推进社会组织协商建设有机结合起来,实现二者互动发展。"①谈火生等指出:"我国社会组织协商的发展,在协商能力、制度化程度、参与机制和成果转化渠道等方面还存在着进一步改进的空间。"②张爱军指出:"社会组织协商必须遵循还权于社会、社会主义核心价值观引领、公开、法治、循序渐进的原则。社会组织协商的建设必须基于中国国情,要转换研究视角,实现宏大目标到个案的转变、价值层面向问题层面的转变、理论层面向经验层面的转变。要去除政治化思维,还社会组织及其协商的本性。要构建多样化的社会协商组织形式,加强

---

① 杨卫敏:《关于社会组织协商的探索研究》,《重庆社会主义学院》2015 年第 4 期。
② 谈火生、苏鹏辉:《我国社会组织协商的现状、问题与对策》,《教学与研究》2016 年第 5 期。

法治建设,对社会组织统一立法。"①但是,这些研究认识,还大多是对社会组织协商的普遍性问题的分析,而从社会组织协商的某个领域、社会组织协商的具体试点工作进行的专门性问题分析,这方面研究还比较缺乏。研究的当务之急是将社会组织协商真正放入某个领域、某个行业或者某个工作中来,让社会组织协商发挥它的专业作用,而不仅仅是因为它的公益性、服务性等区别于政府的特质和优势。社会组织协商要真正发扬光大是需要确立社会组织协商的独立地位,赋予其他主体不可替代的角色,配套相应的法律法规制度建设。

第四节　社会组织参与第三方反腐

一、社会组织参与第三方反腐的重要性

当前,我国第三方机构蓬勃发展,所发挥的作用也从经济、文化、生态向政治、维权、反腐等方面逐步深入扩展。同时受网络、媒体、新传播机制等技术性信息革命的影响,使得第三方反腐成为现实中的可能选择。虽然媒体反腐、网络反腐也是从他方角度对党政腐败的有效遏制方式,但是与第三方反腐有着过程和机制上的不同。媒体反腐、网络反腐更多的是一种手段、一种技术上的反腐,它的实施者可能是公民、政府,也可能是社会部门等等,他们在利用新传播手段反腐过程中,注重的是揭露腐败的事实、提供腐败的线索、曝光腐败的背景,而以上反腐任务只是第三方反腐的第一步。第三方反腐首先将对腐败的问题进行寻踪查证,找出充分的证据事实,补全各方面腐败问题线索查找漏洞的短板,提供严谨科学的腐败事实报告。除此之外,第三方反腐还从腐败产生的根源、背景、结构等方面进行深层次的剖析,找出腐败产生的原因。然后,第三方反腐还将对腐败产生的影响、腐败带来的负面作用、腐败的趋势以及腐

---

① 张爱军:《社会组织协商及其构建路径》,《社会科学研究》2015 年第 3 期。

败涉及的利益冲突的接受程度进行全方位评估,从而为下一步此类型腐败的反腐工作提供参考,为政府反腐重大决策提供依据。最后,第三方反腐还将对各种类型的腐败事件进行时间梳理跟踪,建立腐败数据库,以此科学评判各种腐败发展的脉络路径。可见,第三方反腐不仅是反腐的过程,它还有着研究的功能,以及不断开发反腐机制、反腐技术、反腐平台和反腐渠道的作用。可以说网络、媒体以及新技术的反腐只是一种手段,它为第三方反腐提供了可资利用的有效空间,它打破了传统反腐的条件制约,它为第三方反腐的实施带来了技术上的支持。也就是说第三方反腐有着三方面的主要功能:查证、评价与治理。其中评价与治理是最重要的两个功能,评价是本职,治理是延伸。另外,第三方反腐机制,还必须具备健全的实体机构、现代化的设施配备、专业化的人才、先进的评价技术、严格的评价制度,并与党政、社企等关系上保持独立,具备组织及人员、经济上的独立,与政府部门和其他社会组织机构不存在行政上的隶属和层级关系,两者在地位上是对等的,只在业务上受相关行业协会的指导。较早研究第三方来进行反腐的学者王丽萍认为,只有在市场经济体制不断发展与完善的条件下,致力于构建制度化的公民社会自治体系,建立参与型的公共行政管理模式,形塑具有相对独立地位的公共舆论媒体,社会才能真正实现对行政权力的制约。王丽萍的观点虽然指出了第三方反腐的制度和根源建设,但是未能提出第三方反腐的具体实施者和实施措施。李科利在《第三方评价与廉政风险防控实效提升》一文中指出:"第三方评价指在政府实行廉政风险评估过程中,受政府委托或以其他形式并以相对独立的身份参与政府廉政风险评估的行为。第三方评价自身独有的特点使廉政风险评估由内部评价转向外部评价或内外部评价结合,凸显了其在政府廉政风险评估中的重要性,丰富了廉政风险管理机制"。从第三方反腐的主体来看,当前学者的分歧较多,李科利认为,"第三方反腐的主体很广泛,根据不同职能部门和不同的评估内容,可以选择专家学者、政府工作人员、研究机构、普通公民、社会组织、营利组织、人大代表、政协委员等特别是利益相关者作为多种评估主体。"①另外媒体记者朱四倍、网络工作者张春林也是学者关注的对象。

但是从现实分析来看,在以上各种主体的第三方反腐方面,其优势与不足也很明显,差异很大。专家学者的研究能力很强,但是重理论轻技术,且缺乏团队合作,力量薄弱。政府工作人员作为被监督的对象,难免带有明哲保身的心态,难以以客观、主动、积极的态度配合。而人大、政协虽然被赋予了监督政府的职责,但是在体制和关系上也很难有着实质性的突破,很多条件受到限制。其他如研究机构、营利组织都有着各自的目标利益,加之与政府体制千丝万缕的联系,虽然有着技术、方法和人才方面的优势,但面临着很大的制度和利益困境。以网络和媒体反腐带出的媒体记者、网络工作者和民间反腐人士成为第三方反腐关注的焦点为例,这些反腐主体的工作重在前期腐败事实的发现,缺乏对腐败问题的研究,更缺乏腐败影响的治理。朱四倍指出:"如果明白了网络反腐最终要回到现实解决的话,就应明白新媒体不是'灵丹妙药',仅仅是曝光反腐败案件的一种手段而已,应重视新媒体力量迸发背后的现实尴尬,认识到新媒体曝光反腐案件更不能代替现实中的反腐败制度。当前我国网络反腐具有了明显的路径依赖特征:一方面,网络反腐的需求不断增长;另一方面,现有的网络反腐依然无法实现制度化的疏导和管理。这就使得网络反腐在相当程度上陷入低效状态。"②在第三方反腐与治理的研究和实践过程中,社会组织的主体反腐作用越来越明显,在独立性、客观性、技术性、专业性以及制度性等方面,社会组织成为当前反腐倡廉的重要选择。杨勇专门对于国外民间组织反腐的主要形式做了梳理,包括网络反腐、新媒体反腐、中介机构反腐、社会团体反腐、跨国公司反腐、利益集团反腐,通过比较分析,从

---

① 李科利、梁丽芝:《第三方评价与廉政风险防控实效提升》,《廉政文化研究》2015 年第 1 期。

② 朱四倍:《"新媒体成最主要反腐曝光媒介"的欣喜与隐忧》,人民网,http://politics. people.com.cn/n/2013/0626/c70731-21983348.html。

反腐独立性、客观性和公正性,以及反腐力度、反腐效果方面综合来看,社会团体的反腐最为有效。

综上而言,社会组织已成为第三方腐败治理选择的主体对象。社会组织作为第三方反腐治理机构有以下三方面优势:一是独立性,社会组织是区别于政府(第一部门)、企业(第二部门)的第三部门,在未来的社会结构发展中,三大部门的结构格局越来越明显,同时三者在权力制约、话语沟通等方面也逐步打破体制约束,向着更为开放、民主、共享的特征演进。二是专业性,社会组织聚集了各个行业领域的专家学者、实务人员和技术人才,他们大都受过专业的培训,有着良好的职业素质和道德水准。三是纪律性,社会组织中的法律工作者,因为工作职业的特殊性,从国家、部门等角度都对其进行了严格的训练教育。另外在社会组织工作中,社会组织也有自己的制度章程,加之社会组织的公益色彩,在其中也拒绝盈利性的取向,因此,社会组织第三方反腐有着严明的纪律,也有着高要求的政治法律素质。

二、当前国际上社会组织参与第三方反腐的现状

在国际反腐舞台上,社会组织反腐也颇有亮点。2005 年《联合国反腐败公约》实施,中国也于同年经第十届全国人民代表大会常务委员会第十八次会议审议批准加入。《联合国反腐败公约》第三章第十三条第一款,指出:"各缔约国均应当根据本国法律的基本原则,在其力所能及的范围内采取适当措施,推动公共部门以外的个人和团体,例如民间团体、非政府组织和社区组织等,积极参与预防和打击腐败,并提高公众对腐败的存在、根源、严重性及其所构成的威胁的认识。"在社会组织反腐案例中,也出现了很多优秀典型。在韩国有一些专注反腐问题的社会组织,如"经济正义实践市民联合会""参与民主社会市民联大""环境运动联合会"以及各种消费者维权团体、市民之家等,通过直接举报、反腐立法请愿、组成腐败财产归还或没收监视团、反腐居民联合签名活动等。尤其是 2000 年韩国总统大选前,为防止少数腐败政客再度当

选政府或国会议员,467 个社会组织联合结成"千禧年大选联盟",向社会公布"不宜再中选者名单",来保证选举的客观公正。2001 年在社会组织的推动影响下,韩国国会通过《腐败防止法》,同时还积极推动电子政务监督平台建设,反腐社会组织可以通过这个平台监督、监控和监察政府官员腐败行为的产生可能存在的环节、领域以及重点腐败问题。韩国还在大部分行业建立了内部监督机构,作为民间的自发组织,从第三方角度来监督政府,如新闻监察专员办事处,专门监督新闻行业的腐败问题。在瑞典,90% 的公务员分别参加了蓝领、白领和高级公务员工会。工会独立行事,监督政府行为,维护公务员正当权益,以组织的名义向政府提出交涉,甚至通过罢工或游行的方式来督促政府惩治或制止腐败行为。另外,瑞典还成立了瑞典工业联合会、商人联合会、斯德哥尔摩商会联合反贿赂事务所,专门监督经济领域的腐败问题。在美国各州、市、县成立了很多由离职的政府官员和社会名流牵头的民间团体,他们往往通过法庭旁听、媒体揭露、揭发批评、议会游说甚至上街游行等方式来与腐败行为作斗争。在英国也有难以计数的民间裁判所,他们发挥着与普通法院以及行政裁判所(官办)功能互补,代表不同利益方进行申诉、维权的作用。从全球来看,跨国性的民间组织参与反腐问题治理,以《联合国反腐败公约》为开端,到透明国际(Transparency International)的成立为标志,初现规模,透明国际在大约 90 个国家设有分支机构。尤其是国际透明组织,从 1995 年起,每年公布国际清廉指数。

通过比较分析,我们会发现世界不同区域的国家或地区在社会组织反腐的措施上具有一定的差异。韩国、日本等东亚国家以通过影响选举、参与游行示威等方式抗议腐败;美国、加拿大等北美国家通过法院旁听、媒体监督、议会游说等第三方监督方式进行反腐活动;英国、以色列等欧洲国家通过反腐举证、设立反腐热线等方式反腐活动;挪威、芬兰、瑞典、丹麦等北欧国家的社会组织通过宣传教育、出版刊物书籍、培训、开办网站等方式参与反腐活动。不同国家和地区的社会组织反腐形式与各国的法律制度、文化风情、国情等有着密不可分的关系。北欧等国国小人少、环境恶劣,形成了民风朴实、相互团结、诚信的地方风俗习惯,社会和政府较为廉洁,适合用宣传教育的方式促进反腐。而日本和韩国等国家,有着深厚的封建历史传统,腐败状况较为严重,群众反腐愿望强烈,常常通过抗议示威甚至影响选举的方式进行反腐。而英国、以色列等欧洲国家,法律传统悠久,尊重事实举证,根据案例判断腐败罪行是传统治理方式。

三、当前我国社会组织参与第三方反腐的探索

我国是联合国反腐败公约缔约国,也是国际透明廉洁指数参评国,在国际反腐形势的影响下,中国一系列反腐举措——国家惩防体系建设、建筑行业廉政公约、北京奥运反腐、反商业贿赂法、财产申报制度——背后,都有着透明国际力图影响的身影。2009 年 9 月,透明国际中国分会在清华廉政中心成立,受北京教育纪检监察工作研究会的直接管理,秘书处设在清华大学。党的十八届四中全会明确提出"探索委托第三方起草法律法规草案,对部门间争议较大的重要立法事项,由决策机关引入第三方评估,充分听取各方意见,协调决定,不能久拖不决。"2014 年新修订的《中华人民共和国行政诉讼法》,也首次明确"民告官"的程序、主体和规则,为社会组织反腐评价起到了法律指导作用。2015 年 6 月,国务院对出台政策措施落实情况开展全面督查时,已首次委托国家行政学院、全国工商联、国务院发展研究中心和中国科学院开展第三方评估。在地方也出现了第三方监督案例,陕西省平利县纪委制定了《平利县干部作风建设第三方监督工作实施方案》,从全县党代表、人大代表、政协委员和离退休干部中,聘请 20 名责任心强、廉洁自律、作风正派的"两代一委"及老干部作为监督员,组成 4 个第三方监督检查组,围绕贯彻落实中央八项规定、反对"四风"、厉行节约、脱贫攻坚纪律执行等情况,不定期深入到全县各镇各部门以及服务窗口开展监督检查,对监督检查发现的问题线索,分类建立台账,反馈给各相关单位,并督促整改落实。但是平利县的第三方反腐机

构并不是由独立的社会组织中介担任,在实施力度、客观性等方面难免受到政府部门的影响。而湖北省浠水县纪委、监察局创新工作思路、工作机制和方式方法,对全县16个乡镇(场、区)和98个县直正局级单位、公共服务部门的作风效能状况开展绩效评估,引入第三方监督机制,围绕规范权力运行,对简政放权、行政审批政务服务事项、涉企税费等涉及民生政策落实情况开展第三方评估,采取走访企业、入户调查座谈、发放征求意见表、网上公告、受理投诉等方式,积极推行政府及其工作部门权力清单制度。但在浠水县的第三方监督中也暴露出多个方面的问题:一是监督方与被监督者不分家,难保公正性,第三方评估中介机构是受委托来从事监督工作的,势必在工作思路、工作方案选择乃至监督结果上受政府及工作部门的权力影响,难以保证其完全的独立公正地行使监督职能;二是第三方监督者缺乏强制性,推行起来难,由于评估主体单一,法律法规对其权力的许可、职能职责的界定没有强制性,且以定量问卷为主,暗访和访谈为辅的评估体系不完整、不健全,易受人情因素的影响,加上第三方监督者专业化程度不高,导致评估结果往往缺乏准确性和公信力。

四川成都市通过引入社会组织的方式对低保工作开展第三方监督,先是将项目公开发布,邀请符合条件的社会组织积极参与申报,提交方案,经过专家的评审,确定入选的社会组织。然后由市民政局对社会组织进行政策培训,使其了解低保工作的基本状况,掌握监督的办法和技术,制定统一的文书,最后再正式授权社会组织实施监督。社会组织志愿者、社会工作人员深入乡镇、社区(村),查阅低保档案,检查救助台账,并进行入户随访和邻里座谈。在监督中,社会组织建立工作台账记录工作量,建立问题台账记录发现的问题及线索,按月向民政局反馈监督情况。社会组织监督低保工作覆盖了全市20个区县和市高新区、天府新区,共抽样调查了22个乡镇街道,414个村社区,查阅低保档案8613套,入户调查低保对象560户,发现低保档案不规范问题578条,公开执行问题和台账问题99条,低保问题线索15条。民政部门经常束缚于事务性工作,工作人员下去检查经常被引到工作较好或者准备充分的地方,面对点多面广的低保工作要求,难以发现实质性的问题,掌握的情况不全面也不典型。而社会组织身份超脱,不按常理出牌,从而更能发现实际问题。①

重庆从 2015 年开始引入第三方评估,但重庆的第三方评估主要是在决策评估和法律清理方面,未涉及反腐监督领域,且第三方主体以高校专家为主。2015 年,在重庆市委的领导下,重庆市人大常委会、重庆市政府与西南政法大学签署委托协议,并整合重庆大学、西南大学等高校近 200 名专家学者,对直辖以来现行有效的 195 件地方性法规、176 件政府规章进行全面清理。用第三方的眼光来审视、发现地方立法中存在的问题和不足,并在地方性法规规章的立、改、废中注重吸纳专家意见。最后,组织了由市人大代表、政协委员、有关社会组织负责人、企事业单位代表、有关部门领导、有关专家、律师等组成的若干评审验收组,对西南政法大学的清理结果进行评审验收。2015 年 12 月,重庆市委、市政府派出 9 个督查组,对 2014 年全市 10 项重大决策部署贯彻落实情况开展全面督查。在此轮督查工作中,重庆市首次引入重庆社科院、重咨公司、重庆智库和市社情民意调查中心等研究咨询机构,对部分重大决策部署贯彻落实情况开展第三方评估和社会评价,并形成了数万字的评估报告。重庆在反腐领域引入第三方监督,还主要是以群众参与为主:江北区面向社会分别公开选任 100 名社会监督员和企业监督员;南川区每季度由群众评选最难办事科室前十名,群众监督决定单位个人年度评优和个人绩效。另外,重庆还利用"群工系统"网络平台接受群众监督,截至 2016 年 3 月份群工系统已受理群众反映事项 34320 件,办结 33000 件,办结率达 96.1%。重庆引入第三方社会组织反腐治理有着国家法律、政策以及重庆前期相关实施经验的铺垫。根据重庆市的腐败特征、腐败形势,在重庆引入社会组织反腐治理有着现实需求:一是微权力腐败在重庆腐败数量中占据很大比重,十八大以来,重庆立案查处各类违纪违法的党员干部 11000 多名。其中,要对苗头性、倾向性腐败问

---

① 文豪:《创新低保监督机制 引入社会组织开展第三方监督》,《成都日报》2017 年 12 月 7 日。

题抓早抓小,2015 年以来,此类案件达 8905 件,占纪检案件总量的 64.4%。二是重庆市群众公民意识较好。重庆市高级人民法院发布的《2014 年重庆法院行政审判白皮书》显示,2014 年重庆"民告官"胜诉案件 461 件,同比增长 27%,要求政府信息公开案件数量增长迅速,成为当前行政诉讼案件新特点。三是重庆市社会组织规模大,政社分开改革走在全国前列。目前重庆市社会组织数量近 3 万个,且由于重庆工业基础好,商业基础数量大,加之重庆直辖过程中,三峡库区搬迁问题促成了相当数量的维权类社会组织。另外,重庆于 2002 年率先在全国实施行业协会与社会组织分开,在 2007 年又率先在全国实施社会团体与政府脱钩,并于 2010 年全部完成脱钩任务,经过政社分开改革,重庆社会组织独立性较强,为实施第三方反腐监督提供了坚实支持。

从目前社会组织反腐研究来看,关于社会组织参与反腐治理的研究成果学术界还较少,且发表时间跨度较大,没有形成连贯性。主要相关研究成果有:(1)国外民间组织参与反腐的理论与主要形式研究。李秀峰(2008):民间组织与反腐败——理论背景与国际经验分析;杨勇(2011):国外民间组织参与反腐败的主要形式;侯志山(2004):外国行政监督制度与著名反腐败机构研究。(2)国外民间组织反腐败国别和案例研究。骆兰兰(2007):以色列民间反腐败组织的反腐经验;[韩]全英坪(2003):市民团体与遏制腐败。(3)民间组织在反腐败中的作用。吴增基(2003):论政府与民间组织在反腐败中的作用;刘黎黎(2011):论社会参与反腐败能力提升;冉婷婷(2009):论民间组织对反腐败的参与;(4)我国民间组织参与反腐的现状与问题研究。张玉(2015):新形势下我国反腐败的社会参与问题研究——以"民间组织"为视角;林立军(2010):我国民间反腐败组织的建立;(5)第三方评价与反腐研究。李科利、梁丽芝(2015):第三方评价与廉政风险防控实效提升。

从研究的总体成果来看,当前存在以下不足:一是相比其他反腐形式来说,社会组织反腐成果较少,研究还没有形成梯队;二是研究大多基于理论和形式的研究,对于社会组织实施的深刻历史背景影响、现实体制制约、文化氛围等没有系统剖析;三是研究停留于社会组织反腐的作用、意义和形式研究,缺乏社会组织作为第三方的观察、评价、分析、总结、反馈、教育、预防、立法、宣传、治理等一系列全过程的参与机制研究;四是缺乏社会组织评价与现代化科技、现代化反腐手段、现代制度体系等先进技术、平台、方法的结合运用;五是缺乏社会组织参与反腐治理的法律地位、法律角色、法律功能、法律权限以及法律规范等一系列在国家法律层面的讨论。

为什么社会组织这个既具有专业性、公益性、志愿性的组织特点,又能代表民意、民利的力量没有引起学者的普遍重视? 这得从社会组织本身谈起,一是社会组织能力不足,尤其是在人员、资金、设施等硬件方面;二是社会组织发展参差不齐,有些社会组织为了维持生存,甚至突破底线,违背公益宗旨;三是我国一些社会组织行政色彩浓厚,本身难以从客观角度进行反腐;四是我国维权类、法律类社会组织还较为欠缺,且不是我国目前重点发展的社会组织类型;五是维权类社会组织在"民告官"的案例中,由于与被诉方地位不对等,其维权过程很难,结果很不乐观。

第五节　社会组织协商民主与治理

当前通过协商民主来进行治理的研究主要还是从技术和制度创新方面努力,实际上决定协商方式参与治理成效的是参与主体的社会化与多元化。以社会组织作为社会力量的代表参与协商式治理是一条可行的路径。

一、协商民主与治理:社会组织参与的中观视角

基于协商方式的治理,即通过协商民主的方式,在参与中充分发挥各参与主体的建议、批评、质询、谈判等权利,对决策制定或者决策执行起到实质性的完善作用。当前协商方式治理的路径主要有参与式预算、听证、立法协商、网络问政以及第三方评议等。随着技术创新和制度改革进程的加快,基于协商

方式的治理形式得到不断优化以及多样化的发展。然而决定治理根本成效的不是技术或者制度创新,首先应该是各参与主体的多元化,如果没有在平等理念支撑下的社会各参与主体的支持,再好的技术创新和制度优化只能是带来效率上的提高,而对于公平正义的发展并无太多裨益。必须增加基于协商方式治理参与主体的真实参与,并为其创造可行的、易于操作的程序和手段,否则只是口头上的承诺。基于协商方式的治理主体多元化的实现需要打破两个层面的关口:一是协商治理中的各主体的参与;二是协商方式下治理中的各主体的参与。而最有实力和能力代表社会切入这一治理的主体是社会组织,本研究将以社会组织为视角进行重点分析。

首先,协商治理中社会组织参与的分析。协商治理的基本原则就是参与协商的主体多元化,主张多元之间的平等协商,尤其关注弱势主体协商中的利益诉求和保障,"协商民主寻求的是一种不同利益主体之间的新型民主关系;是一种以承认差异性和多元化为前提,以理性与信任为基础,以对话和协商为方式,以容纳和兼容为原则,以利益协调和社会共识为目标的新型民主形态。"①当前学者在阐释协商治理概念内涵时,习惯于从国家和公民这两个宏观和微观的层面出发,突出的是国家与公民之间的关系。何包钢认为,"协商民主其作用在于政府通过协商民主的平台由公民实现公共决策以及社会的自治。公民通过社会协商和审议来对公共事务作出决策,使社会管理向民主化方向发展,这是中国民主发展的战略基础。"②王浦劬也认为,"协商治理,是政治主体基于政治组织和公民的政治权利,以协商和对话的程序和形式达成共识,以实现国家和公共治理目标的特定政治机制。"③这种解释对于个体价值在我国民主发展的重要意义具有独特视角和开拓意识,但面对当前我国复杂

---

① 李莉、陈秀峰:《推进中国协商民主完善的新路径:社区组织发展》,《社会主义研究》2008 年第 3 期。

② 何包钢:《协商民主和协商治理:建构一个理性且成熟的公民社会》,《开放时代》2012 年第 4 期。

③ 王浦劬:《中国协商治理的九大基本特点》,《求是》2013 年第 10 期。

的现实问题及利益主体多元化趋势,单纯公民式的民主路径已经难以独挡多层次和跨领域交叉的问题,协商治理不仅仅是对理念或者思维的更新,更应该在现实实践中注入活力,因而应更加关注"中观"层面的问题,即介于国家与个人之间的社会组织以及有组织的公民团体互动合作在协商治理中的作用,在这个层面上,社会组织在实际政治生活中所扮演的角色将更加明晰地显现出来。Hajer,M.认为,协商治理是一种"多元参与政策制定的方式",在这种方式里,"许多空间被创造出来以使得不同的机构、中介、团体、积极分子以及公民个人走到一起就紧迫的社会问题进行协商"。① 帕特南在对意大利十余年的跟踪研究后,也指出公民组织对于协商治理的重要意义,"这些公民社团有助于民主政治的效率与稳定,不仅在于他们对于个人成员的'内部'效应,而且它对更广大的政治体有着'外部'效应"。② 阿尔蒙德则经过对五个民主国家的考察分析后认为,"与非团体成员相比,团体成员可能认为他更有资格做一个公民,更为积极地参与政治活动,更了解和关心政治"。③

其次,就社会组织能否通过协商的方式参与治理,也似乎出现了"微观和宏观"层面的两个极端。"就社会组织的行为而言,微观理论家强调协商论坛的参与者必须是由交往行为驱动的,而宏观理论家并不排除使用策略的行为形式,当这种行为用于对国家和经济权力及不平等做出反应的对抗性目的时,尤其如此。"④协商治理主要是关注参与者对决策的合法性提出的重要民意支持,它更多的是完善执政者的决策,使决策在某种程度上更能够体现完整性、周密性和科学性。通过社会组织的参与,可以增强社会组织代表的民间利益

① Hajer,M.(2003a),"A frame in the fields:policy making and the reinvention of politics".In *Deliberative Policy Analysis:Understanding governance in the network society*,M.Hajer and H.Wagenaar(eds),Cambridge University Press,Cambridge,pp.88–110.

② [美]罗伯特·D.帕特南:《使民主运转起来》,王列等译,江西人民出版社 2001 年版,第102 页。

③ [美]阿尔蒙德、维巴:《公民文化:五国的政治态度和民主》,马殿君等译,浙江人民出版社 1989 年版,第 115 页。

④ 陈家刚:《协商民主引论》,《马克思主义与现实》2004 年第 3 期。

在决策中的反映,使得决策更加公平,适当考虑到民众的利益或者弱势群体的利益。因此,在社会组织与国家的关系上,似乎出现了要么走向"社会组织与国家完全合作"即"法团社会主义模式",要么就是"社会组织与国家对抗"的"自由主义社团模式"。对于为什么在两种模式之间很难建构一种"社会组织对于国家监督基础上的合作关系",当下存在诸多现实体制和认识上的困境。首先,社会组织可以监督政府的行为,并且可以提出不同的意见,但是这些主要是在政府"倾听"的角度上参与,"政府"可以广泛听取民众的意见,至于是否采纳,民众的力量是难以起到决定作用。其次,协商式谈判很难找到对应的责任人。即使找到相应的责任者,责任者会拿出一系列制度与你交涉,他的回应就是按制度办事。当对照制度条文来质问责任者的问题时,发现责任者确实没有违反制度,所谓他违反的只是这个更为具体的"人"的利益。张康之深刻地描述了制度在人们之间的作用关系。他将农业社会、工业社会和后工业化社会分别称之为熟人社会、陌生人社会和匿名社会。工业社会的竞争性发展使得人们的心性逐步变得自私自利,工业社会中流动性、复杂性的社会格局也使得人们之间变得越来越陌生,为了维持这种复杂的社会趋势,为了变得更为精细化,制度就成为必然的选择,但是人们之间的信任也随之变得脆弱。"在某种意义上,我们并不是直接地把契约型信任理解为人与人之间的信任,而是人们对法律制度的信任在人们之间关系上的反映。"①因此,"协商"似乎变得多余,而"批判性的协商"更是排斥在制度控制范围之外。"我们的社会鼓励和允许存在的组织所拥有的基本上是一种制度性控制机制",在这种控制机制中,出于信任的合作变得可有可无。社会已经变得不是人与人之间的对话协商,而是人与国家或者人与制度的对话。

因此,我们必须重新审视工业社会所带来的治理技术上的变革的合理性,否则社会将失去多元化发展的活力,失去社会资本的自我治理的动力,使整个

---

①　张康之:《论合作行动的条件:历史背景与人的追求》,《行政论坛》2016年第1期。

社会变成一个"大我"而不是多姿多彩的"我们"。显然,这不是我们希望看到的,在"合作"与"对立"之间应该有一个"批评"的环节,从而中断由"合作"直接演变为"对立"的可能。"批评"是不愿意被人们接受的,但是"忠言逆耳利于行,良药苦口利于病",没有对问题及时纠正,一旦问题越积越多,达到质变,也就难以解决了。在这一"批判性环节"中,最合适不过的主持者就是社会组织这一主体了。首先,社会组织是社会的黏合剂,社会组织并不是只有批评的作用,其实批评是建立在共同发展的基础上,相当多的社会组织是在自己的工作第一线从事社会服务、社会管理的工作,如行业组织、基金会、公共服务机构,这些组织相当部分又是慈善组织或者志愿组织,从事有利于社会和睦的建设工作。其次,社会组织增强了个体公民与政府对话的平衡力量,使政府在做出决策时,将民众的基本利益纳入考虑,尤其是弱势群体或者边缘群体的利益,因为在他们背后是社会组织的力量支持,防止了政府利益垄断,促进了社会的平等,也就避免了更大的社会分裂。然后,社会组织具有专业化的协商谈判水平,能够利用现代化的技术方法,使得协商监督或者批评建议更有效率,避免了知识不足造成的失误。最后,社会组织的第三方地位和角色赋予了社会组织独特的监督作用,达伦多夫认为,社会组织是一切独裁权力的"眼中钉,肉中刺",因而,社会组织"也许是唯一能够有效反对专制和极权统治的源泉""没有社会组织的成长及其对公共政治权力的有效监督,协商民主将可遇不可求。"①

　　社会组织参与协商民主建设的重要使命在于有效规制公共权力的运行边界。"如果说选举民主重点解决的是权力的来源,以'授权'为取向的话,那么,协商民主重点规范的是权力的运行、以'限权'为取向。"②基于"授权"对

---

① 康晓强:《社会组织一定促进协商民主吗?——对国外文献的评述和批判性考察》,《马克思主义与现实》2018年第1期。
② 康晓强:《社会组织一定促进协商民主吗?——对国外文献的评述和批判性考察》,《马克思主义与现实》2018年第1期。

于官员的制约也主要体现在选举那一刻,选举完成之后,绝大部分时间,官员如何正确行使手中的权力,这就需要在执行权力过程中实实在在的监督。所以,民众通过协商过程,将政府的决策制定限定在协商民主前提框架之内,在最大限度内将腐败制约在发生前。协商民主论者还认为"控制官僚自由裁量权的恰当途径是施行协商民主,实行协商的民主立法模式。"[1]俄罗斯政治学者安德兰尼克·米格拉尼扬在总结苏共失败的症结时敏锐的指出,由于社会组织发育迟缓,国家发生了严重"异化",因此,在还没来得及建立起反映政治、社会、职业和民族利益协调发展的社会组织生态时,"党和国家就从政治和社会中消失。正因为如此,国家也就崩溃了。"[2]

　　中国不同于苏联的一个重要原因就是在于我们走出了一条积极发展协商民主的道路,协商民主成为我们的基本国策,并且力促协商民主在基层中、在民众中的发展,力促协商民主多层化、制度化发展,力促协商民主与选举民主结合起来发展,力促协商民主的"协商式监督功能",并与群众监督、机构监督、舆论监督等结合起来。协商民主已经成为可以践行于人们的政治生活,有着制度保障,有着批评监督功能的协商民主。另一方面,国家对于社会组织的重视也达到前所未有的高度,社会组织已经纳入党的执政基础、统一战线、国家治理体系之中。社会组织已经作为第三方担负起监督、评估、批评、建议的责任,在环境保护、扶贫政策、教育发展等等领域承担起重要的监督作用。社会组织已经进入了人们的生活,在与人们利益相关的公共决策以及民众的意愿表达方面都有了越来越多的体现。《中国政治参与报告(2013)》对民众政治参与类型偏好进行的调查发现,调查对象对不同参与形式的重要性程度的评价从高到低依次是:各种选举;基层群众自治;社会团体活动;上访等形式维

　　① Christian Hunold, "Corporatism, Pluralism and Democracy: Toward a Deliberative Theory of Bureaucratic Accountability", in *Governance: An International Journal of Policy and Administration*, vol. 14, No.2, Blackwell Publishers, 2001.

　　② 康晓强:《社会组织一定促进协商民主吗? ——对国外文献的评述和批判性考察》,《马克思主义与现实》2018 年第 1 期。

权;政策讨论;在互联网发表个人意见。通过对民众实际有过的参与行为的调查发现,民众的参与行为从多到少依次是:为一项社会活动组织募捐或者筹款;参加与政治有关的各种会议;向上级政府领导表达自己的观点;通过社会组织表达自己的观点;为某项特定的理想或事业加入组织;在互联网有关政治主题的论坛或者讨论组中发表自己的观点;在请愿书上签名;通过媒体表达自己的观点;游行、静坐、示威。① 协商与社会组织在廉政目的上达成的路径融合成为目前民主参与的重要选择。

二、社会组织通过协商方式参与治理的局限

社会组织通过协商治理来制约腐败,面临一些现实的条件限制。首先,协商治理强制性不足,协商治理主要通过"软性"的协商或者讨论,即使是批评也缺乏刚性约束力,需要增强协商治理的"权威性","完善协商过程必然要求建构的协商制度,组织和规范协商过程,做出权威性决策以及实施这些决策。"在我们国家,协商治理的权威性得到了保障,基于党绝对领导的政治体制,国家的协商民主活动都要围绕在党的这一核心进行,这是应对西方的参与式民主的"多元化、无序、分散目标"不足的一个进步。其次,社会组织参与协商式治理还需建立强大配套制度,Themudo(2013)指出:"公民社会在多大程度上能够产生足够的社会压力,这与新闻自由息息相关。高度的新闻自由有助于公民社会有效发挥反腐败作用。"②中国实施"互联网+"战略,极大地推动了社会各项事业的媒体化发展,通过媒体,人们之间拓展了沟通渠道,也增加了信息公开的透明度。尤其是人们利用手机上网的方式越来越便利,极大地提升了人们接受信息的能力,每个网民都可以成为一个自媒体,将接收的信息进一步传播扩散,也可以将自己的获知的新闻传给他人。当前通过协商沟

---

① 房宁:《中国政治参与报告(2013)》,社会科学文献出版社 2013 年版,第7页。

② Themudo,N.S.,"Reassessing the Impact of Civil Society:Nonprofit Sector,Press Dreedom,and Corruption",*Governance*,2013,No.26(1),pp.63–89.

通的方式监督政府和建言政府是增强社会组织制约政府腐败的重要路径,它直接将问题对准政府的作为,为了促进这一廉政事业发展,2016 年国务院办公厅关于印发《"互联网+政务服务"技术体系建设指南的通知》指出:到 2020年底前,建成覆盖全国的整体联动、部门协同、省级统筹、一网办理的"互联网+政务服务"技术和服务体系,实现政务服务的标准化、精准化、便捷化、平台化、协同化,政务服务流程显著优化,服务形式更加多元,服务渠道更为畅通,群众办事满意度更为显著。该通知同时指出目前存在网上政务服务内容不规范、服务不便捷、网上政务服务平台不互通、数据不共享,线上线下联通不畅,政务服务的标准化规范化程度不够高等问题。除新闻媒体信息公开以外,Schatz 指出,当公民社会倡导的社会问责能够促进横向问责和通过选举对官员形成问责时,才能显著抑制腐败。[①] 其中横向问责主要是通过协商民主过程来实现,民众直接参与政府重大决策、重大项目的制定,在参与中建言献策。在决策实施中,民众也有权力对项目和决策执行进行监督,保证决策真正落地,项目完成后,民众也有权利对项目进行评估,提出改进建议。而纵向问责主要是通过选举民主的过程实现选出真正为民做主,有责任、能力强的官员,如果新选出的官员在后期工作中没有尽到应有的义务或者未兑现选举时对于公众的承诺,或者玩忽职守,腐败无能,那么民众同样可以对其问责,并在下一届选举时将其作为是否再次入选的重要依据。中国在协商民主和选举民主的协调发展上,重视二者的结合作用。习近平总书记在政协成立 65 周年纪念大会上指出:"人民是否享有民主权利,要看人民是否在选举时有投票的权利,也要看人民在日常政治生活中是否有持续参与的权利;要看人民有没有进行民主选举的权利,也要看人民有没有进行民主决策、民主管理、民主监督的

---

① Schatz, F., "Fighting Corruption with Social Accountability: A Comparative Analysis of Social Accountability Mechanisms' Potential to Reduce Corruption in Public Administration.", *Public Administration and Development*, 2013, No.33(3), pp.161-174.

权利。"①

三、社会组织通过协商方式参与治理的路径

在协商治理的外部配套制度建设之外,应重视社会组织参与治理的本体程序和制度建设,提升社会组织协商式治理的规范化、程序化和制度化水平。

首先,建立严格的参与程序。一是注重程序的严谨性,每一个环节之间相互衔接,每一个程序入口严格把关,凡是不符合程序要求的禁止进入,同时也严格实行退出机制,不管在哪个环节只要不符合要求,或者达不到标准以及违反了规定都应该将其淘汰。二是程序的平等性,程序采取严进宽出的原则,在参与主体的认定上,针对所有人,不排斥任何参与对象,尤其是弱势群体,也不排斥个体参与者,对具有较高社会地位或者社会资源丰富者,都要严格把关,在名额等方面分配一视同仁,不因特殊地位而网开一面。三是程序方便群众参与。便捷性、可行性和可操作性是程序设计的重要原则,在程序设置上开发易于普通老百姓能够顺利掌握并进入的操作方法,尤其是对于年龄大、文化程度不高、参与能力不强的公众,程序要为其开通绿色通道,必要的情况下,设置协助员帮助他们参与。四是程序能够将公众、社会组织、政府三者沟通渠道联系在一起,公众可以直接与政府面对面,也可以借助社会组织中介力量与政府对话,还可以建立三者协商沟通的平台。

其次,是完善社会组织参与协商式治理的制度机制。一是社会组织参与协商式治理的法律制度保障,"给予各级政协以法律正式授权,明确它在国家政权中的制度性功能。""人民政协不是一个权力机构,没有制定约束力的决策的权力。"②从法律上赋予政协机构权力机关的地位,增强社会组织及各个

---

① 《习近平谈治国理政》第二卷,外文出版社 2017 年版,第 292 页。
② 傅士卓:《中国的善治之路:中美学者的观点》,《中国治理评论》2012 年第 1 期。

参与主体在政协协商式监督中的作用。同时,协商式治理不仅是借助政协机构,协商的范围已经扩及社会各个层面各个领域。正如十九大强调的,"完善基层民主制度,保障人民知情权、参与权、表达权、监督权。加强协商民主制度建设,形成完整的制度程序和参与实践,保证人民在日常政治生活中有广泛持续深入参与的权利。"二是建立公民和社会组织能够进入政治系统的制度。只有将民众和社会组织的意见通过政治系统的渠道体现出来并形成政策,才能够真正使得民众的意见转化为现实。民众及社会组织的协商廉政监督应该与人大、法院、检察院、纪委以及政协机关进行制度和程序上的工作对接,将民众的参与作为政府工作的一部分,并建立增加操作性制度和保障制度。三是建立社会组织参与协商式治理的救济制度。社会组织是弱势群体,代表或者帮助民众参与治理,有可能遇到多方面的阻力,因此,应该有专门的"不同意见"保护制度,社会组织如果遇到不公正的待遇可以有相关的申诉渠道,从而保护自己的合理权益。

最后,社会组织通过协商方式参与治理的规范化。一是社会组织绝大多数是合法的、积极的。但是也存在社会组织从事违法违纪活动的情况,在协商式治理的正式渠道进入前,要对这些社会组织严格审核,禁止进入。另外还有很多非法社会组织、山寨社会组织、离岸社会组织等,尤其是有些社会组织以窃取国家机密、颠覆国家政权为目的,应严格取缔,绝对不允许进入协商式治理渠道。二是社会组织之间因为规模、实力、资源的不同,也存在很大的差异,要尽量给予所有社会组织以平等机会,保证一定数量的普通或者草根社会组织的参与权力,避免某些社会组织因为实力规模大而控制话语权力,要给予所有社会组织公平竞争的机会和公平参与的机会,制止恶性竞争。三是保证公民和社会组织有序参与治理。严格遵守参与的程序和参与的制度,制定激励机制鼓励参与,也要制定评估机制进行严格的评估,过程实行档案管理制度。参与者也要实行述职制度,接受第三方监督。四是建立对应参与者的问责和监督制度,防止社会组织和公民参与的随意性和盲目性,更要防止这些参与者利用参与的权力从事打击报复,或者被他人利用的可能。对于不认真履行职责的参与者要及时进行更正,并对其进行问责。建立客观公正的协商对话原则,防止参与者从中牟利或者替"有罪者"辩护等行为。

第三章　社会组织专业性协商治理

第一节　预算协商

一、社会组织在参与式预算中的作用

陈家刚认为，"参与式预算是一种民众能够决定部分或全部可支配预算或公共资源最终用处的机制和过程。在这种创新的决策过程中，群众、社会组织、企业代表等通过不同的分组，参与当地年度预算分配讨论和决定公共预算和决策，确定资源分配、社会政策和政府支出的优先性，并监督公共支出。"①何包钢认为，"参与式预算是一个公民和非政府组织通过它来决定预算的原则、程序和过程，人民参与预算是决策过程中的一个重要阶段。"②奥斯特罗姆也指出："一群相互依赖的委托人如何才能把自己组织起来，进行自主治理，从而能够在所有人都面对搭便车、规避责任或其他机会主义形态的情况下，取得持久的共同收益。"③参与式预算已经在许多国家进行了实验，如1989 年最早实施的巴西阿雷格里港市参与式预算、1995 年印度公民预算组

① 陈家刚：《参与式预算的兴起与发展》，《学习时报》2007 年 1 月 29 日。
② 何包钢：《近年中国地方政府参与式预算试验评析》，《贵州社会科学》2011 年第 6 期。
③ ［美］奥斯特罗姆：《公共事务的治理之道》，余逊达、陈旭东译，上海三联书店 2000 年版，第 51 页。

织的参与式预算、2000 年日本多步骤参与式预算、印尼的性别类型参与式预算、2002 年波兰普沃茨克多元参与对非政府组织资助的参与式预算、德国规划小组式参与式预算、2004 年塞尔维亚以个人参与为基础参与式预算、法国普瓦图-夏朗德中学参与式预算以及韩国多个委员会联合协商的参与式预算。

当前我国公共预算改革虽然有社会组织的参与,但还没有起到带头和引导作用。如河南焦作"网民票决结合社会听证的参与式预算"、云南盐津"公民协商与议事员票决结合的参与式预算"、北京麦子店街道的"居民、专家、社会组织等分组协商与投票表决的参与式预算"、哈尔滨和无锡在街道一级进行选举产生的公众代表选择公共财政项目的预算改革。上海惠南镇的预算改革是镇人大代表选择的改革项目;浙江温岭是抽样式选择群众代表参与,后由人大审议预算的改革;上海闵行区人代会听证的办法;浙江宁海采取"实事工程"票决制的办法参与预算改革,而四川巴中白庙乡的预算改革是政府主导的全面向公众公示的预算改革方式。另外在广东深圳、福建等地也进行了预算改革,这些改革有的吸收了巴西的地方预算改革方式,如浙江温岭、哈尔滨和江苏无锡都是如此。温岭参与公共预算实现了与人大制度的对接,通过民主恳谈会的预算草案,交由人大预算监督小组进行审核,通过审核后还要交人大会议正式表决通过,这一重大举措是对于政治体制改革的重要创新,它激活了人大权力,也调动了人大的积极性,并发挥了人大的实质性作用,使公众参与预算的结果能够进入体制内的决策渠道,上升到法制环节。但是目前我国参与式预算主要还是在地方乡镇(街道)、社区(村镇)一级的实验,"这主要基于两点原因:一是只有在这个层面公民才有充足的兴趣以及足够的能力参与预算;二是在这一层面推动直接民主的成本比较低,也比较可行。如'以获取决策信息为目标'的上海南汇区惠南镇'代表点菜'模式;'以提升政府行为合法性为目标'的浙江温岭'预算民主恳谈'模式;'以增加公共服务可接受性为目标'的上海浦东新区街道、无锡市各区县街道以及哈尔滨道里区各街道'项目预算支出选择'模式。"①裴志军等认为,"我国目前参与式预算的合作伙伴最明显的组织就是高校,社会组织与参与式预算的互动较少。高校和参与式预算之间的合作可以为参与式预算提供理论的指导,但是,高校的角色和职能却是单一的,不能满足参与式预算多方面的需求。此外,社会伙伴关系也创造了社会资本和信任。因此,注重参与式预算中政府与非政府的研究是十分必要的。"②

陈家刚指出:"实施参与式预算需要一系列基本条件:第一,行政首长和其他决策者具有比较明确的、推进改革的政治意志;第二,成熟的公民社会组织是决定性的;第三,预算讨论的额度、阶段、时限和决策规则、责任、权威和资源的分配方式,以及参与式预算委员会的构成等由民众决定;第四,民众和政府官员在公共预算方面的能力与意志;第五,信息能够通过各种可能的途径广为传播;第六,民众确定需求优先性。"其中,"成熟的公民社会组织是决定性的"③。在我国东部地区浙江温岭、无锡、上海等地实施的公共预算改革,因为当地的社会组织发展较为发达,推动了这一改革的顺利进行,尤其是温岭,是中国民营经济发展的代表,当地经商氛围浓厚,各种自发成立的行业协会商会尤其繁盛,这些行会商会相比其他地区的社会组织来说,独立性,自主性更强。在温岭民主恳谈会实施过程中,各种社会组织代表参与其中,起到了很多好的示范作用。

在世界上其他国家的参与式公共预算中,社会组织起到了积极作用,加拿大的参与式预算"各种社会运动、社区组织和自愿团体等网络,为参与式预算提供支持",雅加达的"透明预算论坛",推动了地方研究机构和非政府组织的参与。南非的参与式预算,由非政府组织南非民主研究所(IDSA)负责,推动

---

① 赵早早、杨晖:《构建公开透明的地方政府预算制度研究——以无锡、温岭和焦作参与式预算实践为例》,《北京行政学院学报》2014年第4期。

② 裴志军、吴成:《国际参与式预算研究的现状、趋势及借鉴——基于2000—2014年Web of Science文献数据分析》,《财经论丛》2015年第7期。

③ 陈家刚:《参与式预算的兴起与发展》,《学习时报》2007年1月29日。

了预算信息服务中心、议会生活质量和妇女地位委员会和社区联合调查的联合计划。爱尔兰的参与式预算,通过"社会伙伴关系"推动政府和许多社会组织广泛参与经济和社会目标的咨询。日本千叶县政府先征求非政府组织预算方案,然后再编制预算方案。赞恩波勒·贝欧茨通过对巴西旁图察和那热然两个地区的参与式预算改革比较观察,旁图察地区的社会组织有着深厚的社会基础,"除了大量活跃的社区组织之外,旁图察地区还有一个功能健全的自治的团体联合组织和数量众多的具有宗教基础的公民团体。"通过研究,贝欧茨发现在所有影响公共预算改革的有效性方面,"其中最为重要的因素是民主交流中的公民社会网络","虽然公共领域交流发生在'生活世界'中,但是一个成熟的公民社会有益于建立在共同信任和良好信息基础上的有规则的交流。""一些研究参与式治理和协商民主的学者们关注参与式制度安排的规则和非制度化设计,却忽视了该制度所在的社会环境。重视这些互动对于批评和赞扬政府中的参与活动具有重要意义,因为它更关注在特定环境中那些制度安排的可行性"。贝欧茨特别强调他的发现"特定的参与和交流方式与其所在的形成制度参与规则的公民社会环境有着高度的相关性"。贝欧茨通过在这两个地区参与式公共预算中发生的意外争论和冲突的解决状况比较指出"参与预算过程没有出现先前预测的民主缺陷,如参与被某些能言善辩者控制的情况,却出现了由于没有建立起公民网络而导致参与式缺陷。旁察图地区社会网络是极为重要的,因为它不仅仅'将我变成我们',而且使'我们'在进行集体事项的讨论时不会转变成像现在那热然地区出现的'我'的私人化争论。"①专家库与社会组织的随机抽样,现代公共决策具有很大的复杂性,我们必须一方面坚持以随机抽样的社会群体意见为基础,另一方面也要让专家和社会组织发挥作用,辅助民众了解决策事项。一些社会组织具有对社会意见的调查、整合和分析功能,它们和决策项目涉及的专业领域专家,对协商民

---

① Emergent Public Spheres: "Talking Politics in Participatory Governance", *American Sociological Review*, Vol.68, No.1. Feb. 2003.

主的利益整合具有重要意义,可以与随机抽选的社会代表的意见一起,构成一个良好公共决策的"两个支撑"。预算是一个复杂的过程,涉及的经济问题很多、预算报表也很复杂,特别是对市级以上的政府来讲,几十亿或者上百亿的资金的应用,所编出来的报表复杂程度,已经让目前的人大代表和社会公众很难分析,因此也很难审议和参与预算的讨论。在许多国家,对这种复杂预算的参与是由专门的社会组织来进行的。专业的预算审议机构根据自己的办法对政府编制好的预算方案进行详细的分析,再将结果提供给媒体和议会。

二、政府购买社会组织服务中的参与式预算:一种公民、政府和社会组织合作参与的视角

参与式预算在地方政府预算监督中起到了积极作用,但是作用领域仍旧有限,并难以真正发挥社会组织的作用,因此将这一模式引入政府购买社会组织服务这一领域,通过参与式预算激活政府、社会组织、公民等多元主体协商互动的动力,通过各主体之间的相互制约和相互沟通的过程,起到监督政府、社会组织及公民在购买服务中的腐败行为。当前国家正大力推进政府购买服务的开展。《中共中央关于全面深化改革若干重大问题的决定》指出"推广政府购买服务,凡属事务性管理服务,原则上都要引入竞争机制,通过合同、委托等方式向社会购买。"①财政部《政府购买服务管理办法(暂行)》指出"政府新增公共服务支出通过政府购买服务安排的部分,向社会组织购买的比例原则上不低于30%。"《中共中央关于制定国民经济和社会发展第十三个五年规划的建议》也提出:"创新公共服务提供方式,能由政府购买服务提供的,政府不再直接承办;能由政府和社会资本合作提供的,广泛吸引社会资本参与。"②

---

①　《中央决定:凡属事务性管理服务,原则上都要引入竞争机制》,人民网—财经频道,http://finance.people.com.cn/n/2013/1115/c1004-23559298.html,2013 年 11 月 15 日。

②　《推进政府购买公共服务:"十三五"政府职能转变的重点》,http://www.ccgp.gov.cn/gpsr/llt/201608/t20160810_7166151.htm,2016 年 8 月 10 日。

然而,在政府购买社会组织服务过程中,由于相关配套法律法规还未完善,"虚假招标、串标、资金浪费、甚至腐败等各种风险相伴而生。邀请招标、竞争性谈判、单一来源、询价这四种方式,使购买服务方的自由裁量权越来越大,意味着产生腐败的空间也在加大,受贿、吃回扣、虚表报价,少数负责采购的公职人员和承接方'共谋'赚取差价等各种不法行为,都可能产生。"①李晗指出,无论是政府采购领域还是社会组织行业,都是腐败频发区域。在政府采购领域,吃回扣、天价采购、暗箱操作等问题频遭曝光。② 原来大多通过政府进行公共服务活动的腐败问题,现在延发到社会组织领域,如何防止腐败问题的进一步扩大,单纯依靠政府和社会组织自律以及各职能部门的监管很难达到全面、透明的反腐效果。而且政府购买社会组织服务的目的是充分发挥社会力量,在政府的正确引导下,实现社会服务效益的最大化,腐败治理只是购买服务中为了达到最终目标,采取的过程控制制度之一。何增科指出,"反腐倡廉和廉政建设的目标不应停留在廉洁政治的目标上,而是应当进一步实现廉能政治,即建设一个廉而有为、廉而有能的政权,这也是国家治理现代化的内在要求。"③尚勇也认为,"一般而言,腐败是与较低的效能相伴而生的,正是由于腐败才导致低效能,反之亦然,要加强反腐败的制度体系化构建,促进廉政与高效能的结合。"④

参与式预算就是首先通过公民的参与,有效监督政府和社会组织的预算过程中容易发生的腐败问题。公民通过外部监督和内部参与的双重控制过程,在预算过程中,设置公民监督的机构或者机制,嵌入到购买服务预算的全过程。然后,公民直接参与到政府购买社会组织服务的预算过程中来,通过公民内部的协商,并与社会组织和政府进行政策建议的互动协商甚至谈判,这种

---

① 王义:《政府购买社会组织服务的风险防范机制研究》,《中共青岛市委党校学报》2014年第2期。
② 李晗:《政府购买社会组织服务审计研究》,《财会月刊》2016年第30期。
③ 何增科:《廉能政治是更高目标》,《领导科学》2017年第27期。
④ 尚勇:《关于廉政与效能相结合的制度设计》,《中国监察》2012年第2期。

集思广益,多方论证的过程可有助于拿出科学、高效的项目方案。卡班尼指出:"参与式预算是一种人们可以对全部或者部分公共资源的最终用途做出决定或者对这些决定做出贡献的机制。"①再则参与式预算可以有效促进项目的公平实施,由于公民的直接参与,公民可以提出有利于自己的建议,并将其在预算中体现出来,"参与式预算是一种创新的政策制定过程,是公民直接参与影响自身利益的决策过程。"②还有,参与式预算还可以促进民主政治的发展,参与式预算不仅可以调动公民参与民主、协商民主发展,而且由于参与监督和预算的公民代表是通过民主选举产生,在预算过程中与协商的最终提案又与人大制度对接,接受人大会议的监督审批。任勇指出:"参与式预算是指对任何具有参与意愿的公民开放、结合直接民主与代议制民主因素、包含广泛的协商而不仅仅涉及咨询、向弱势群体与贫困地区再分配公共资源并具备自我调适功能的决策过程。"③何包钢对于参与式预算做了一个较为全面深入的内涵分析,第一,"从行政角度来看,参与式预算是通过公民和人大代表审查预算分配,对项目的重要性进行排序。第二,从政治角度来看,参与式预算是引入地方民主的工具;第三种定义认为参与式预算是一个公民和非政府组织通过它来决定预算的原则、程序和过程,人民参与预算是决策过程中的一个重要阶段。"④

参与式预算,它既体现了预算的基本监督审计功能,同时也通过温和的协商参与方式,嵌入进政治体制改革中去,它不改变党和政府的决策最终权力,却通过公民的积极参与起到出谋划策和社会监督作用。它由技术的作用延伸为政治上的结构改变,由一种程序上升到民主的效益。具体来说有以下几个

---

① Cabannes,"Participatory budgeting:a significant contribution to participatory democracy", *Environment and Urbanization*,2004,p.16.

② Leonardo,"Public deberation at the local level:participatory budgeting in Brazil",*Experiments for Deliberative Democracy Conference*,2004,p.6.

③ 任勇:《基层协商民主中的参与式预算:困境与出路》,《公共管理与政策评论》2015 年第 3 期。

④ 何包钢:《近年中国地方政府参与式预算试验评析》,《贵州社会科学》2011 年第 6 期。

作用。

一是打通了政府、社会组织、公众在反腐中各自为政的隔阂,明确了在参与式预算中相互之间的责任和角色关系,成为相互沟通、相互影响、相互制约的预算反腐机制。这种目的是从"预算"到"参与式预算"再到"政府购买社会组织服务"不断深入递进的过程中实现的。首先,预算确定了政府与纳税人的权利边界。"公共预算思想将原本单纯的政府收支计划与政府职能活动计划联系起来,将原先由政府拟定预算或形式上由议会审查推进到政府预算须接受公民和议会的实质监督与审批的高度;将政府收支从一种单纯的政府权利与公民义务关系转化为一种政府与纳税人之间的权利与义务对等关系。"①"从公共预算制度的含义中,不难发现其根本精神在于通过明确纳税人的权利与义务来厘清国家与公民的关系、确定政府活动的方向与边界。"②参与式预算是对预算的进一步发展。虽然参与式预算是预算的一种形式,但是参与式预算发生较晚,并且它将民众的监督纳入到预算监督中来,可以说参与式预算真正明确了预算的监督主体,它将仅仅在传统预算中所提出的"政府和纳税人"之间的义务关系和权利边界的法律或者理论上的界定,真正落实到现实参与中来,民众的参与监督为权利和边界提供了可行的场域和操作主体,由此,预算才真正在反腐作用中体现得更加透明,更加公平。然而在政府与公众之间,由于政府的宏观政策与公众的被动政策享受,中间缺乏一个沟通的中介,单纯依靠公众的监督很难起到实质性的影响作用,公众的分散化、原子化以及对于政策的初步认知,导致监督存在"真空地带",如何将民众组织起来,通过专业化或者组织化的力量与政府对话,以及监督政府的行为,这将真正促发监督腐败,提高服务效益的作用。这个中介就是社会组织,在政府购买社会组织服务中,政府将部分公共职能下放给社会组织完成,由于社会组织来自民

---

① 王绍光:《从税收国家到预算国家》,《读书》2007年第10期。

② 2008年10月22日,著名经济学家丹尼斯·穆勒在浙江财经学院所作的题为"收入分配、利益集团和政府规模"的演讲。

间,将会很好地代表民意,但是"由于我国目前正处于转型期,政府购买公共服务面临着诸多复杂的因素,同时由于法律、政策等顶层设计的空白,政府购买行为的雇主化、社会组织的异化、公共服务的内卷化现象较为普遍。这种现象严重制约了政府购买服务工作的健康发展。由于政府购买岗位不占用编制,用人成本低,隐性的机构臃肿。将项目交给官办 NGO,或某些利益相关的社会组织,或者内部成立社会组织来承接。有些政府为了甩包袱、卸责任,将项目交给社会组织完成"。[①] 因此公众参与到政府购买服务预算中来,将会对政府以及承接服务的社会组织起到监督作用。避免政府的贪腐"转嫁"给社会组织,也避免社会组织拿到购买资金而产生二次腐败的问题。这种问题的制约必须引入公众的直接监督,从而避免腐败的发生,同时也督促社会组织更好地服务于民众,真正代表民众,体现民意,在政府与公众之间架起沟通的桥梁,这就是政府、社会组织、民众三者实现合作、沟通、互动的联系渠道和机制。这个系统很好地实现了政府的精准施政,社会组织精准服务,公众的精准监督。

二是打通了委托—代理链多层之间的隔阂,避免中间环节的腐败空间。本来在政府一般预算中,委托人"公民即纳税人"和代理人"政府"之间就因为二者之间的信息不对称,发生腐败寻租问题。"一旦存在委托—代理关系,由于委托人和代理人之间存在着信息不对称,这样,代理人就有可能发生机会主义的行为或道德风险行为。这些行为在有利于代理人的同时,必然损害委托人的利益。甚至在信息不对称情况下,代理人在实施以权谋私的过程中,可以在委托人不知晓的情况下将损失转嫁给委托人。"[②]况且在政府与纳税人之间还有一层代理关系,那就是人大的预算审批和监督,将人大的职能考虑进去,那么就是公民委托了人大,人大又委托了政府。在这种情况之下,社会组织又直接介入进来,政府将服务委托给了社会组织,在政府和人大之间增加了一个

---

① 崔光胜:《理论逻辑与现实困境:政府购买社会组织服务的路径研究》,《学术论坛》2015年第 6 期。

② 任建明、马喆:《廉洁政治:概念与目标》,《理论与改革》2017 年第 5 期。

新的代理层级,这就大大增加了腐败寻租的空间,"在终极委托人和终极代理人之间层次多、链条长,且是一个递减函数,每增加一个层次,降压一次,层次越多,链条越长,终极委托人就越难对终极代理人实施有效的监督。"①尤其是在当前对于社会组织的监督制约体系还未完全建立,社会组织自身发展还未成熟,社会组织廉洁自律的文化氛围还未形成,社会组织洁身自好的价值观念还没确立的情况下,社会组织的介入有着"双刃剑"作用,如何避免增加社会组织代理服务这一环节的腐败机会,必须考虑加大对其监督力度。因此,实施"参与式预算"直接在多层环节之间将直接利益相关者、纳税人的监督加入进来,通过公民参与各个环节的监督,打通多层代理之间的约束隔阂关系,缩短委托代理链的现实监督疲软的困境。在参与式预算中,公民直接与政府、人大、社会组织的职责进行对接,通过公民(代表)实施监督,并表达自身切身诉求,降低了成本,减少了腐败,并且增加了服务的效能。

三是打通社会协商、会议(界别,人大)协商、政府协商的关系,公民由监督上升为表达,再次到决策,实现了廉洁到廉政再到廉能的目标递进。协商民主在中央以政治协商会议为代表的发展,在地方以预算民主、议事会、听证会为代表的发展,但是在中央与地方两个层面的协商似乎形成一个隔空层,二者几乎没有来往与互动,中央解决中央的事务,地方解决地方的事务,很难再将地方的建议传达到中央层面上来,已有的两会、信访、党代会等因为涉及代表数量少,信息不对称,渠道不畅通等问题,民众的意见大量积压在基层,要么群众自我消化,造成人心怨愤,要么争取不断上访,投诉,造成社会的不稳定。参与式预算的实施,从某种程度上说在地方建立了公民、人大和政府之间的政治联系,政府预算接受民众监督和意见,人大则对经过公共协商的预算进行审议并批准实施。但是这仍旧没有与中央等更高一层政府建立直接关系,在政府购买社会组织服务中实施参与式预算则为这一困境打开了路径。作为民意代

① 朱圣明:《民主恳谈:中国基层协商民主的温岭实践》,复旦大学出版社2017年版,第122页。

表的社会组织,一直谋求社会组织界别的构成,希望在政治协商会议或者人大会议、党的会议及其他重要政治活动场所传达来自社会组织的声音,在广东顺德、四川宜宾等地已经开展了政治协商社会组织界别的试点,在湖南长沙、海南海口等地已经开展了党的代表会议中的社会组织代表的试点等等,但是这些试点进展并不顺利。其一,虽为界别或者代表,但是名额极其有限;其二,从社会组织的建议来看,大多也是针对入选界别或代表这些社会组织自身利益的建议,而不是从更广大的社会组织或者公民的整体利益出发;其三,社会组织虽已经成为社会建设的主要力量,但是在国家政治活动中,发出的声音很小。政府购买社会组织服务及其参与式预算,为这一困境提供了可行的突破路径。首先,以合法的购买服务名义,社会组织进入国家公共政策领域,建立了国家公共领域的事务关系;其次,政府购买服务的涉及领域之广,涉及社会组织数量之多,涉及相关政府及不同层级的政府数量规模之大,这都为社会组织获得政治名义和地位提供了确实的论据。因为涉入国家事务,运用国家纳税人的经费,这也需要社会组织提供更多的发言权,从而增强其服务的积极性和责任性。社会组织界别或者代表的构建据此有了可行的空间和可以进一步施展的余地。如果社会组织能够争取到界别或者代表的更高更多的合法地位,那么民众的参与式预算,不仅可以监督政府和社会组织的行为,而且可以将民众的意见通过社会组织界别或者代表传达给上层,这就使得民众从监督的功能演变为利益表达的功能,甚至可以直接参与公共预算的决策。同时社会组织具备了更多的话语权,社会组织的独立性更强,从而更能从民众角度出发,发出客观的意见建议。因此政府购买社会组织服务中的参与式预算不仅是实现了社会组织廉洁服务,而且促使了政府施政行为的廉政目的,再次社会组织和民众的建议被很好地吸收采纳,政府的预算因为集思广益,从而更加廉能。

四是打通了个人自主、公共领域再到政治系统的关系,实现公民参与式预算反腐的政治化渠道。参与式预算的实施,将公民个人的利益进一步表达出来,这种表达与参与式预算之前的公民自我理解是不同的,公民没有足够的表达机会或者明确的表达渠道的时候,虽然公民已经根据法律获得了表达的自由,但是这种自由是消极的,自由只是被动地接受或者起到保护自身不受侵犯的作用,但是这种自由很难进一步体现民众心中的意愿,这种自由也是脆弱的,在很多时候它只能作为自身利益的诠释,并维护仅有的自己一点私产,但是一旦受到外界干扰,公民内心自由的体系很容易坍塌。由此而产生的自由随着自我保护意识的增强,它很可能演化成只是为了自身的利益而争取空间和机会,为了不被他人侵犯或者增强抵御外界的干扰或者不利因素的影响,公民只有不断地从自身利益着想,从而这个社会就形成一个个原子化的,没有联系的个人自主模式。当参与式预算参与进来后,这种状况便开始打破,人们会考虑预算是为了完成共同的目标,预算是为民众服务的,而不是个人的,为了获得个人的更多利益,公民必须联合起来争取所有受益者的最大利益量,然后分散到每个人身上才能相对更大。为了获得更大的利益,公民也应该考虑他人的利益,只有如此才有了联合的基础,并且利益一旦争取到,公民为了很好的使用这笔利益,公民也应建立一套规则,相互支持和维护这个利益的最终实现。"公共意见可以操纵,但不可以公开收买,也不可以公开勒索,这是因为公共领域是不能随意'制造'的。在被策略性行动主体掌握之前,公共领域连同它的公众集体就已经作为独立的结构而形成了,并且依靠自己再生产了。"①因此参与式预算将传统的只为个人利益的个人自主演化成了大家共同努力的公共领域。但是公共领域还只是民众的自我对话,人们在支配这笔利益的时候,还得考虑政府的政策支持力度,因为这笔利益或者这笔资金是属于纳税人的,暂时由政府进行监管,具体如何用,用到哪里,民众也应该具有参与决策权。政府购买社会组织服务这个项目便实现了这个目标,政府并没有直接利用这笔资金,而是将其交给代表民意的社会组织,由社会组织代表民众实施这个项目资金,并且公民以参与式预算的方式切入进来与政府及社会组织建立联

---

① [德]哈贝马斯:《在事实与规范之间——关于法律和民主法治国的商谈理论》,童世骏译,三联书店 2014 年版,第 450 页。

系,通过社会组织打通了与政府及人大的关系,从而进入政府系统。"公共领域靠自己来解决问题的能力是有限的,但这种能力必须用来监督政治系统之内对问题进一步处理。"①"当然,舆论界的由公众信念所支持的政治影响要变成政治权力,变成做出有约束力之决定的潜力,它就必须能影响政治系统中获得授权之成员的信念,并影响选民、议员、官员的行为。舆论界的政治影响,就像社会权力一样,只有通过建制化程序,才能够转变成政治权力。"②在哈贝马斯的个人自主、公共领域和政治系统的关系中,很难实现其中的内在联系,或者说哈贝马斯的三个领域界说,是在各自强大的基础上不断影响另一个领域,嵌入另一个领域的过程。哈贝马斯认为是社会权力影响行政权力进而影响政治权力,或者说是社会权力部分演变为行政权力,又部分演变为政治权力的过程。政府购买社会组织服务就是这一结果的体现,但是我国社会组织并未形成哈贝马斯所说的那种公共领域,因为一个完整的公共领域是社会组织与公民联合的,当然也包括政府和企业的结构,他们之间是公共的、互助的、制约的、民主的、相对自由的。我国的社会组织还没有形成这种体系,某种程度上,社会组织本身也是孤立的,他们大多是在社会组织自身话语范畴内,借助公共领域的理念完成自己的使命,因此这正如前面所言的公民个人自主,难免会产生社会组织自私的倾向,从众多社会组织腐败案例中可以看到,并且社会组织行政色彩浓厚,没有完全独立,这更容易被外界干扰。因此,公民参与预算来监督政府购买社会组织服务中的腐败问题,虽然与哈贝马斯所说的个人自主到公共领域到政治系统顺序不太一致,但至少它形成了这三者之间的联系,某种程度上它促进了这三个领域的同时出现,又相互影响,缩短了三者相互转化的进程。并且它还很明确地建立了三者的政策支持,实现了转化的现实条件,在我国大规模的政府

---

① [德]哈贝马斯:《在事实与规范之间——关于法律和民主法治国的商谈理论》,童世骏译,三联书店 2014 年版,第 444 页。

② [德]哈贝马斯:《在事实与规范之间——关于法律和民主法治国的商谈理论》,童世骏译,三联书店 2014 年版,第 448 页。

购买社会组织服务及其参与式预算中,这种革命式的改革其意义非凡。

当前其他国家政府购买社会组织服务中的参与式预算项目还不多,在政府购买社会组织服务预算的实践研究中,学者主要从参与预算监督的主体展开,通过总结梳理主要涉及政府、社会组织、专家、第三方机构、公民等主体,这些主体参与或为单一形式或为双方合作形式或为多元参与形式。具体有以下九种形式:(1)政府独立部门为主体的预算监督。澳大利亚的"监督协调员"预算模式,部门向每个组织指派一名监督协调员,监督框架预计将能够降低监督的重复性,尤其对那些申请了多个部门资助项目或者多区域资助的组织。此外,还有德国规划小组式参与式预算。(2)政府多部门联合为主体的预算监督。2004年韩国"多个委员会联合协商"预算模式,每个委员会都要对预算提出独立建议,然后经过汇总协商达成最终方案。(3)政府与社会组织合作参与的预算监督。爱尔兰的"社会伙伴关系协议"预算模式。政府和许多公民社会组织广泛参与了经济和社会目标的咨询。① (4)政府、社会组织和公民多元参与的预算监督。2002年波兰普沃茨克多元参与的对非政府组织资助的预算监督。政府组织居民代表、专家、资助方共同审核和评估预算。美国的预算监督经历了基于绩效表现的合同管理到以结果为导向的责任框架的转变,其重要指标就是体现了多元参与的需求。② (5)政府、社会组织、专家合作参与的预算监督。韩国《非营利性私人组织支持法》成立了由12名来自社会团体,7名来自学术及相关领域,还有3位来自政府部门组成的民间社会关系发展委员会,委员会对于政府及社会组织的预算监督起重要作用。另外在日本市川市,也采取了相关委员会严格审核受资助的社会组织,然后具体资助资金的用途需要居民投票决定。(6)社会组织为主体的预算监督。1995年印度"公民预算组织"成立,它以社会组织的名义参与政府的预算监督。(7)公民为主体的预算监督。2004年以个人

---

① 裴志军、吴成:《国际参与式预算研究的现状、趋势及借鉴———基于2000—2014年 Web of Science 文献数据分析》,《财经论丛》2015年第7期。

② 林琳:《从美国的预算制度看我国预算法的修订》,《法制日报》2002年3月2日。

参与为基础的塞尔维亚参与式预算。(8)专家为主体的咨询式预算监督。英国"政府采购和政策咨询"主要通过专家或者专业组织的咨询来对于资金问题的专门监督,这种监督针对长期的运行项目而不是短时间的合作项目。(9)第三方机构为主体的预算监督。日本政府专门制定了《关于导入竞争机制改革公共服务的法律》设立第三方独立评估监管机构,并赋予其较高的权力和职责,这一机构的设立对于保证竞标过程的透明、中立和公正发挥了重要的作用。

三、当前我国政府购买社会组织服务中参与式预算的政策分析

参与式预算在我国许多地区进行了初步探索,如浙江温岭"公民代表与人大制度结合的参与式预算"、河南焦作"网民票决结合社会听证的参与式预算"、四川省白庙乡"财政预算公开与民主议事会结合的参与式预算"、云南盐津"公民协商与议事员票决结合的参与式预算"、北京麦子店街道的"居民、专家、社会组织等分组协商与投票表决的参与式预算",另外在黑龙江哈尔滨、江苏无锡、上海、广东顺德也陆续出现了参与式预算的探索。但是这些参与式预算都是公民参与监督政府预算,"总体来看,公民参与预算主要都是在地方政府层面开展的,尤其是城市或县这一层面。"①而没有涉及政府购买社会组织服务这个新的领域。"我国目前的参与式研究领域,参与式预算的合作伙伴最明显的组织就是高校,社会组织与参与式预算的互动较少,不能满足参与式预算多方面的需求。因此,注重参与式预算中非政府组织的研究是十分必要的。"②当前我国政府购买社会组织参与式预算的实践基本上处于政策试行阶段(参见表3-1-1),也没有形成典型的案例经验,"我国公共服务需求表达机制严重缺失,属于'供给主导'型模式,政府购买服务决策基本不会考虑公众意见。"③可

---

① 赵早早、杨晖:《构建公开透明的地方政府预算制度研究——以无锡、温岭和焦作参与式预算实践为例》,《北京行政学院学报》2014年第4期。

② 裴志军、吴成:《国际参与式预算研究的现状、趋势及借鉴——基于2000—2014年Web of Science文献数据分析》,《财经论丛》2015年第7期。

③ 尹栾玉:《基本公共服务:理论现状与对策分析》,《政治学研究》2016年第5期。

见政府购买服务中公民参与的需求表达都很难真正实现,那么更为深刻的预算阶段的实施将更为困难。而且目前我国对于政府购买社会组织服务预算的公民参与主要体现在事后的预算绩效评估阶段。[1] 关于政府购买社会组织服务的事前预算的参与,还基本上停留于理论论证阶段[2],以及政府购买社会组织服务中参与式预算如何准入研究[3]。

经过全面梳理我国中央及地方关于政府购买服务预算中相关参与式预算的政策,我们发现,相关规定成熟度参差不齐。根据比较分析,按照由低到高的发展程度,将其分为五个层次。

表3-1-1 我国政府购买社会组织服务政策中有关参与式预算的要素比较

综合性文件					
层次	区域	政策名称	有关参与式预算的相关指标	得分区间	落实情况
一	北京	2014年政府向社会力量购买服务的实施意见	编报年度项目预算,并将年度计划向社会发布	5—10	√
	海南	2017年政府向社会力量购买公共服务的实施意见	将购买服务项目计划向社会公布	5—10	√
	云南	2013年县级以上政府向社会组织购买服务暂行办法	向社会公开所需购买服务的服务标准、购买预算、评价办法和服务要求	15—20	/
	河北	2014年政府向社会力量购买服务的实施意见	明确购买服务项目基本情况,购买方式和购买时间等内容,并试行向社会公布	15—20	√
	辽宁	2014年推进政府向社会力量购买服务工作的实施意见	应及时公开购买服务项目的资金安排、服务标准、评价方法等内容信息	15—20	√
	内蒙古	2015年政府向社会力量购买服务管理办法	通过信息平台,公布政府购买服务指导性目录,并按时公布政府购买服务相关信息	15—20	√

① 叶托、胡税根:《政府购买社会服务的绩效评估指标体系研究——基于德尔菲法和层次分析法的应用》,《广东行政学院学报》2015年第2期。
② 周俊:《政府购买公共服务的风险及防范》,《中国行政管理》2010年第6期。
③ 王名:《完善政府购买服务,建立新型政社关系——访清华大学公益慈善研究院院长王名教授》,《中国民政》2015年第9期。

续表

			综合性文件		
层次	区域	政策名称	有关参与式预算的相关指标	得分区间	落实情况
二	湖北	2014年政府向社会力量购买服务实施意见(试行)	公开购买服务相关信息,自觉接受社会监督	25—30	√
	河南	2013年政府购买社会工作服务实施办法	探索建立多方参与政府购买社会工作服务监管方式	25—30	√
	广西	2014年政府购买服务的实施意见	明确购买方、承接方和受益方在购买、提供和享受公共服务过程中的权利和责任	30—35	/
	江苏	2013年省级政府购买公共服务改革暂行办法		30—35	/
	江西	2014年政府向社会力量购买服务的实施意见	围绕项目申报审批、预算编制、政府采购、组织实施等内容,建立立体多元的监督体制,接受社会监督	30—35	/
	天津	2014年政府向社会力量购买服务管理办法的通知	及时将购买服务项目、内容、要求、采购结果、预决算信息以及绩效评价结果公开;接受财政、监察、审计等部门检查和社会监督	35—40	/
	广东	2009年开展政府购买社会组织服务试点的意见	政府购买服务全过程应对外公开;接受财政、监察、审计等部门的监督检查	35—40	√
三	湖南	2017年省政府购买服务管理实施办法(暂行)	充分发挥行业主管部门、行业组织和专业咨询评估机构,专家等专业优势	40—45	/
	福建	2015年政府购买服务实施办法(暂行)		45—50	/
	山东	2017年政府购买服务竞争性评审和定向委托方式暂行办法的通知	购买主体邀请具有相关经验的专业人员与拟定承接主体进行平等协商谈判	50—55	/
	财政部	2015年政府购买服务管理办法(暂行)	探索行业协会商会、行业主管部门、相关职能部门与企业沟通平台。社会组织参与洽谈会等形式,收集公共服务需求信息,并向相关主管部门反馈	55—60	/
	浙江	2015年政府购买服务采购管理暂行办法	将成本测算标准或依据公开;专业人员和采购人员组成谈判小组。谈判开始前,承接主体提供该项目详细的成本费用测算标准或依据及近两年承接其他服务项目的合同等材料	55—60	√

续表

综合性文件						
层次	区域	政策名称	有关参与式预算的相关指标	得分区间	落实情况
四	宁夏	2014 推进政府购买服务工作的指导意见	在充分听取社会各界意见基础上，研究制定政府向社会力量购买服务的指导性目录	60—65	/
	民政部	2012 年政府购买社会工作服务的指导意见		65—70	/
	甘肃	2013 年印发政府购买社会工作服务实施办法（试行）的通知	协调有关部门和群团组织切实做好人民群众尤其是苦难群体、特殊人群社会服务需求的摸底调查与分析报告	65—70	/
	黑龙江	2013 年关于政府购买社会工作服务的实施意见		65—70	√
				65—70	√
	安徽	2015 年进一步规范省级政府购买服务流程的通知	结合履职需要和公众需求，编制本部门政府购买服务预算		
五	重庆	2014 年政府向社会力量购买服务项目政府采购工作流程	编报购买计划前，要确认好群众对服务需求，先开展需求调研和咨询论证；还应通过网络等征求公众的意见	80—85	√
	上海	2015 年政府购买服务管理办法	发挥行业主管部门、行业组织、专业咨询评估机构，专家等专业优势；涉及民生等项目，要向社会公众征集意见和建议	80—85	√
单列分项政策文件						
一	广东	2019 年省直机关政府购买服务信息公开管理暂行办法	发布及时，内容规范统一、渠道相对集中，便于获得查找	15—20	√
	成都	2019 年大力推进政府向社会组织购买服务提升公共服务水平三年行动计划	依托"天府市民云"平台，拓展市县两级政府购买社会组织服务信息平台	15—20	√
	财政部	2017 年坚决制止地方以政府购买服务名义 违法违规融资的通知	及时公开购买服务内容、购买方式、承接主体、合同金额、分年财政资金安排、合同期限、绩效评价等，确保信息真实准确，可查询	15—20	/

续表

综合性文件					
层次	区域	政策名称	有关参与式预算的相关指标	得分区间	落实情况
二	江苏	2019年推进政府购买公共培训服务工作的指导意见	健全项目申报、预算编报、组织采购、项目监管、绩效评价、拨付补贴的流程。按"谁购买、谁监管"要求,对承接培训机构监管	35—40	√
	四川	2017年省事业单位政府购买服务改革工作实施方案	及时披露购买服务的相关信息,加强社会公众监督。参与承接购买服务的事业单位要自觉接受财政、审计和社会监督。	35—40	√
三	财政部	2016年通过政府购买服务支持社会组织培育发展的指导意见	畅通社会反馈渠道,将服务对象满意度作为一项主要的绩效指标	55—60	/
四	财政部	2018年推进政府购买服务第三方绩效评价工作的指导意见	预算指标体系要客观评价服务状况和服务对象、相关群体以及购买主体等方面满意情况,对服务对象满意度指标赋予较大权重	60—65	/
	北京	2019年市级政府向社会力量购买服务预算管理暂行办法的通知	编制年度预算前,根据本单位职能和政府购买服务目录开展需求调研,对政府购买服务项目在项目申报系统中应予以明示	60—65	/
具体操作性文件					
机构或区域		2017年国家工商行政管理总局;环境保护部;财政部;文化部;中国银行业监督管理委员会;河北、山东、湖南、北京、上海等15省市 2018年中国残联;国家铁路局;中国气象局水利部;审计署;国家安全生产监督管理总局;国务院南水北调工程建设委员会办公室;各省市:山东、北京、重庆、上海、广东等19省市		政府购买服务指导性目录	未列出相关预算的要求

注1:数据采集截至2018年6月30日;

注2:所处层次范畴,请见下面分类解释;

注3:得分区间,采取百分制,五个大的分层,每层20分,每层中以5分作为一个区分;

注4:落实情况参考http://www.ccgp.gov.cn/gpsr/jyjl/index_2.htm中国政府采购网相关案例。

第一层次是向社会公示。2014年甘肃省《政府向社会力量购买服务的实施意见》明确购买服务项目基本情况、购买方式和购买时间等;2013年云南省《县级以上政府向社会组织购买服务暂行办法》明确所需购买服务的服务标准、购买预算、评价办法和服务要求;2014 年河北省《政府向社会力量购买服务的实施意见》明确相关预算资金等;2017 年海南省《政府向社会力量购买公共服务的实施意见》将购买服务项目计划等,都提出要向社会公布。以上向社会公示只是向社会发布项目信息,而没有公众参与监督或者参与互动的渠道展示。

第二层次是向社会公示并接受监督。2013 年河南省《政府购买社会工作服务实施办法》,探索建立多方参与政府购买社会工作服务监管方式。2009 年广东省《开展政府购买社会组织服务试点的意见》,政府购买服务全过程应对外公开,并依法接受财政、监察、审计等部门的监督检查。而 2014 年天津市《政府向社会力量购买服务管理办法的通知》,相比广东省细化了购买环节内容,在接受监督主体方面三个文件都未明确指出社会公众是监督参与主体之一。向社会公示而未接受社会公众的监督建议,社会公示与社会监督的功能脱节。

第三层次是通过专家咨询以及与社会组织协商谈判等。2015 年福建省《政府购买服务实施办法(暂行)》和 2017 年湖南省《政府购买服务管理实施办法(暂行)》都提出充分发挥专业咨询评估机构,专家等专业优势,但是仍是政府征求行业管理和评估咨询部门的意见,并未与承接方社会组织进行协商谈判。2015 年财政部《政府购买服务管理办法(暂行)》指出邀请社会组织参与社区及社会公益服务洽谈会等形式,及时收集、汇总公共服务需求信息,并向相关行业主管部门反馈。但是这个交流沟通并未纳入预算工作中。2017 年山东省《政府购买服务竞争性评审和定向委托方式暂行办法的通知》则正式提出政府与社会组织的协商谈判并纳入预算计划。2015 年浙江省《政府购买服务采购管理暂行办法》,不仅在预算中提出了协商谈判要求,而且对于政府及相关部门的前期预算评估工作和对于承接方的能力和实际情况进行测评。

第四层次是摸底公民需求。2015 年安徽省《进一步规范省级政府购买服务流程的通知》,提出结合履职需要和公众需求,编制本部门政府购买服务预算。2012 年民政部等《政府购买社会工作服务的指导意见》,提出协调有关部门和群团组织切实做好人民群众,尤其是苦难群体、特殊人群社会服务需求的摸底调查与分析报告。2013 年甘肃省《印发政府购买社会工作服务实施办法（试行）的通知》,2013 年黑龙江省《政府购买社会工作服务的实施意见》则根据中央这个政策也做出了相应的规定,但没有实质改进。2014 年重庆市《政府向社会力量购买服务项目政府采购工作流程》则提出不仅要摸底调查群众的实际需求,而且通过网络媒体及其他方式征求社会公众意见,实现了双向互动,而且已经有了参与式预算这方面的初步要求。

第五层次是公民参与预算雏形。2013 年江苏省《省级政府购买公共服务改革暂行办法》指出:"明确公共服务购买方、承接方和受益方在购买、提供和享受公共服务过程中的权利和责任。"这个规定对于受益方公众做出了要求,但是未具体到权利和责任的细则。2015 年上海市《政府购买服务管理办法》指出,"涉及保障和改善民生等相关领域的服务项目,要向社会公众征集意见和建议",则规定了公众在相关领域的话语权,但是基本上通过网络媒体等征集意见方式。而 2007 年《关于修订北京市社区公益事业专项补助资金管理办法的通知》指出:"成立由主要领导为正副组长,街道(乡镇)有关科室负责人、社区居委会代表和部分居民代表组成的社区公益事业项目管理小组。"这个规定则明确了居民代表在参与式预算管理中的角色和参与的机制。这三个文件说明,我国公民参与式预算渠道和机制不明确,参与的权利和责任也不明确,社区等居民参与式预算有了初步试验。但是在区县及其以上的层次中,参与式预算还没有正式明确细化。

比较我国目前各省直辖市的相关政策制定,存在以下不足:(1)政策分为综合类、单列类和操作类,政策针对性越强,分化越细,但是对于参与式预算的相关要求却没有提高。从表格中可以看出,单列类的政策得分最高为 60—65,但是这些单列类的文件时间较综合类的还要靠后,要求更高。(2)政策制定得分的高低,与实际落实情况不匹配。如得分较高的宁夏、甘肃等省政策落实并不好。(3)政策涉及参与式预算的要求、总体质量偏低。从目前已经出现相关政策的省份来看,大都处于第一、二、三层次,基本上是仅仅向公众公示预算内容,而缺乏实际的参与要求,更缺乏实际参与的实践,即使是参与的主体又大都体现于第三层次的专家和社会组织这些专业性的社会主体。(4)各省市的政策制定相关要求在程度上差距较大。从分布的区域来看,总体情况呈现东中西区域依次减弱的趋势,但是个别西部省份如宁夏、甘肃表现较好,而北京反而较弱。但是从落实情况来看,北京地区要好些,宁夏和甘肃反而又表现较差。宁夏和甘肃的政策相关要求完全复制财政部的相关规定,表现出政策制定上跟得紧,但实际落实较差的问题。(5)政策文件出台不统一不规范。命名或形式上,有的是指导意见、有的是通知,有的是办法、有的是方案等等,有的省份出台了两个或多个文件,文件之间的内容标准不一致现象普遍。

从我国目前政府购买社会组织服务中公民参与相关民意征集、项目讨论和决策建议等来看,这方面案例还十分少(参见表3-1-2)。

表3-1-2 政府购买社会组织服务中参与式预算的案例

实验地区	公众参与的平台	公众参与的方式	得分区间	所处层次
北京市西城区	社工委购买社会服务项目	委托社会组织孵化中心需求调查	50—55	三
上海市杨浦区	百姓家门口的会所	通过社会组织传达需求和建议	50—55	
北京市朝阳区	购买"三社联动"服务项目	委托北京市协作者社会工作中心开展需求调查	50—55	四
广东佛山顺德区	政府向社会组织购买公共服务项目需求调查表	问卷调查需求	50—55	
广东省深圳市	南山区民生服务微实事项目库	网络征集需求	50—55	
上海市普陀区	一品香自治家园理事会	参与项目需求、选择和确定等讨论	55—60	
江苏南通崇川区	邻里自理			
江西省南昌市	微实事项目	问卷调查、座谈征求意见、打分选项;反馈意见	70—75	
江苏省苏州市	双创微实事			

续表

实验地区	公众参与的平台	公众参与的方式	得分区间	所处层次
浙江省瑞安市	购买社区公共服务	社会组织调研民众需求、居民通过社区恳谈会对项目进行讨论、经社区居民代表会议表决、报送街道办事处审批	80—85	五
海南海口美兰区	新时代文明微实事	入户调查需求、集体座谈征求意见、对未入选的项目反馈	85—90	

注:资料来源于调研,表格自制。

　　关于我国当前相关实践的问题分析,目前参与式预算主要发生于我国基层政府。主要原因是只有在这个层面公民才有充足的兴趣以及足够的能力参与预算,而且在这一层面推动直接民主的成本比较低,也比较可行。[①] 也有学者认为,我国政治体制改革相对滞后造成了参与式预算的发展,"预算改革以来,各地的调研都表明宏观政治结构与预算决策方式没有发生相应改进,随着预算改革的深入,预算改革自然会遭遇到政治体制的约束。"[②]"我国由于政治控制的需要,政府预算监督一般采用体制内的国家监督模式,而较少考虑来自社会的监督。"[③]学者们对于问题的分析主要从宏观角度,侧重于从某一个视角切入,缺乏整体问题的思考。而且分析的对象还是参与式预算,而不是针对政府购买社会组织服务中的参与式预算,后者将涉及的主体及关系更为复杂。为了全面反思改革中存在的问题和不足,针对 11 个案例我们组成调查团进行了专门调研。

　　由于案例针对政府购买社会组织服务的参与式预算项目,涉及的政府、社会组织以及相关公民利益者人数较少,为了各个案例之间便于比较,我们有针对性的将被调研人数做了限定,每个案例限定调研政府及相关部门人

---

①　赵早早、杨晖:《构建公开透明的地方政府预算制度研究——以无锡、温岭和焦作参与式预算实践为例》,《北京行政学院学报》2014 年第 4 期。

②　马骏:《中国预算改革的政治学:成就与困惑》,《中山大学学报》2007 年第 3 期。

③　唐云锋:《我国预算反腐败困境与预算的社会监督逻辑》,《财经论丛》2013 年第 6 期。

员 10 人、社会组织成员及志愿者 10 人和参与项目的公民及相关利益者 30
人。每人 1 份问卷。最终 11 个案例共计发放 550 份问卷。在调研之前,根
据前期案例实施的情况和效果,我们做了 4 个假设问题:一是为什么公民参
与程度较低? 二是为何试点级别较低? 三是为何项目涉及层面较窄? 四是
为何政策设计不够细准? 根据案例实施情况能够直接发现的问题,我们可
以设置假设问题,但是对于问题的原因如果缺乏依据的主观拟定题目是不
科学的,因此问卷四个大的题目后面我们没有直接设置选项,而是让被采访
者针对题目自己给出答案。每人每题回答答案不超过 3 个,但不少于 1 个。
最后回收有效问卷 516 份,最后调查员对于答案进行归纳并统计分析,得出
以下数据。

表 3-1-3 对于案例的调查分析数据

问题及总回答数 (次)	问题原因	回答数 (次,取前 5 名)	占总回答数比 (%)
为什么公民参与 程度较低/1331	a1 公民参与意识和参与能力较低	261	19.61
	a2 政府不相信民众,认为不可靠, 能力不够	233	17.51
	a3 社会组织对政府依赖性强,在目 标选择上并不十分重视民众意见	197	14.80
	a4 政府不愿意过多放权	179	13.45
	a5 公民合作互动的能力不强	168	12.62
	合计	1038	77.99
为何试点级别较 低/1322	b1 公民仅对于自己的问题兴趣和 动力较足	219	16.57
	b2 社会组织涉及的业务领域主要 在基层	207	15.66
	b3 政府购买社会组织服务项目较 适合较低层级	199	15.05
	b4 政治影响面较小,风险小	187	14.15
	b5 基层政府改革成本低	117	8.85
	合计	929	70.27

续表

问题及总回答数（次）	问题原因	回答数（次,取前5名）	占总回答数比（%）
为何项目涉及层面较窄/1297	c1 政府不愿意过多转移职能	247	19.04
	c2 政府担心其他领域的风险较多	216	16.65
	c3 社会组织的能力有限	208	16.04
	c4 公民参与面较窄	171	13.18
	c5 其他领域公民积极性不高	107	8.25
	合计	949	73.17
为何政策设计不够细准/1176	d1 程序难以保持中立	234	19.90
	d2 公众参与的渠道较窄	182	15.48
	d3 群众真正诉求与政府需求难以对接	178	15.14
	d4 公众需求目标分散	156	13.27
	d5 社会组织目标与公众利益目标不够一致	98	8.33
	合计	848	72.11

对以上数据进行整合分析,从回答数排名来看包括以下五个问题最为突出(将回答答案相近的指标数相加)。(1)关于公民参与意识和能力的问题:a1,261次;a2,233次;c5,107次;共计601次。(2)关于公民难以达成共识的问题:a5,168次;b1,219次;d4,156次;共计543次。(3)关于政府不愿意过多放权的问题:a4,179次;b4,187次;c1,247次;共计613次。(4)关于程序难以保持中立,234次。(5)关于社会组织自主性不强问题:a3,197次;c3,208次;d5,98次。共计503次。通过比较分析,这五个问题基本回答了公民、社会组织、政府三大主体在这些项目中的问题表现,也反映了程序这类制度性建设不足的状况存在。因此政府购买社会组织服务中参与式预算的问题是多方位的,需要分类施策,通盘考虑,同时还要重点突破,个别领域着重发力。

当然,由于案例数量较少,而且政府购买社会组织服务中参与式预算涉及的人数较少,设置问题的不确定性,这都对案例的比较研究造成一定困难。但我们不能仅仅从案例本身出发,还应站在更高的层面分析问题,比如这些案例无一例外地都发生于我国最发达省市,这反映出经济发展程度以及公民的科学素质等对于项目实验实施的重要推动作用,这进一步验证了以上问题设置和问题回答原因的可靠性。

四、困境及原因剖析

结合我国政府购买社会组织服务中的参与式预算政策制定和实施情况,尤其是针对我们调查组对于案例的调查数据和结果,本研究将分别对于购买服务中涉及的受益方公民、承接方社会组织和购买方政府有针对性的分析。并着重从体制机制、社会心理等更深层次的原因进行剖析。

一是,公民参与的意识和能力不高。在政策实施地区,为了将参与式预算推行下去,往往出现"雷声大雨点小"的状况,公民对于政策并不感兴趣,参与的群众占比较低。再者,公民参与的能力有限,公民对基本的政策法规不太了解,而对于决策程序、选择标准要求更是置若罔闻。尤其是政府购买社会组织服务的目标针对性强,所涉及的群体人数有限,这就为选出真正能够代表以及有能力参与预算的个体带来了难度。并且公民所参与监督的对象已经不单纯是政府,还有社会组织。特别是在政府购买社会组织服务中,出现了政府与社会组织合谋腐败的新问题,这增加了公民监督的难度。

二是,公民难以达成共识。公民一般看重与自身的利害关系,对于是否参与政府购买社会组织服务中的预算监督,缺乏一定的公共意识。其次,参与政府购买服务的预算,要经历很多程序。这些程序不仅占用了时间,还耗费了精力和资金,一些公民产生了"搭便车"的侥幸心理。再次,选择的困难,在一些项目选择或者资金投入上,公民由于各自利益不同,越是放开民众的自我决定权,反而因为意见众多,难以达成一致。同时,面对带来效益相同,人们认可度都一致的项目,公众又陷入选择的难题。最后政府权力过于集中也造成了公民合作不足的问题,"政府(包办)代为承担了本应属于我的责任,而且决定了我的义务的对象范围。于是对于身边真实的个人,我不再承担义务;相反,我的义务是服从一些对于我来说没有道德内涵的规则。义务由此变得抽象、非人格化,于是我会想方设法逃避义务。"①

三是,政府权力分割有限。参与式预算会影响政府的"既得利益",政府不愿意将更多的权力放给公民。再者,政府的政治绩效与民众的利益不一定一致,政府往往注重见效快,形象好的工程项目,民众则侧重于民生问题,因此政府不愿意将预算决策权交给民众。而且,政府在选择项目、提出预算标准、选择社会组织以及选择哪些公民参与预算上,政府具有绝对的决定权,民众参与中的建议很难得到真正通过,"政府关注的是如何收集公众对于政策的看法,他们并非将公众视为公共决策的主体,由于缺乏充分赋权,公众缺乏足够的信息来贡献有效的政策建议,导致公众参与的质量低下。"②

四是,程序难以保持中立。中立性是在公民、社会组织以及政府之间建立程序原则的一个重要标准,它将有效降低以上三者之间的力量失衡问题,也将增加程序的透明性和可行性。在参与式预算中,政府掌握程序设计的决定权,尽管增加了民众的参与监督预算环节,但是在程序的其他环节对于参与式预算的支持力度不够,往往会导致参与式预算的结果得不到真正落实。再者,基于中立的原则能否选出最优的东西,埃克曼认为中立应该是"首先在于论辩逻辑所论证的正义对于善的优先性,也就是关于良好生活的问题退居于关于正义的问题之后"③。如果完全中立,只考虑程序的过程公开严谨,而不考虑最后结果是否正义,这就会产生本末倒置的问题,这也是当前参与式预算在程序设计上的两难问题。

五是,社会组织在政府选择和公民选择中很难进行自我选择。在政府购买

① [美]艾伦·沃尔夫:《谁的守护者? 社会科学和道德义务》,载[美]唐·E.艾伯利:《市民社会基础读本》,商务印书馆 2012 年版,第 73 页。

② 岳经纶、刘璐:《公众参与实践差异性研究——以珠三角城市公共服务政策公众评议活动为例》,《武汉大学学报(哲学社会科学版)》2018 年第 2 期。

③ Ackerman B,"Social Justice in the Liberal state",*New Haven*,1980,p.11.

社会组织服务的参与式预算中,社会组织要接受政府和公民的双重选择,政府的要求大致是根据政绩或者宏观的考虑,而公民则考虑对自己能否带来实际好处。社会组织如果过多考虑政府的取向,则可能与公民的意愿不太一致,公民在预算中将会提出反对意见,但如果过多考虑政府的意见,则可能沦为政府的工具,追求表面和形象工程。就目前我国社会组织的处境来看,社会组织往往因为政策、环境和自身经济问题就偏向了政府一方,"社会组织在提供服务过程中不但要接受政府的各项考核,还要考虑以后从政府手中继续承接服务项目,提供服务过程中社会组织会天然的倾向于迎合政府,而不是接受服务的公民"[①]。

五、实现突破的对策

一是,公民参与意识和能力不足的改进办法。首先,在政府购买社会组织服务的参与式预算中,由于公民之间的知识水平、交际能力以及参与技术存在参差不齐的状况,可以采取普通公民代表(通过抽签方式直接产生)和精英代表(通过从公民中选举)结合的方式,由多方主体组成的预算参与结构将有效化解部分民众参与意识不强,参与能力不足的入口问题。再者,政府购买社会组织服务中受益方群体人数可能存在偏少问题,再从中选择很难有更大空间,甚至有些受益人群本身是弱势群体或者特殊人群,其知识水平和社会能力更为欠缺,因此邀请第三方代表参加(可以是非受益方公民代表、非承接方社会组织代表、专家、第三方评议机构等)。最后,在选定组成的评估机构基础上,对这些参与的公民进行专门参与技术的培训,"倡导公民在参与政府购买公共服务的过程中,理性依法表达诉求,客观监督评价服务效果,更好地与政府和社会组织互助合作,促进公民意识和素质的不断提高"[②]。

---

① 蔡礼强:《政府向社会组织购买公共服务的需求表达——基于三方主体的分析框架》,《政治学研究》2018 年第 1 期。

② 余佶:《政府向社会组织购买公共服务的风险管理——基于委托代理视角及其超越》,《马克思主义与现实》2016 年第 3 期。

二是,提升公民的合作精神和能力。因为项目针对受益方的利益分配可能存在差异,不同公民的利益取向和价值取向也有不同。利益之争和观念差异不仅造成参与式预算监督难以真正实施,而且项目的有效性也大打折扣。因此,在观念和价值取向上,公民之间需要"求同存异";在利益差异方面采取"公平为先,效率为辅,照顾弱者"的原则;在目标任务上采取合作互动的机制;而在竞争性谈判中,公民之间也应学会"妥协"的原则。这就需要培育公共精神,公共精神需要建立在公共领域氛围,公共领域氛围又需要社群主体的支撑,而社群主体的产生则需要公平民主的法律和自由和谐的制度建设。制度的建构和文化的养成需要很长的时间,需要政府积极进行引导,通过大量的需求调查和不满意意见的回应,弥补民众之间的意见分隔。

三是,正确推动政府的权力下放。政府不仅要赋予公民参与预算监督的权利,更重要的是增强公民在预算中的决定权,包括公民对于项目的投票权,公民对于某些项目的联名否决权等。当然要合理处理政府与公民之间权力的制约关系,注重在合作基础上参与预算监督,"为最终实现预算目标层次监督和预算反腐败的长远目标而不得不采取的战略与战术的'迂回',需要尽量避免与权力的'正面冲突',以增加政治上的可行性,采用社会合围的策略,最终谋求通过预算社会监督来逐步实现规范政府行为的战略目标。"①最后,政府不仅要向公民赋予权力,而且还要实现"权力的转型",使得赋予的权力能够符合公民的实际情况,公民既能接得住,也能运用得好。

四是,追求程序的正义性。在程序制定中,本着解决问题的方式达成损失最小或者收益最大的妥协式的合作,更应有向善的人文关怀,"中立性原则不仅是非正式的,而且受程序调节的意见形成和意志形成过程,也应该是能够把关于良好生活、集体认同和对需要之诠释的伦理问题包括在内的。"②其次,政

---

① 唐云锋:《我国预算反腐败困境与预算的社会监督逻辑》,《财经论丛》2013 年第 6 期。

② ［德］哈贝马斯:《在事实与规范之间——关于法律和民主法治国的商谈理论》,童世骏译,三联书店 2014 年版,第 387、458 页。

社不分的问题严重,政府与社会组织为着私利,合谋阻碍公民实施预算监督的正常进行,因此在子程序设置中注意政府与社会组织的正确关系。最后,程序的正义性还要求更有利于公民在参与式预算中获得更多的收益,在程序操作上方便公民参与,程序设置上考虑到公民的意愿表达,并严格限制非法和腐败空间的存在。

五是,维护社会组织的价值中立。在政府购买社会组织服务预算中,往往由于社会组织的自身资金缺乏,实力落后,只能倾向于政府的预算决策,即使社会组织参与了预算决策,也因为政府的压力,只好投政府所好,缺乏主见。因此,首先应增强社会组织生存与发展的能力,保证社会组织在购买服务中的目标正义,尤其应重视社会组织中的"弱势群体"的发展。其次,加大社会组织去行政化改革,实现社会组织地位独立性。最后,政府在购买服务承接方社会组织选择上,注重公平公正,"在社会可获得的信息平台上发布政府购买公共服务的详细信息,以及能够承接公共服务的社会组织资质认证办法等,并广泛征求公众意见建议,减少中间环节和暗箱操作,选拔出真正合适的社会组织从事公共服务供给,推动政府购买服务从工具化提升至本体化。"[1]

政府购买社会组织服务中公民参与能力、政府简政放权的力度、购买程序的可行性和科学性以及社会组织的独立能力都是影响购买服务质量和廉洁程度的重要因素,但是公民参与预算对于购买服务的影响只是完成了第一阶段的任务,如果将公民在参与中对于项目的选择真正上升为决策阶段,还需积极构建参与式预算的真正作用。其一,在参与式预算中,加入公民的票决制度,通过公民的投票数量、决定项目及预算的最后通过。其二,将预算、决算、执行监督和绩效评价结合起来,参与式预算完全得到落实,是一个完整的监督过程,不仅是预算制定时的公民参与,预算结束后的公民表决,还是执行中的预算贯彻,乃至最后项目完成后对照预算计划进行比对,是否完成或者超出预

① 王名:《完善政府购买服务,建立新型社政关系——访清华大学公益慈善研究院院长王名教授》,《中国民政》2015 年第 9 期。

算,是否达到实际效果,这都需要全程跟踪。其三,将预算中的建议纳入政治系统,通过人大会议以及相关职能机构的审批,如果没有立法机构或者审议机关的表决同意,这些公民协商的成果很可能只是政府参考的建议而不能成为"决议",即使能够形成最后决策,但是没有经过法定程序的政治系统认可,这些决策也不具有刚性,也缺乏合法性,很容易导致夭折,"只有当民主的意见形成过程的建制化程序的过滤,并进入合法的立法过程之后,才会从事实上普遍化的公共意见中产生出一种礼仪普遍化效应、赋予政治决策以合法性"①。参与式预算在我国政府购买社会组织服务领域还处于起步阶段,只要正确运用公民手中的参与权利,发挥广大公民的积极性,具有普遍意义的公共服务一定能得到很好的发展,公众对政府服务的满意度将会极大提高。

第二节 网络协商

网络协商民主对于治理具有综合性的积极效应。一是它通过网络的先进技术和便捷的参与方式,扩大了群众反腐的覆盖面和有效性;二是网络协商背景下民众积极参与政府预算的制定、重大决策的讨论以及重大问题的商定,有利于政府效能的提高;三是网络协商建设性的方式和广泛参与的效果,有利于我国民主政治的平稳发展。以资政建言为目的的社会组织是当前网络协商的重要参与者和组织者,但当前通过网络协商方式参与治理还处于初期发展阶段,相关社会组织参与的准入资格、体制机制保障以及网络协商规范化方面仍存在很多不足。研究发现通过网络"问政"与"问民"的双重路径,是实现网络协商反腐效益最大化的最优选择,应该注重从体制、机制方面建构一个整体性、规范化、多元化发展的网络协商式治理的体系,以倡廉类社会组织为中介纽带,搭建政社合作反腐的桥梁。

---

① [德]哈贝马斯:《在事实与规范之间——关于法律和民主法治国的商谈理论》,童世骏译,三联书店2014年版,第387、458页。

一、研究背景与问题提出

随着信息技术的飞速发展,网络成为民众表达诉求、投诉问题和监督政府的重要渠道,互联网的门槛低、信息海量化、辐射性强,易形成舆论场的聚集效应,个别官员的贪腐、渎职、低效等,都会在网上迅速放大。借助网络空间,民众积极参与反腐败的渠道得到了前所未有的拓展。① 网络协商民主是网络技术与协商民主方式结合的新领域,在网络社会中,它有其特殊的作用空间、主体、客体、渠道、载体等基本要素,也有比较完整的工作链条,且可以通过机制化保障实现运转,②为监督政府、建言政府提供了新的路径。网络问政建设最初是一种网络利益的聚合和表达,当这种网络结构形成,并建立起网络领域以后,就会转化为利益的保护场域,这是网络协商最大功能的转化。这种更为理性的、能够给予政府积极影响的反腐方式,应该是以合作互动、相互监督、互相制约的方式切入进来,基于以上考虑,协商民主的反腐方式最能体现这一效果。网络协商的廉政建设模式,正在通过社会组织的传导作用向社会领域不断深入,这种网络协商的积极发展,将有效地推动当前我国民意政治向民主政治的过渡,通过协商的形式参与廉政建设,构建一种和谐、平等、诚信的廉洁社会。社会组织是由境内社会力量举办,以服务党和政府的科学民主、依法决策为宗旨,通过谏策形式督促政府等公共部门纠正不足,具有法人资格的社会组织。我国倡廉类社会组织发展从载体上呈现出由虚体到实体,从反腐路径上呈现由弱问民和弱问政向强问民、强问政逐步发展的态势。(1)第一阶段,2003—2009 年,逐步发展起来的民间反腐网站大多属于虚体性准社会组织。这个阶段的民间网络反腐主要表现为以民声舆论的公开方式监督官方作为,

---

① 李莉、孟天广:《公众网络反腐败参与研究——以全国网络问政平台的大数据分析为例》,《中国行政管理》2019 年第 1 期。

② 毕宏音:《网络协商民主研究的三维视角》,《天津社会科学》2017 年第 5 期。

风险性高,官方采纳少,与之相对的是官方反腐网站的兴起。① 2003 年温州民间网站"703"成立,开创了民间网络反腐的先河。这些网络社会组织平台主要有网络类社会组织网站,以及网络民间论坛。截至 2009 年 6 月,我国民间智库网络反腐已经发展到近 20 家。主要反腐形式有来信照登、举报热线、群众投诉、网友之声、网友之窗等,举报的形式大多是通过网络在线、电话、邮箱或者 QQ。而新的网络平台如微信、微博等形式在当时还不够成熟,群众参与反腐举报的事件很少,而这些举报线索有多少进入政府审查和法院立案环节,还没有准确数据统计,总体来说被政府采纳或者立案的机会很少。(2)第二阶段,2010—2015 年。网络论坛的成立起于 20 世纪末,但是通过网络论坛进行反腐活动,开始于 2009 年以后。网络论坛以探讨、商议和监督的方式形成民众反腐意见的聚合,虽然也出现了"表哥""天价烟局长"等典型民间网络反腐成功案例,使得网络反腐进入人们的视野,但大部分都是以舆论压力取得的成果,这些论坛仍沉吟于民间,缺乏与政府的沟通。处于第一阶段和第二阶段的网络倡廉社会组织由于没有相关法律依据,其成立也没有经过严格的审查登记,良莠不齐的民间网络反腐出现了牟利、传播虚假信息、侵犯他人权益等问题,甚至成了打击报复的工具。此外,民间网络反腐网站的高点击量和缺乏隐私的保护,更加重了这类反腐的负面影响范围。因此国家对网络社会组织的网络反腐进行了全面整顿。(3)第三阶段,2016 年至今,社会组织自此进入正规发展渠道,尤其是 2017 年《关于社会智库健康发展的若干意见》发布,研究型社会组织发展进入了快车道,实体类的倡廉类社会组织不断涌现。目前,从事反腐的社会组织主要是法律类、维权类以及环保类社会组织。如设置于各地的廉政研究中心、法律服务援助中心、环保维权组织等。截止到 2020 年 12 月份,维权举报类网络社会组织数量仅剩不到 10 家(有些此类网站名称不同,但创办者为一

---

① 周丽萍:《网络:反腐新宠》,《廉政瞭望》2007 年第 12 期。

人）。从网络反腐的渠道来看,群众向这些社会组织网站举报的线索数量比较少,有的仅6项（Z联盟）,最多的也仅有439项（R监督网）。这些线索因为缺乏完整的证据材料,加之政府并没有建立与这些举报机构的合作机制,导致许多举报处于搁置状态。

表3-2-1　中国网络社会组织网站举报渠道及情况

网络民间组织网站	Z联盟	Q民间举报网	B喉舌网	Y反腐网	R监督网	G维权服务网	M监督网
代表性栏目	来信照登	举报热线	群众来信	在线投诉	网友之声	网友之窗	来信照登
举报数量	6	62	79	46	439	296	46
举报形式	电话、邮箱、QQ	电话、邮箱、QQ	电话、邮箱、QQ	在线投诉	邮箱	邮箱	电话、邮箱
单篇最高访问量/回复数	28773/633	6001/368	60645/292	86518/623	6298/17	64262/28	2576/8

因此,社会组织在政府与民众之间应建立良性互动关系,在其中起的作用是"问政"与"问民"的双重选择路径,最终构建的社会组织是"国计民生"的政策建议目标体系,而有的社会组织没有给自己的治策路径找准定位,一味地从自身的观点出发,不考虑民众的真实意愿,或者不是从公众的最为关心和迫切解决的问题着手,而是追求所谓的形象业绩,目的是关心社会组织自身利益诉求。这种问题解决导向,容易将政府与民众隔离起来,不利于政府与民众之间的沟通互动。因此社会组织应推动政府与民众之间的密切利益联系,关注政府整体目标和民众的民生改善,完善网络协商反腐法制建设,规范社会组织网络协商空间,是当前协商式治理的必然选择。

二、文献综述与研究框架

据知网反腐方式的文献统计,从1997年到2020年以制度反腐、法律反

腐、道德反腐、行政反腐、协商反腐和网络反腐等关键词搜索研究文献共计
5672篇,其中网络反腐2384篇,占总文献数量的42.03%。相关学者普遍认
为网络协商对于腐败治理具有重要意义,总结起来有四个方面的进步作用:
(1)网络协商通过虚拟的网络形式让人们的视线可以进入以往政府行为无法
监督的地方,使得公共决策更为开放、透明,公众能监督和参与公共决策议程
设置、政策选择和结果形成的全过程,有效防止了公共决策可能存在的"暗箱
操作"和"幕后交易"。[1]（2）由于网络成本低廉、普及面广,当网络作为权力
监督工具的时候,分化的社会通过互联网导致分化的权力体系和分化的政治,
从而将权力暴露于大众监督之下。(3)网络第一次最大限度地使独立的个体
置于社会群体之中,"开辟网络问政给我们新空间解决了现实空间的冲突、紧
张以及权利、愿望"。[2]　在网络问政过程中,政府部门负责人与社会群众实现
网络面对面的交流,是通过网络的形式确定了各自的角色和定位,降低了政府
的姿态,提升了群众的地位,"网络创造了一个开放的政治背景,在国家和社
会、政府官员和人民之间构筑了一个'相互转型'的共享平台"[3]。(4)网络协
商的引入是通过技术的革新运动来催化原有陈旧体制的转型,"在目前选举
民主未充分展开的情况下,网络问政是督促政府向良性秩序迈进的前提,将网
络问政进行到底,会让政治文明得到新的发展空间"[4]。而社会组织的介入,
在政府与民众之间建立了一个重要的网络协商治腐实施载体。魏志荣认
为,以社会组织为载体的网络协商不仅可以扩展协商民主的领域和类型,而
且能够克服传统协商民主实践面临的成本高、效率低以及不公平的问题,更

---

[1]　张星:《网络协商在公共决策中的作用发挥及其完善路径》,《电子政务》2018年第5期。

[2]　任剑涛:《网络问政开辟新的文明》,http://www.docin.com/p-1421756453.html,2010年
4月16日。

[3]　郑永年:《网络与中国政治的关系》,http://www.isc.org.cn/zxzx/qyxx/listinfo-22617.
html,2012年9月23日。

[4]　肖滨:《网络问政有法律义务也有实现条件》,见《政能量——惠州网络问政行与思》,南
方日报出版社2013年版,第19页。

为重要的是实现了公共舆论与公共决策之间的直接连接,从而可以使协商民主得到更充分的发挥。① 韩恒指出,网络反腐的机制创新在于那些能够对接公共舆论的社会组织,利用压力机制推动政府作出反应。② 范永同进一步指出,正式反腐渠道的不畅通,助推了社会组织反腐的发展,通过网站刊登反腐材料来引起公众的讨论,宣传反腐知识,提高反腐成效,形成政府反腐的助推器,取得了不少的成果。③ 当前我国倡廉类智库大多属于官方或半官方类型,而倡廉类社会组织还处于发展初级阶段。从知网数据库的关键词比对分析,发现网络协商、社会组织和廉政反腐的共现研究频次很低,亟须加大研究力度。

总结倡廉类社会组织发展历程,它们只迎来了短暂的热度就进入"清冷期",④因为民间网络反腐面临着极大的风险,作为反腐的中间环节,没有执法调查权,对举报人提供的举报材料真实性难以把握,使得通过社会反腐智库传播扩散的舆论,容易触犯法律,成为个人情绪表达的工具,⑤甚至容易被过度解读走向极端,形成网络暴力。⑥ 范永同等认为,当前民间智库存在着认知性、体制性、合法性等多重困境,⑦一些民间反腐网站只关注民间话语,未建立问政渠道,缺乏系统性建设与引导,易影响社会秩序的稳定建设;⑧一些

---

① 魏志荣:《将社会组织纳入协商民主体系相关问题研究》,http://chinanpo.gov.cn/700104/92476/newswjindex.html,2016 年 10 月 1 日。

② 韩恒:《网络公共舆论的生成与影响机制——兼论网络反腐的内在机理》,《河南社会科学》2011 年第 2 期。

③ 范永同、郝俊杰、董珍:《民间网络反腐的顶层设计》,《北京航空航天大学学报(社会科学版)》2015 年第 4 期。

④ 刘一丁、邢世伟:《官方网络反腐正从"幕后"走向"台前"民间反腐似"遇冷"》,《决策探索》2013 年第 10 期。

⑤ 孟盛:《规范——简单技术的复杂问题》,《廉政瞭望》2007 年第 12 期。

⑥ 刘一丁、邢世伟:《官方网络反腐正从"幕后"走向"台前"民间反腐似"遇冷"》,《决策探索》2013 年第 10 期。

⑦ 范永同、郝俊杰、董珍:《民间网络反腐的顶层设计》,《北京航空航天大学学报(社会科学版)》2015 年第 4 期。

⑧ 张迪:《"民间网络反腐热"冷思考》,《现代商贸工业》2016 年第 28 期。

民间反腐智库则过分关注政府态度,反腐效果的好坏认定完全取决于政府的考核标准,①沦为政府的反腐"形式工具"。可见,注重问政不问民或问民不问政的道路都是走不通的,网络反腐需要问政与问民双管齐下才能充分发挥其优势。李龙认为,官方和民间可以同时存在,②但局限于智库建设的现状,应规范和发展民间反腐智库,避免其仅作为官方智库的"陪衬";在此基础上张迪创造性地提出网络反腐需要官民合作,③但仅限于理论的探讨,缺乏案例支撑。

　　本研究以独立研究和问题批评著称的 H 研究中心、坚持举报腐败问题的 W 维权网、以建言献策和监督著称的 N 民间智库为研究对象,三者在廉政建设方面起着不同的作用。本书以 2019 年所采集的三个社会组织网站的使用数据,进行客观比较。根据三个社会组织网站资料以及相关媒体报道资料整理。PV 指页面浏览量或点击量。UV 指访问您网站一台电脑客户端为一个访客。数据来源于 Alexa 统计,时间截取 2019 年 5—11 月的数据。同时深入三个社会组织的现实活动案例进行具体分析,发现不同网络治理效果背后的内在机理。在利用大数据分析方法的同时,借助访谈法,通过现场采访对象的真实感受,反映问题背后的内在本质逻辑。访谈时间为 2020 年 1 月 1 日到 4 日,每人每次访谈时长约 20 分钟,共计采访 67 人,总时长约 140 分钟。以三个社会组织相关的接触者为访谈对象,首先对访谈对象所在城市编码,如本文中 S 代表深圳、Z 代表郑州,H 代表惠州;其次对于访谈对象的单位性质编码,如 Z 代表政府、M 代表网民、J 代表检察院、S 代表社会组织人员;最后对于访谈日期编码,如 02 代表第二天,最后对访谈对象当天接受访谈的顺序编码,如 001 代表当天采访的第一个。

①　李尚旗:《从民间到政府:网络反腐的路径分析》,《中国青年研究》2010 年第 3 期。
②　李龙:《网络反腐,官方民间可共存共赢》,《广州日报》2013 年 9 月 3 日。
③　张迪:《"民间网络反腐热"冷思考》,《现代商贸工业》2016 年第 28 期。

日均PV访问量

—— H研究中心　—— W维权网　—— N民间智库

日均UV访问量

—— H研究中心　—— W维权网　—— N民间智库

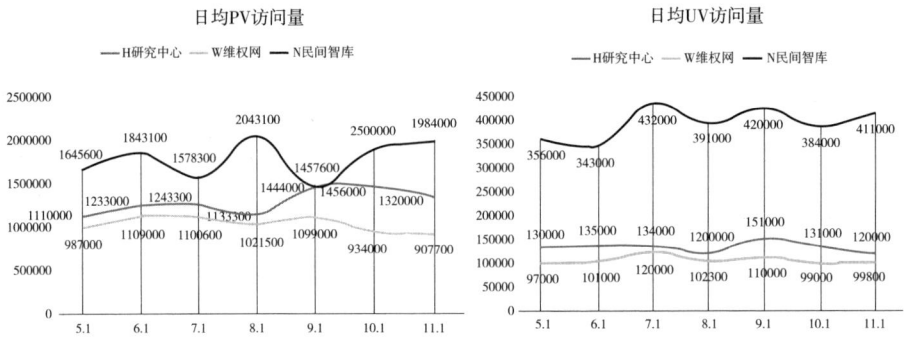

图3-2-1　三个社会组织的日均访问量

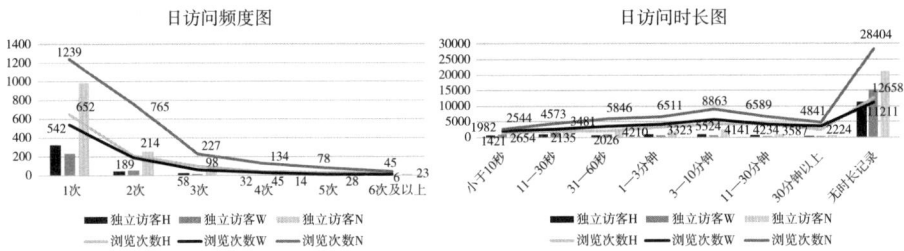

日访问频度图

日访问时长图

■ 独立访客H　　■ 独立访客W　　■ 独立访客N
—— 浏览次数H　—— 浏览次数W　—— 浏览次数N

图3-2-2　三个社会组织的网站关注度

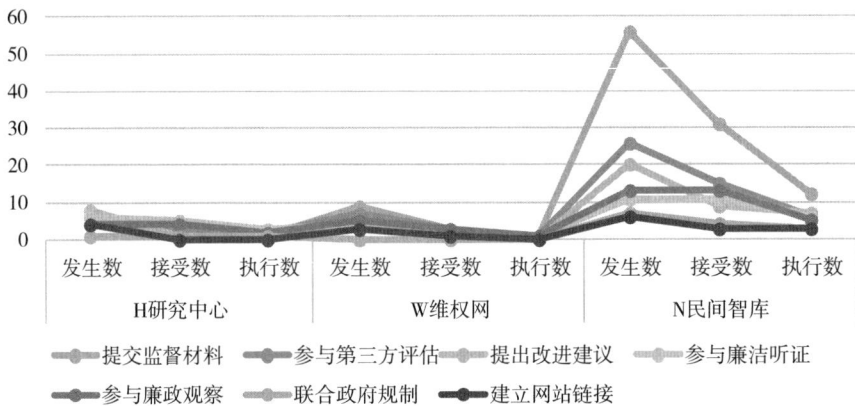

—— 提交监督材料　—— 参与第三方评估　—— 提出改进建议　—— 参与廉洁听证
—— 参与廉政观察　—— 联合政府规制　—— 建立网站链接

图3-2-3　三个社会组织网络问政监督活动

三、社会组织网络协商反腐的路径及成效比较

网络协商及时便捷、受众广、不受地域空间距离的隔阂等优势使得社会组织通过协商方式参与治理有了新的渠道。但是我国社会组织在利用网络协商反腐路径方面,取得的成效存在很大差异。

1. 问政但弱问民:H 研究中心特立独行、观点犀利,但缺乏与政府和民众沟通

H 研究中心自己建立了网站并开创了子网站:"V 督网",另外在中文网开设《横议》专栏,在经济观察报开设《谏议》专栏,在财经网开通《镜鉴》专栏。H 研究中心先后研制了《治理的制度规范》《过度垄断内在机理》《地方财政的机制约束》《政府信息公开效度优化》《政府透明改革》《领导干部家庭财产规制》《干部选拔公开制度》《传媒监督制度研究》等报告,但是这些报告很少在民间传播,也没有上升为政府的政策制度。H 研究中心对政府的监督活动发生数很少,接受和执行的层面数据更低,没有与政府建立网站链接渠道,在提交政府举报材料和改进建议方面,得到政府认可的机会均只有 1 次,仅在参与政府听证方面表现尚可。对 H 研究中心自建网站的访问数据分析可以得知,H 研究中心的受众主要是学者和年轻人,很少有政府部门相关人士关注,对于网站的关注时间、频次,与公众和政府互动沟通的频次极少,几乎都是独立研究、独立宣传、独立消化。主要原因在于 H 研究中心网络问政存在以下特点:一是受众窄,问题的研究及传播主要针对高级知识分子人群以及相关政府公务人员;二是定位高,面向全国及高层的建议决策,与大众的联系不够;三是问题大,提出的问题议题研究过大,很难与地方政府关心的事务进行对接;四是视角偏,问题解决往往参考国际经验,未能从中国实际出发。

从网站的专注度、忠诚度和活跃度来看,其中专注度方面"游客"占88.23%,忠诚度分析中只访问 1 次占比 82.73%,活跃度分析中无时长记录,

也就是时间很短忽略不计,占比为 70.86%。这些数据均说明 H 研究中心的网民专注度、忠诚度和活跃度不高的情况。而从网民类型数据分析中可以看出,沉迷网民占 37.12%,一月内访问超过 30 分钟的次数为 124 次,浏览次数达到 2224 次,这从另一个侧面反映出网民对于 H 研究中心的关注度不高,但是有少部分人却高度关注该网,这部分群体与 H 研究中心理念接近或者对其较为感兴趣。从网络收录和链接情况来看,网站收录和链接数不高,而流量、关键词数等排名也不稳定。这反映出网站观点并没有引起民众的重视。缺乏民众关心的问题导向研究,很难产生较好的社会影响力,也难以对政府决策产生积极影响。某接触过 H 研究中心的政府官员认为,"该中心确实提出了很多独到的见解,但是拿到政府体系很难贯彻,他们的建议往往跨度较大,与我国政策体系对接存在困难症。"(BZ02004)而有的研究人员也认为,"这些观点给了我很多理论上的思考,但是真正放到对策建议中却显得不够接地气,甚至遭到一些网民的批评。"(BM03008)我们分析了知网相关对该中心的研究资料,大多数研究人员引用了该机构的研究方法,却在政策建议部分用了与该机构不同的观点。有的研究者甚至认为,H 研究中心很少听取相关研究者的建议,更多的是在宣传自己的观点,这导致该机构的网民层面越来越窄,普通的网民几乎没有与该机构对话的机会,有一个普通市民向该机构提供的网络论坛发出申请报名,但是却没有得到任何回应,"我不知道这个机构是否关注民众真正关心的廉洁问题,因为我们提出的有些建议,不是成为他们向政府建言献策的依据,而是将我们的建议转化为对政府的批评,放到他们的报告中。"(SM04005)

H 研究中心对经济公平、政治廉洁、政府高效的研究不可谓不深刻,对于国企的效能低下和腐败问题、干部买官卖官问题、干部财产申报和公开、政府信息公开、传媒监督、地方财政监管等,H 研究中心拿出了较为客观、深刻、全面和独到的分析,但是这些研究没有得到有效的传播,甚至不能正式公开,政府对于这些报告大多是参考,而不实际采纳。问题的原因是 H 研究中心的网络反腐是单向的,没有从积极建设的角度与政府合作,没有利用体制内的资源解决体制内的问题,也没有与民众合作,仅仅将成果向学者或者与己观点一致者对接,未能听取他人的建议,也缺乏与他人沟通,因此廉政建设效果很不明显。

2. 问民但弱问政:W 维权网广泛征集民众遇到的问题,但是与政府之间缺乏沟通和建议渠道

W 维权网由中国维权媒体控股有限公司和多个国家级新闻媒体联合发起,由 R 传媒有限公司代理运营,与执法部门、媒体记者、公益律师联动,集中链接法制和维权机构网站,为广大网友提供查阅相关法律法规或投诉、举报、咨询和建议的渠道。诉求者可通过"在线客服功能",接受律师"一对一"法律援助服务,并有严格审核程序和监督机制;需求者可在线分类检索相关"法律法规""法制案例""维权流程""舆情档案""焦点曝光""合作网站"和"政府连线"等资料。网站特别重视民意反映,在网站首要位置开辟"民众呼声"栏目,同时开辟多种形式的网络反腐渠道,如建立维权微博、维权论坛。为了增加网民投诉的操作实用性以及有效性,网站专门设置互动平台,通过律师专门指导网民投诉。具体包括律师在线、举报曝光、案件委托、留言建议、流程指南、文档下载等。

W 维权网日均 PV 访问量最高为 109000 次,日均 UV 访问量 120000 次,其最高点数量是 N 民间智库的一半,也低于 H 研究中心。在日访问频度以及日访问时长方面也是三个社会组织个案中表现最差的。日访问 6 次以上的仅有 6 人。日访问时长没有记录,也即时间短到忽略不计的有 28464 次,远远高于另外两个社会组织,这与 W 维权机构的专业性不强有一定联系。一位网民在寻求 W 维权网帮助时指出:"我想咨询点政策啥的,但是对方总说负责相关业务的工作人员没上班,后面几次询问也没有给出具体的办法,他们让我自己到法院问。"(ZM01002)另外,由于社会组织网站不是新闻机构,其工作人

员不具有新闻采访权。按照新闻管理制度规定,网站发布时政新闻需要严格的审批,但对于民间维权网站刊登的举报材料,没有相关制度或法规的明确规范。而且,民间维权网站没有直接受理举报或处理举报案件的法律权限,根据2016年新修订的《电信条例》第五十六至五十八条规定,"不得制作、复制、发布、传播破坏社会稳定侵犯他人利益,危害网络和信息安全以及扰乱电信市场秩序等行为",而民间反腐维权网站发布的信息,缺乏相应制度监管和严格的审批程序。有一位证据学专家也指出,"根据国家职权原则规定,举报应由国家机关受理,民间举报网站充当了一个民间的办案个体,在法律上并没有支持。"(CF02009)一位检察院工作人员就此指出,"所曝光的内容有可能因为泄露机密'打草惊蛇',使被举报人提前销毁证据、伪造事实、订立攻守同盟等,影响了纪检监察机关、司法部门的进一步调查工作"(ZJ06009)。由于没有司法调查权,网络维权者难以依法核对腐败事件真相;此外,其他官方网站不予以转载民间反腐网站的检举材料,难以很快扩大舆论影响。最重要的一点是不被官方认可,得不到纪检、监察、检察等机关的支持和配合。而官方也不把民间反腐网站发表的举报材料看做是举报腐败分子的重要线索。① 从图3-2-3数据来看,W维权网在与政府合作建立规章制度、建立网站链接以及提供改进建议方面均表现较差,执行数为零。一位 W 维权网负责人认为,"有关职能部门应主动与民间维权网站取得联系,妥善地引导和指导其依法运作,建立一种相互信任、相互沟通的良好关系,以便随时随地掌控来自民间的有价值的举报线索,逐渐形成一股民间与官方密切合作共同打击腐败的重要力量。"(JS04008)因此,如何对社会组织网络检举行为进行规范与引导,如何将民间网络举报与国家反腐倡廉工作进行有效对接,是当前尤其值得思考和探索的问题。

---

① 孟盛:《"我的职业是举报"——专访"民间第一职业举报人"姜焕文》,《廉政瞭望》2007年第12期。

3. 问政与问民：N民间智库积极建起政府与民众之间的沟通桥梁，受到政府和民众的普遍欢迎，建议采纳率高

N民间智库积极利用网络这个沟通平台，借助政府的政策支持，与政府合作互动，通过协商的方式在政府与民众之间建立了沟通的桥梁，同时智库也与政府之间、与民众之间积极进行协商沟通，通过协商将多方意见达成共识，并转化为政府的政策和方案。N民间智库的智慧在于它不是直接将智库的意见提交给政府高层，而是作为基层群众的传手，将群众的意见进行整理分类，并通过论坛、会议、在线、留言等方式实现与政府高层的互动，从而实现群众意见的反馈和解决。这种智慧机理在于：一是它普及面广，受众面大。网络问政的参与者不限于民间智库自身，而是将受众扩展到广东及各地市所有网民（群众），在这种任务要求下，N民间智库以中介优势，组织传达群众意见，很好地规范和创新了官民互动的模式机制。二是激发社会资本，助力智库问政。单纯依靠民间智库网络问政，其力量和声音是微弱的，N民间智库来自于民间，代表民间，如何将智库的意见传达给上层，从而实现民众的利益表达，是民间智库生存和发展需要解决的问题。N民间智库通过引入社会资本，调动广大网民群众的参与，这不仅实现了智库的目的责任，同时也直接解决了群众的问题。三是发挥智库优势。通过智库对重大社会现象的理性阐释，用独立的见解、独到的思考、独特的视角观察社会引领思潮，直至提出科学的应对策略。四是充分利用各种传媒手段。N民间智库是在南方都市报与奥一网基础上，衍生出的一个组织化的智库运营机构。南方都市报本身是党报传媒，具备了与政界联系的良好背景。同时，结合奥一网网络现代化传播平台，所举办的论坛活动实现了政府、群众、智库、传媒的多方灵活互动，智库新版网站分为六个子栏目：网络问政、微博问政、南方舆情、N民间智库（官网）、wen123（问政导航），此外还开发出智能手机客户端产品、网络问政移动版等。在惠州网络问政廉政建设取得良好成效之后，温州"网络问计"民间网络问政项目、四川"天

府问计"网络问政项目均是通过民间组织力量发起,并引导群众参与,建立与政府高层的对话机制,从而使民间网络廉政建设进入新的时期。

从N民间智库的浏览次数(日均UV)416000和独立访客17000(日均PV)来看,都高于H研究中心的同期浏览次数(39340)和独立访客人数(14626)。N民间智库的访问量在整个周期内保持基本稳定状态,日均UV最低为6月1日(343000),最高为7月1日(432000);日均PV最低为9月1日(1457600),最高为8月1日(2043100)。网站排名虽然有所变化,但是从2019年5—11月6个月的变化趋势来看,除周平均数下降674名外,其他均为上升。相比H研究中心的关注度数据,N民间智库得到了更为具体的相关搜索引擎的收录及反链数据和N民间智库网站的关键词数及流量使用情况,数据显示N民间智库的相关数据表现较为良好,与H研究中心的关注度数据相比,这些数据从客观角度以及全网关注程度得出更为宏观的比较结果。一位政府信管部门工作人员指出,"N民间智库最大优势就是不仅自己身先士卒积极参与网络协商监督,而且带动广大群众的积极参与,激发民间智慧,在群众与政府高层之间建立实质性的互动,有效地发挥了规模效应、集体效应和传播效益,在监督、决策、信息公开等方面的作用日益凸显"(SZ02001);同样一位网民也认为,"这个智库建立了我们普通老百姓与政府对话的机会,许多政府的决策也向我们征求意见,而且还把我列为廉洁政府监督员"(HM09003)。

表3-2-2 N民间智库参与的网络问政协商部分案例汇总

N民间智库成员	建议内容	媒体平台
毅兵(龙岗区委党校教师)	建议网汇民意、网聚民智、网助发展	网络问政研讨会
公民证	建立网络问政的有问必答机制	网友见面会
江湖海	鼓励创造性活动	网友见面会
厦门浪	网络问政应以更加犀利的姿态出现,倒逼政府依法执政	人民网
彭彭(专家委员会副主席)	网络问政减少上访信访,通过法治渠道,网上平台监督政府	网络问政研讨会

续表

N民间智库成员	建议内容	媒体平台
迎疆	完善问责机制,加大执行力度	惠州书记网友见面会
天阳(秘书长)	网络问政让民主政治的发展呈现扁平化发展、效率更高,更加直接	暨南大学传媒领袖讲习班
少魁	机会均等的建议	网友见面会
择群(惠州市政府法律顾问)	从法律角度提出在"三打两建"中的问题与建议基本服务均等化	南方都市报
馥铭	真问互信、尊重民众话语权、推进政民互动、推进政务公开	政能量

表 3-2-3　惠州市网络问政建制与成效

制度名称	制度创新	问政平台	效果
《惠民在线工作方案》	首问负责制	市委书记问政	网络问政创新完善
关于开展网络问政工作的通知	办结时限红绿灯制	书记网友见面会	网络问政创新十大案例
关于开展"惠民在线"网上办公的通知	领导批示及办理双公开	书记微博	
关于明确开展网络问政单位的通知	纳入"一把手"责任考核	"惠州发布"微博	网民大家谈活动
惠州市"网络问政创新完善年"方案	实施督查制	《惠民在线信息摘报》	百分百受理
惠州市网络问政督查工作制度	征求网民意见常态制度	"惠民在线"论坛	活动常态化
惠州市网络问政实施细则	网络问政分类考评制度	网络问政综合信息平台	措施具体化
惠州市关于深化网络问政的若干意见	聘请网上办事大厅社会监督员	手机问政平台	
		互联网信息快报	问政进一步普及拉近了官民距离
6+2惠州共识	两委员一代表	网上办事大厅	

随着网络问政手段和方式与互联网技术同步,N民间智库的网络问政形式将分化出 11 个类型。N民间智库通过网络平台在政府与民众之间构建了畅通渠道,运行机制更加高效、廉洁、透明。

表 3-2-4 惠州市网络问政发展规划与机制设计

作用	平台形式	运行机制
上传	①指定人民网和奥一网等搭建网络问政的平台	人民网推出了直通中南海留言 BBS 板块,给党和国家领导人留言。奥一网把网友提问每周进行汇总,反馈到省委办公厅网络资源信息处
	②定期举行网民反映问题的交办会	省委办公厅主要领导主持,省政府相关厅局和各地市负责人现场接领网民问题。各厅局、地市要在 3 个月内完成处理答复
	③设置网络和手机信访的平台	对于拆迁、赔偿等问题方便办理
中间	④现场观察	组织网友线下考察社会关注的工程或者是场所
	⑤举办网民论坛	线上线下,场内场外,官员网民,直接面对面进行互动交流
	⑥官员网络访谈	对涉及民生的重大问题和政策对官员进行访谈和解释
下达	⑦对重大决策公开的征求意见	通过网络进行投票
	⑧对官员述职进行网络直播	接受民众监督
	⑨设置网络发言人	现在省直 22 厅局设有网络发言人。网络发言人实行实名制,必须要用它的 ID
	⑩地级市设置网络问政平台	主要领导人会每天选择部分问题进行实名的回复
	⑪开设博客和微博	市委主要领导在奥一网开了微博,省公安厅、广州市公安局均在新浪开设微博,对重大突发事件用微博的形式进行澄清和发布

四、加强我国社会组织网络协商反腐的机制改革

在反腐能力和反腐影响力方面,不同社会组织有着很大的差异。如何在积极深化改革的基础上,有效利用当前政策环境和外部条件,变被动为主动、变阻力为动力,是目前社会组织网络反腐困境突破的重点。

一是,拓展社会组织网络协商反腐的制度化渠道。将社会组织纳入国家正式的政治决策系统,实现社会组织身份的真正转换,加快社会组织监督政府

的正规化渠道形成。虽然电子政务、政务公开、服务型政府的建设成绩斐然，但是基于网络的技术革新还只是更多运用于行政管理的层面，在政治体制改革的进程中，还需有所突破。"如今的网络问政仍处于第一阶段。倾听民众呼声还需人大代表和政协委员的参与，要通过制度性的办法把代表委员利用网络听取民意确立下来"。① 网络问政的下一步应该是"网络理政"，通过网络来落实行政事务，"理政"的关键不在于"公开"而在于"共享"，网络协商机制贯穿于行政各个部门和环节，通过协商的方式将任务贯穿起来，这就避免了专断，尤其是减少"一把手"的权力滥用几率。"网络理政"的下一步则是"网络施政"，网络施政也就是，网络协商已不仅设置于政府和官方层面的内部系统，它已经将政府的网络与社会的网络机制联通，随着政府简政放权的改革，社会组织具有了管理社会的权力，因此网络施政的主体范畴不限于政府，它将是政府和社会组织的联合体。目前社会组织第三方反腐渠道，没有纳入人大审议程序，也未进入政协提案阶段，更没有与法检部门工作对接，反腐成果体现短期效应，缺乏引导和预测作用，指标体系也缺乏民众意见，由于政府的影响和决定作用，以及社会权力和机会的兴起，一种非正式行政、不完全行政外包和地方治理的混合模式出现，它反映了我国在政府活动之外，另一种的亚官方活动场域开始活跃起来，但是基于前期正式行政与非正式行政的耦合，当前的非正式行政和行政外包的真正为民执政，还得需与政府改革同步进行。②

　　二是，完善社会组织网络协商反腐的基础保障。加强社会组织的社会支持力量，增强社会组织的社会合法性，凸显社会组织反腐立场的人民性。当前对民意舆情的关注是社会组织普遍的"弱势"区域。首先是我国智库的目标定位是影响政府，偏离了以服务群众为目的的路线。其次，社会组织的精英接受过高等学历教育，具有了一定的社会地位，这些使得他们与一般民众缺乏共

---

① 张沱生、纪彭：《智库：国家的头脑》，《国家人文历史》2014 年第 7 期。
② 王栋：《社会组织参与政府决策：功能、环境及机制》，《广西社会科学》2015 年第 10 期。

同的语言。再次,社会组织的目标并不全然与民众的目标一致,许多社会组织是代表某一个群体,某一个阶层或者某一个行业,背后可能有着某种经济利益追求。"在我国智库许多研究领域里,内部研究项目和会议特别多,写完内部报告也就完成了任务。何时在项目或者研讨会结束后,做媒体和公众的发布会,对公众施加影响,将是一大进步。"①社会组织不能很好地将视角转向民众,从体制角度来说的一个重要原因就是,民众对于社会组织的决策内容和决策目标没有发言权,也无法监督和影响社会组织,在这种情况下,社会组织专门服务于政府,很容易出现"只唯上,不唯实"的问题。另一方面,社会组织参与网络反腐时缺乏必要的权利保障,《互联网与国家治理发展报告(2017)》指出,我国目前公民及社会组织网络参与反腐治理的权利还相对薄弱。虽然表格中数据除掉中立的所占比例外,其不赞同(非常不赞同+比较不赞同+稍微不赞同)和赞同(稍微赞同+比较赞同+非常赞同)的两方所占比例基本相同,但是中立这一方也反映出被调查者对于现状不太认可的心态。这说明当前我国能够在网上批评官员腐败问题的权利还没有完全得到保障。

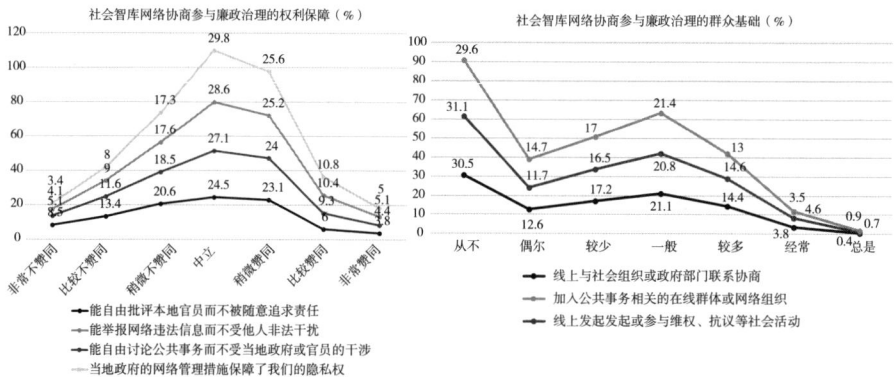

图 3-2-4　倡廉类社会组织参与网络协商的条件

---

① 胡泳:《网络问政也是政府转型的表现》,《南方日报》2012 年 12 月 6 日。

　　而从社会组织调研访谈统计来看,表格中数据除掉一般这一比例部分外,其反映参与度不高(从不+偶尔+较少)和参与度高(较多+经常+总是)的两个方面,前者要明显高于后者,这说明我国社会组织网络参与中的群众基础较为薄弱。

　　三是,社会组织网络协商反腐的有序性还需规范。促进策略技术与体制内资源有效结合,社会组织"建言"与"谏言"的联合,应该成为促进政府廉洁度的积极路径。在网络这个技术平台中,因为个人身份隐匿性较强,这就容易使得一些造谣、诽谤以及诬陷等非正常的举报方式在网上经常出现。在网络传播速度快,传播广的情况下,这些负面消息容易影响社会群众对于问题的客观判断。同时由于社会组织自身发展不成熟,一些社会组织受利益驱使,容易成为某些利益集团相互之间斗争的工具。社会组织首先应明确自己的立场是站在爱国爱党爱民的统一战线上发出的独立见解,而不是一味地批评批判,即使是批判也"必须是正确的批判,站得住理的批判,如果是错误的建议和批判,便会对社会和自身产生不良的影响。在目前这一改革历史时期,社会组织必须成为政府的合作者、参谋者,然后才是批评者,这样才能保证他们健康地发展"①。因此必须加强网络协商的管制,也要对社会组织健康发展进行积极引导,同时在政策层面给予社会组织更多正式参与网络协商的渠道,这些渠道应该与政府相关部门进行对接,使得社会组织网络协商的反腐行动与政府部门建立合作机制,从而帮助社会组织网络反腐的成果顺利转化。更重要的是要注重社会组织的社会性公共利益目标,加大社会组织对外反腐的合力,从而提升社会组织整体反腐的能力。网络问政的目的并不是为了"反腐而反腐",其目的是通过网络问政,了解民意民情,聚集民气,从而为当地经济社会发展出谋划策。而在经济社会发展的同时,基于网络问政的机制建设,要求廉洁、高效的政府,要求民主、互动、平等的政社合作机制,要

---

　　①　孙亚菲:《民间脑库的弱势生存》,《南方周末》2014 年 2 月 22 日。

求透明、公开、开放的共享机制,这些必然对于腐败治理和廉政建设具有积极作用。

四是,提升社会组织网络协商反腐平台操作的科学性。促进社会组织网络协商反腐路径的多元化发展。2016年国务院办公厅印发《"互联网+政务服务"技术体系建设指南》指出,当前存在网上政务服务内容不规范、服务不便捷,网上政务服务平台不互通、数据不共享,线上线下联通不畅,政务服务的标准化、规范化程度不够高等问题。为此,需要进一步加强全国一体化的"互联网+政务服务"技术和服务体系整体设计,不断提升各地区各部门网上政务服务水平。在后期网络政务服务发展中,应进一步完善社会组织参与的角色、功能与机制,推进工信部联合民政部门制定《社会组织参与网络问政和公共服务的行动准则和操作指南》,从而实现社会组织与政府等部门在网络政务服务中互通合作。其一,在强调重视实体类社会组织通过网络协商参与治理建设以外,同样不容忽视的是对网络社会组织的应有地位和角色的构建。目前我国对于网络安全的管理,以及网络社会组织的风险防控措施已经有了很大改进。在这种有利条件的保障下,可以鼓励网络社会组织参与到网络反腐的行动中来。但不能忽视的是,网络社会组织参与反腐,应依法采取程序化的参与模式,将问题以正式渠道解决。其二,网络协商反腐的形式应该灵活多样,除了网络问政这一主流形式以外,还积极利用微博、微信公众号、MSN、飞信、博客、新闻贴吧等各种平台进行反腐的行动。当前手机已经成为网络专用平台重要形式,国家相关通信和政府部门应该在网络问政、网络联络、网络公开等平台中,设置专门的针对电脑客户端和手机客户端的介入渠道,并研制手机专用的政府网站和政府对外联络、沟通的网站入口。其三,在网络协商反腐形式上,也不应局限于建言献策或者批评质问的方式,这些大多还停留于监督的阶段。通过网络平台,公众可以以网络听证或者网络会议的方式与政府政策制定程序对接。

第三节　听证协商

一、研究背景与问题提出

环保类社会组织应该"发挥参谋助手作用。围绕国家的环保目标，积极参政议政，协助政府从事环境方面法律、法规和政策的制定，保证法律、法规和政策的准确性与可行性，为政府决策提出意见、建议、咨询或服务。发挥监督和维权的作用。一是通过适当的方式监督政府执行环境法律法规、方针政策，正确履行环境管理职能，提高执法力度，改革环境执法体制，打破地方保护主义的藩篱，解决违法成本低、守法成本高等问题。二是关注弱势群体，维护社会公众的环境权益。我国环保民间组织植根于基层，关心群众环境利益，了解公众的环境诉求，应当成为维护社会公众环境权益的中坚力量。"①环保组织通过协商来参与治理政府腐败和违法行为，监督和纠正企业污染行为，已经成为我国环保治理的重要形式。在环保组织参与的环境治理形式中，有的是通过政协提案，有的是通过热线援助，有的是通过法律官司，还有的是采取检举投诉等，这些方式在某种程度上对于我国环保事业，尤其是事关自然保护和人民重大健康利益的决策修正和企业污染制止起到了积极作用，但通过环保组织单方面的与政府或企业进行对话谈判甚至采取法律途径解决问题，显得力量十分薄弱，因此环保组织积极寻求新的诉求路径。"在 2003 年以后，围绕着若干重要公共事件，民间环保组织就水坝建设、毁林造纸等焦点议题，逐渐开始尝试性地建构环境公共议题，争取媒体关注，积极推动环境影响评价的公众参与和公民听证，以影响政府政策制定及具体运作，从而在参与制定环保公共政策、进行社会监督、维护公众环境权益、援助环境污染受害者等方面发挥了

---

① 祝光耀:《发挥环保民间组织的作用　加快实现历史性转变的伟大进程》，在 2006 年中华环保民间组织可持续发展年会上的讲话。

越来越引人注目的作用。这是民间环保组织意义深刻而重大的转型,即从过去关注自然和生态的传统出发,进一步致力于成为倡导者和公共决策的有力影响者,推动并强化公众参与制衡型环保路径的形成。"①

表 3-3-1　我国社会组织参与环保领域的协商治理案例

案例	协商类别	协商目的	影响程度	决策阶段
1995 年地球之友、自然之友、绿色江河保护藏羚羊运动,就可可西里藏羚羊保护问题向主管领导写信	信访协商	环保	建议型协商	执行阶段
1997 年"地球村"向全国人大和政协提交垃圾分类的提案	提案协商	环保	建议型协商	提议阶段
1998 年"自然之友"就长江上游原始林保护问题,通过媒体向全社会揭露地方政府违背中央政府指令对原始林大肆砍伐的严重事件	媒体协商	环保	监督型协商	执行阶段
1999 年,中国政法大学污染受害者法律帮助中心开通污染受害者法律咨询热线,已经为 1 万多名污染受害者提供法律服务,帮助 50 多起环境污染案件的受害者向法院起诉或通过行政途径加以解决	法律协商	维权	诉讼型协商	执行阶段
云南曲靖铬污染事件云南省大众流域管理研究及推广中心和全国其他数十家民间组织与银行及监管机构进行对话,依法申请信息公开	社会协商	环保	建议型协商	执行阶段
2002 年,环保民间组织"绿网"成功阻止了北京顺义湿地开发高尔夫球场的商业计划,使得北京平原地区唯一的一处湿地得以保护	网络协商	环保		执行阶段
中华环保联合会针对国家制定"十一五"规划对全国四百多万人的调查,整理归纳出九个方面,向中央提出建议	民意协商	环保	建议型协商	提议阶段
2003 年自然之友、地球村环境文化中心、北京纵观环境教育中心质疑圆明园湖底防渗工程	提案协商	环保	建议型协商	反馈阶段
2003 年以北京"绿家园"和"云南大众流域"为核心的环保组织,在保卫怒江生态江活动中,通过发动和影响专家、媒体,以及其他社会力量,并通过在国际论坛上的影响,引起联合国教科文组织的关注,最终中央领导人做出了暂时搁置怒江大坝工程的批示	提案协商	环保	建议型协商	执行阶段

---

① 王飞:《我国环保民间组织的运作与发展趋势》,《非营利组织研究》2009 年第 6 期。

续表

案例	协商类别	协商目的	影响程度	决策阶段
2005 年,温州市 82 家甩产养殖户起诉龙湾区环保局行政不作为,没有对龙湾区永兴围垦海水养殖园的"特大环境污染事件"进行调查并查处。同时对龙湾区环保局和开发区市政环保局对 10 户重度污染企业的环评审批提出诉讼	法律协商	维权	诉讼型协商	执行阶段
2005 年,中国政法大学污染受害者法律帮助中心支持"福建省屏南县 1721 位农民诉福建省(屏南)榕屏化工有限公司环境污染侵权案"胜诉,为当地居民挽回经济损失 68 万余元,此案被评为 2005 中国十大影响性诉讼之一	法律协商	维权	诉讼型协商	执行阶段
2014 年,绿色浙江做的"吾水共治"圆桌会,在整个浙江省都在做这样的项目。他们找各地污染比较严重的河流,找当地的环保局和污染企业、市民举行圆桌会,做电视节目。圆桌会要形成决议,而且过一段时间再去检查一下是不是达到效果了。能够有一种机制强迫政府和企业做一些改善环境的工作实属不易	媒体协商	环保	监督型协商	执行阶段
2014 年,中华环保联合会与无锡市蠡湖惠山景区管理委员会生态环境损害赔偿纠纷案	法律协商	维权	诉讼型协商	执行阶段

然而,这些案例大部分还是社会组织通过向政府建言或者通过法律诉讼等程序参与环保领域的协商治理,其影响面不够高,缺乏公众的积极参与。如何将公众纳入进来,并将维权活动与政府治理程序接轨,赋予维权活动的合法性,听证会的实施是一个很大的进步。就听证的实施领域来说,听证主要是针对行政决策和行政行为进行的事前或者事后的当庭论证、旁证以及辩证。但行政听证并不是听证的唯一形式,从法制史溯源,听证作为一种听取利害关系人意见的制度,是以司法权运作的模式出现的,其基本含义是,"任何参与裁判争端或者裁判某人行为的个人或机构,都不应该只听取起诉人一方的说明,而且要听取另一方的陈述;在未听取另一方陈述的情况下,不得对其施行惩罚。"[①]通过

---

　　①　[英]戴维·M.沃克:《牛津法律大辞典》,北京社会与科技发展研究所组织翻译,光明日报出版社 1989 年版,第 69 页。

听证会实施前的信息公开,召集公众和社会组织申请听证资格,听证代表以建议、陈述、举证以及质询、质辩等方式与相关方互动,通过严谨的论证和举证,确保被听证事项或者问题得到改善,推动决策的科学性、民主性,并监督相关部门执行的廉洁性,防止不作为、假作为或者滥作为的现象出现。米切尔·鲍尔(Michael Power)指出,人们一方面要求限制政府监管,另一方面又要求增加控制机制的可问责性和透明性,这让听证成为一项重要的制度化治理工具。随着政府更加明确地发挥间接监督的角色,听证开始成为自我控制系统和政府监管系统之间必要的协调手段。① 听证有两类:一般行政事务中的听证,如各类行政许可、行政处罚中的听证;重大事项的听证,包括立法听证和重大决策(无论是人大、还是政府行政机关)听证。十余年来尽管地方各级人大、政府机关制定的听证规则早已是数以百计,但多是有关行政许可、行政处罚方面的,相对而言涉及立法和重大决策的不多,适用于全国听证程序的规则,尚在酝酿中。②

二、社会组织参与听证会的意义、可行性及存在问题

1.社会组织参与听证的重要作用

我国通过听证会的方式来收集民意,参考民意的做法还不多见。政府能否应对与社会组织这种集体力量的对话,是摆在政府面前的重要课题。这既是发展环保事业的动力,也是政府社会工作中面临的新压力。关键是政府能够摆正姿态,正确认识当前的形势,认真坚持党和国家在新时期新形势下采取的新的方针政策,并能够正确引导社会力量的有序参与。"我们的目的主要是以下四点:第一,要通过各种渠道和形式广泛集中民智,使决策真正建立在

---

① Michael Power, *The Audit Society*: *Rituals of Verification*, Oxford: Oxford University Press, 1999,p.68.

② 李楯:《圆明园听证:政府与 NGO 合作的一次实践》,法律出版社 2015 年版,序言。

科学、民主的基础上,对同群众利益密切相关的重大事物举行公证、听证等制度,扩大公众的参与度。第二,对环境影响存在重大意见分歧或者严重影响居民生活质量的开发,环保部门在审批之前,可以举行听证会去征求群众的意见。第三,为了进一步规范我们的公众参与,环保领域内的许多重大事物都与社会各个领域群体密切相关,也最容易达成我们的社会共识和达成社会的共鸣。第四,为了进一步推动我们的环境决策的民主化,我们的决策如何才能更加合理、科学,对政府而言,不能够拍脑袋定项目,而要多听听专家和公众的意见,对公众而言,不能总是指责政府的哪些决策不对,而是要多提一些可操作的实质性的建议,去完善和修改我们政府的决策。这样才能形成我们政府和公众社会之间的一种良性互动的关系。"①

2. 社会组织参与听证会的有利条件

当前在国家法律法规设置、政府推进改革的积极性以及社会组织的责任意识和参与能力上都为社会组织参与听证提供了很好的客观条件。

一是党和国家的政策较为明确。有了党中央的正确思想的指引,政府和群众在与错误行为斗争的时候,便有了"尚方宝剑"。依法执政、科学执政、民主执政的理念贯彻落实到政府日常行为中去,宪法、法律以及专门针对政府行为的规范性法规,也明确要求政府及相关部门在决策之中,充分听取民意,积极采纳民意,科学决策,民主决策。法律和法规规定了社会公众及社会组织参与的渠道、程序和规则。

二是国家绝大部分政府部门正确的改革思维。改革开放以来,国家取得的发展成绩证明改革是正确的,大部分政府部门领导干部对改革呈积极的正相关态度。南京大学肖唐镖对中部几个省份市厅级、县处级、中青年、乡镇党委书记等领导干部调查中,85%以上的官员认为"应该加速政治体制改革";

---

① 《圆明园湖底防渗工程公众听证会文字实录》,中国水网,http://www.h2o-china.com/news/36308.html。

华南师范大学孙永芬对包括政府官员、产业工人、知识分子等六个社会阶层人士的调查,超过七成领导干部反对"政治民主并不重要,只要能发展经济、提高生活水平就够了",在其他社会阶层中,37%以上的产业工人认同这一观点,知识分子超过25%。中央党校谢志强对中央党校学习的地(厅)级领导干部的问卷调查,2004年,地(厅)级干部们最关注的是:机构人事、收入分配、国有企业和政治体制改革;2005年,居前三的依次为收入分配制度改革、机构人事改革和政治体制改革;而到了2008年,政治体制改革已跃至首位。①

三是社会组织的规模不断壮大,政府以及群众对于社会组织的认可程度越来越高,国家对于社会组织的管理也逐步规范,经过改革开放以来,尤其是2010年中央提出"推动社会管理创新"政策,将社会组织作为社会管理的重要组成力量以来,社会组织得以更快速的发展,社会组织参与社会管理的能力也逐步提高,尤其是社会组织的参政议政的意识在增强。(参见表3-3-2)

表3-3-2　社会组织的协商民主意识与行为调查数据表

问题	选项	比例
您所在的社会组织关注政治现象吗?	非常关注	27.46%
	一般关注	50.85%
	不关注	21.69%
您认为政府部门会听取社会组织的意见或建议吗?	较多	2.1%
	一般会	27.12%
	一般不会	45.76%
	不确定	25.02%
您认为社会组织有必要向政府部门提交政策建议吗?	很有必要	47.46%
	一般	37.29%
	无所谓	13.56%
	没必要	1.69%

---

① 《官员到底想不想改革?》,新华社—瞭望东方周刊,2013年3月4日。

续表

问题	选项	比例
如果您所在的社会组织向政府部门提出过政策建议,那么是通过何种方式提出的?	人大代表	8.47%
	政协委员	1.69%
	知名人士	5.08%
	党代表	7.1%
	人民团体	3.9%
	座谈会	20.34%
	互联网	28.81%
	其他	24.59%
您所在社会组织向政府提出的政策建议得到政府重视或采纳吗?	采纳	11.2%
	重视但未采纳	23.4%
	不重视	45.6%
	排斥	7.6%
	其他	12.2%
您所在社会组织政策建议被政府部门采纳条数?	0 条	51%
	1 条	37%
	2 条	9%
	3 条	2%
	4 条及以上	1%
您所在的社会组织没有向政府部门提出过政策建议,那么原因是什么?	没有合适的渠道	15.25%
	提了也不会起作用	32.2%
	让提再提	15.08%
	不了解相关信息	20.51%
	不知道怎么提	6.1%
	其他	10.85%
您认为如何提高社会组织提出政策建议的有效性?	政府部门重视	34.2%
	提供正式的参与渠道	28.2%
	完善相关法律制度	15.7%
	提升社会组织参政意识与能力	18.6%
	增加政协中的社会组织界别	1.2%
	其他	2.1%

四是环保组织从积极的角度参与环保领域的治理。在与政府及企业进行对话过程中,环保组织利用专业知识和法律武器,经过设置的对话机制和程序展开,避免对话升级为争论甚至对峙,利用专业精神协助问题的解决。环保组织具有团结、合作、博爱的理念,这种理念引导社会组织在对外交流和活动中秉持理性科学的态度。据王飞调查,在与政府的关系方面,95%以上的环保民间组织遵循"帮忙不添乱、参与不干预、监督不替代、办事不违法"的原则,寻求与政府合作;61.9%的环保民间组织认为拥有与政府直接沟通的正常渠道;选择与政府合作的环保民间组织有64.6%。在与企业的关系方面,大多数环保民间组织愿意和环境形象较好的企业开展合作。在和污染企业进行交涉时,环保民间组织最常用的方式是向政府部门反映,占68.6%;其次是与企业协商、谈判,占40.0%;采取诉讼等法律途径或集会、抗议等方式的很少。①

五是公民参政议政的意识和能力普遍提高。中国基层民主逐步建立起公民参政议政的良好氛围和社会舆论。同时作为社会监督一方的新闻媒体也以第三方的角度积极参与到对政府和企业行为的监督中去,通过媒体的手段传播正能量,曝光不法行为。许多有着优秀专业知识的专家学者,参加了多个社会组织,通过社会组织来开展合作与交流,锻炼了参政议政能力。我国经过40多年的改革开放,以社会组织为载体,以自由、民主、平等、博爱为精神的公民社会逐步建立起来;以契约形式、法律形式为保障的社会体系,以公民、社会组织、媒体、企业、政府多元共同治理的形态逐步建立起来,这都为听证会召开奠定了良好的社会基础和制度保障。

3. 目前我国社会组织参与听证的困境

当前我国社会组织参与听证的实践案例偏少,社会组织参与听证会存在公开性、透明度以及参与度不高的问题。

---

① 王飞:《我国环保民间组织的运作与发展趋势》,《非营利组织研究》2009年第6期。

一是社会组织参与听证会的范围较窄,大多是与社会组织自身有关问题的听证,涉及公共事务的机会较少。如珠海市民政局召开的《珠海市社会组织信用信息使用和管理实施细则(试行)征求意见稿》,参加听证的有15位市民、社会组织、市人大代表、政协委员、律师、专家学者等。2011年广州市人大常委会举行的《〈广州市募捐条例〉立法听证会工作方案》,通过公开征集听证代表共16名,其中6名来自社会组织,其他为人大代表、政协委员、政府部门人员、法官、律师和专家等。

二是参与听证会的公开性不够,难以影响公众并接受公众监督,从而导致听证会的听证效果和听证结果的落实度较低。2001年由社会组织成员、环保专家、居民代表和一名副市长组成的听证会参加人员,"绿家园"等环保组织推动北京市昆玉河(即京密引水渠昆玉河段)治理工程问题进行听证。这次听证会最后不允许向媒体公开,未达到听证的落实效果。

三是很多问题争议没有进入听证程序,没有经过听证的争论和呼吁,缺乏合法性支持,也很难上升到政策影响层面。其中2003年四川省贡嘎山下的木格措水坝虽然经过社会组织的积极呼吁,尽管最后没有被叫停,但由于法律及相关政策中针对听证会涉及的内容范围还不够宽泛,许多领域没有将其纳入听证的程序。

四是社会组织参与听证的相关法律和政策支持力度还存在很多不足,限制了社会组织参与的机会。除《宪法》外,当前公众参与环境执法相关的法律文件主要有:《环境保护法》第五章"信息公开和公众参与";《行政许可法》中关于"听证"的规定;环境保护各单项要素保护法中关于公众参与的零散规定,如《环境影响评价法》等关于公众参与的规定;生态环境部相关的部门规章和规范性文件,如《环境信访办法》《环境影响评价公众参与暂行办法》《关于推进环境保护公众参与的指导意见》《环境保护公众参与办法》等。但这些主要是以公民为参与对象,缺少对于社会组织的相关规定。

五是听证会程序不够严谨,存在走过场等形式主义问题,致使听证结果难以体现真实性。经过了听证过程后,湖南省批准长沙市、岳阳市提高水价。由于这次水价上调幅度超过了30%,在社会上引起很大反响。长沙理工大学的大学生社团"大禹之子"针对水价上调的民众反映情况进行了一次实际问卷和访谈调研,通过调研1000多户家庭后,有50%以上民众认为水价调整过高,有30.30%民众认为水资源没有受到污染,不必花费巨款进行改造工程。这些数据与听证会的结果大相径庭,从另一个侧面反映了听证的可靠性还需加大制度保障。

三、案例实践分析:存在问题及改进措施

社会组织参与圆明园防渗工程听证会,是对圆明园事件过程中出现的政府滥用权力,缺乏监督,违背法律法规的行政行为的一次检视,也是对当事企业不顾国家和公共利益,牟取私利的一次批判。整个听证过程从准备到结束乃至后期评论经历了三个大的阶段。

1. 酝酿阶段

圆明园湖底防渗工程听证会的召开经历了长期的准备阶段。在此之前的紫坪铺工程、怒江工程争议不断时,环保总局就试图召开听证会来化解纠纷,追责相关部门的失职行为。国家环保总局作为国家环境保护的直接责任单位,常常与发改委、地方政府以及央企之间产生政策分歧,为了化解各个部门之间的争议,环保总局一直寻求一种制度化的解决路径。听证制度就是能够集结不同社会声音,反映不同部门利益的论证平台。为此国家环保部牵头制定了《环境保护行政许可听证办法》。为了做好第一次听证会的准备工作,环保总局在正式听证会前充分酝酿,合理安排,经历了三个小的阶段。

(1)举行听证培训会。2005年1月,国家环保局邀请清华大学法学家李楯教授为总局机关党委同志作"依法行政与公众参与"的报告。李楯教授从信息公开、听证参与和官员问责三个方面进行阐述。首先是信息公开,只要是

法律和国家政策允许公开的信息必须公开,让相关利益人和公众能够对于国家的基本政策法律以及对于关注的事件进展情况有清楚的了解。要求在听证会前,向社会公示听证的报名注意事项和重要内容;在听证会中,如果不涉及国家机密和国家法律不允许公开的情况下,必须全程对外直播,接受观众监督;在听证会后还要制作"听证会报告书",将听证会的具体情况以及发现的问题和下一步的措施向社会公布。其次是听证参与,必须把握两个原则:一是平等原则,每个公众都有平等参与和平等发言的机会,尤其是对于弱势群体应该有专门的保护措施,保证他们的听证参与机会,并适当给予更多的机会参与和发言;二是效率原则,针对问题要有的放矢的展开论辩,防止偏题。在发言顺序上,优先让持不同意见的人发言,防止听证会成为和事堂。

(2)民间组织研讨会。在圆明园防渗工程通过甘肃省植物学会副会长张正春曝光后,舆论争议不断。对此,自然之友、博客中国等社会组织立即组织召开了一个小型研讨会,进一步分析圆明园防渗工程的问题所在,凝聚民间共识,为下一步听证会做准备。这次研讨会参加的还有新浪科技媒体、北京市人大代表、环保总局环评管理司负责人、市政协委员、北京地球村负责人等。通过研讨,大家初步形成共识,一是防渗工程是否有问题,要从整体利益,公共利益视角分析;二是民主决策必须要征询广大民众的意见,从不同的视角来分析问题,使决策更民主可行,举行听证会势所必然。

(3)多方参与的座谈会。圆明园防渗工程被国家环保局于4月1日紧急叫停,因为防渗工程已经做了前期铺膜工作,花费成本高,有些专家对工程的继续开展持赞同态度;而民间环保组织几乎一致认为必须整改,把之前铺的防渗膜全部清除;还有些部门主张进行折中处理,能否在铺膜基础上进行改进。针对不同的意见环保总局召集各方面的专家和不同领域的相关部门负责人开了一个意见座谈会。参加的人有圆明园管理处负责人,有高校水利、生物、环境等方面的专家,有政府水务部门、水利部门以及环境保护部门的领导,有文物保护部门的负责人,还有园林局的负责人以及民间组织(自然之友、地球纵观环境教育中心、甘肃植物学会等）负责人。座谈会因为聚集了各方面的领导专家，所以提出的意见有很大的不同，通过座谈会，从当事方、利益相关方以及公众方和专家方形成的意见进一步得到确认，环保总局对这些意见梳理后，进一步将这些意见通过听证会的方式公示于众，将社会问题上升为政策问题，并得到法律程序的支持，此时，听证会的召开时机已经成熟。

2. 正式举行听证会

在 2003 年圆明园湖底防渗工程中，由于防渗膜的铺设带来的环境影响问题，受到了社会各界尤其是"自然之友""北京地球村环境教育中心""地球纵观环境教育中心"等环保组织的质疑，其中"自然之友"在此之前已经对该工程进行了多次调查研究。2005 年 4 月，由国家环保总局组织在社会上公开招募了 73 名专家及社会公众作为代表，参加了环保总局、专家、圆明园管理处、环保社会组织、部分群众代表共同举行的"圆明园防渗工程环境影响听证会"。听证会上，又有甘肃省植物学会、园林学会等专业性社会组织代表，以及知名的环保、水资源、植物、园林设计等领域的专家学者，这些专家学者除了本身所在的大学职务，还身兼一些社会组织的职务。据统计这次参会的共有 8 个行政机关、12 个社会组织以及 40 多家新闻单位，共 120 多人参加。

在我国第一次基于环境保护而召开的社会听证会上，经过科学论证，对于避免更大的环境破坏和文化、遗产等历史宝贵资源的损失起到了积极作用。同时，在听证会中，经过各方辩论和指正，暴露了圆明园防渗工程中政府在审批环节的不严格，甚至渎职行为；暴露了圆明园管理处与企业及游船营业者的利益勾结，谋利行为。听证会还反映了我国相关法律法规设置过程中存在重复交叉、层次不清以及左右为证的状况；反映了本次政府决策不严谨科学，没有进行充分论证，没有实地调研和征求民意；也反映了企业与政府关系中的利益绑架关系。

表 3-3-3　圆明园防渗工程听证会主要内容实录

参加人	主要观点	所持态度
主持人	出席今天听证会的有圆明园管理处等八个单位的代表,有各方面的专家和社会上关心环境保护的各界人士,现场采访的有 40 多家新闻单位,新闻界的同志有 120 多人	
环保总局副局长潘岳	今天人民网和新华网在这里进行现场直播,也使关心本次听证会的各界热心人士能够随时了解听证会的全过程。这是我们环保总局首次举办的一个环境影响的评估会,希望社会各界给予坦率的批评和实质的建议。今后我们将继续举办类似的听证会,并将继续把听证会的全过程和我们最后的行政复议决定完全向社会公开	
主持人	因为时间有限,申请发言者不能太多,请发言者简明扼要,先表明观点,再陈述理由,一定要记住听证会不是辩论会,我们是听证,大家有理有据,摆道理,讲事实就可以了	
甘肃省植物协会副理事长张正春	既然是一个公正听证会,我想从公众角度来考虑,我希望我们能以整体的观念和长远利益来考虑	反对
圆明园管理处同志	介绍一下工程的具体情况	支持
地球纵观环境教育中心李皓	顺应自然才能重现圆明园美的魂魄!	反对
圆明园管理处副主任杨振铎	对圆明园的调查研究,应该实事求是,事实就是事实,如果不是实际,想维持局部的生态环境,给他水,给多少水要看总体要求,要实事求是	支持
清华大学吴良镛教授	我感觉到北京水资源的危机,已经波及各个方面,对污水的处理、再利用的问题,都应该积极考虑,好像跟圆明园的整治环境有关系,其实不只是圆明园,跟很多方面都有关系	反对
清华大学博在衡教授	目前的湖底防渗是否影响北京市的总体生态? 目前还不能得出这样的结论,因此不能从单方面的认识出发,毁掉防渗措施,使圆明园成为水体枯竭的历史园林	谨慎
主持人	关键是大家发言的时候,其他没有关联的东西不要讲,有很多东西是大家的共识的。大家不要"我认为怎么样",后面没有太深入的道理讲,你有观点以后,还要讲科学,应该实事求是把道理讲清楚	
北京大学崔海亭教授	生态遭到破坏以后,动植物减少了,水也不活了,青少年到那儿找不到生态的感觉,就会失去一些东西	谨慎
清华水利系教授沈志良	我的意思就是这个工程应该跟有关方面好好商量,这样进一步改善,而不是全部拆掉,重来。至于岸边的防渗,我认为现在的做法做得太不负责任了	谨慎

参加人	主要观点	所持态度
水资源研究学者李开发教授	圆明园防渗工程项目,一开始也是采取鼓励的态度,我经过调研以后,对它总体还是肯定的	支持
中国社会科学院叶廷芳教授	社会特别是知识界的反对的呼声越来越大。我在全国政协的会上也提了反对重修提案。2000年,对圆明园修建计划,我又写了一个提案。圆明园的现行管理机构需要重新调整。应该有一些相关的部门分别出人,请一些专家学者组成一个委员会,这个委员应该立足于国家文物局来管理	反对
主持人	我再声明一下,国家环保总局目的是摆事实,讲道理,同意的、反对的都可以,但是不允许出现过激的现象,因为这里主要是讲道理	
园林世纪专家檀馨	要遵守规划,政府定了,要你这么做,你今天执行就得执行,有意见仍然要拿到政府去解释。另外,一定要有专家专题论证,领导决策,然后才可能实施,这一系列东西急不得,也快不得。今天大家提的这件事,其实有些事也是讨论了多少次了,比如防渗的工作	支持
北京师大王红旗教授	在一定时间内,防渗膜就可能产生一些有机污染物,其后果是不堪设想的	反对
北京市水科研究所李其军教授	关于防渗工程处置,本着科学的态度和实事求是的精神,对防渗工程进行论证。不管如何处置,都需要进行环境评价	谨慎
自然之友薛野	我们认为铺设防渗工程是违法地破坏生态,立即撤除防渗膜,可以避免将来付出更加高昂的代价。鉴于本次事件是管理体制块分割的状况,我们建议相关专家、市民代表、环保部门联合管理,以保障相关决策的科学和民主	反对
圆明园派出所刘玉栋	我认为水目前应该是当前急需解决的问题,希望在座的关注圆明园的专家同志们提出积极的建议来解决当前圆明园的现状	谨慎
北京大学俞孔坚教授	我们如何来保护遗产,如何真正做到圆明园遗址的保护,甚至呼唤救济圆明园的座谈会,包括崔海亭教授也在这儿,当时我们坚决反对当时的治理方法	反对
天坛公园退休职工	我觉得这个事在实施过程中,公园提出是节水的措施,我认为应该看成是一个有利的探索	支持
张恩来	我们在考虑效益的时候,不能仅仅考虑它的经济效益,更重要的要考虑它的社会效益和环境效益	反对
北京市文物局代表	建议公园湿地,湿地也是游人愿意去的好地方	谨慎

续表

参加人	主要观点	所持态度
市民代表刘根旺	我首先质疑这个听证会有听证的必要吗？他们已经先斩后奏了,他已经先做了	反对
甘成发	昨天《经济半小时》报道,每平方米造价是7.2元钱,一共是500多万,这个问题怎么解释	反对
北京地球村环保组织廖晓义	最后我想用两句话送给听证会,我很高兴能够参加这样的听证会,我想是新时代的开始	反对
人大博士	一个是强化监管,要慎重决策,公开方案,广泛征询意见,如果看不清,就要不急于行动	反对
中国圆明园学会潘从贵	2003年底,中国园林协会就圆明园保护问题给中央写了报告,温家宝总理批准给有关部门。就此提出两点建议供参考:第一,要尽快成立以北京市政府牵头,包括文化部、建设部、国家文物局等有关方面的行政领导和有关领域的专家学者,共同组成圆明园遗址公园的决策机构,讨论审理有关圆明园遗址的工作事项和计划	反对
小同学高梦雯	如果经过科学验证,经过专家认真分析之后,不正确的事情应该停止,不能仅仅因为工程马上完工,投入的资金太多,就不制止,如果不制止,就会带来更大的恶果	反对
代表	弊端	反对
甘成发	通过今天的听证会,我们不只是听证圆明园这个事情,应该不要再出现第二个圆明园,第三个圆明园,甚至更多的类似圆明园的生态失衡的社会问题	反对
北京大学李文华教授	依法问责。尤其对北京市水利部门,根据前几年河湖整治的教训,在有关领导公开承诺不再造"铜帮铁底"河的情况下,其下属研究所和工程公司依然承担的本次圆明园河湖整治工程的设计和施工,影响了政府形象,应当追究有关责任人的责任	问责
代表	非常同意赶紧进行环评,这个环评,应该组织多学科的参加	谨慎
钱易教授	我觉得这是环境影响评价方面得到的启示,而圆明园本身也应该补上这一课	谨慎
圆明园管理处	积极整改	谨慎
中国社会科学院李逎教授	要求有关人员等赔偿因为这种违法行为而造成的在生态方面和经济方面的损失。同时建议国家环保总局应该报请国务院启动问题问责,追究圆明园违法在湖底铺设防渗膜相关政府官员的责任,应该建议北京市海淀区人民政府针对海淀区环境保护局局长在职责范围内、在圆明园这个违法行为上的行政不作为,免除他局长的职务	问责

续表

参加人	主要观点	所持态度
圆明园管理处	陈述	
主持人	听证过程到此结束,对今天听证会上大家提出的意见,包括书面意见,我们将充分地认真研究,加以吸纳	

圆明园防渗工程过程反映出有五方主要代表主体:圆明园管理处、圆明园普通工作人员、高校或社科院专家、环保组织、公众代表。从发言的观点来看,基本上表现出五个方面立场,圆明园管理处基本是支持态度,高校和社科院专家大多持反对和谨慎态度,环保组织全部是反对意见,公众基本是反对意见。因此,如果单从态度来看,主要有支持、反对、谨慎和问责四个方面,可以看出除圆明园管理处本身以外其他主体主要是反对和谨慎意见,以反对居多,甚至有的环保组织和社科院专家提出对于防渗工程负责人问责,严格追究失职和腐败问题。

3. 社会反应及争论

听证会结束以后,引起社会极大反响。在听证会后,立即形成了两个不同意见的群体,这两个群体各自从自己的观点出发,召开了研讨会。

(1)由水利、生态、建筑等领域专家参加的专家会。听证会会期时间短,发言的机会少,加之听证会中真正以生态学角度分析问题的专家发言不多,不能充分说明问题。专家会主持方认为本次研讨会是聚集了专业的生态学、水利学以及建筑学方面的专家,分析更为科学专业。这次专家会共有8名专家到场,形成的意见是一致认为圆明园防渗工程是合理的,而且其中一名来自东中西区域发展研究院的负责人对防渗工程也持支持态度。《中国青年报》评论此次专家会是一场对手缺席的"争论"。

(2)民间组织研讨会。清华大学研制的《圆明园防渗工程环评报告书》(以下简称"环评")在环保总局批准公布后,按照环评的结论,对圆明园防渗工程进行全面整改。但环评结论出来以后,社会各界对圆明园事件仍旧在不断反思,这种反思已经不再单纯地针对技术的问题而是对道德和腐败问题的质问。7月4日下午,绿家园、自然之友和博客网等联合组织召开"圆明园生态与遗址保护第二次会议"。在这次研讨会中,大家普遍反映的问题是圆明园防渗工程问题已经不能单纯从技术层面或者政策层面理解,它是当下我国社会人文精神的一个缩影,它虽然反映的是人与自然的关系,但实质上是反映人与人之间的关系。与会专家认为需要将圆明园事件作为一次道德教育、法制教育和环境教育的典范,积极向社会、向后人宣讲,避免下一个圆明园事件的发生。

四、问题反思

圆明园湖底防渗工程折射出的不仅是当前我国的人文生态,更反映了在治理我国环境污染过程中,政府廉政和企业社会责任方面的制度机制建设任重道远。

一是,将社会组织及社会公众参与环境保护相关听证会纳入正式渠道。建立听证会前广泛宣传,社会主体进入听证会的便利渠道,设置科学选择听证参与人员的制度,树立听证过程中的社会组织及公众参与的任务和规则,形成听证人员意见与相关责任主体部门的沟通对接机制。当年在立法讨论期间,公众听证制度要不要写进《环境影响评价法》曾经是各相关部门激辩的关键内容。《环境影响评价法》是在源头把关的法律,要为区域开发、产业发展和自然资源开发提供民主决策机制。由于相关各部门难以取得共识,以致这部法律的草案被迫中断审议20多个月。曲格平还认为,对于有些部门和个人来说,之所以强烈反对制定环境影响评价法是因为制定了民主决策制度就增加了工作环节,限制了自己部门的权力,不能随心所欲地作出决策了。这是在法律制定过程中遇到的部门利益与整体利益冲突的典型案例。[1]

---

[1]　曲格平:《环评听证就是要限制权力部门为所欲为》,人民网,2005年4月14日。

二是,听证会应该严格符合听证的基本原则,听证会各方意见的最后结果应该很好地在政策制定中体现。听证会不同于其他听取意见的方式,如座谈会、论证会,其最大的特点在于公开性,听证人的选取是公开募选,允许记者会议采访,允许公众会议旁听。圆明园防渗工程听证会上参加的单位有八个行政机关,多个社会团体,还有现场采访的40多家新闻单位,并在人民网和新华网进行了现场直播。这都体现了听证会的公开性,但是听证会主持人指出"由于我们场地所限,我们不可能去满足所有申请来参加听证的人员,由于这个项目的专业性很强,所以我们这次邀请的代表主要以专家为主",这是一个问题的方面,不能满足所有人的参会愿望,但还是尽可能照顾参会人员的多样性。尤其是适当安排部分旁听者,保证听证的严肃性和公开性。另外听证会应该由意见双方各自举证,必要时可展开辩论,但是在圆明园防渗工程的听证会上,主持人明确提出"一定要记住听证会不是辩论会,我们是听证,大家有理有据,摆道理,讲事实就可以了。"这就为听证会不能进行辩论设置了限制,这是不符合听证的基本原则的。从法律角度检视,"质辩是在听证主持人的主持下,由行政机关的调查人员与当事人就行政案件的事实和法律问题展开质证和辩论的过程。它是听证的核心。就功能而言,质辩乃是行政案件调查的一种延续,是对调查的事实和法律的适用问题交给当事人质疑,从而提高行政机关认定案件事实真实性和适用法律准确性的程度。"[1]再者听证会中获取的信息应该具有约束力,尤其是在立法听证中,应该作为立法的重要依据。在圆明园防渗工程听证会上,各方意见都得到了尊重,最后圆明园防渗工程进行整改,避免了更大的损失,但鉴于多方利益的妥协,考虑到圆明园管理处和游乐经营者的利益,最后进行了折中。"听证机制在实践中也暴露了其缺陷,有时它不再是提供评论和表达意见的场所,听证结果迎合了或进一步稳固了既定秩序。"[2]

---

① 姜明安:《行政法与行政诉讼法》,北京大学出版社2005年版,第385页。

② 檀秀侠:《社会组织食品安全监管职能及实现机制探讨》,《汕头大学学报(人文社会科学版)》2016年第5期。

　　三是,环保组织参与协商治理环境污染和政府及企业的违法腐败行为,不应仅限于听证会环节。在听证会前后都应该积极进行相关问题的信息搜集与论证。能够通过听证会环节进行维护权益,反对腐败和违法行为的机会毕竟是少数,"由于对政府部门相关环境信息了解不够或不及时、对政策制定的背景不清、没有介入前期工作的机制和渠道,导致大多数公众和环保民间组织参与制定环境政策十分困难,一些部门和企业出于自身利益考虑,对环保民间组织实施社会监督心存疑虑,对此持消极态度。"[1]因此,环保组织应该积极通过听证会之外的社会协商等环节参与廉政问题的解决,如中国生态学会、自然之友等环保组织在听证会之前就进行了大量的取证调查,多次呼吁并通过各种形式制止问题的进一步蔓延,这在某种程度上也为听证会的召开提供了前期基础。在社会协商环节,环保组织还应积极地争取各种媒体网络的支持,即"利用变化中的媒体格局以及权力结构中的空间,来进行媒体动员,凝聚民意,建构媒体议程,并对政府议程形成影响。"[2](参见表3-3-4)

表3-3-4　媒体对于圆明园听证会的相关腐败问题报道

报道的问题	报道标题	报道的媒体
公众参与权	从圆明园事件看知情权	人民日报
	圆明园事件暴露环境决策公众知情权问题	京华时报
	圆明园管理者为何与公众如此隔膜	新华网
	圆明园事件暴露环境决策公众知情权问题	京华时报
对法律的态度	圆明园防渗工程事件检验着我们对法律的态度	人民网
	圆明园事件是检验政府法治能力的考卷	大众日报
	法治,是解决圆明园事件的必然方向	新京报
	李楯:大家都来支持国家环保总局依法行政	人民网

---

[1]　中华环保联合会:《中国环保民间组织发展报告》,http://china-audit. com/lhd_7sadg3rrpt2nsfs0jg1w_11.html,2006 年 4 月 22 日。

[2]　王飞:《我国环保民间组织的运作与发展趋势》,《非营利组织研究》2009 年第 6 期。

续表

报道的问题	报道标题	报道的媒体
权力制约和监督	环评听证就是限制权力部门为所欲为	中国青年报
	听证会中途离席的圆明园管理处主任是在藐视谁	中国经济时报
	"九龙治园"是圆明园乱局的体制根源	中国青年报
	圆明园能否启动问责程序	新京报
	李楯:追究违法铺设防渗膜相关政府官员的责任	人民网
决策科学化、民主化	圆明园:标本意义犹在决策思路当变	新京报
	环境决策应听取公众意见	京华时报
	圆明园听证会对政府决策民主化有重大示范意义	南方周末
企业责任监督	为生态还是钱?圆明园湖底防渗膜牵动何利益	央视国际
	圆明园出租湖心岛:谁把圆明园变成了私家花园	人民网
	首次听证会针锋相对 5 小时圆明园防渗是为生态还是生财	东方网
	圆明园整改工程被疑暗藏猫腻 800 万余款做何用	京华时报

四是,听证会的协商制度还应与人大制度、政协制度以及司法制度相对接。我国听证制度在行政领域和立法领域已经初步实施,并取得了很好的成效,应该进一步将这一制度与其他相关政治体系进行联通。在浙江温岭民主恳谈会实施中,就将经过公众代表集体讨论的预算交于地方人大会议审议,从而与人大制度进行了对接,并有效激励了人大权力的发挥。听证会还可与政协会议进行对接,经过听证会形成的方案,如果不能很好地解决,或者这种问题涉及面广,涉及时间较远,应该将其形成提案提交政协会议进行进一步讨论,甚至可以通过政协途径将其提交到高层领导的关注。

五是,我国环保组织参与协商的能力还需提升,除了加大环保组织在自身财力、物力、人力等方面的发展以外,还应对于环保组织参与协商的知识和能力进行提升。目前,我国环保民间组织在参与环境政策制定和实施社会监督上,大多是从某单一视角提出意见和建议,往往缺乏综合情况、专业理论和基础数据支持。环保民间组织现有 22.4 万从业人员中,26.8% 的没有环保相关专业背景,近 50% 的环保民间组织中仅有 1—2 名环保专业人员。由于专业性人才匮乏、基础薄弱,环保民间组织参与环境政策制定和实施社会监督的能力不足、成效不高。[①] 在圆明园防渗工程听证会前,为能在听证中更加准确地表述观点、提供有效证据,进一步提高依法听证、科学参与的能力,由中国环境文化促进会、北京地球村环境教育中心组织、三江源生态环保协会、淮河卫士等52 家环保非政府组织代表接受了环评听证培训。培训中发现环保非政府组织(NGO)普遍对听证制度的定义、程序和方法不了解,存在着把握问题不准、不善于举证等问题。针对 NGO 存在的这些问题,邀请了我国环境领域的知名学者和政府官员,对《环境影响评价法》的主要构架和内容,以及如何申请参与环评听证及采集相关证据的方法等进行了全面的讲解。三江源生态环保协会负责人扎西多杰指出,现在环保 NGO 多集中在大中城市,而环境问题往往发生在边远地区,我们还普遍存在说得多,但讲不到点上的问题。

六是,探索听证的多元化形式,提高群众听证参与的便捷程度,激发群众参与的积极性。按照国际通行惯例,听证可以是正式的也可以是非正式的。正式听证是有着严格的场所、时间、程序、形式等要求,而非正式听证"不采用司法型审判程序听取意见,且不以笔录作为裁决唯一依据的一种程序模式。它不太强调听证的形式,只要当事人得到一个表达意见的机会,也就满足了给予当事人听证的要求。因此各国行政程序法一般对非正式听证仅作原则的规定。"[②]非正式听证方式因为对于场地、形式以及时间等没有苛刻的要求,因此实施起来更加灵活,只要是能够体现当事人的表达诉求,起到公正客观的举证作用即可。这极大地方便了群众的参与,激发了群众的参与积极性。在网络和各种新媒体

---

① 王飞:《我国环保民间组织的运作与发展趋势》,《非营利组织研究》2009 年第 6 期。
② 姜明安:《行政法与行政诉讼法》,北京大学出版社 2005 年版,第 385 页。

技术不断发展的趋势下,可以利用这些技术平台,让民众参与到正式和非正式的听证中来。在正式听证中,设置网络直播和网络互动环节,或设置一个将场外公众的意见进行展示的环节,这种形式的切入,可以为辩证双方提供更多的场内人员无法提供的证据。在非正式听证中,则可以充分发挥这种新技术的便利,让民众通过媒体和网络参与到难以现实到达的地区,或者不方便去的区域。

第四节　法律协商

一、问题的提出与逻辑演进

法治反腐是建立廉政社会的根本之策,因为它包含着多种反腐措施的跟进与联合。"今天已不是一个单纯地对个体正当利益予以简单肯定的时代,也不是一个可以把实现和维护法治的任务单方面地托付给法官的时代,而是一个视法治为社会控制的系统控制时代。"一是法治超越法制的理念诉求,法律并非天然具有合理性,法律的理性主义发展的另一个极端就是法律私利主义扭曲,这就需要多种力量的相互制约,达到整体利益诉求的平衡,保证法制的健康和谐发展;二是法治包含着治理的要义,治理的核心要素是多元化、多中心合作共治,这要求人人参与到法治反腐建设中来,增加人们对于自身以及社会的责任感,继而演化为人人负责的公共精神。21 世纪以来,随着西方各国选举民主逐渐式微,日益凸显出人们对于日常公共生活中主体地位的诉求。协商民主由此逐步得到人们的重视,它为人们参与治理提供了可行的方式、路径和空间。协商民主的主要目的是实现各个治理主体之间的平等协商,社会组织在其中起到了重要的平衡作用,"没有社会组织的成长及其对公共政治权力的有效监督,协商民主将可遇不可求"①。社会组织参与协商民主建设的

---

① 康晓强:《社会组织一定促进协商民主吗?——对国外文献的评述和批判性考察》,《马克思主义与现实》2018 年第 1 期。

重要使命在于有效规制公共权力的运行边界。社会组织具有专业化的协商谈判水平,能够利用现代化的技术方法,从而使得协商监督或者批评建议工作更规范,其第三方地位和角色赋予了社会组织独特的监督作用。《联合国反腐败公约》指出,"预防和根除腐败同时应当有公共部门以外的民间社会、非政府组织和社区组织的支持和参与,只有这样,这方面的工作才能行之有效"①。甚至有学者在分析现代化制度根本确立的原因时提出,社会组织"也许是唯一能够有效反对专制和极权统治的源泉"②。在新时期,社会组织利用法制手段,通过法律渠道参与反腐活动的地位及渠道初步发展,立法机关往往授权社会组织制定的规则成为具体执行的规制标准。有些行业协会制定的行规行约与政府制定的正式规则相互补充,共同构建了廉政建设的法制体系。因此,基于协商民主的优势,将其与法治反腐的结合成为一种新的反腐路径选择,协商民主论者认为"控制官僚自由裁量权的恰当途径是施行协商民主,实行协商的民主立法模式"③。一般来说,协商民主对于法治反腐有四个方面的积极作用:一是通过协商方式参与法治反腐是一种过程性治理,体现了社会组织全程参与的原则要求;二是协商民主理论主张多元化合作的模式,增强了法治反腐的合力效应;三是协商民主强调积极的建设性的治理效果,注重对于腐败问题的提前预防和相关主体的廉洁教育;四是协商民主不仅严格执行刚性法律规范,同时积极利用并发展相对弹性的公共规范和能使协商参与者达成共识和合约的软法规则。

但是协商民主在小规模的群体或面对面的互动中是可以实现的,即在社团基础上的协商民主是可行的。在大规模的现代社会中,实际上公民们无法

---

① *General Assembly of the United Nations*, United Nations Convention agains Corruption, 2003.

② [英]达伦多夫:《现代社会冲突》,林荣远译,中国人民大学出版社 2016 年版,第 56—59 页。

③ Christian Hunold. "Corporatism, Pluralism and Democracy: Toward a Deliberative Theory of Bureaucratic Accountability", in *Governance: An International Journal of Policy and Administration*. vol. 14, No.2. Blackwell Publishers, 2001.

走到一起,作为整体在任何论坛或机构中进行协商。① 审视西方主要国家和我国社会组织参与法治反腐的路径,无不暴露出这一重要问题,即尽管协商民主构建了参与的方式,却没有为社会组织参与提供行之有效的机制,也就是说它没有将社会组织依法治腐嵌入协商民主的制度化实践领域。不管市民社会内部的团体活动多么民主、真挚,它们影响国家权威做出决策的能力是非常微弱的。②

因此,基于西方国家以及我国的实践启示,必须为社会组织参与法治反腐构建一套可行的路径机制。党的十九大提出要推动协商民主广泛、多层、制度化发展,统筹推进政党协商、人大协商、政府协商、政协协商、人民团体协商、基层协商以及社会组织协商,形成完整的制度程序和参与实践。社会组织协商应该积极与其他主体协商衔接融合,扩展、深化和规范社会组织协商参与法治反腐的覆盖面、层次和制度建设。不仅要发挥社会组织协商民主的基本"协商"性的原则,而且要积极推进社会组织与其他主体"协同"反腐的工作机制建设,并进一步加强社会组织在协商反腐的法律制定以及参与政治系统反腐决策的话语权,增强社会组织参与法治反腐协商活动中的决定权,即"协定"功能。"协商、协同、协定"体现了社会组织参与法治反腐的层次性深化发展。具体思路是:上可通过国家政治系统,将社会组织的反腐建议在立法中体现;下可在社会基层借助于社会组织的平台机制,形成人人参与、浸入人们日常生活的反腐常态;而中间则通过法律诉讼途径,为人们打开一条可以实现反腐的正式渠道,从而构建社会组织协商参与法治反腐的多层化结构体系。

二、社会组织协商参与法治反腐领域的国际经验

各国社会组织参与法治反腐领域呈现不同的方式与路径,据不完全统计

---

① [美]詹姆斯·博曼:《公共协商:多元主义、复杂性与民主》,中央编译出版社 2006 年版,第 149—150 页。

② [美]詹姆斯·博曼:《公共协商:多元主义、复杂性与民主》,中央编译出版社 2006 年版,第 159—163 页。

主要有以下几种:一是英、美的仲裁式。英、美两国的法制较为健全,社团普遍发展且独立性较强。公民能够利用社团,通过法律程序来参与法律监督。如英国多地建有民间裁判所,能够进入法院的法律程序从事反腐事务;美国仲裁协会在全国设有35个办事处,并且有大量基于行业和地域成立的中小型仲裁类社会组织。二是韩、日的施压式。韩、日的政府权威体系完善,公民表达意见往往通过施压的方式进入政治系统。如日本的公民代言人会议组织,通过向议会施压迫使其改革政府的接待消费制度。三是巴西、印度的监督式。巴西的预算论坛通过参与式预算,印度的反腐败人民运动组织通过网络等新技术,来作为民众参与法制建设的突破口。四是以色列、澳大利亚的检举式。两个国家民众的参与权、监督权得到较好的保障。澳大利亚的举报人协会,促使政府设立了《保护举报人法》;以色列的国家廉政运动组织直接提起大量行政腐败诉讼案件,民众代表可全程参与听证。五是北欧的芬兰、丹麦、瑞典、挪威等国的教育式。这些国家社会组织发达,挪威、芬兰每万人拥有社会组织数量为300个。① 社会组织积极引导和规范民众有节制地参与政治生活,如芬兰的工商业联合会、挪威的企业公告付费促进联盟等大量工商业社会组织积极参与行业廉政建设。此外,国际性反腐组织也促使全球协作反腐进入新的阶段,透明国际组织在世界九十多个国家和地区建立了分支机构,并制定了《反腐败联合公约》;国际商会制定的《打击国际商业交易中的勒索和贿赂的行为准则》,成为国际商业领域反腐的蓝本。梳理世界主要国家社会组织参与法治反腐的路径,主要通过立法建议、执法监督、普法教育和法律服务四个方面促进法治反腐事业发展,但整体来看仍处于较低的发展水平。

一是,社会组织参与反腐立法的机制缺乏。英国在内务部设立了一个联系社会组织的机构,从国家和地方两个层面实现社会组织对于廉政建设的促进作用,如纳税人联盟通过与政府的合作推动政府实行有利于廉政工作的立

① 廖鸿:《社会组织制度创新,民间组织管理局》,http://www.docin.com/p-1393003368. html,2014年4月1日。

法改革。在美国,社会组织代表参与若干个"政策子系统",每个子系统通过法律的形式对社会组织参与立法协商的过程予以明确。美国国会于1990年颁布的《协商制定行政规章法》规定,协商程序可以应社会组织申请启动。主导协商过程的是包括行业协会和公益组织在内的协商委员会,与相应规章无特别利害关系社会组织可以作为委员会召集人。但是,世界上大多数国家社会组织依法治腐仍缺乏机制保障,如韩国的经济正义实践市民联合会和日本的市民行政监督联络会议等是民众自发形成的社会组织,其主要在全国性重要会议外围形成对于会议政策的监督作用。韩国的《腐败防止法》《洗钱防止法》等就是社会组织通过对政府抗议游说得以通过的法律。而巴西、印度等国社会组织更多的是提出相关法案建议,没有权力直接参与法律制定过程,如印度的《公民监察法案》由社会组织提出并得到政府批准,但社会组织没有直接参与法律的表决程序。北欧各国虽然表现出普遍的廉洁状况,但主要是商会组织参与反腐立法活动较多,商会往往先行制定行业规则,进而上升为国家相应的法律条例,其社会组织通过正式渠道参与法治反腐的机会很少。

二是,社会组织参与反腐执法的程度参差不齐。在美国,"社会司法"是一种根据社会道德规则制约贪腐的"准司法"活动。社会组织通过"社会司法"的方式有效制约了政府的腐败行为。另外,任何个人和组织都可以提起诉讼的"私人救济"制度为美国社会组织作为公民的代表参与对政府不法行为的诉讼提供了保障。[①] 如美国一些离职官员和社会名流组成民间团体,专门到法庭旁听以监督政府腐败行为。但是,社会组织在协商中仍缺乏对于决策和立法的决定性权力,有些国家的社会组织参与反腐程度很低,未能正式进入制度渠道参与反腐。

三是,社会组织参与反腐普法的起点总体不高。由于英、美、韩、日等国民众参与反腐意识较高,为了避免产生民众过激反抗行动,这些国家的社会组织

---

① 蒋德海:《坚持法律监督的宪法原则——监察体制改革以后我国法律监督的趋向思考》,《安徽大学学报(哲学社会科学版)》2018年第5期。

更多的是教育民众如何理性参与反腐。而以色列和澳大利亚等国,政府采取政策上的激励机制,鼓励民众参与到反腐行动中来。相比之下,北欧各国的社会组织对于民众的廉洁教育十分重视,如,丹麦的 DanWatch 和挪威的克里斯蒂安·米切尔森研究院主要从事民众廉洁教育的工作。由社会组织引导民众的反腐辩论已经成为一种社会风气,通过提高所有公民的廉洁程度,带动和影响政府的行政行为。而反腐程度较为弱的印度和巴西等国在反腐知识普及程度上还不够,主要是对于民众的基本法制知识的教育,进而推动廉洁法律的学习。

四是,社会组织参与反腐法律援助的独立性不强。有了社会组织的专业支持,民众在反腐活动中,将会更有能力使得反腐落到实处。但正如大多数国家存在的问题一样,即使是发达国家,在社会组织法律援助方面,并没有表现出更为积极地支持民众参与反腐的态度,而是与政府主导的反腐活动较为密切,包括为政府提供法律评估报告、为政府提供法律建议以及与政府合作的反腐行动等。这体现了西方国家反腐活动仍是政府主导、民众辅助的状况。政府对反腐社会组织的资金赞助,也为社会组织的反腐独立性和客观性造成一定影响。在未来,民众的需求是社会组织主动找出需要帮助的民众,而不是坐等民众自己寻求帮助,否则将阻碍民众的反腐积极性和有效性。

总的看来,世界各国社会组织参与法律反腐的程度还不够深入,即使是推进了反腐立法的进程,也大多是通过外围施压的方式获得,而且大多数国家的社会组织只是在监督法律实施和为法律制定提供建议等方面展开工作。印度、巴西等国的社会组织参与还处于国家的政策推动方面,没有具体的法律规范要求,社会组织也只是代表某些利益相关者的行动,而没有在全社会形成一种公共的行为方式。"印度的社会组织更多的是社会精英的组织,而非普通民众的代表性机构"[1]。令人欣慰的是,随着网络技术在反腐领域的应用,社

---

① 肖滨、黄迎虹:《发展中国家反腐败制度建设的政治动力机制——基于印度制定"官员腐败调查法"的分析》,《中国社会科学》2015 年第 5 期。

会组织参与法治反腐得到了新的发展,如美国的"国际追踪"组织、印度的"我行贿了"网站、挪威的"税收正义网"等。据知,巴西的非政府反互联网犯罪组织在 2018 年共收到 133732 起网络犯罪举报,比 2017 年增加了 109.95%。[①]遗憾的是,网络反腐的形式还在民间推广,未能建立与政府立法的联系机制。

表 3-4-1　世界主要国家的代表性社会组织参与法治反腐比较

国家	参与形式	实施方式	普及程度	组织类型	参与程度	影响形式	目标
英国、美国	仲裁	团体	代表性	中介机构	执法	中介	权益
韩国、日本	抗议	会议	代表性	市民团体	立法	外围	权益
印度、巴西	监督	技术	代表性	群众组织	政策	公共	权力
以色列、澳大利亚	检举	法律	全民性	社会组织	建议	外围	人权
北欧各国	教育	思想	多点性	商会组织	司法	社会	营商
俄罗斯	抗议	游行	个别性	群众组织	政策	外围	权力
透明国际组织	激励	评价	代表性	国际组织	标准	研究	廉洁

三、我国社会组织协商参与法治反腐的实践探索

《中华人民共和国立法法》对应的社会组织参与立法权利主要体现在三个方面:(1)参与法律起草,第五十八条规定:专业性较强的法律草案,可委托社会组织等社会主体起草;(2)参与法案监督,规定社会组织认为行政法规、地方性法规、单行条例同宪法或者法律相抵触的,可以向制定机关提出书面审查意见;(3)参与法案讨论,第三十四条规定,列入议程的法律案,立法机关应听取有关基层和群体代表、人民团体、社会等有关方面的意见。党的十八届四中全会明确提出"探索委托第三方起草法律法规草案,对部门间争议较大的重要立法事项,由决策机关引入第三方评估,充分听取各方意见。"发挥社会组织在督促政

---

① 卞磊:《巴西非政府组织:2018 年收到 13 万起网络犯罪举报》,中国新闻网,http://www.chinanews.com/gj/2019/02-12/8752031.shtml,2019 年 2 月 12 日。

府廉洁行政中的专业性作用,从而构建对政府法律问题的专业咨询、对党风廉政建设的专业支持以及对政府行政工作的社会监督等全方位的廉政建设制度体系。2019 年国务院发布《关于在制定行政法规规章行政规范性文件过程中充分听取企业和行业协会商会意见的通知》,要求行政法规、规章、行政规范性文件出台前,各地区、各部门应通过多种方式听取企业和行业协会商会的相关意见,明确了社会组织参与立法活动的地位及渠道。社会组织在有关部门决策全过程有机会对其合理性、合法性进行讨论和批评等。它们对政府部门的监督越多,政府部门的行为会更多地符合他们的期望和利益。①

我国社会组织通过法律途径与政府及其他部门进行协商的治理案例主要集中于行业自律、公益诉讼、法律援助、法律咨询和购买法律服务等五个方面:

一是,行业协会在相关行业法规制定中与政府进行协商。行业性法律法规的专业性强,具有行业标准制定资格的行业协会在这一领域具有发言权。政府在行业性法律法规制定方面,应积极征求行业协会或者相关专业人士的意见,甚至可以直接将行业法规的制定权力交给行业协会来完成。在行业法规制定中,政府作为领导者或者协调者对制定的过程进行监督、把脉,积极与行业协会沟通。但在行业法规制定上,行业协会具有充分的独立性,这样可以在各种行业行为或活动中的制度设计上,体现对政府腐败行为的制约。同时,政府也可从公共角度对行业协会法规中有偏袒自己行业利益或者侵犯消费者利益的条款进行纠正。

二是,社会组织参与公益诉讼的执法过程。根据 2018 年最高法院工作报告数据显示,2013—2017 年,在检察机关提起公益诉讼的 1383 件案件中,其中社会组织提出的有 252 件。在有关污染企业的诉讼案件和揭露污染企业的非法行为时,社会组织积极参与监督和批评,相关环保类法律制定由此也逐步完善。2006 年,北京地球村、北京纵观环境教育中心等环保组织对于圆明园

①　芮国强、宋典:《公民参与、公民表达与政府信任关系研究——基于"批判性公民"的视角》,《江海学刊》2015 年第 4 期。

管理部门的滥用权力,徇私舞弊等行为进行起诉。2015年环保部颁布的《环境保护公众参与立法》,是由环境法研究与服务中心承担,"自然之友"等多家社会组织参与了立法论证过程。《环境保护公众参与立法》明确了社会组织具有公益诉讼权和决策参与论证权。

三是,法律援助中心在法律类协商中起着重要作用。目前法律援助类社会组织的法律协商活动发展迅速,但是也存在诸多问题:一是法律援助类组织接受政府的支持,包括中央彩票资助、政府政策扶持、政府购买法律服务等,这就使得法律类社会组织的行为容易受到政府影响;二是法律类社会组织大多挂靠本地律师协会,独立注册还比较难,需要积极配合政府的政策偏好。当前,法律援助类组织数量相对于我国近2亿的农民工和众多的弱势群体来说,实在有点少。这种法律援助调解部门在企事业单位设置的也很少,而且受其所属单位管辖,在处理劳资等问题上,难以保持中立。

四是,政府通过专业类法律组织的专家学者为法律事务把关。在监督政府廉洁自律过程中,出现了民间自发组成的第三方法律和专业知识服务的"民间观察团",作为自愿性、独立性、公益性组织,"民间观察团"大多由律师、学者、记者等专业人士组成。还有的政府或相关部门引入社会组织作为行政廉洁性评估的第三方组织,如重庆市高级人民法院出台《关于执行工作中司法评估的规定(试行)》提出,法院可以将评估报告提交第三方评价机构审查。

五是,政府购买社会组织公共法律服务。目前,政府购买法律服务已经扩展到多个领域。2017年山东省出台《政府购买公共法律服务办法》,对于立法、司法鉴定和公证进行法律援助。2018年上海实施购买乡村和社区社会组织的法律服务,覆盖全市2878个村庄和社区。2019年重庆市确定了23家法院作为引入社会力量参与人民法院执行工作的试点。截至2018年,全国已有19个省将政府购买社会组织法律服务纳入政府购买目录,通过政府购买的方式,扩大了法律类社会组织的公共服务覆盖面,利于构建法治社会和法治政府。

然而目前在我国社会组织参与法律协商中,主要有以下问题:一是参与的

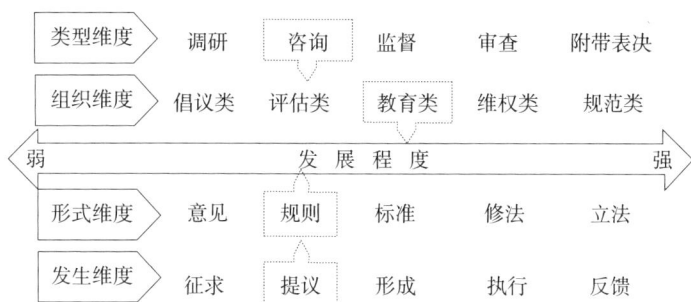

图 3-4-1　我国社会组织参与法律协商的层次体系

注：符号 ⊏⊐ 代表在中间箭头中所处的层次。

社会组织类型偏少，一般适合法律建议的社会组织，主要集中于法律类社会组织、环保类社会组织以及行业协会商会和研究类社会组织，但其中仅行业协会商会数量发展非常快。从 2008—2017 年我国法律类社会组织发展情况来看，法律类社会组织相对其他类社会组织数量是最少的，2015—2017 年全国仅为 3000 个，没有增长，且在 2015 年下降了 8.2%，是当年唯一负增长的社会组织类别。其他与法治反腐活动联系较多的环保类和研究类社会组织，也都规模小，甚至出现逐年下降的趋势。二是协商涉及层次较低，且参与程度不高，一般还处于征求意见、提议和形成阶段，而执行和反馈阶段偏少，另外，征求意见事项针对性不强、听取意见对象覆盖面不广、协商程序不规范等问题普遍存在。协商的类型大多是建议型协商，附带表决式建议很少。三是不同类型社会组织参与法律协商的程度不一样。参与法律协商最多且较为成熟的是应经济形势发展所需的行业协会商会，而在社会领域、文化领域以及生态领域还需要加大相关社会组织的参与立法力度。四是从社会组织参与的法治活动的主动性来看，大多是委托型、引导参与型，而自发性的、独立性的参与很少。五是社会组织参与的法律法规建设的案例很少。在国家现阶段的反腐立法中，缺乏社会组织的参与渠道。六是政府购买法律服务还需加强。虽然我国政府购买法律服务已经取得初步成效，但是基于法律类社会组织偏少等原因，实际购买工作发展缓慢。

四、社会组织协商参与法治反腐的结构优化

当前我国社会组织参与法治反腐的层次不高,未能与政治系统对接;参与的程度不深,社会组织以法律途径反腐的渠道建设还不充分;参与的界面不广,大部分社会组织没有亲身参与到法律反腐工作中来。在未来的社会组织协商参与法治反腐建设工作中,应从宏观、中观和微观三个层面展开。

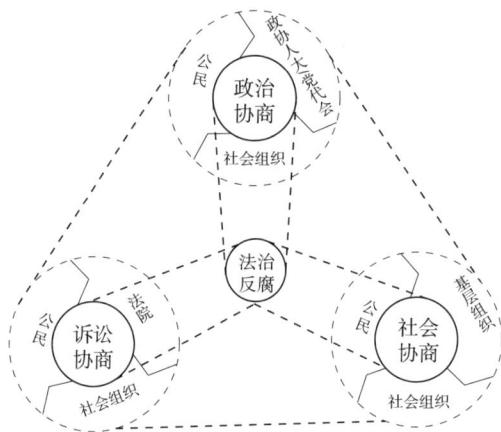

图 3-4-2　社会组织协商参与法治反腐的路线结构图

一是,宏观层面:政治协商。以社会组织为载体的公共领域需要强有力的政治合法性支持,只有通过建制化程序,才能够转变成政治权力。社会组织以界别或代表的形式进入各种政治组织和活动中来,就获得了相应的政治参与权利,它可以直接以社会组织的身份与各种政治身份对接。① 这种政治权利的获得,有利于社会组织在立法活动中起到积极作用。无论是党的会议还是人大、政协的会议,都是国家各方面重要决策的讨论阵地,也是各方面立法活动的建议、商议乃至批复的重要场所。这些政治协商的活动场所,为社会组织参与法律制定、修正以及建议提供了可行渠道,在这些活动中,社会组织将针

① [德]哈贝马斯:《在事实与规范之间——关于法律和民主法治国的商谈理论》,童世骏译,三联书店 2003 年版,第 470—471 页。

对各类部门、各个行业以及各个领域的腐败问题、腐败行为、腐败后果提出有针对性的解决方案。2017年中办印发《关于加强和改进人民政协民主监督的意见》中提出,"监督国家宪法、法律和方针政策的贯彻执行,协助并推动国家机关改进工作,克服官僚主义,反对腐败现象"。从法律上赋予政协机构权力机关的地位,积极推动社会组织以界别的形式在政协协商式监督中的作用。社会组织界别协商应该与人大、法院、检察院、纪委以及党政机关进行制度和程序上的工作对接,并建立操作性制度和保障制度。

二是,中观层面:诉讼协商。据民政部数据,我国有公益诉讼资格的社会组织目前有700家,相比全国注册的84万个社会组织占比很小。其中一个原因就是社会组织获得诉讼资格较难,因此,国家应该放宽准入门槛。同时数据还显示在2015—2017年,只有25家提起诉讼,而且大部分是联合诉讼。社会组织通过诉讼的方式对相关部门的违法行为进行纠正的途径在我国受限于两个方面的问题,其一当前我国《行政诉讼法》第二条,规定"公民、法人或者其他组织认为行政机关及其工作人员的具体行政行为侵犯其合法权益,有权依照本法向人民法院提起诉讼"。这说明,只有社会组织以公益的身份进行与己无直接利益关系的诉讼才有效,但对于有关民众利益的纠纷案件却无法提出诉讼。其二在诉讼法中,不把抽象行政行为作为诉讼的对象,这有袒护政府某些不合理行政行为的嫌疑,在审判实践中往往对于"具有普遍约束力的决定、命令"不好界定,有时将具体行政行为也纳入了抽象行政行为。有学者建议对于少部分抽象行政行为应不受司法审查,而绝大部分抽象行政行为应纳入司法审查范畴。[1] 社会组织如果要顺利地进入公益诉讼领域,需要对于前面两个限制进行完善。另外,建议免除社会组织参与公益诉讼的费用,并建立公益诉讼基金,为社会组织的公益诉讼提供必要的资金支持。再者,建立社会组织参与法治反腐的救济制度,应该有专门的"不同意见"保护制度。同时也要建立参与者的问责

---

[1]　姜明安:《行政法与行政诉讼法》,北京大学出版社2005年版,第479页。

和监督制度,防止社会组织参与的随意性和盲目性,更防止这些参与者利用参与的权利从事打击报复,或者被他人利用的可能。对于不认真履行职责的参与者要对其进行问责,防止参与者从中牟利或者替"有罪者"辩护等行为。

三是,微观层面:社会协商。无论过去还是现在,"法发展的重心不在立法,不在法学,也不在司法判决,而在社会本身。"①国家从立法角度进行宏观性的管理,主要是对于涉及国家利益、公共事务的关系处理以及涉及个体的政治权利、经济权利等基本权利的保障。国家不好介入公民及公民群体的财产交易、日常生活、个人业务、信息来往等私人领域。而这些事务的矛盾纠纷不是主要靠国家法律调解,而是通过公民道德、公共规约等。在这种社会协商活动中,社会组织将人们组织起来,引导大家共同针对自己的事务进行商议达成共识,协商的结果可以通过社会组织向相关部门反映。这种协商的过程,有效地制约了传统官僚部门代替民众做主,从中谋取私人利益的机会,也将协商的方案公示于众,通过大家的监督和共同商议,起到集思广益的作用。这种社会协商的自治形式,是与国家立法即"硬法"相对应的软法治理模式,"软法亦法"同样起到法律的作用,因为这些规约也对人们的不良行为起到约束作用,它弥补了在更为细微之处,硬法难以管到之处。总之,法治反腐需要全民的参与,社会组织的作用就是引导和教育民众如何参与,并为民众参与提供可行的平台。

第五节　观察协商

一、研究背景、问题提出及研究路线

通过第三方法律顾问团的监督、建议以及相关论证、咨询、审核等法律

---

① E. Ehrlich, *Fundamental Principles of the Sociology of Law*. Cambridge: Harvard University Press, 1936, p.1.

程序,是政府依法执政、廉洁从政的重要实施路径。法律顾问团的职责目标主要有两个,一是保证政府依法行政的顺利进行,二是保证人民群众的合法利益不因政府不合理行政行为而受到侵害。我国大部分省市都成立了政府的法律顾问团或者专家咨询团,通过第三方的科学论证和法律援助实现政府的依法执政目标。2014年四川省通过了《四川省人民政府法律顾问团管理办法》,制定了法律顾问团在政府依法行政中的职责、权利和义务,但在政府廉洁执政方面的要求还不够细化。2017年重庆市大足区通过的《大足区人民政府法律顾问团工作规则》,在政府依法廉洁从政规定上更为具体,指出法律顾问工作方式主要为会议工作制和委托办事制,具体通过调查研究、咨询论证、出具法律意见书、参加有关会议、参与商务谈判、个别咨询、委托代办等形式,提供法律服务。法律顾问团已经在全国各地政府部门得到普遍推广和深入实施。2016年中央办公厅、国务院办公厅印发了《关于推行法律顾问制度和公职律师公司律师制度的意见》,《意见》是对政府法律顾问制度的进一步完善并将其推广到党的机关部门,同时要求在国有企事业单位实行公职律师和公司律师制度,力求在2017年年底前,中央和国家机关各部委,县级以上地方各级党政机关普遍设立法律顾问、公职律师,乡镇党委和政府根据需要设立法律顾问、公职律师,国有企业深入推进法律顾问、公司律师制度,事业单位探索建立法律顾问制度,到2020年全面形成与经济社会发展和法律服务需求相适应的中国特色法律顾问、公职律师、公司律师制度体系。法律顾问团推广到党的领导机关,对于党的重大决策,党的执政方式以及党风廉政建设具有重要意义,公职律师、公司律师的实施对于国有企业、事业单位的廉政建设、依法办公或经营都具有积极意义。可以说法律顾问实施到凡是有公共事务、公共岗位的所有领域,这就与《监察法》所监察的对象普及到所有公职人员形成积极呼应。

法律顾问团的实施与推广,对于提高政府执法的合法性、廉洁性和高效性起到了积极作用。第三方法律专家和其他领域的专家学者的法律规定把关、法律事务论证、决策制定的科学性咨询等,是政府积极采纳民间建议、征询民意、获得民间智慧支持的重要途径。国务院法制办政府法制研究中心主任李明征认为,"这对于实现建成职能科学、权责法定、执法严明、公开公正、廉洁高效、守法诚信的法治政府目标,实现规范经营决策、资产保值增值、公平参与竞争、提高效率增强活力、承担社会责任为重点的国有企业改革目标,实现功能明确、治理完善、运行高效、监管有力、结构合理的事业单位改革目标,都具有十分重要的意义。"①然而不容忽视的是,除法律顾问团这种第三方法律服务以外,当前还出现了民间自发组成的"民间观察团"第三方法律和专业知识服务的民间性组织。

"民间观察团"是对这类组织的普遍称谓,根据这类组织关注的对象,自身的组成、背景来历,还有的将其称之为"律师观察团""法律观察团""网友观察团""公民观察团""市民观察团""网友调查团"等。按照民间观察团的组成结构来看,有的是由各行各业专家学者或者公民组成,有的是通过某社会组织召集,在社会组织内部以及社会上征集符合条件的成员。它是临时组成的,没有组织章程,组织结构不明确,也没有在民政部门登记。但从其宗旨和性质来说却与社会组织有着天然的联系。民间观察团是自愿性、独立性、公益性的,由学者、律师、记者等组成,临时达成协约,有着共同的目标。因此,从民间观察团发挥的作用和自身的性质来说,本书将其列为广义上的社会组织类型,也就是说,由于体制和政策的限制,民间观察团如同其他没有在民政部门注册的兴趣类、社区类等小型民间群体的组织形式,也包括与网络社会组织等新兴的虚拟民间组织形式一样,都属于社会组织的广义范畴,虽处于社会组织边缘,但还未出台正式规定或者还没有从概念上明确界定的社会组织类别。

---

① 《推行法律顾问制度和公职律师公司律师制度意义》,中国法院网,https://www.chinacourt.org/article/detail/2016/06/id/1911139.shtml。

表 3-5-1　民间观察团分类表

分类	观察事务	观察团名称及年份	政府或合作方	观察团组成	职能或成效
政府主动邀请成立，政府领导	对政务监督观察	"城市啄木鸟"民间观察团	扬州市政府	6个小组91名团员	挂着工作牌，带着摄像机到该市各级政府部门前，专门聚焦上班迟到者，治理节后懒散病
		深圳改革民间观察团/2015	罗湖区政府	专家学者、政协委员、人大代表、媒体代表组成	对罗湖区2014年的改革工作进行民间观察和评估问效
	对公共事业观察	温网民间观察团	温州民政局	人大代表、社区卫生服务中心主任、温州大学老师和记者	走进温州市红景天"98"老人公寓，观察民办养老机构的普遍现状及困境
		网友观察团/2016	南宁市委宣传部、网宣办、重点办	南宁新闻网、广西新闻网、南国早报网、老友网、时空网等网站的数十名网友	走进民族大道修复整治工程现场，对南宁市的保障性住房情况进行观察
	对民主选举监督	"村级组织换届选举观察团"/2017	武义县司法局	以律师为主体，包括公证员、基层法律工作者等80余人	对选举的各个环节全程跟踪，及时反映存在问题。开展相关法律法规知识的宣传。通过一村一顾问提供法律咨询服务，对影响换届选举进行的重大矛盾、突发事件，做好协调化解工作
		世中研究所独立的民间观察团	当地政府	社会组织成员及部分学者	四川雅安、遂宁步云乡、重庆坪坝镇等地的乡镇、地方人大选举改革中对选举过程加以观察和监督。
	官民对话	红网网友观察团	湖南省益阳市委书记	由26人组成，其中18人是益阳本地网友	进行现场面对面的访谈与交流，对于益阳发展存在的问题积极讨论，建言献策
		湖南红网"网友观察团"	湖南省政府		网民将在各类社会、经济专家陪同下，去往湖南14个州市100多个乡县，实地观察，向各部门官员传达"网民"的声音

分类	观察事务	观察团名称及年份	政府或合作方	观察团组成	职能或成效
	对群体性事件观察	网友观察团	云南省委宣传部	省政法委书记、省检察院、昆明市公安局、新华社、云南分社、云南信息报、云南网以及网民和社会各界人士代表	调查委员会成员身份遭到质疑,网民代表公众行使知情权、参与监督,遭遇法律限制、网友质疑的尴尬,调查委员会解散
征得政府同意成立,与政府合作	网络问政	红网论坛"百姓呼声"栏目	各政府职能部门	网站组成了律师、媒体联动团	2010年"百姓呼声"栏目取得政府部门对网民发帖回复2000余条,部门领导批示过千条,律师解答过千条
	对群体性事件观察	学界观察团/2010	县政府	学者专家律师等	拿出调查报告,主要针对土地问题进行论证
		聂树斌案律师独立观察团	法院、检察院	500名律师,成员均由中国执业律师(不含实习律师)自愿加入	对聂树斌案从程序和实体两个方面进行客观分析,为两位聂案申诉代理律师提供技术支持
独自成立,独自行动	对群体性事件观察	黎庆洪案法律顾问团、律师观察团	媒体	25人法律专家顾问团、41人律师观察团	指导和协助出庭律师团开展辩护,提供法律建议,召开专题研讨,向媒介发表准确得当的咨询和表态意见,配合人民法院审理好本案
	对社会问题调查	"富士康网友观察团"	媒体、企业	共12人:网友8人,富士康员工4人,其中从事人力资源管理2人,工人5人,法律工作者2人,教师1人,其他职业2人	向媒体拿出调查报告

民间观察团按照政府的邀约程度及观察团的成立性质分为三大类:(1)政府主动邀请成立;(2)征得政府同意成立;(3)独自成立。根据观察的对象及内容又具体分为:(1)邀请民间观察团参与政府及各项公共事务观察,包括

对公共事业建设的观察和建议、参与政治事务的监督和建议和参与民主选举的监督;(2)邀请民间观察团参与媒体组织的公民与官方对话会;(3)邀请民间观察团对于社会群体性事件进行观察;(4)专家学者或者律师自发组成的民间观察团并经得政府同意进行观察,包括网络问政和对于群体性事件观察等;(5)专家学者或者律师自发组成但没有与政府或当事部门进行具体性的合作,包括对群体性事件观察与对社会问题观察。通过案例分析我们会发现,民间观察团的实施领域主要分为三大块:一是政府主动邀请并指导组成的观察团,这些观察团成员身份来自各行各业,包括人大代表、法律学者、教师、网友、律师等,他们的任务就是在政府的指导下,对公共事业建设的进展情况,运行情况进行观察监督和建议;对政府政务的运行透明度,效率以及廉政程度进行监督,对民主选举过程中的问题进行监督和建议;以及组织官方与社会公众进行网上或者现场互动。这种观察监督对于公共事业、政府管理以及民主政治的发展都有着积极的促进作用,很好地体现了政社合作和互动的良性局面。二是对公共突发事件或者群体性事件中出现的官民矛盾化解及问题澄清,政府主动邀请社会专业人士组成观察团或者调查团,组成人员身份也较为多样,包括网友、教师、律师等。目的是协助政府深入一线调查问题实际情况,以第三方身份拿出客观公正的结果,在政府与民众之间建立沟通的渠道,协调政府与群众之间的矛盾。这种模式的实施有利于纠正政府的单方面裁断案件的武断现象,拿出更为全面客观的观察结果,对于树立政府的良好形象具有积极意义。三是民间专业人士针对社会突发事件或群体性事件中民众怨愤过大的问题,而自发成立的观察团,组成人士身份较为单一,主要是学者、律师以及媒体记者等。这种模式的存在与运行,一定程度上维护了法律正义,维护了民众等弱势群体的利益,但本身存在协调组织能力、问题分析能力不足以及观察的方式、原则的不恰当,导致观察的结果也存在失真现象或者难以拿出具有说服力的结论。而这种模式某些情况下如果处理不当,就容易出现损害政府形象,给社会带来极大的负面影响等问题。

从时间上来看,这些自发成立的民间观察团的出现主要是在2009—2012年这段时间内较多,原因较为明确的是因为拆迁、城管、移民、欠薪等造成的社会矛盾频繁发生。因此,支持受害者打官司或者挽回受害者利益的民间观察团相继出现,但这些较为突出的事件在2013年后,因依法治国的重大决策的实施,在党和政府强力推动冤案错案的办理结案的情况下,社会稳定局面得到极大改善,政府与人民的矛盾也开始出现向良性局面发展,尤其是针对官方的腐败、不作为、滥作为问题的大力整治,社会矛盾很快得到遏制,人民权益得到了更好的保障。在这样的治理背景下,这种独自成立的针对危机事件的民间观察团逐步退出人们的视野。而政府主动邀请市民或者专家组成的民间观察团,积极促进民众参与观察社会建设、政府政务以及民主选举的问题,这种情况在2013年后却出现了积极的变化,这类民间观察团相继出现,其形式也多种多样,包括对于保障房、敬老院、道路整修等公共事业的监督,也包括对于政府行政作为的监督。而且这种观察的层面和深度逐步向民主政治方面延伸,表现了我们党和政府积极接受民众监督的决心及力度。与之相伴的另一个工作的推进就是党中央和国务院出台重大政策,要求各级党的部门和政府机构以及国有企事业单位全面推进法律顾问团、公职律师和公司律师的建设。这种党和政府及其他部门内部成立的监督性咨询性观察团与外部社会成立的民间观察团形成内外互动、互补之势。内部政府的先行决策、行政行为及重大事项,必须接受法律顾问的论证、咨询、监督等,保障事前和事中的廉洁、高效和合法性,而事中以及事后则积极邀请社会民间观察团进行监督和建议等。

但基于现实客观条件限制,法律顾问团很难突破体制内约束规则的影响,因为是政府审批招募的法律顾问,他们要接受政府考核监督和激励等措施,也存在倾向听取政府方意见,维护政府方权益的情况,相对弱化了对于民间建议和意见的吸纳程度。而且法律顾问团称之为"团",是专家、学者和律师的一个总称,它虽然有严格的规章约束,但都不是以组织的形式发挥作用,顾问团成员之间缺乏相互联系机制。因为顾问团成员之间缺乏合力,也就难以对政府的违法违规行为提出有力的反驳意见。而当前大量出现的政府邀请社会人士组成的市民观察团,对于公共事业、政府政务以及民主选举等的监督和建议活动,是政府和民众的合作路径,但是主要参与观察的事务还局限于公共设施建设领域或者较少争议的领域,一定程度上降低了监督的客观性和针对性。针对冲突危机事件而成立的独立民间观察团明显减少,在某种程度上与政府的偏颇认识和不支持、不鼓励态度有一定联系,这也影响了弱势群体的利益渠道自我保护的外向联系,寻求社会支持的受助面受到影响。更为不利的是在政府与当事民众之间的中介桥梁遭到破坏,缺少了官民之间的联系纽带、缓和渠道和协调工具。但不可回避的是,许多民间观察团没有经过政府的同意或者审批,缺少与政府的互动沟通,通过激进的方式与政府对话,这不仅不利于事件的解决,反而增加了民众对政府的不信任,增加了政府和群众之间的矛盾。有的民间观察团的观察方式简单粗糙,没有经过严密安排,所采取的手段出于过多的经验判断,缺乏实证支持,这就使得观察结果缺乏科学性;还有的民间观察团结构分散,内部治理混乱,行动步调不一致,造成观察行动失序;还有的观察团没有严格的组织纪律或者缺少公益精神,被某些势力或者部门利用,其行为目的严重扭曲。针对当前的法律顾问团以及民间观察团面临的机遇、问题和挑战,需要积极回应,认真研究,从宏观环境和制度安排,从微观运作和内部治理提出可行的改善建议。本研究将以自发成立的民间观察团的案例作为分析对象,目的是从当前这类困境最为突出,问题也最多的民间观察团视角切入,观窥整个民间观察团所处的环境和存在的问题。研究通过对具体案例中不同民间观察团的行动和效果进行比较,微观分析内中原因,然后结合现实环境和政策提出更为系统化、全面性的改进建议。

二、民间观察团的内涵、组成及特征

2010 年 12 月 25 日,浙江省温州市 R 县蒲岐镇村干部 Q 被车辆碾压致死。12 月 30—31 日,网民先后组成了民间观察团去蒲岐镇,其中有网友观察团、律师观察团和学者观察团。各民间观察团真实地记录了此次观察的目的、规则、组成和行动安排。探求本案民间观察团成立的原因,有学者认为,"因我国缺乏独立媒体和独立检察官制度,与此同时,因往往成为社会冲突中的利益当事方而政府信誉低下也是客观事实,民众对政府公布的结论往往不够信任,希望有自己的视角。民间观察团以个人信誉组合,广义地说,属于民间社会多元视角的一种。稍微特别一点的是,民间观察团去了实地调查,且组合了部分学者及其他专业人员,强调专业性、独立性、中立性和平衡性,在此基础上形成了自己独有的操作规程。"①但是,民间观察团身份较为尴尬,因为我国的司法制度在涉及政府干预的民事纠纷问题上还缺乏独立判案能力,民间观察团来弥补这种不足,这在我国法律法规中难以找到相关条款支持。

一是,民间观察团临时组成,他们大多是在律师事务所、高校科研机构以及媒体较有声望的专业人士,有的民间观察团与政府高层有着工作上的业缘关系,受政府重视,并得到高层的"临时授权"。但是,地方政府对于这一观察团既尊重又避讳。再者民间观察团不同于注册的社会组织,其成立程序很不规范,因而受到政策和制度支持的力度不够,持续性发展受限。

二是,学界观察团的规则虽严谨,且具客观性、科学性的考虑,但组织性不强、协调机制不健全,责任分工和总体负责职位不健全,为观察团后期内部出现矛盾埋下了伏笔。学界观察团成员共同协商制定的观察行动准则包括:(1)宗旨:提供一个客观的、专业的事件调查报告。(2)独立:观察团不是任何一方的代理人抑或对手,是独立观察的第三方,不代表任何相关利益方。(3)真相:观察团主要是校验事件的过程。努力探寻并逼近真相,但不承诺提供真相。(4)非媒体:观察团不是媒体,不追求新闻效应,但不拒绝通过媒体让公众了解观察过程。(5)结论:观察团将出具报告,所有成员的观点将在报告中载明,包括异议意见。(6)统一:观察团成员不擅自对外发表涉及团体的观

---

① http://blog.sina.com.cn/s/blog_49abaa030100o7x7.html.

点。(7)经费:观察所需经费由成员自理,不接受任何赞助。(8)议事规则:观察团内部决议按照民主规则决定,开会方式适用罗伯特议事规则。但最后学界观察团成员对这八条产生了争议。学界观察团在后期分化为死亡事故调查组和土地问题调查组,仍旧认可这八条规则的是死亡事故调查组的成员,但也没有贯彻这八条规则的第六条和第八条。笑蜀指出:"观察团在组团之前,须先就调查规则和理念达成一致,以免后来产生争议。在执行过程中,严格按照规则行事。"①

三是,学界调查团成员及志愿者组成结构多元,从专业角度和分工角度较为科学,但是由于专业太过复杂,且专业之间差异较大,为他们形成共同语言和沟通工作带来了麻烦。学界调查团成员如下:于(政治学教授)、笑蜀(报刊评论员)、朴(高级记者)、陈(广播电台时事观察员,高校研究员)、杨(法学教授,律师)、马(法学副教授,律师)、郭(政治学教授)、傅(历史学者)、斯(律师)、吕(前警官)。因为身份差异,他们在问题分析视角上有很大的不同,尽管目标一致,但因为对行动路线的认识不一致,导致内部产生分裂。

四是,学界观察团成员的观察报告形成缺乏约束力,容易导致结论的不严谨和不科学。在学界观察团成立之初,各成员就分别对报告的真实性做了阐释,并结合自身情况表示对其责任的关系。规则要求"成员有投票权,以自己的社会声誉对报告负责。以上成员本次观察团行为均与所任单位无关,系非职务行为"。另外,观察团还有志愿者:刘(调查记者,私人身份);叶(非实名,网友,私人身份),志愿者也形成了规则要求,"志愿者无投票权,不以自己的声誉对报告负责"。因为学界观察团成立时自发相约而成,没有经过政府部门的程序性批复,观察团在国内也缺乏相关的法律法规要求,这就为其行为的合法性造成了一定的隐患,其做出的观察报告可信度也受到影响。

---

① http://blog.sina.com.cn/s/blog_49abaa030100o7x7.html.

三、三个民间观察团的行动比较

民间观察团进入 R 市以观察者的身份,独立自主地开展调查,虽然没有坚持到最后,但也拿出了第一阶段的调查报告,在调查过程中先后与多个部门以及相关村民、证人进行沟通。观察团从形成到调查过程能够展开,有以下几个背景支撑:一是法制保障,法律保护公民言论自由,公民对公共问题的知情权、参与权、建议权等;二是社会组织的地位得到法律认可,社会组织有专门的《社团管理条例》规范,有专门的民政部门管理,也有相关的挂靠部门指导,虽然民间观察团没有履行民政部门注册手续,但它属于广义上的社会组织范畴,经政府部门的同意成立,遵守国家法律法规要求,制定组织行动规则,并参照社会组织相关规定规范自己的行为;三是观察团成员有着专业的资质、深厚的政治资源和娴熟的政治操作技术,且都是来自体制内的部门,有科研机构学者、有媒体记者、有大学教师、还有律师、警察等身份;四是观察团的立意和主旨明确,目的是化解矛盾,解决问题,得到政府认可,而不是制造麻烦,激发矛盾;五是某些观察团成员与高层以及地方政府有着工作交流和合作关系,具备较高的政治和社会影响力。

然而,进入 R 市的三个民间观察团,因各自的行动目标和行动路线以及人员组成差异,最后有着不同的结局。最早出现在寨桥村口的是许的团队,以律师为主要组成者。另外一个观察团即新浪微博实名认证大 V 王小山和窦含章组成的"低端网友围观团",王系专栏作家,窦为财经评论员。在前往 R 市前,两人达成共识:尊重事实、探求真相、各自表述。而在后期的观察团中,于领衔的学界观察团影响力更大,一是他们计划周密、组织严密、纪律性强;二是队伍庞大,除了知名学者及两个博士生外,还有律师、知识产权专家、央视记者等;三是分工合作,一路调查真相,另一路查找土地根源上的问题。尽管出师不利,但不像前面两个观察团贸然直接与村民及政府对接,他们一直从理性角度,较为委婉地处理与政府的关系,自始至终以合作的姿态与政府对话,并坚持用事实说话,没有充分证据不发表观点。同时,作为学者团队,他们更能够从根源上找问题,对土地在这次冲突事件中的作用与背景进行了深入调查。在学界观察团撤离 R 之前,发布了《关于 R 市蒲岐镇寨桥村村主任 Q 死亡案及寨桥村土地纠纷等相关问题的若干建议》,并称这次 R 市之行是于等四位教授主持的社科院研究土地制度的一个重大课题。土地问题是当时的热点、难点问题,其研究情况更能引起学界的跟踪,政府也乐于接受为破解这一难题而进行的研究。而许志永领衔的"律师观察团"却遭到了不同待遇,许的团队在观察后急于得出结论,没有充分证据,也没有详细的观察过程,结论正确与否都容易引起网友的怀疑,以及当地政府的反感抵制。

在学界观察团与政府部门沟通过程中,温州市委宣传部一直采取积极的态度与观察团联系对接,而观察团与警方的联系很不畅通。学界观察团最后草草收场,将自己的观察视线转向土地问题。在学界观察团观察过程中,观察团内部对于后期观察的重点发生了分歧,争议之后形成了一路(由笑蜀带队)继续进行事件本身的调查,另一路(由于带队)转向对当地土地问题的调查。这反映出民间观察团成员身份复杂、组织化程度不高、缺乏合作的基础。布尔迪厄强调,文化场域的内部分化,使各种职业的知识分子形成一个阶级共同体的可能性很小。① 当前中国知识分子的职业化程度已经越来越高,而群体的主体性越来越模糊。因此,正像葛兰西所说的那样,知识分子处于各种社会关系的一般总体中,任何从活动的本质上来寻找知识分子与其他社会集团差异的做法都是错误的。② 在陈有西看来,R 事件的观察,从一开始就注定是不会顺利的,"真正的调查,必须有公权的依托。但是,这不等于这种参与热情是毫无意义的。R 事件这样行动,体现了中国公共知识分子良知的觉醒,体现了一种公共权力的危机,体现了中国社会价值观的主导权已经从权力转向真相,

---

① [美]戴维·斯沃茨:《文化与权力:布尔迪厄的社会学》,上海译文出版社 2006 年版,第255 页。

② [意]安东尼奥·葛兰西:《狱中札记》,人民出版社 1983 年版,第 421 页。

权力已经操纵不了社会判断。"

四、政府与民众的回应困境

一是,社会与政府沟通仍存在较多现实困境。R事件中,观察团经过各种途径与其对接,但政府未做出积极回应,要么回避事实、要么拐弯抹角、要么推诿责任、要么拖延时间。政府部门的应急性事件处理对外电话很多时候是"僵尸"电话,要么打不通、要么打通了没人接、要么是转接为传真或者留言,社会与政府之间对话渠道不畅通,对话机制不健全。

二是,政府信息公开性较差。在R事件中,政府没有及时向社会公布案件的真实材料,隐瞒事实,即使责任不在警方,也会造成民众对政府的不信任。观察团经过多方调研获得了一些资料,但关键性材料仍无法获得,政府信息公开不及时、不完整,造成了信息获取的难度。观察团在向政府的建议中提出四项要求,均未得到正面答复,与观察团对接的工作人员也不公开自己的身份,导致协商很难公开深入推进。

三是,政府对于矛盾有时采取堵的措施。面对事件的发生,R市政府发布《R市人民政府关于维护社会正常秩序的通告》。本通告仅反映了对于扰乱社会秩序者的惩治,而没有主动解决问题,积极承担相应责任的承诺或者行动计划。单方面压制对方心理逆反情绪,而无主动积极采取有效措施化解矛盾,做出承诺或者承担相应责任、化解群众不满,这将给社会增加更多疑问,增强社会对政府的态度更加不信任、不理解。

四是,面对矛盾危机缺乏对应处理程序和机构。观察团与政府进行对接,没有取得问题解决的实质性进展,问题主要在于政府和观察团的各自出发点不同,政府没有可行的问题化解程序提供给观察团,观察团也大多只能从单方面着手解决问题。另外,政府没有向社会公开解决问题的负责机构,R市政府发布《R市人民政府关于维护社会正常秩序的通告》,模糊了部门权限和责任归属,民众不知寻求哪一部门进行对接。

五是,民众缺乏理性的协商参与情绪和行为。面对问题,民众应该采取积极的沟通措施,寻求法律机构或者救助机构(维权类社会组织)的帮助。在观察团做出的调查报告中也指出协商的目的是建设性的而非对立性的,以公众与官方皆高度认同之有序参与,规范推动政治文明的发展,以有序渐进方式(辅助性、建设性而非对立性,有公众与官方皆高度认同之有序参与规范)推动社会主义政治系统工程及政治文明实现稳健进化。

六是,问题源头缺乏协商对话机制。根据观察团成员实地观察和了解,Q死亡之所以引发重大公共事件,与政府征收村民土地密切相关。按照目前搜集整理的相关资料,在寨桥村土地纠纷中有如下三个方面需要向公众作出解释:(1)寨桥村土地征收过程中是否存在违法违规行为? (2)在寨桥村土地征收过程中,农民的合法权益是否得到了充分的保障? (3)Q为维护本村村民合法权益而依法上访是否遭受过打击迫害? 因此,矛盾产生如何处理虽然很重要,但是杜绝问题产生的根源才是避免事件发生和升级的根本措施。在土地征收过程中,应该在政府、民众以及第三方社会力量之间建立平等、畅通的对话协商机制,并对政府的信息公开、民众的监督以及第三方组织的监督做出硬性的要求。

五、改进民间观察团参与协商式治理效力的措施

以上分析主要是针对本案例进行的问题剖析和原因论证。但当前民间观察团的问题还不止于此,我们只能通过这个案例发现其中明确的和有针对性的问题,但更为全面、客观和深层次的分析,拿出更为可行和科学的建议,还需与当前的制度环境和政策背景进行综合考虑。主要包括以下几个方面。

1.积极推动民间观察团发展

一是,赋予民间观察团合法性地位。严格规定民间观察团的组织管理制度,保证观察团的依法观察、依法协商。有的民间观察团是政府引导建立,并给予了积极支持,这些观察团能够顺利开展相关活动;有的民间观察团则因为

涉及的观察事务是针对矛盾较为突出的领域,这些观察团的行动因为事件的复杂性和某些利益相关者的干扰,导致其行动目标大打折扣。因此,应从法律角度赋予观察团必要的法律地位,明确这些观察团的角色、身份和行动规范。必要时根据一些观察团的组织固定性、常态化运行模式,允许以社会组织身份在民政部门注册,有着更为规范的要求,将严格依法办事,有序参与各项事务,从而保证民间观察团健康有序发展。

二是,提升民间观察团的参与能力。观察团的成员来自不同的行业,有着不同的观察方法和视角,但由于学科背景不同,在对待公共问题上态度不尽一致;学者身份较为客观独特,但对待尖锐问题和激烈矛盾表现相对保守;记者视角较为锐利大胆,但面对矛盾对立方表现较为激进;而律师视角较为理性,能够从法律途径积极介入,但处理问题较为谨慎。不同身份和不同视角的观察,以及对待矛盾各方的不同态度,使得这些成员之间难以达成共识,步调不一致,甚至产生观点分歧。因此,民间观察团要处理好不同职业成员的协商沟通,在观察中要提前周密准备,做好工作分工,发挥不同身份专业素养的优势;与政府和民众的沟通要专门安排有经验有能力的沟通人士,避免角色分工混乱。必要的话,应对这些入选的成员进行参与技术、参与能力的培训。

三是,培育民间观察团的公共性、积极性和建设性。在群体性事件或者公共冲突危机中,民间观察团往往单方面从民众角度出发,极力维护民众利益不受到损害。但在公共领域面前,为了民众的集体性利益和共同目的的实现,每个人的感受和需求是不一样的,这种因为个性差异和特殊需求造成的不满往往会追究到社会中具体的某些负责人身上。民间观察团作为专业组织,应该站在公共的角度,从全局出发,不能为某些利益代言,而是为整体利益代言,这样作出的结论才会更客观、真实,而且不会造成问题的极端化。

2. 建立正确的观察原则

一是,观察要保持真实性、客观性和独立性。观察团保持材料报告独立收集、独立分析和独立发布,保证客观性。在观察收集的材料上,只记录不评论,保持材料原样;只定量不定性,用数据用事实说话,不对事件定性质;只判断不定论,不同行业的观察参与者可以从自己视角进行判断问题的来龙去脉,但是不妄下结论;只推理不说理,用科学的思维和严谨的逻辑进行推理,但不加入道理和情感的东西。这种观察方式是严格按照法律判案的程序来分析问题,对后期的材料利用将会有很大的帮助。

二是,追求程序的正义性。首先程序中立是程序正义的基本前提,其次程序的正义性也为程序中立提供了保障,并更有利于民众和观察团参与到协商过程中来。为了获得最后的结果进行的有序而严谨的过程,这本身就是正当性的。程序正义就是程序不仅保持中立,而且在程序操作上便于公民参与,程序设置上考虑到公民的意愿表达,并严格限制非法和腐败空间的存在。如果不顾及普通民众的利益或者参与能力,程序设计中的价值标准、目标导向、问题意识以及程序的实虚搭配都可能给民众的协商参与带来很多阻力甚至误导。程序正义的获得需要观察团或者第三方机构从独立的视角进行评估和纠正。

三是,观察团参与协调的目的是整合性而不是破坏性。观察团与公民进行接触,应说明只是客观的记录事实,必须保持立场独立,对于民众的反馈信息如实上报相关法律部门。与政府交往,应积极建言,不妄加评论,不对事件定性,如实向法律部门及相关职能部门上报。与其他社团交往,不联盟、不带头,但资源可以共享等,以增加信息的多源头性。观察团和民众应保持情绪的稳定,以积极建设性的态度对待政府的不贪污行为,制定制约腐败和滥用权力的制度及法律。

3. 改善观察的场域和制度环境

一是,有效发挥新媒体作用,维护网络空间安全。民间观察团最常用的组织方式和传播方式就是网络平台。网络为民间观察团对外力量的联合,信息的传播提供了便利。但在网络平台中,网民隐藏个人姓名身份,这就为网民大胆发言提供了机会空间。这种"人多无罪",以及"人多势众"造成的效应带到现实社会中来,将会进一步激化问题的发展。因此,建立互联网和新媒体的安全管制措施,合理利用网络的平台效用,严格遵守网络交流制度,对民间观察团的网络行为进行依法管理,防止非法言行的产生。民间观察团网络空间的安全运行才能保证其合法地位,才能保证问题得到有效解决。

二是,改进政府向观察团权力转移的方式。由于观察团本身的能力还不强,发展不够成熟,政府对于观察团能否承接权力的能力还不信任。再者观察团承接相关职能权力后,缺乏完善的法律监督机制,寻租腐败的问题容易发生,阻碍了政府进一步放权。因此,政府放权的过程中,要加大对于观察团的扶持培育力度,加强第三方参与评估与监督的法律法规的建设,建立完善的防腐倡廉机制。

三是,增强观察团自立能力。当前我国相当部分观察团存在资金不足等基本的生存资源的缺乏问题。为了生存乃至更好的发展,这种情况下只有被"选择方"决定自己所做的任务和目标。政社分开改革,虽然减少了政府对于社会组织的干预,一定程度上增强了社会组织的自我决定、自我选择的条件,但是政府也减少了对于社会组织的直接的资助。因此,政府应该从政府购买民间观察团服务以及政府向民间观察团放权等方面积极推进。

四是,积极发展法律类社会组织。法律类民间观察团的参与将更为专业地为事件中的受害者提供法律援助,也更为有效地通过法律途径解决现实问题。但法律类民间观察团的成立在很多情况下是自发产生的,没有经过相关政府部门的同意和批复,这些临时性的观察团,没有严格的组织章程,也缺乏严格的组织纪律,甚至存在内部成员之间意见不一等问题,导致后期的行动极有可能带有偏颇现象。因此,民间观察团可以以社会组织的形式出现,社会组织的规范性和纪律性,加之其公共精神和素质较高,这将有利于有序的参与进来,防止偏激现象发生,而直接相关的社会组织就是法律类社会组织了,需要大力发展。

4. 观察团对外工作机制

一是,建立党政机关与民间观察团的工作交流机制。民间观察团定期向党政部门提交观察记录,发现的重点问题要及时报备,必要时提出合理的建议。党政部门应将民间观察团的观察记录和提出的问题及建议作为工作的重要任务。主管领导要回应民间观察团提出的问题,并限定时间要求相关部门协助解决问题。党政部门还可聘任民间观察团成员进入党政部门的法律顾问团,或者借调观察团的成员担任信访部门、调解委员会等部门的相关兼职人员。党政部门在政府购买社会服务中还可设置对于民间观察团的购买服务,将购买服务所需经费纳入政府预算,建立政府与民间观察团的常态化合作机制。

二是,建立民间观察团对于党政机关等的监督、咨询、审核、辩论等机制。民间观察团对政府的重大决策、重大项目具有知情权和参与权,通过听证或者参与预算的方式对这些重大任务进行监督;对党政机关的行政行为,对国有企业事业单位的公共建设项目具有监督和建议的权力。党政部门不仅应接受法律顾问团的法律咨询和建议,而且还应积极寻求民间观察团的建议咨询、问题办理审核以及接受其提出质询。来自精英层面的法律顾问团和民间层面的民间观察团都应成为党政部门的政策建议来源,二者建议将对政府部门的决策形成互补、相互牵制的作用。

三是,建立民间观察团对于社会和政治环境的预警机制、检测机制、评估机制、报告机制。民间观察团对社会危机事件发生情况的观察,可以作为政府判断社会稳定的依据。政府可以将观测社会稳定、政府廉政、治理绩效等任务交给民间观察团完成,必要时通过政府购买服务为任务提供经费,民间观察团有了制度保障和经费支持,应定期提供对相关政府和社会观察项目的检测报告、评估报告,建立相应的向政府报告机制,政府也应建立相关的反馈机制。

六、进一步讨论

民间观察团面临的困境、机遇与挑战是整个大环境下的一个集中反映,它不仅是民间观察团或者政府一方或者几方的影响,而应该考虑到系统性、全局性的结构优化、方案设计和要素培育。在政府接受民间观察团的监督、质询、评估的措施改进下,应该积极建立政府大咨询系统,将法律顾问团等官方性质的咨询结合起来,共同发展,从而进一步明确政府、法律顾问团、民间观察团的合作定位。主要包括两个方面:

一是,政府要获得更为全面的民意信息,需要将法律顾问团和民间观察团都作为政策咨询和建议反馈的重要来源。在政府分别与法律顾问团和民间观察团建立联系机制情况下,在法律顾问团和民间观察团之间也应建立相互交流机制。法律顾问团在服务政府法律事务之前,首先应征询民间观察团的意见和建议,并将其作为向政府建言的重要参考依据。民间观察团也应该积极吸纳法律顾问团成员进入民间观察团交流学习或者担任兼职,必要时邀请法律顾问团成员参与民间观察团的观察活动。

二是,政府在聘用法律顾问团成员不仅限于个体,还可以是法律类社会组织或者其他相关专业性社会组织。以合法的社会组织身份为政府服务,将使得咨询业务获取信息范围、咨询效果和实现目标将更为及时,而且以团队的力量克服困难将更为可行。社会组织成员多、分布广、业务特长多样,经过团队的分工合作,得出的分析论证将更为精准。政府在将社会组织纳入法律顾问成员咨询范围时,可以借助课题组或者项目组的形式展开。社会组织类法律顾问团成员可以建立首席专家负责制,首席专家组织精干人选作为这个团队的成员,所有成员向首席专家负责,协助首席专家完成政府的咨询业务。

第六节　评价协商

一、社会组织参与第三方评估的内涵及实践

李科利等指出,"第三方评价指在政府实行廉政风险评估过程中受政府委托或以其他形式并以相对独立的身份参与政府廉政风险评估的行为。第三方评价自身独有的特点使廉政风险评估由内部评价转向外部评价或内外部评价结合,凸显了其在政府廉政风险评估中的重要性,丰富了廉政风险管理机制。"[①]努力将协商治理制度创新纳入基层政府评价体系,积极探索贴合地方实际的协商治理形式。事实上,很多基层政府的制度创新面临着严重的制度困境,即便是那些曾经获得中国地方政府创新奖的项目也差不多三分之一名存实亡了。[②] 在第三方反腐评价与治理的机制方面,国际透明组织评价指数从 1995 年始运行,"透明国际"的全球清廉指数排名是依据世界银行、世界权威的"盖洛普"、"政治与经济风险组织"、环球透视、英国经济学人智库组织和世界经济论坛专家的评估,以及对居民和商业领袖进行调查后制定的。在 2001 年进入我国,并于 2004 年成为会员理事国,其运作已经相对成熟,国内在浠水、平利等地方实验中也建立了相应的评价体系。总的来说,第三方反腐评价与治理的相关指数非常少,目前除了以上国内的反腐评价案例以外,与之有关的还有中国地方政府创新排名指数,在中央编译局设置评价中心,目前已经进行了六届,重点关于政府效能和政府服务创新的激励,通过转变政府职能,实现政府服务创新,推动政府廉洁效能建设。《城市政府能力蓝皮书:中国城市政府公共服务能力评估报告》是中山大学城

---

① 李科利、梁丽芝:《第三方评价与廉政风险防控实效提升》,《廉政文化研究》2015 年第 1 期。

② 张小劲、于晓虹:《推进国家治理体系和国家治理能力现代化六讲》,人民出版社 2014 年版,第 67 页。

市治理与公共服务学科团队对中国城市政府公共服务能力的成果,目前已经发布了 2013 年版与 2016 年版。通过政府公共服务能力指数的排名引导,体现城市政府的公共服务能力,公共服务覆盖面,政府公共服务的回应能力,等等,从侧面促进政府廉政建设。2015 年北京师范大学政府管理学院、政府管理研究院、江西师范大学管理决策评价研究中心联合研究的《中国地方政府效率研究报告》,对 31 个省级政府、104 个重点城市的政府效率进行分析评估。地方政府的效率研究则是突出政府的治理技术、政府的职能优化、政府的结构高效等方面作出衡量。除政府廉政建设指数以外,随着社会及市场的成熟以及地位作用的提升,加之占据国家社会的分量越来越重要,对企业,尤其是国有企业的评估也开始发展起来。在社会部门方面,随着政府简政放权的力度幅度加大,大量社会权力赋予社会组织,但由于相当多的社会组织还不够成熟,治理素质水平有限,因而社会组织的腐败成为腐败领域新的增长点。基于 2009 年清华大学廉政与治理研究中心和清华大学创新与社会责任研究中心联合全国 100 多家社会组织主持发布中国民间公益透明指数(China Grassroots Transparency Index)。中国基金会公益透明指数发布,旨在推动民间公益组织有效透明,规范行业良性发展。中国民间公益透明指数由 4 个一级指标、20 个二级指标和 58 个三级指标构成。基本说来这些评价体系即考虑到共性也考虑到各国或各地的实情,采取的指标也有一定差异。

另外,1995 年,天津市纪委委托南开大学研制了一套廉政建设指标体系。2007 年,由华南理工大学政府绩效评价中心发布《广东省地方政府整体绩效评价报告》,评价对象是广东全省 142 家市县两级政府,由高校学术团队自选题目,独立操作,评价过程贯穿公众参与。2008 年郑州大学河南省廉政评价中心与河南省纪委合作组成课题组,实施社会廉政评价问卷调查,向河南省纪委提交了《河南省廉政评价体系研究报告》。北京市东城区纪委委托北京大学研制了"党风廉政建设责任制考核指标"和"北京市纪委廉政考核指标体系"。杭州市在2009年委托"杭州市腐败与治理状况的测量、评估、诊断和预警"课题组,向杭州市纪委提交了《杭州市腐败与治理状况的诊断性分析》。2009年深圳市廉政评估指标体系起草小组受中央纪委委托研制廉政评估指标体系,提交了《廉政评估指标体系构建及其操作方案(征求意见稿)》。这些廉政建设第三方评估的实施,基本上是委托高校或者政府研究机构开展的,为我国第三方廉政评估的发展开拓了道路,但由于高校及政府机构的性质,第三方的独立性、客观性都在不同程度上受到一定影响。

表3-6-1　我国第三方协商治理实践的不足与优势

类别	项目	各方协商效果	优势与不足
政府评估机构	2009年深圳市廉政评估指标体系起草小组向中央纪委提交了《廉政评估指标体系构建及其操作方案(征求意见稿)》	与政府协商渠道畅通,但真正协商意识还不强,协商机会不多。通过协商影响政府力度不大	评估独立性不强,是政府内部部门,在评价方法,评价导向等方面具有封闭性,不够客观
高校科研机构	1995年天津市纪委委托天津社会科学院"廉政建设社会评价体系研究" 1996年北京市纪委委托首都经贸大学统计系"廉政考核指标体系和综合评价方法" 2001年北京东城区委托北京大学政府管理学院"党风廉政综合测评指标体系" 1995年天津市纪委委托南开大学研制了一套廉政建设指标体系 2007年广东省政府委托华南理工大学政府绩效评价中心《广东省地方政府整体绩效评价报告》 2008年河南省纪委委托郑州大学河南省廉政评价中心《河南省廉政评价体系研究报告》 2009年杭州市委托何增科"杭州市腐败与治理状况的测量、评估、诊断、预警"	与政府协商渠道畅通,政府倾听意见,但不太接受和采纳意见,对政府影响不大	评估独立性不强,高校科研机构属于事业单位,带有行政色彩,容易受到干扰

续表

类别	项目	各方协商效果	优势与不足
多部门代表联合	2010 年四川省党风廉政建设责任制领导小组办公室在市州党委委员、纪委委员、基层当代表、人大代表、政协委员、特邀检察员中 200 名干部群众代表	与政府协商渠道畅通，但是部门及人员分散，不利于集中协商，也不利于单独协商，代表虽独立，但权力不大，对政府影响不大	因为综合了各个部门，独立性相对好些，但是不同部门的代表主要来自政府部门，因此客观性不强
公民参与	2012 年江苏徐州贾汪区的勤廉评价网络系统	与政府沟通渠道有一定封闭性，由于公民分散，很难协商	独立性较好，但是认识能力和参与能力较弱，结果不够真实。一般采用计算机辅助电话调查系统，拨打被评价地区群众手机或座机的方式，容易遇到民众来电不接纳
公民参与	2013 年，江西省将社会评价机制引入全省落实党风廉政建设责任制考核之中		
公民参与	2017 年，四川省将开展一年一次的党风廉政建设社会评价民意调查工作		
社会组织	2006 年厦门市政府思明区委托福州博智市场研究有限公司对政府绩效评估 2006 年上海市闵行区邀请市质量协会用户评价中心对区政府各部门进行评估 2006 年武汉市政府麦肯锡公司对政府绩效评估 2011 年淮安市借助零点咨询集团实施"效能公开评价工程"和"党政机关廉洁评价和质询工程"	与政府沟通渠道有一定封闭性，很难进入协商政治中心，也很难进入实质性的问题中心，政府仅对意见参考而较少真正采纳	独立性较强，客观性较强，真实性较强，但利用率不高

2011 年 6 月，淮安市引入第三方评价机构——零点咨询集团，实施"效能公开评价工程"和"党政机关廉洁评价和质询工程"，以此整合"廉政"和"效能"的评价系统资源。廉政民调共设立"有无利用职权收受服务对象钱物""有无吃拿卡要现象"等六个外部指标和"三公支出是否合理""重大事项决策是否民主"等十个内部评价指标;效能民调则按照"工作效率、依法行政、政务公开、服务质量、业务水平"五大类分设十九个指标。调查对象涵盖企事业单位、居民、社会监督人士、有关领导和内部员工 5 个层次。调查以问卷为主,暗

访和访谈为辅,共发送短信 11000 余条、拨打访问电话 12000 多次、邮寄问卷 400 余份、抽样访问 350 余人、累计获得有效样本 6753 人次,并对市行政审批中心等六家单位服务窗口实地暗访调查。淮安市第三方廉政评价具有客观性、中立性和独立性。在选聘第三方评价机构的时候,淮安市纪委选取了北京大学中国国情研究中心、中国社会科学调查中心和零点咨询集团三个机构。三个调查机构专业性都很强,在社会上均享有较高的声誉,以胡鞍钢领衔的北京大学中国国情研究中心在宾夕法尼亚大学研发的国际智库评估报告中排名靠前,多次进入国内前十名,出版了诸多较有影响的研究报告。但淮安市纪委最后选择了零点咨询公司,零点咨询公司同样有着骄人的业绩,发布过多份公共评估报告,报告得到国家各有关部门的重视和采纳,并接受多个政府部门和地方单位的委托,接受国际跨国公司和国有大企业的委托评估,其报告以技术先进、方法科学、理念客观赢得了很高声誉。更重要的是淮安市纪委因为零点咨询公司的民间性质,能够以独立第三方身份真正拿出不受被评估对象干扰的评估报告。为了保证评估的真实可靠,淮安市纪委与零点咨询公司签订协议。调查由零点咨询公司独立开展,市纪委、监察局只参与协调沟通及联系特定访问对象等。

在零点咨询公司实施的第三方评估过程中,对评估过程和评估结果进行公开,接受群众、社会组织以及各级部门的监督,同时为了促进评估的公众积极参与,政府建立了专门的对外联通渠道和联系方式。"在淮安市党风廉政建设的第三方评价过程中,大量社会组织、市民、媒体等参与其中,企事业单位服务对象、市民、市人大代表和市政协委员、有关领导和单位员工都被纳入评价体系,从而形成有专业咨询公司组织,全社会参与的评价模式"①。整个调查共获得 5215 个有效样本,保证每个被调查单位的服务对象平均样本量达到 35 个以上,内部员工平均样本量达到 20 个以上。扮装成顾客暗访市行政服

① 李和中:《地方政府党风廉政建设评价案例研究》,中国社会科学出版社 2013 年版,第 191 页。

务中心等6个服务窗口,对评价得分较低的9家单位,约谈其18个服务对象。零点咨询公司通过事实说话得出的评价结果,对淮安市党风廉政建设起到了很好的参考和激励作用。虽然零点咨询公司没有直接进入淮安市政府部门的决策程序,但评估报告的权威性,以及评估报告的结论和整改建议都得到政府部门的采纳吸收。评估报告还在淮安市政府党政干部和工作人员的奖惩考评中起着依据作用。零点咨询公司向淮安市纪委提供《淮安市廉政建设评估报告》《淮安市行政效能评估报告》《淮安市廉政和效能暗访报告》,同时还提供87个党政机关和事业单位廉政分数的排名,以及59个部门的效能排名。零点咨询公司的评价结果将直接作为淮安市年度软环境和效能建设考核的重要指标,在其中占50%的比重。并且零点咨询公司还向委托部门及公众通报和解读评估报告,现场公布廉政和效能评分排名靠后的三个单位。排名靠后三个单位要接受市纪委和监督局的质询,要求认真反思,全面整改。同时评估报告以及包括调查中获得的群众意见及建议,各个层面的打分,通过书面的形式反馈给各个部门。"对于政府部门来说,评估结果至少被用于以下几个方面:第一,检验政府组织是否达到预定的廉政目标;第二提高政府廉政能力和质量;第三,检验相关廉政政策的效能;第四,为廉政建设的进一步开展提供参考和依据。"①竹立家教授认为,淮安引入"第三方"考评政府绩效的做法,确实起到了对权力的制约作用。"让权力在阳光下公开、透明运行,让公众切实参与到对权力的监督中来,这种探索值得鼓励,有关经验也值得总结"②。

二、社会组织参与第三方评价与治理的作用

社会组织反腐评价的实践探索,将会推进廉政建设以及民主政治的有效发展。一是社会组织反腐评价与治理改进了反腐的方式。在廉政风险防控机

---

① 李和中:《地方政府党风廉政建设评价案例研究》,中国社会科学出版社2013年版,第191页。

② 姚雪青:《淮安引入"第三方"考评机关绩效》,《人民日报》2012年6月15日。

制中引入第三方评价模式,使廉政风险评估由内部评价转向外部评价,为社会公众有效参与反腐败工作提供了平台,有利于丰富廉政风险管理机制的理论与实践,大力提升廉政风险防控的实效。二是社会组织反腐评价可以有效化解群众对于政府考评地带的争议,协调政府与群众在治理方面的关系角色,平衡党群关系、党政关系、政群关系以及群众关系在反腐中的立场站位。满足群众对公平正义的迫切愿望,从而实现廉政建设的顺利进行。三是社会组织反腐评价与治理对科学技术的有效运用,对各方角色的激活,对反腐空间隔阂的协调,对相关法律的完善,对促进民主制度、社会结构与民风社俗的发展都具有积极意义。四是社会组织反腐评价与治理还将促进电子政务革新,提升民众参与意识参与能力,推动社会组织社会治理的渠道开拓,从而作用于政府廉洁高效,实现政府治理体系与治理能力现代化。

淮安市引入第三方廉政评价机构,还存在一些不足。首先,这种方式引入了社会组织作为评价主体,但在现实政策中还受到很多限制,过于客观的数据和结论可能不被有关领导和部门看好。因此,这种评价方式的可持续性存在障碍,2013 年淮安市落实党风廉政建设责任制领导小组发出了《关于印发〈落实党风廉政建设责任制考核办法〉的通知》,这个通知宣布了第三种评价办法在淮安廉政建设评价中的终止,淮安市党风廉政建设评价重新回到内部考核方式的阶段。其次,第三方评价主体在评价实施过程中授权要求保持评价过程和评价结果的独立性、客观性。但这种评价方式最后只是提出建设性建议,并没起到实质性的监督作用。零点咨询公司的参与在这次评估模式中是一种市场行为,它是临时的行政服务外包,第三方并没有实质性的参与政府治理,也没有改变政府治理结构,根据政府的需要,随时可以被撤销外包的资格。再次,第三方评估机构的参与主要是外部评估的作用,很难参与到政府、人大、政协、法检等部门的协商机制中去。第三方评估报告只是作为政府机构及其工作人员的考核依据,没有纳入人大审议程序,也未进入政协提案阶段,更没有与法检部门工作对接,评估报告的阶段性作用明显,缺乏引导和预测作用,评价的指标体系也缺乏民众意见,也未得到人大、政协等部门的修订指导,因此第三方评估的作用起到了评判,而未实现治理作用。

第三方评估报告不仅是反映官员和机构的廉政问题,还应系统分析造成这些问题的主客观原因,包括人为的、制度的、环境的或者体制的等。在政务公开、民主监督、协商参与、选举制度、机构改革、简政放权、职能转变、法律体系等方面提出相应的分析意见,如果说评估只是一种诊断,那么对于问题的深入分析和提出建议则是诊治。第三方社会组织的评估式参与政府廉政建设,是综合性的治理,也是全程性的治理,它包括科学评价功能、全程监控功能、趋势预测功能、问题及时纠偏功能、系统检测更新功能以及压力导向功能的基本指标,另外第三方社会组织的评估课题中专门设置成果转化评估和实施报告,对成果的有效性和可行性提出专门的对策建议,再者第三方社会组织要建立专门的与政府合作机制(平台),这个平台在评估的事前、事中和事后都要及时沟通,当然主要是第三方社会组织的建议,政府不对评估的指标体系设计提出疑问,只是配合第三方社会组织提出的廉政问题进行及时自我的修正。在评估报告涉及的政府廉政建设问题,政府需做出相应调整。第三方社会组织应该有机会介入政策过程,在有必要的情况下,第三方社会组织的评估负责人或主要成员可以作为兼职或顾问乃至以挂职的方式进入政府廉政建设部门。作为第三方社会组织的评估报告也应向社会公开,接受社会监督,并为社会公众或者其他社会机构提供与政府进行对话的机会,通过公众及社会机构对报告中的问题提出改进建议,然后通过第三方社会组织或者其他渠道上报政府部门,对事关群众利益重大问题,报告中提出需要公众参与的,公众在后期相应任务中应有机会参与。第三方社会组织的报告还可以向人大代表、政协委员、纪委委员、法检机构人员及党员代表等提供,并接受他们的监督和建议。总之,第三方社会组织的评估报告应是开放的,与公众、社会机构、政府、企业、高校及相关利益群体积极沟通并在政府决策中积极参与,针对报告中的问题,做相应改进。

三、社会组织参与第三方评价与治理的指标体系

社会组织参与第三方反腐评价与治理的机制构建应充分借鉴国内外经验,从我国实际出发,瞄准未来腐败发展领域的新趋势,综合评价、治理、教育等多项测评指数。在设计本土的评价体系上力求更加完整、时效、科学、合理。

1.引入机制

在引入第三方评价机构的选用门槛上,必须有严格的规范标准,当前我国已经深入开展政府购买社会组织服务,制定了大量有关购买对象的标准、资格和要求。在国家层面有《国务院办公厅关于政府向社会力量购买服务的指导意见》;财政部、民政部《关于通过政府购买服务支持社会组织培育发展的指导意见》。国家层面的社会组织准入资格要求起着指导作用,具体要求则由各地政府根据实际制定,目前地方省级和市级民政部门大都制定了本地区的政府购买社会组织服务指导意见,制定了社会组织的准入门槛。在选用标准上,首先是基于各地星级社会组织评选为依据,然后结合不同社会组织的性质、类别、任务做出选择,在实施过程中对于准入的社会组织进行定期考核,实施监督、奖惩机制和退出机制。因此,在第三方评价反腐与治理的社会组织引入上,可以参考政府购买社会组织服务的规则要求,选用的第三方组织首先是在民政部门注册的社会组织,在财务公开、信息公开、治理公开、人事公开等方面有着良好的记录和社会信誉;其次是选用的第三方应该是获得各地星级资质的社会组织;再次选用的社会组织在反腐评估方面有着专业的资质,并且有着三年以上的评估历史和经验,所评估的项目能够获得认可;最后选用的第三方社会组织已经实现去行政化,无政府领导兼职,所配备的人员应是专业性的技术人才,不受政府和事业单位的行政干预等。

2. 评价标准

一是当前与长远两种需要相结合。第三方反腐评价针对当下腐败问题的惩治、制止和防范腐败问题的产生与发展。第三方反腐机构应建立反腐数据库，对腐败的产生、根源、特征、趋势等进行科学分析，做出评估和预测。需针对未来可能因为新的经济要素、新的国际影响因素、新的社会生产要素以及新的技术要素，加之历史上各种腐败问题的死灰复燃和发展趋势，及时做出判断，并采取有效措施进行预防，防患于未然。二是局部与整体两种关系相结合。反腐败涉及的可能是政界与经济领域的重点易腐领域，但腐败绝不仅仅是这些领域的问题，腐败的产生与文化、社会以及风俗习惯都有着深刻的背景联系。因此，在评价与治理腐败问题时，必须考虑到社会整个体系的内在联系。三是评价与治理两种目的相结合。第三方机构的优势在评价，而当前各种评价排名与评价指数注重的是数据的展示比较，鲜有提出解决问题的对策机制。在评价结果提出之后，第三方反腐机构还应根据腐败的数据进行科学分析和研判，并结合问题产生的背景、环境、关系乃至整个生态结构提出进一步治理与防范的措施。因此，第三方的评价只是第一步，治理才是最终目的。四是国际与本土两种背景相结合。国际反腐第三方机构已经有着多年深耕的经验，但国际上腐败问题的产生与中国有着很大的差异，我国国内各地也有着很大区别。在国家建设一系列重大事务面前，很多潜在的腐败因素或者腐败诱发因素将会滋生泛滥，这就必须从本地实情出发，结合国际经验作出科学决策。在时效、范围与目的的评价标准基础上，还应注重评价的公平性、回应性和可持续性。公平性必须从群众、政府、企业、社会组织等多方利益综合平衡，不能带有利益偏见和政治干扰，回应性则针对评估所需要的材料、线索及疑问，各参评部门必须积极配合，所提出的质疑和询问应该及时给予答复，对于公众关心的问题和提供的检举材料必须准确无误的给予查证；可持续性则要求评价不能反映一时问题，应该考虑到历史问题的积累和酝酿，考虑到未来反腐趋势空间,对于苗头性和倾向性以及新的要素加入,应及时给予关注并在评价中反映。

3. 评价渠道

由于反腐线索与反腐数据牵涉到调查方的敏感问题和隐私问题,特别是在被调查对象存在腐败可能问题情况下,会对调查信息的搜集进行干预甚至阻挠。尤其是作为第三方评价组织,本身是独立性的民间机构,在政治资源,社会地位等方面的不足都为信息的采集带来难度。在对政府对应方或者联系方的采访过程中,提取有关人士对各个国家腐败程度的感觉和评判数据,加以综合评估。因此,社会组织参与第三方评价治理必须建立严格的程序机制,实现资源共享、评价独立、渠道畅通,也要考虑到调查的保障性和救济性措施,以及安全问题。需要在第三方反腐评价的渠道设置上,通过各种方式和机会来选取渠道模式。在这个过程中,调查对象的选取是关键,在政府层面可以重点访查"党代表""人大代表""政协代表",这些代表本身所在组织内起着监督职责。一是政府层面各级纪委委员也是调查的重点,纪委委员掌握着大量反腐信息,特别是腐败问题的第一手资料。二是企业家,企业运行牵涉到资金的流动与集合,企业的利益分配可能产生腐败问题。在采访对象上,以知名、廉洁以及信誉较好的企业家为重点对象,他们以身作则,同时对于腐败又有深刻感悟。三是党外人士、党外人士是我国政治事业重要组成部分,担当着监督、建言的重要作用,他们因为政治关系简单,政治利益单纯,因此在反腐问题上敢于直言。四是中介机构,尤其是社会组织,代表着社会一方,形式、地位、角色独立,较为客观真实地反映腐败问题。五是社会智库,由于其政策研究、政策建言的功能,以及独特的视角、先进的方法为反腐调查提供了很好的来源渠道。六是媒体,这个被国外称之为"第四种权力"的组织,因其传播宣传功能与社会责任性质,在反腐倡廉中起着重要作用。对于调查渠道的设置,传统的调查渠道有电话回访、随机抽查、邮寄问卷、网上调查、现场质询等。但这些方法由于时空条件限制,中间传输干扰以及现场采集的配合度底等问题,效果不是很好。随着科学技术的发展,通过网络、通讯、电子等技术来采集腐败信息的平台渠道越来越多:一是可以开通"在线受理""在线评估"等通道;二是利用手机短信,建立"短信、微信、微博"评估平台;三是利用广播电台,开通"行风热线";四是公开监督电话,设立举报信箱;五是利用公众网站,开通"QQ"、评估群和电子信箱。六是利用信息技术,启动电视媒体问政;七是利用政府网站,开通网上问政、网上检举栏目。

4. 评价技术

数据的可信度是评价的重要目标之一。在评价结果的议定上严谨求实,避免模糊地带和调查盲区。但腐败问题的隐秘性、敏感性和复杂性等特征,在调查取证方面困难重重。因此,科学合理的评价技术就显得至为重要,评价技术的应用包括物质技术、知识技术、经验技术、组织技术四部分。物质技术主要是科技产品的革新,比如在评价中引入电子心理测试技术、社会网络测评技术、网媒技术、社群媒体监控技术;知识技术,包括脑科学分析技术,隐性态度测评技术、扎根理论跟踪技术、循证实验分析技术、运筹技术等;"经验技术"有随机抽查和动态监管技术、阶段特征与趋势分析技术、互动分析技术、博弈分析技术等;组织技术则有专家评估、脑风暴评估、网格化评估、匿名评估等;物质技术是载体的进步表现,在评价技术的进步中往往起到实质性的改变影响。知识技术通用可以匹配研究的技术,它的进步可以使物质技术的运用更加科学合理;经验技术则是专业性的方法积累,它往往采取与时机相结合,恰到好处的运用策略;组织技术则是在技术运用上采取何种组织的方式,是分散的还是集合的,是公开的还是匿名的,是专家式的还是群众式的,它的合理利用可以使测评更加有效,避免测评中的客观因素干扰。

5. 评价指标

在评价指标设置上,遵循科学、全面、细致、严谨的原则,突出重点问题,反映趋势问题,关注隐患问题,防范苗头问题。一是加强"一把手反腐"与"基层公职人员"反腐的双重评估;二是重点严查严防财产公开、人事透明、亲属关系等方面;三是建立健全在网络红包、微信支付、中间寻租、变相套现等新腐败领域的管理评价;四是在招投标工程、审批手续等关系重大国有资产的领域评价。在第三方考评中还应纳入制度民主性、政策科学性、法律完善性等外部政治环境的评估,对反腐制度的落实情况、可行性情况与严密情况进行测评,对当前的政策是否连贯,是否符合实际与发展需求进行测评,对法律的适用性、法律的完整性以及法律的重复性进行测评。测评也注重效能,对看似不属于腐败领域的"懒散庸"的行政行为进行测评,对造成资产流失、项目损失、发展拖延等潜在问题进行测评等。考评增加群众参与测评的渠道与机会,将第三方测评与群众测评结合起来,细化满意度类别,包括廉洁从政满意度、服务群众满意度与社会公众满意度,全方位全天候地考核干部与公职人员。

6. 评价反馈

评价结果及时反馈于党政部门,评价结果及材料还应接受司法监察部门的审核评估,经过检验的数据论断,继而通过由高校、司法部门、人大部门等相关法学学者与法律事务者的第三方综合评价,经过审核过关的结果与材料适时在相关发布平台公布于众,接受群众监督。并将社会各界反映的问题与线索交付司法部门记录存档,准备下一步监察违规犯法问题的侦查。对于群众以及各级部门或其他组织反映的评价结果的疑问,要及时进行回应,并作出全面公开的解释,确实因工作不力或者技术落后以及制度不健全等原因造成的问题,要及时整改,不合格的评估或者有问题的评估要对第三方评价组织进行追责。对于评价反馈的问题,党政部门应及时进行总结,其中已经成为严重问题或者严重隐患问题,相关立法部门或者政策部门,应该及时通过规范文件或者政策甚至立法的方式对其正式发布,将不确定的要素和不断变化的潜在隐患,通过正式的方式规范,从而达到更加权威、严格和全面的管理。根据反馈的数据反映问题的严重程度,第三方评价组织应该构建一套基于评价数据发展趋势的评估预警平台。预警级别分为红色、橙色和黄色,达到相应级别的腐败参数,即可启动应急响应机制,将问题处理在萌芽状态。平台特别要对于苗头性和倾向性腐败问题进行预测评估,根据这些预测来防范更为严重的、覆盖面更广、影响程度更深的腐败问题的产生。

7. 评价教育

第三方评价的结果与报告在起到反腐治理作用之外,还应在全社会进行宣传警示教育,将数据、案例、问题以及趋势告知公众,通过各种方式来警示干部与群众,违法的严重性以及危害。重点在干部中间进行宣传教育,专门培训,通过公益广告、宣传册和有奖问答的方式在群众中开展,在国有企业、政府事业单位等重点区域进行专题式的播放,在广大各级各类学生中更应通过课堂教学的方式,教育学生养成廉政廉洁的意识,对国家社会的腐败问题形成一个清醒的认识,并养成自觉抵制腐败和贪污的意识。第三方反腐评价的报告和数据更应该在已经判刑和立案的犯罪分子中间进行教育,使之认识到腐败的危害和负面影响,并让这些犯罪分子配合评价,对社会公众和政府干部进行教育,从而达到更为深刻的教训警示。第三方评价的数据和案情除了关系国家机密问题之外,都可以用作教材、光盘等制作上市销售,对关键和敏感问题供科学研究使用。

四、整体性视角下的机制保障

第一,建构多元竞争和多元制衡的第三方评价法制体系。随着第三方评价组织的兴起,越来越多的第三方组织加入评价市场的竞争,为了避免评价之间的恶性竞争,保障有资格,有实力的评价组织进入评价行列,国家及地方部门应该建立相应的立法保障机制,促使各方扬长避短、物尽其用、各尽所能,共同维持协调发展。法制的建立应考虑到多元竞争与多元制衡的原则,既鼓励更多的评价组织蓬勃发展,相互竞争,又采取相互制衡的措施,使其在竞争中达到互相监督的效果。在制衡格局中,第三方评价也应有对政府部门、企业部门以及社会部门的制衡机制,避免这些社会参与主体或者被测评主体成为第三方评价的干预者。

第二,建立民主透明的评价过程监督。评价的预算、评价的过程、评价的方法、评价的主体都应向政府廉洁委员会(督导团、选聘评委、专家)提供全程跟踪监控平台,使整个评估能够让委托方或者购买方的监督组织监督并全程可见。部分评价环节或者评价环境也应向群众开放,评价结果则应向全体社会公众公示。第三方评价结果和评价材料以及评价过程还应接受委托方组织的多主体联合评估委员会的考核,鉴定评价结果的真实性和可靠性。

第三,建立对第三方评价的市场监管机制。在委托方与第三方之间拟定严格遵循市场与法制原则的合作合同,特别是当评估对象对评估结果产生质疑,则可以通过向相关主管部门提出申诉,请求另外一家第三方评估机构对评估活动本身进行评估,以保障评估活动的客观性与公正性,从而有效地规避评价风险。对评价结果和评价材料以及评价环节有异议的,委托方应采取对第三方评价的质询,对于确实存在问题评价,则进入司法程序予以制裁。

第四,建立一体化的廉政信息共享机制。当前,大量第一手廉政资料掌握在党政纪检部门和司法机构,第三方评价组织由于角色的局限性,很难获取这些材料。政府部门和司法机关应该实施廉政电子政务平台,专设账户密码,第三方评价组织可以赋权进入平台,获取可用资源。尤其是对于官员资产等数据资源,第三方评价组织还应有权进入银行、资产和金融部门进行资料的获取,因为这些资料具有隐私性和受法律保护影响,在调取资源上较为困难,也应需要司法部门协调。同时,第三方评价组织具有专业化的评价资质,掌握着大量腐败资源,也应建立专门账户平台为纪检部门、司法部门以及专家研究者提供工作便利。

第四章　社会组织参与相关
领域的协商治理

第一节　物业领域协商

　　居民小区虽然涉及人口少,辖区面积小,但是"麻雀虽小五脏俱全",它包含了行政事务、公共事务、居民事务等方面的任务要求。而且小区是与公民最为直接,关系最为紧密的公共生活单元,在这个区域内,关乎人们的政治、社会、文化、经济等各个方面的需求,是一个浓缩版的小社会系统。在这个系统中,居民直接就自己的财产、支出、权益进行交往和对话,这也是一个全面而又具体的居民自治空间。

一、他治：物业公司管理小区的困境

　　《物业管理条例》第四十九条指出,物业所在地的区、县房地产行政主管部门和街道办事处、乡镇人民政府应当积极开展物业管理政策法规的宣传和教育活动,及时处理业主、业主委员会在物业管理活动中的投诉。第五十四条指出,召开业主委员会会议,应当告知相关的居民委员会,并听取居民委员会的建议。第六十一条指出,在物业管理区域内,可以召开物业管理联席会议。物业管理联席会议由街道办事处、乡镇人民政府负责召集,由区、县房地产行

政主管部门、公安派出所、居民委员会、业主委员会和物业服务企业等方面的代表参加,共同协调解决物业管理中遇到的问题。当前,城市住宅小区大多引进了物业公司作为第三方代理,接管小区的各种公共事务乃至部分私人事务。物业公司虽然给小区治理带来了很多便利,但物业公司作为小区公共事务和财务等的管理者,在物业公司经营性利益目标影响下,不可避免地会出现滥用、挪用甚至贪污小区管理资金的腐败行为。物业公司腐败的主要表现形式有:一是物业公司利用小区公共空间进行经营活动或者发布广告信息,从中谋取利益;二是物业公司私自引入装修公司或者与某些装修施工者达成合作协议,允许这些协议者进入小区承包工程,限制其他非合作者进入;三是提高物业管理费用,故意增加各种收费名目,设置一些虚假项目,从中谋取利益;四是物业公司与居委会或者业委会私自达成协议,利用居委会或者业委会的权力,进行非法利益获取;五是代替业主私自选聘一些企业进入小区,进行产品销售或者开展经营活动。物业公司腐败现象在城市小区治理中普遍存在,制约物业公司腐败的主要措施是出台物业管理法规,当物业公司出现违规或者不作为的情况后,业主通过业主大会也可以撤销物业公司的管理资格,通过新的选举,选聘符合业主需求的物业公司。由于业主很难在日常管理中对于物业公司进行监督,很多小区建立起了监督物业公司的各种机制:有的小区成立由业主组成的物业管理监督小组;有的小区通过业委会对物业公司进行监督;有的社区居委会协助业委会监督物业公司;等等。同时,政府也制定法规增强居民的公共事务参与权,包括知情权、选举权、管理权、决策权等。在小区各种公共事务中,业主可以通过业委会和业主大会以及居委会组织的各种活动来约束物业公司的腐败行为。

二、自治:业委会接替物业公司管理小区

1. 业主委员会参与协商式治理的内涵

业主委员会的成立是我国基层基于财产自决权而产生的一种民主自治主

体。业主委员会作为社区社会组织,它的产生具有划时代的历史意义。它第一次明确了物业属于业主自主的范畴,包括房产、社区公共设施、社区的无形资产等,这些都是业主自我治理的范围。业主委员会因有了财产的所有权和管理权,在与社区居委会及上级政府的关系上,产生了很大的变化,以前社区居委会及上级部门对于社区事务管理事无巨细、统筹包揽。由于社区居委会很大程度上是承接上级政府部门的行政任务,因此在管理社区事务上,更多的是一种带有强制性、命令式的模式,而不是一种服务型的模式。并且居委会更多的是对上负责,完成上级的任务,因此很大程度上社区治理效果较差,居民反映的问题较多,且解决的效率很低。而业主委员会的成立改变了社区治理的结构,由"被治"转向"自治",业主出现物业问题或纠纷,可以先通过业委会进行协调解决,解决不了的再移交到居委会,这样居民委员会也从繁忙的行政事务中解放出来,将更多精力投入到服务居民公共事务上去。2009 年,住房和城乡建设部发布《业主大会和业主委员会指导规则》,指出业主委员会应履行以下职责:(1)执行业主大会的决定和决议;(2)召集业主大会会议,报告物业管理实施情况;(3)与业主大会选聘的物业服务企业签订物业服务合同;(4)及时了解业主、物业使用人的意见和建议,监督和协助物业服务企业履行物业服务合同;(5)监督管理规约的实施;(6)组织和监督专项维修资金的筹集和使用;(7)调解业主之间因物业使用、维护和管理产生的纠纷。

业委会在我国社区事务管理中的出场,主要是通过与居委会、居民、物业公司共同协商治理的方式,解决由选举产生后的社区居委会相当一部分从事上级摊派的各种行政事务,而无暇顾及小区居民的日常琐碎杂事的问题。业委会就是在选举之后将民众的参与嫁接到社区公共事务管理中来,这种方式就是各个参与主体之间的协商式参与决策模式。这种模式是对选举民主的有效补充,也是对选举民主弊端的一种弥补,有学者批评投票选举产生的代议机构进行公共决策的合理性,反对在精英主义旗帜下一个或几个强势主体垄断社会治理权力的行为,提倡公众通过讨论、协商共同参与社会治理过程①;也有学者认为,多元主体间的平等协商能够克服代议式治理的固有弊病,有利于社会政策的执行,有利于在实质上提高社会治理的合法性。② 有学者更是充分肯定了业委会的发展对于我国基层协商民主的重要意义,"第一步是各个领域在自己的事务范围内实现其自主治理的作用;第二步是在社会层面实现结社的作用意义;第三步是在制定公共选择的规则中参与进去并发出强烈的声音,成为一个强而有力的参政议政群体。这是多元化的结构发展与协商民主政治演进之间的关系。"③从这个角度来说,小区业主自治的发展是有限制的,不可能扩展到小区的业主以外。但从这种内容的实质性来看,某种程度上是可以扩展和复制的。

业主委员会的成立,一是使得业主有了自己的自治组织,业主如对社区居委会或者其他行政部门的乱摊乱派有质疑,可以通过业主委员会与其交涉,业主委员会将代表民众的利益与相关部门协商解决;二是业主委员会实施自我治理,尤其是关于财产的治理,业主委员会具有充分的发言权和决定权,相当多的这部分任务从社区居委会的职责中抽调出来,也就避免了社区居委会从中赚取好处和减少权力寻租的机会;三是在业主委员会的自我治理中,业主都有权利和机会参加业主委员会的选举和被选举,这种通过民主竞选的方式将业委会成员选举出来,增加了业主委员会的透明度,避免了业主委员会的腐败机会;四是业主委员会的各种活动需要业主的参加,通过对选举、管理、服务、决策和监督各种过程的参与,业主锻炼了参与的能力,增强了参与意识,更有利于业主和业主委员会高效廉洁行事,并监督社区居委会和相关部门的行为;五是业主委员会及业主都有机会参与社区公共事务的协商,对于自己的财产和公共财产作出自己的建议和选择,这种协商式参与的过程,使社区的决策更

① 约·埃尔斯特:《协商民主:挑战与反思》,中央编译出版社 2009 年版,第 1—18 页。

② John Dryzek, *Deliberative Democracy and Beyond*, Oxford: University Press, 2000, pp.1-5.

③ 陈幽泓:《居民小区业主自治发展与中国协商民主政治演进》,《和谐社区通讯》2014 年第 6 期。

具透明性、科学性、合理性和公平性,避免了社区决策的一言堂问题。

2. 业主物业协商治理

在业主委员会的执行过程中,出现了腐败、寻租、垄断、专制的官僚主义问题:一是业委会形同虚设,未充分发挥作用;二是业委会超越职权,擅自决定重大事项;三是业委会委员滥用职权,损害业主合法权益。由于赋予业主委员会较大的自主权力,不召开业主大会时,基本的小区事务由业主委员会全权处理,这就给业主委员会留下私自决定的空间,在这种情况下,许多利益组织,比如企业、居委会、物业公司甚至私人,都可能盯住业主委员会手中的权力,越过居民、私自与业主委员会达成协议,从而侵犯业主利益。

在许多地方出现业主委员会侵权和滥用职权的情况,有些维权意识较浓的小区业主召开了业主大会,解散现有业主委员会并与物业公司解除关系,重新选出业主委员会,全权代理物业公司的职责。以业主委员会物业自治的模式在全国各地相继出现。深圳罗湖区罗芳苑小区业委会物管公司、万州区天台社区业委会自治、天津上谷商业街业委会"丽娜模式"都是典型代表。虽然这些业委会物业自治的结构形式有所不同,但都是以业委会与业主自主决定小区事务,并由业委会成员或者组织代理人员来管理小区事务。万州区天台社区体育花园由业委会全权负责,自从实施业委会自治以来,小区的自治环境、清洁卫生、小区安全以及居民和谐都发生了很大的变化,相比前面物业公司的管理和服务,居民满意度更高,并且是在物业管理费大幅削减的情况下产生的。小区业委会物业自治的效益来自于业主协商自治的良好氛围以及协商自治的科学结构,小区业委会由小区全体业主选出,定期召开小区业主大会,并在每年的 7 月份和 12 月份,分别对这半年来的小区花费支出进行公示,接受业主质询,同时征求业主的意见,并对下一步小区的经费预算进行协商决定。小区的每月支出也都在小区门卫公告栏处张贴。由于业委会得到小区业主的大力支持,其群众基础十分扎实,业主对业委会非常信任,社区居委会或者街道办事处如有关于上级的任务要求,或者关系到居民整体利益的问题,都会找业委会或者业委会主任进行协商。每当关系到小区事务的时候,业委会或主任会充分权衡,即坚持党的领导又维护群众利益,在二者之间进行有效的结合,从而促进了党群关系。业主委员会同时还起到监督居委会及其他部门的作用,由于在社区自治中,业主赋予了知情权、参与权、监督权、选举权以及决策权,除了小区物业实施自我治理以外,关于小区居委会选举、居委会的预算和开支、居委会的决策等,都需要业主的参与。但业主的分散性、独立性,以及平时工作和家庭事务繁多,没有精力参与这些需要较强的活动能力和沟通能力的治理活动,这种责任就落到了由业主选出来的业主委员会身上,因其是专职于小区管理,对居委会的运作、结构、成员等较为熟悉,对政策法律也较为熟悉,在与居委会以及其他相关主体进行协商时,容易拿出较为专业的方案和提出代表业主利益的意见,对违反业主利益的居委会则进行追责质询。

业主委员会为什么在参与社区的事务管理,并监督社区其他部门的不作为和乱作为上如此具有效力,就是因为业主自己选出来的业主委员会是代表业主利益的,况且业主委员会的成员也是业主中的一分子,他们维护业主利益也是在维护自己的利益。所以当自己的财产自己做主的情况下,将会充分调动物权所有者的积极性,实现多元主体的协商共治,这也在一定程度上避免了治理行为的"暗箱操作",使各主体间的相互监督成为可能,这既能够有效防止业委会与物业公司形成损害业主公共利益的联盟;又能够在一定程度上减少业委会作为社区治理的"代议式"治理机构的负面效应,预防少数民间治理精英对业委会的寡头垄断与内部派系争斗行为的产生。① 天津上谷商业街业委会的管理模式就是充分体现了这一结论。天津上谷商业街业委会在实践中创立了"区分穷尽、物权自主、量化公开"的物业管理模式,住宅小区内根据物的客观性和使用特点,将物的管理责任在全体业主、业主个人层面作出区分,

---

① 刘安:《业委会发展的困境及其突破》,《城市问题》2012 年第 3 期。

采用"使用者付费"原则实现的"物权自主"的管理机制。"区分穷尽",就是明确小区内物权,将能够划分为某一部分业主共有的部分一层一层划分出去(例如某一单元的门禁和电梯的管理权只划分给这一单元的所有业主,而不涉及同一栋楼其他单元或同一小区其他楼栋的业主),区分到不能再区分,直到一物无法按照面积数分摊,达到使之用在任意地方都无法分摊,足够公平的地步为止。①

在所有权能够自我管理和自我决定的情况下,业主将会全力保护自己的所有权,同时也会力图使自己的所有权发挥更大的积极性。在自己管理自己最大公约数的选择中,业主委员会的小区自治便成为最好的选择,这种机制模式很好地实现了业主、业委会、居委会以及社区志愿组织的合作互动、相互监督与相互督促,从而实现社区治理的良性循环。但小区物业自治还处于试点摸索阶段,它使用的范围大多是老、旧、散、小等类型的小区,这些小区因为规模小,如果采取物业公司的管理办法、成本高、投入也大,且小区居民生活水准不高,交不起较高的物业费用。一边是物业成本高,物业公司不愿接手;另一边是居民收入低,不愿意支付高价物业费,小区物业管理处于空白,导致安全隐患频发、居民的生活质量难以提高等问题,这些都是当地管辖部门头疼的治理难点。自己成立业委会并接管小区的物业、收费标准和服务项目由居民协商,这种廉洁高效低成本的物业自治就得到了居民和当地政府的支持,很多地方相继模仿。

3.业主物业协商治理的困境及突破

业主通过业委会实行小区物业自治,大大提升了业主参与小区自我治理的程度,但这种新兴的模式面临很多瓶颈性问题。

一是,业主委员会接管小区物业存在很多法律盲点。业委会在我国还不

---

① 益清:《专访丽娜模式创始人上谷商业街业委会主任崔丽娜》,《现代物业》2015 年 11 月7 日。

是法人主体,在小区物业产生纠纷时,业主无法起诉小区业委会的违法违规行为,这就为业主监督业委会带来了困难。其次,业委会不是法人主体,也不能开具物业费用的发票,则在物业费用收取上就面临着违法问题,并容易引起业主的反对。再次,业委会成员在小区管理过程中,遇到工伤等问题,业委会因为不是法人主体,无法为这些成员购买保险金,业委会成员难以获得正常的医疗保险保障。又次,在银行开户就不能以业主委员会的名义,而只能以居民个人名义在银行开户,这种以个人账户管理集体资金,也可能带来管理风险问题。最后,针对部分业主拒不交纳物业费与维修费等问题,业委会也因为自己不是法人团体而无法起诉拒不交费的业主。

二是,业委会管理难以持续。业委会的负责人和成员大都是由热心人士组成,他们的组合成功带有一定的偶然性。由于缺乏制度的保障,业委会成员的收入十分低,基本是义务劳动,如果这些业委会成员年龄变大,或者因为意外不再继续负责,那么这种自治形式就很难继续存在。

三是,业委会管理低成本,容易存在低质管理。小区的日常安全、维修由业委会成员负责,或者聘请几位小区的热心人士负责,但对于电梯大修、粪池清理、道路施工等大的工程,仅靠业委会是难以完成的。小区的财务管理大多不够规范,懂财务的人少,严格按照财务管理的方式进行公开经营的更少。管理小区的业委会成员和聘请的员工,因为缺乏组织化管理,也没有相应提高培训的费用支持,他们的管理技术、维修技术等都很难胜任小区棘手繁杂的问题。

四是,业委会自治管理容易引发新的纠纷。虽然业委会自治能够低成本,好的典型自治还能够带来管理效果良好的局面,但业委会组成是临时的,没有在民政部门注册,也没有相应的部门对其监管,业委会成员大都是年纪大的业主,尽管他们不贪污、不浪费、热心干,但缺乏法律知识,对如何民主决策的程序不清楚,往往造成新的纠纷问题。自主管理小区的初衷本是为了避免业主与物业公司之间的矛盾。但在实践中,却极易引发新的纠纷。有些案件表明,业委会不与业主签订服务合同,也不召开全体业主大会协商服务的项目、标准、收费等,而只是由业委会成员做出决定后,在小区内张贴公告告知业主,容易侵犯业主的权利,引起纠纷。

针对这些现实困境,政府应该积极引导这一创新模式的发展,毕竟在我国相当一部分小区还处于老旧散小的境况,这些小区更适合运用业主物业协商自治模式,在较大的和比较现代化的小区虽然没有多大必要运用这种模式,但是这种模式中的先进经验可以采纳。因此,国家首先应从法律角度,对业委会在协商自治中的法律地位进行明确,明确业委会在管理物业、聘用人员、司法纠纷中的法人地位。但业委会主要起着的监督和建言献策的作用,在实行业主物业协商自治以后,将小区的决策权和执行权也归属于业委会。在目前业委会的组成上大多是以兼职人员为主,如何提高业委会在协商治理中的专业水平,需要政府等相关部门积极引导,在业委会人员组成上既要考虑到小区业主的优先权,也要考虑到小区参与业委会负责者,主要是已经退休的老年人,怎么培养年轻有为的业主参与进来是个难点。这需要在业委会工作中给予一定报酬,对业委会负责人员进行专业性培训。另外,业委会在协商自治实施后,权力相应增大,手头掌握的资源也一下子变得很多,应该在业主协商自治中建立约束和监督业委会的机制,避免业委会腐败和滥用职权。

三、协治:社会组织进入小区协助社区居委会、居民、社工共同治理小区

1.联席会议内涵与组成

在政府与群众之间常常缺乏必要的沟通机制和传播纽带,政府单方面采取行动,往往对策难以对症下药,不是民众真正解决困难之需。民众想解决问题,自己能力又难以应对,民众得不到政府提供的真正符合民众意愿的化解问题的办法,又往往在政府和民众之间形成了新的矛盾。由于政府人手有限,政

府与民众之间很难达到对于问题的专业性分析和化解,民众也因为参与政治能力较弱,很难与政府形成可行的对接机制。在这种情况下,社会组织起到了很好的协调作用,在政府与民众之间架起了一座沟通的桥梁。如重庆南岸区东路社区的北京地球村积极从中撮合,在政府、民众、社会组织等相关主体之间建立了"联席会议"机制,取得了很好效果。

"联席会"是一个由社区两委主导、乐和互助会为主体、社工组织等多方参与的共治平台,各村(居)委会定期召开联席会,共同商议公共事务,按照"三事分流"基层议事工作方法,进行公共事务的分类,明确各方权责,达成联席会决议,促进公共事务的解决。联席会是三事分流问题讨论和解决的主要载体,以"事、会、责、约、评、记"的三事分流操作方法培育互助组织,促进三事分流的社会创新治理模式,实现责任共担。其中,重庆市峡口镇西流村、大石村共9个自然小组全部成立了以组为单位的互助会,东路社区成立了10个小区互助会,南山街道黄垭社区、南山路社区成立了7个小区互助会。"互助会"是以村民小组(居民楼栋)为基本单元的,集互助性、公益性、服务性于一体的社区自治组织,具有本土性、扁平性、伦理性、综合性和志愿性的特点。北京地球村环境教育中心驻东路社区服务中心,是北京地球村在重庆南坪街道东路社区的分支机构。北京地球村作为项目的主导者,在南岸区的东路社区、峡口镇街道办驻扎下来,常年有工作人员和志愿者在这些试点区域开展公益服务活动。在联席会议中,北京地球村作为第三方社会力量,在地方政府与社区居民之间进行组织协调和沟通。联席会议经过长期摸索形成了较为清晰的协商治理机制,即"三事分流"制度。"三事分流"主要是在政府、社会组织、居民及其他相关主体之间建立一个沟通渠道,目的是通过这个机制很好地实现各个主体之间对于公共事务的责任分工,这个机制减轻了政府负担,调动了群众积极性和社会资本力量。同时通过社会的协商参与,起到监督政府、制约政府和督促政府更好行政的作用。

表4-1-1　"三事分流"机制的项目分工表
大事：政府行政事务和公共服务

项目	行业主管部门	社区	社会组织	社工	个人
廉租房分配	房管局	调查	监督	配合	申请
小游园建设	市政园林局	申请	收集意见	建议	监督
行道树维护	市政园林局	申请	收集意见	配合	监督
路灯维护	路灯管理处	申请	收集意见	配合	举报
设施维护	市政园林局	申请	收集意见	配合	举报
乱停乱放	交巡警支队	核实	举报	建言献策	举报
占道经营	城管执法队	举报	监督	引导	举报
乱搭乱建	市政园林局	申请	收集意见	引导	举报
占用消防通道	消防支队	核实	监督	引导	举报
消防栓无水	消防支队	核实	监督	配合	举报
违法生育	卫计委	核实	监督	配合	举报
整改危房	房管局	核实	监督	配合	举报
各部门私自建设电力移动	市政园林局	核实	监督	参与	举报
危坎危岩整改	国土局	核实	监督	参与	举报
化粪池及下水道整改	环卫所	核实	监督	参与	举报
电梯安全监管	安监局	核实	监督	配合	举报
设施添加	文广局	申请	监督	建议	建议

小事：社区自治事务和互助服务

项目	社区	社会组织	社工	个人
邻里纠纷	协调	协调	疏导	申请
安装一户一表	调解	协助	引导	配合
家庭纠纷及家庭暴力	调解	调解	协调	申请
成立业委会	配合	协调	指导	参与
物业纠纷	调解	调解	协调	配合
楼道内乱堆乱放	协调	监督	引导	配合
失业人员培训	协调	组织	策划	参与
重点人员的监控及矫正人员的管理	负责	监督	引导	配合

项目	社区	社会组织	社工	个人
高空抛物	宣传	调解	引导	配合
流动人口管理及流浪人员管理	负责	协助	引导	配合
关怀帮扶孤老	负责	协助	策划	参与
残疾人的管理	负责	监督	引导	参与
噪音扰民	协调	协助	引导	参与
开展居民服务	负责	协助	策划	参与
培养社会组织及志愿者队伍	负责	协助	指导	参与
发展党员	负责	协助	协助	参与
困难群众帮扶	协调	组织	策划	参与
危岩危坎排查	负责	监督	参与	监督
文化健身器材需求	协调	监督	引导	参与
科普宣传教育	负责	协助	策划	参与
公益岗位开发与管理	协调	组织	指导	参与
低保人员的调查	负责	组织	引导	参与
危房信息的收集	负责	组织	引导	参与
居民道德行为提升	宣传	监督	引导	参与
纠纷排查	协调	组织	引导	配合
应急队建设	协调	组织	引导	参与
食品安全卫生宣传	协调	组织	策划	参与
乱建基站	申请	收集意见	引导	举报
乱搭灵棚	举报	监督	引导	举报

私事:居民个人事务和市场事务

项目	社区	社会组织	社工	个人
赡养老人	协调	监督	引导	自我管理
抚育子女	协调	监督	引导	自我管理
宠物管理	协调	监督	引导	自我管理
家庭经济纠纷	协调	监督	疏导	自我管理
家里电器、线路老化	协调	监督	引导	自我管理

续表

项目	社区	社会组织	社工	个人
屋内水管维护	协调	监督	引导	自我管理
屋内清洁维护	协调	监督	引导	自我管理
家门口卫生维护	协调	监督	宣传	自我管理
家庭装修垃圾处理	协调	监督	宣传	自我管理
公共场合自己不慎摔倒	协调	监督	协助	自我管理
屋内下水道堵塞	协调	监督	引导	自我管理
精神病人残疾人老年人监护	协调	监督	引导	自我管理
亲人的医疗费用及监护	协调	监督	引导	自我管理
社会保险办理	协调	监督	引导	自我管理
家里装修安全问题	协调	监督	引导	自我管理
按时缴纳各种费用	协调	监督	引导	自我管理
个人财产管理	协调	监督	引导	自我管理
家庭安全防火防盗	协调	监督	宣传	自我管理
轻信谣言产生损失	协调	监督	宣传	自我管理
个人就业问题	协调	监督	引导	自我管理
主动办理各种证件	协调	监督	引导	自我管理

2. 联席会议与协商式治理

第一,及时公开协商是化解问题的前提。问题发生后应立即召开协商会议,将群众的意见反馈给政府部门,避免因信息不对称,情绪激化产生更大的矛盾。协商会议的目的是明确各方主体的责任和权利。群众利益得到保障,政府在公开的协商会议中,将自己的责任和义务清楚地摆到群众面前,并与群众平等地对话,北京地球村组织搭建了相互沟通的平台,互助会又积极参与到执行任务中来,协商会议防止了政府的闭门决策,要求政府以积极务实的态度、以廉洁自律的行为、以责任承担的原则来沟通,使原来高高在上的政府形象和姿态得到转变,协商会议是透明的会议、是民主的会议、是问责的会议,更是合作的会议。而社会组织主导的政府与群众的沟通机制有效、有力地优化了政府工作机制和服务机制,具有重要作用。

第二,前期的社会调研,摸清事实,找到问题的症结是协商会议的重要前设环节。2013年,看似和谐的小区因公益岗位设置存在不合理现象,北京地球村与居委会及街道谋求通过联席会议解决问题。首先业主委员会对于岗位设置问题进行情况说明,然后对于公益岗位的招聘、管理征求群众的意见并制定《公益岗位优化服务管理制度》。联席会议使得问题得到很好的解决,它不仅将公益岗位问题重新进行分配,并对后期公益岗位的设置安排规则进行了民主协商,达成一致意见,回应了群众的要求,化解了当前和今后可能存在的矛盾隐患。更重要的是,在这次问题解决过程中,对管理和服务中内在的结构和权益问题进行解决,包括赋权互助会和社工站以及北京地球村组织,给予这些社会组织更多的主动性权力,让他们进行调研并沟通群众,做群众的工作,将群众意见及时上报政府部门,这个过程也培养了群众的公民意识。

第三,社会组织通过组织协商会议的方式化解群众之间的矛盾以及干群之间的矛盾,它不仅使群众之间以及干群之间的规则透明化,还对不良现象和风气起到了抑制作用,对政府的不作为、滥作为起到了很好的监督作用和制约作用。通过赋权社会组织来主持分配和选取任务,在居委会、社会组织、群众之间建立了良性的分工关系和责任关系,居委会不但减轻了工作负担,工作还得到了群众的认可,这就是政社合作以及政社权限划分与互动的有效体现。通过社会组织的全权担责,也避免了居委会从中利用权力为己牟利或者为近亲牟利。这次问题的解决也充分调动了群众的积极性,体现了群众的参与权、知情权、监督权和管理权,由政府服务变为群众自我服务。

第四,协商民主的方式对于物业自治中出现的矛盾纠纷和不廉洁问题也有很好的治理作用。在互助会壮大的基础上,街道召开了由开发商、物业公司、消防部门、房管所、城管、建委以及社区两委和互助会参与的联席会。联席会议赋予业委会和互助会对这次物管问题进行协调解决的权力,经过业主委员会、互助会的积极参与,经过招投标公示、投票过程,最终选出了群众心仪的新物管公司。通过这次联席会议，政府部门赋权业主委员会，从而激活了业委会的职责权力，发挥了业委会的真实作用。因此，小区物业廉洁自治的实现，是政府、群众、社会组织多方参与的结果，小区自治如果没有民众意识增强，没有社会组织发展，这种多元治理的格局就无法实现。

3."联席会议"治理可能存在的腐败风险

在联席会议中，社会组织扮演的主要是第三方协调和监督的角色，其具体作用又通过"三事分流"机制具体做了安排，因其独立、自立和公益的特点，在协调和监督角色中，一般以客观、真实和公正地态度对待政府、群众以及其他主体之间发生的矛盾或者纠纷，并能在各种事务处理中很好地考虑到民众的诉求愿望。但并不是所有的社会组织都会客观公正地在政府与群众之间保持中立，因为我国很多社会组织由政府成立或者由政府发起，有的社会组织由政府接管或者社会组织的负责人由政府委派等，社会组织与政府在人员、资金、办公场所等各个方面存在千丝万缕的联系。虽然我国自上个世纪末从中央到地方开展了一系列的政社分开改革，尤其是 2013 年以来分开的改革力度加大，但社会组织类型多，不同地区不同形式的社会组织又存在不同的现实问题，改革很难"一刀切"全面铺开。许多改革后的社会组织面临改革不彻底或者改革后问题又反弹，甚至改革难以进行等问题。北京地球村由于本身成立时就是较为独立的民间组织，因而在政社分开问题上并不突出。北京地球村能够在基层社会治理中形成广泛的社会影响，离不开它与政府的合作。北京地球村先后在四川、重庆、山东、浙江等地实施了地方社会治理创新项目，每一个项目都需要国家扶持政策和项目实施地政府的大力支持，尤其是项目在实施地都设有办公地点，其办公场所、办公经费、活动经费都需要当地政府的政策支持，无形之中社会组织又与政府走近了。在各种活动或者项目中，尤其是政府与民众的矛盾纠纷中，社会组织也不得不考虑这层紧密的政社关系，如何既与政府保持良好关系，征得政府的支持，又要保持独立客观公正地为社会服务,起到真正的监督政府等相关部门的作用,这就需要在"三事分流"和联席会议等政社民互动机制中,明确各方主体角色和权利边界、各方责任、办事程序以及规范权力清单。

目前,在社区多元化治理中,除了政府(村社委员会)、社会组织、社会工作人员、居民等主体角色活动参与之外,社会企业也作为新的社区治理主体加入进来。社会企业以其经营理念先进、经营产品有针对性、经营资金充足等优势为社区治理尤其是对社区特殊人群的帮助起到积极的作用。然而社会企业自身发展还不成熟,违法违规的情况普遍存在,有打着"公益组织"的名义,暗地里进行营利的行为。因此,如果存在有些社会企业非法营利情况、与政府以及其他主体进行寻租或者"私自"联合腐败等问题,在原来政社不分造成的政社腐败"联姻"情况下,又多出新的"不良政商(社企)关系"问题。在社会组织协商方式对政府进行腐败治理这种既有经验基础上,还要积极开拓严谨的协商机制,对志愿性社会组织、社会企业等进行严格的规范制约。协商的优势就是每一个参与者都是平等的,所有的参与过程是公开透明的,参与者既是受益者也是受到责任制约者,有权利就有义务和责任,这就很好地对参与的各种主体进行了制度性的规范。

目前联席会议的目的主要还是停留在协作治理社区问题上,在监督政府或者促进社会组织、社区廉政建设方面还没有纳入主要任务计划。联席会议经过政府、民众和社会组织之间相互协商、相互监督,在一定程度上实现了政府作为高效化、透明化、公开化,间接促进了社区廉政目的。但是,社会群众和社会组织只是在联席会议中协商的问题上进行的相应改善,还没有真正涉入政府全面工作的日常监督,尤其是涉及民众公共利益问题的决策、预算等方面,需要公民的常制化参与。联席会议不仅处理"三事分流"中的大事、小事和私事,还应该向"政事"靠拢,将联席会议作为政府部门决策的重要参考,纳入政府决策会议系统来。在政府重大会议之前召开联席会议,将政府的相关决策或者政策计划提前在联席会议中商讨,或在政府重大决策会议之后,召开联席会议,听取联席会议人士的建言献策。联席会议还可与政协、人大等机构工作对接,将联席会议与政府共同协商的决策事宜提交政协和人大审议,或将联席会议参与政府预算的方案提交人大审议。联席会议同时可与司法机关对接,担当法院或者检察院的普法宣传教育阵地,也可以作为法院和检察院的基层联络点,定期或不定期地召开与法院或检察院的联席会议,为法院系统提供民间司法事务调研情况,甚至可以将联席会议成员纳入法院系统,作为基层协调员,参与调解基层社区矛盾中的司法事务。总之,联席会议为政府和民间的合作提供了一个战略支点,支点的操作者是社会组织,两端分别是政府系统和民众,社会组织既要为政府分忧解难,又要服务民众、为民代言、监督政府。由此才能使得这个支点和两端达到平衡和谐。

四、互治: 构建人人负责、各负其责、相互负责的小区治理模式

业委会自治和联席会议协治,两种路径很好地化解了小区治理无序的状态,它不仅对于老旧、分散、规模小的小区不适合物业公司管理的情况具有很好的弥补作用,而且对城市小区普遍存在的物业公司管理具有纠正作用。可以根据各小区的实际情况借鉴这两种模式。但是,这两种路径的实施,同样出现了新的腐败现象,前者是业主委员会管理出现的腐败问题,后者是社会组织与居委会的合谋腐败问题。任何一种制度设计都会存在漏洞,因为新的事物不断出现,各种未知问题也隐藏其中,当一种新的事物以不可抗拒的情况切入进来,比如互联网技术的运用,都会对传统管理格局产生冲击,导致原有制度出现不能覆盖的新领域或者新问题。人们对自治的需求越来越多,目的是能够对自己的财产以及与自己有关的公共事务,起到更好的参与影响作用。引入物业公司管理,是业主抛弃对行政的全盘依赖,利用市场化模式进行管理,但通过物业公司实现的是他治路径,业主没有亲身参与进来,物业公司的腐败行为和不作为,不能真正得到有效监管。而放弃物业公司模式,通过业委会的

自我治理形式,虽然摒弃了他治的不利问题,但业委会也会因为制度漏洞以及利用手中的权力谋私。在抛除物业公司和业委会的形式以后,案例中出现的联席会议模式,在居委会、社会组织、社工、居民之间建立了联合共治的模式,这种模式既加强了各主体之间的沟通渠道,又设置了相互之间的监督和支持机制,对腐败问题起到了有效制约作用,但这些社会主体仍是以第三方身份参与进来,人们的思维还是利用他者之间的合作实现小区的治理,这又会出现各主体之间的合谋谋私的问题。

一是,不管是他治、自治还是协治都难以逃脱腐败问题的纠缠,制度是必要的解决问题的办法,需要将小区运作中的各项公共权力进行重新分配,建立相互制约、相互影响、相互支持的制度体系,使各种权力分散到相关责任主体身上,避免所有权力集中于某一主体或少数主体身上。小区管理中一般实行的权力包括:立规权、决策权、管理权、执行权、监督权、选举权。要对这些权力进行优化配置:立规权主体主要是居委会、业委会、业主大会,对小区的管理规则、财务规则、人事规则、维权规则等各种规则进行制定;决策权主体主要是业委会、业主大会,主要是对关乎小区公共事务、集体利益的事情进行决策;执行权主体主要是业委会、物业公司,对业委会、业主大会决策的事务具体安排执行;监督权主体主要是业主、居委会,对业委会、物业公司执行事务的进展情况、自律情况等进行监督。当然监督是相互的,还应有业委会对物业公司的监督、居委会对业委会的监督、业主对居委会的监督等。选举权主体基本上就是业主,业主对物业公司、业委会主任及成员的选聘,对居委会主任及主要成员的选举等。

立规权、决策权、管理权、执行权、监督权和选举权安置于不同的主体,并建立各主体之间的相互制约机制。但这些权力还主要体现在某些组织性主体身上,业主主要涉及的还只是监督和选举等权力,其参与权力仍较弱,虽然主体间权力得到优化配置,但是基于这些权力带来的腐败问题仍旧难以根本清除。人们寄希望于制度、寄希望于组织的愿望迫切,导致制度依赖心理、组织依赖心理严重,久之人们就默认了腐败的存在,因为制度和组织的腐败空间不能根除,这就导致了人们的心理认同的固化思维,也使得人们不相信自己,也不鼓励自己参与各种公共事务。当出现问题时,人们第一时间想到的是制度或者组织,制度出了问题,再制定新的制度,组织出了问题,再调整新的组织。当出现腐败问题、矛盾问题以及违规问题时,人们认为这是制度或者组织的责任。当公共环境遭到破坏,当陌生人遭到不公平对待,当公共事务遭到障碍时,人们归咎于制度和组织,就会出现人们与制度和组织之间的矛盾,每一个业主却成为问题的局外人。因此,不管是物业公司的他治,还是业委会自治,抑或居委会、社会组织等的联席会议都难免因为制度和组织的不足而导致腐败的问题。制止这种问题继续产生,或者至少能够从根本上减少这种问题的产生,必须在制度中增加业主的角色作用。

二是,在立规权和决策权中设置听证渠道,业委会或者业主大会以及居委会在制定小区规则时,业主能够亲身参与进来。建立对业主的建议筛选和采纳机制,将好的建议纳入制度制定的过程中。对办理过程、进度都应有据可查,设时间限制和反馈机制,能够及时回应业主建议的办理进度和办理情况。在执行过程中,有条件、有精力和时间的业主也可以参与进来,比如小区的维修、安保和环境保护,都可以发挥热心业主的作用。建立激励机制,可以通过评优或者一定物质奖励,激发业主参与热情。当业主申请参与时,业委会或者物业公司必须及时回应,提供参与的便利,必要时应在小区管理制度中明确业主参与的渠道、平台、时间、项目等。但是,增加业主的参与权力,还不能充分调动业主方面的积极性,因为决策权、执行权和立规权主要是组织方面的权力,业主起到的只是辅助作用,而选举权也仅仅在选举时刻效用明显,监督权也主要体现监督作用,对腐败行为起不到直接惩戒的作用。积极发挥业主的自身优势,需根据业主的实际情况量身定做符合业主需要的可行的权力。在小区管理中,前面提到的权力主要是间接性权力,或者是形式权力,建立业主的实质性参与权力是当前小区治理的重要路径。这些权力包括业主的发言权、投票权、预算权、分配权、评估权。这些权力主要是协商民主的形式。所谓发言权,就是提供业主发言的机会,不仅是在业委会、物业公司或者居委会层面召开的会议中有发言的权力,而且专门设置供业主参与的公共场合,包括业主大会和各种业主公共议事会议,而且邀请业委会、居委会以及物业公司的主要成员参与,共商解决公共问题;所谓投票权,就是重要人事的决定体现于选举,而重大事务的决定,应赋予业主投票权;所谓预算权,就是业委会、物业公司或居委会的各项预算,应有业主参与审议和决定;所谓分配权,就是小区的各项营利、收入及其他分红,业主有决定权;所谓评估权,就是业委会、居委会或者物业公司的各项行为业绩,应该由业主评定。这些权力列举了主要的类别,在实际制度制定时,根据小区情况,进行具体研究确定。

三是,发挥协商民主全过程参与的优势。2016 年 7 月,中央办公厅、国务院办公厅印发《关于加强城乡社区协商的意见》,指出基层政府及其派出机关、村(社区)党组织、村(居)民委员会、村(居)务监督委员会、村(居)民小组、社区社会组织、业主委员会、农村集体经济组织、农民合作组织、物业服务企业和居民代表以及其他利益相关方可以作为协商主体。坚持基层群众自治制度,充分保障群众的知情权、参与权、表达权、监督权,促进群众依法自我管理、自我服务、自我教育、自我监督。坚持依法协商,保证协商活动有序进行,协商结果合法有效。坚持协商于决策之前和决策实施之中,增强决策的科学性和实效性。结合参与主体情况和具体协商事项,可以采取村(居)民议事会、村(居)民理事会、村(居)民决策听证、民主评议等形式,以民情恳谈日、社区(驻村)警务室开放日、村(居)民论坛、妇女之家等为平台,开展灵活多样的协商活动。推进城乡社区信息化建设,开辟社情民意网络征集渠道,为城乡居民搭建网络协商平台。

四是,积极利用信息化技术平台,为社区民众参与社区大小事务的协商、公开社区事务财务和政策、监督社区居委会、监督社区的各项收入开支都提供了极大的便利。这些信息平台包括:(1)服务群众工作信息管理系统,群众可以通过本系统反映各种事关自己利益的问题,严格按照受理、办理、提交、反馈、督促、追责、总结等程序,并可以为工作人员评价打分,提高投诉的办理速度和满意度;(2)96016 热线服务系统,系统实行"一号对外,集中受理,分类处理,统一协调,部门联动,限时办结";(3)社区伙伴 APP,通过街道政务、邻里家园、乐和云家、便民商家四个板块向居民提供全方位的服务,并接受监督和建议;(4)社区微信公众号,主要是方便通知社区老年人各项保险办理、小孩入学、残疾人保障、春游活动等。东路社区除了以上公共的信息平台以外,各个互助会还建立了微信群或者 QQ 群。这些新的信息技术能够很好地融入最基层的社区自我治理中来,有利于调动广大居民参与的积极性,便捷群众参与各种公共事务,通过网络平台在群众之间,群众与居委会之间,群众与社会组织之间,甚至群众与上级部门进行很好的协商沟通,能够反映自己的利益问题,也可以参与社区的大小事务决策,还可以监督社区运行的项目情况,这种网络协商的模式在东路社区得到很好的推行。

五是,进行行政体制改革。无论是"三事分流"先进的治理制度,还是"网络协商"先进的治理技术,都对社区协商民主监督起到了积极的促进作用,但在东路社区这些成绩的背后,还得益于社区的"行政上收"改革。2013 年南坪街道将社区承担的行政事务统一上收,社区大大减轻了负担,由此可以将时间精力投入到服务群众和基层民主自治建设中来,社区工作人员真正与社会组织、社会工作人员等合作共事。社区因为没有了行政任务,从而杜绝了社区居委会通过行政捞取额外利益的情况,没有了行政权力,从而减少了官僚主义和形式主义作风,拉平了与社会组织之间的地位,社会组织及其他机构都可以更直接地监督居委会的行为,并与居委会进行面对面的协商,参与居委会的各项社区事务决策。

五、总结

小区治理需要完善制度的建设,需要优化组织的结构,同样更需要发挥业主的参与积极性。制度和组织不能代替所有业主的需求,也容易因为权力的监督漏洞导致腐败产生,更重要的是完全依赖制度和组织,导致业主的参与意识、公共意识以及责任意识弱化,这不仅会使制度和组织更容易得不到监督,还会造成业主对公共事务的不关心、对公共问题的不过问、对公共环境的不爱护、对他人好的行为的不认同、对他人不良行为的不追究等问题,导致小区成为一个典型的陌生人社会、一个缺失公共道德的社会、一个感受不到温暖的社会,人们无限地对于业委会、物业公司和居委会的业绩不满意,而不能从自身找原因。只有调动业主的参与积极性,提供参与的机会,制定参与的制度,完善参与的激励机制,从而让业主参与进来,才能更为珍惜付出的成果,也就更为负责任,更为理解业委会、物业公司和居委会的客观困境,避免不必要的对立和矛盾。只有人人参与了,才能建立人人负责、各负其责、相互负责的良好运行机制。在制度设计时,充分体现选举、决策、执行等权力中业主的参与外,还应充分挖掘业主在发言、预算、评估、投票等协商民主领域的权力。通过协商来制约腐败,将更为实际、具体、深入,也将更为负责任地去执行。

第二节　行业领域协商

一、行业协会商会协商式治理的作用

截至 2016 年 1 月,全国依法登记的行业协会商会近 7 万个,其中全国性行业协会商会约 800 余个。全国有 1500 多万家企业,其中世界 500 强和全国 500 强企业以及绝大部分规模以上企业基本都是行业协会商会的会员单位,在吸纳、动员、整合行业资源方面作用明显。行业协会商会能够获得来自政府和企业两方面的信息,具有专业、信息、人才、机制等市场资源配置方面的优势,在单个企业力不能及、市场不能自我调节、政府不宜直接调控的领域,发挥了积极作用。因此,有效发挥行业协会商会在协商民主方面的作用,有助于加强行业调查统计、制定行规行约、强化行业自律、开展行评行检、规范市场秩

序、促进价格协调、参与市场监管、快速应对国际贸易反倾销反补贴调查。①
1999 年,国家经贸委颁布《关于加快培育和发展工商领域协会的若干意见(试
行)》,将行业协会的职能规定为 17 项,其中有关加强行业自律,加强行业内
部,行业与政府沟通协调,促进政商清廉关系,改进政府作风,促进政府转型的
条例有:(1)开展行业、地区经济发展调查研究,提出有关经济政策和立法方
面的意见和建议;(2)参与质量管理和监督工作;(3)制定并监督执行行规行
约,规范行业行为,协调同行价格争议,维护公平竞争;(4)反映会员诉求,协
调会员关系,维护其合法权益;(5)参与制定、修订国家标准和行业标准,组织
贯彻实施,并进行监督。2002 年,温州市服装商会,鞋革工业协会等 25 家商
会发表《致全市工商界的一封倡议书》,包括:(1)加强企业文化和企业商德建
设,塑造诚实守信的企业价值观;(2)从自身做起,不做损害温州名誉的行为;
(3)以国家质量法律法规为准绳,建立行业质量预警、控制机制,坚决杜绝区
域性、行业性的质量问题;(4)加强行业自律,监控各种不守信行为,加大行业
内部失信的惩戒力度,使不守信者付出代价。

　　行业协会商会通过协商参与各种会议、评议、监督以及建言献策,参与决策
等活动,通过协商的方式,形成符合行业和社会共赢的联合机制,促进行业内部
合作,并有效制约行业乱象、行业价格不规范、行业企业质量等问题。通过协商
建立了与政府沟通的渠道,打破政府的行政隔阂,推动政府管理方式转型,加快
行政审批改革,在政府职能结构和人员效率方面得到有效提升,在政府廉洁自
律,严格执法方面得到改善;通过协商调动了政府相关职能部门的积极性,使社
会公共利益与政府的行为目标有机地结合起来;通过协商打破地方行政堡垒隔
阂,促使地方政府之间的经济发展以有序竞争,以合作环保的方式进行;通过协
商在社会中建立了良好的社会关系,行业协会积极推动企业及其他私营部门承
担社会责任,将企业的盈利反馈于社会服务,增进了社会间的合力信任;通过环

---

① 　唐自明:《逐步探索社会组织协商》,《中国社会组织》2016 年 2 月 19 日。

保类和维权类社会组织的积极争取,还有效地监督了政府与企业的不正当利益绑架,投诉企业的污染行为,并追究政府的包庇行为,促进廉洁政府的构建。

一是,规范行业协会从业行为,在行业协会之间建立严格的道德约束机制,推进行业协会社会责任体系建设。行业协会商会的经营活动与经济利益直接挂钩,它涉及人民生活的经济权益的获得和保障程度。在当前行业协会商会具有行业资格评审权、企业产品质量鉴定权、职业资格审批权等各项重要社会权力的情况下,必须加大行业协会内部自律机制和外部法律机制建设。比如,中国家电协会制定了《中国家用电器协会行业职业道德规范》和《中国家用电器协会行业自律惩戒制度》,中国施工企业管理协会制定下发《关于加强工程建设企业自律工作指导意见》《施工企业职业道德准则》等自律公约。行业协会商会加大自律机制建设的同时,还应从更高的社会责任层面加强要求力度,自律是微观的行为自觉,而社会责任是更为高远的宏观理想信念,社会责任虽然不同于法律的外部约束,但它同样是外部制约机制,这种机制更能体现行业协会商会的道德性,是外部的道德性规范约束,是超出法律所制定的基本社会义务的更高道德追求。例如中国工业协会经济联合会、中国煤炭工业协会、中国机械工业联合会等 11 家行业协会联合发布《中国工业企业及工业协会社会责任指南》等,对于引导行业协会商会树立高尚的社会责任具有重要推动作用。

二是,通过加大行业之间以及与政府的沟通互动,加强行业标准的建设,通过标准规范了企业的行为,并为政府相关部门的监督提供了指标参考。行业间的协商成果上升到制度的规范甚至法律的层面,将有效制止企业的违法行为,对提升企业产品质量、维护企业信誉、保护群众安全利益以及规范政府和制约政府的投机行为,具有重要意义。在我国企业界,各种新的产品不断出现,很多产品由于缺乏及时的政策导向和管理约束,存在价格、质量、环保等各方面不规范问题,甚至这些企业依赖民众对产品的不了解,对于产品的所谓高科技的模糊认识,夸大产品性能和质量。很多伪劣产品打着高科技、优材质、标准化的产品类型和规格型材的旗号,使行业内产品生产和销售乱象丛生,导致民众消费对相关产品难以了解。作为行业协会商会,在本行业领域应该积极跟踪新产品的研发生产和销售情况,针对新产品的性能、规格、型材、名称及时制定行业标准,监督许多企业利用新产品的社会未知状况而采取乱生产的行为,防止行业内不法分子的造假制假行为给新产品的未来前景造成不利影响,通过制定行业标准,提升整个行业的产品质量和创新发展,维护消费者的利益。

三是,通过社会组织的协调协商,建构和谐的劳资关系,减少政府的不作为和侵权行为。其中构建良好劳资关系中的工资集体协商是重要的案例。在劳资关系的问题上"缺乏灵活的适应市场经济发展的劳资关系协调机制,劳资关系的解决主要依赖于政府行政行为,但政府腐败和区域性壁垒,使政府在劳资矛盾协调中易于'失灵'"。① 以温州为例,温州外来务工人员较多,拖欠工资的现象在 20 世纪末较为普遍。由于在本地企业拖欠劳工工资的问题上,地方政府包庇本地企业利益,采取不积极的处理措施。《劳动法》《工会法》以及劳动和社会保障部《工资集体协商试行办法》均鼓励政府、企业及社会组织参与集体协商解决工资问题。2002 年《温州市人民政府办公室关于切实做好工资集体协商工作的通知》,明确提出商会要参与工资集体协商工作。2005 年,温州市总工会、劳动与社会保障局、企业联合会下发《关于进一步规范和推进温州市行业性、区域性工资集体协商工作的意见》,要求由乡镇、街道工会牵头,在所属辖区内建立行业工会,以行业工会与其对应的行业协会(商会)进行工资集体协商,签订区域性工资协议。意见还要求,区域工资集体协商双方组成监督检查小组,每半年对协议履行情况进行检查,并将检查结果向企业职工代表会议报告。2005 年温州瑞安眼镜行业工资集体协商,2004 年温州平阳塑编行业工资集体协商都是在工会组织、政府部门和行业协会三者之间进行积极磋商,达成一致意见,维护了职工权益,明确了政府和工会部门的职责和追究机制,从而净化了劳资关系市场,缓和了劳资矛盾。

---

① 俞建兴:《在参与中成长的中国公民社会》,浙江大学出版社 2008 年版,第 148 页。

四是,打破地方行政壁垒,转变政府管理作风和理念。其中治理公路"三乱"中,社会组织发挥了积极作用。所谓公路"三乱"就是 20 世纪 80、90 年代政府实行"贷款修路桥,收费还贷款"的政策,很多地方投资公路热情高涨。公路修好后,又在多个路段设置关卡对过往车辆收费,造成了地方保护主义行为泛滥,部分地区部门协调不力、作风不严、趁机捞钱,甚至很多群众也参与进来,造成了地方风气受到严重影响,也扰乱了市场经济流通的环境。在治理公路"三乱"过程中,温州市行业协会积极发挥维权作用,例如 1997 年在安徽省蚌埠的温州货车被扣和 2001 年在江苏句容市的温州货车被扣,温州市商会积极协调《中华工商时报》,与全国工商联主要领导取得联系,全国工商联进而沟通安徽省政府,成功解决这一地方流通壁垒的问题。行业商会协会的参与,代表商业户主的利益,不仅使问题得到解决,也很好地制止了很多地方政府对企业滥收费的状况。这种协商式解决问题的办法,对改变政府作风,改变政府理念,形成政府廉洁自律氛围具有积极作用。

五是,推进政府机构改革,建立科学高效廉洁的政府机制和文化。首先,行政审批制度改革,在行业协会发展的过程中,行政审批的繁杂程度是影响企业行业发展的障碍,为了提升政府办事效率,优化政府职能结构,推进企业经济快速发展。温州市先后进行了多次行政审批制度改革,2003 年到 2004 年,建立网上审批制度,并引入社会组织承担部分事项,加强对于行政审批的权力监督和制约;2012 年后,温州市响应国务院的号召,率先进行行政审批制度的创新改革,在行政审批环节加大社会组织和企业的参与力度,形成审批事项向社会中介组织转移的局面,许多本来由政府承担的审批职责下放给社会组织,通过社会组织的专业资质和政府的授权开展行政审批的前期实验。实践证明,社会中介组织的审批是将社会组织及企业的评估结合起来,将审批的过程作为衡量企业或者社会组织工作质量的重要门槛,行政审批的环节转化为资质监督的环节,在这个过程中,减少了政府的权力,从而减少了政府腐败的机会,优化了政府办事廉洁环境。其次,提高政府效能,自 2003 年开始温州展开一场"效能革命"：一是严禁有令不行；二是严禁办事拖拉；三是严禁吃拿卡要；四是严禁态度刁蛮。并配套一系列制度改革，包括办事公开制、首问负责制、限时办结制、引咎辞职制，在效能革命实施中，积极采纳行业商会及其他社会组织意见，并将这些禁令和效能措施运用到社会组织办事中去。再次，积极推进政府向社会组织转移职能。1999 年温州市政府《温州市行业协会试点工作总结》中就将政府赋予社会组织的职权分为：行业自律、行业维权、行业检评、同行评议和同行同赋等。行业协会积极承担起建言献策、改革试点以及引入才智、监督制约政府官僚主义倾向、制止行业间恶性竞争、制约政府的行政干预市场行为，实施廉洁效能改革等责任。

六是，减少行业霸王条款，避免企业之间恶性竞争，营造风清气正、公平合理的贸易环境。社会组织之间的不平等已经成为学界关注的现实问题。印度学者妮娜·钱德霍克、英国的戈登·怀特都承认，正如真实的市场包含着不平等和剥削一样，市民社会中也存在着压制或压迫问题。"只有实现市民社会的民主化，才能使它促进政治民主方面的潜力得以发挥。要在一个自由平等的组织原则下，同社会中各种非民主的立场作斗争，重新占领市民社会的公共领域。"[1]中国学者张静则从公民社会的"法团主义"角度分析，国家法团主义一般是指由国家建立和掌控的具有强大经济实力和权力影响的利益共同体，自由法团主义则是指的民间形成的，代表基层普通群众利益的组织实体。二者具有明显的不平等性，"在（国家）法团主义社团内部仅有精英民主或实行寡头统治；它们往往垄断了某种职业或行业的利益代表权和参与政策代表权。这种垄断的特权地位得到国家认可或系由国家创设。国家通过这些受到特许的社团组织来控制生产者并防止他们成立新的组织。"[2]美国的戈兰·海登和英国学者戈

---

① ［印］妮娜·钱德霍克：《国家和市民社会：政治理论中的探索》，（新德里）哲人出版社1995 年版，第250—251 页。

② ［英］米勒、［英］波格丹诺编，邓正来主编：《布莱克维尔政治学百科全书》，中国问题研究所等译，中国政法大学出版社1992 年版，第175 页。

登·怀特因此都呼吁,在限制国家权力的同时,要建构各团体间的平等关系,"民主的宪法或民主的其他方面不纯粹是国家和公民社会之间的一种竞赛,而且也依赖于公民社会不同部分之间在利益、规范和权力这三个方面冲突和合作的方式。"①瑞典的麦克莱蒂也指出:"利益集团多元化,自由竞争和内部民主,政府许可各种相互敌对利益集团均对政策制定发挥影响,这乃是理想的市民社会参与国家的模式。"②很多行业协会名义上是维护行业利益,实际上是维护几个独大利益集团本身的利益,小的公司或私人部门很难在这些协会中占有一席之地。也有一些普通企业,为了获得更大利润,联合起来,制定行规,私定产品价格,阻挠其他企业进入流通领域,进行不公平竞争。据清华大学 NGO 研究所王名教授等调查,"在 48 家利益代表类全国性社团中,有 27 家社团是为优势群体服务的,有 17 家是为中间群体服务的,只有 4 家是为弱势群体服务的"。③

二、行业协会商会协商式治理的类型

表 4-2-1　行业协会商会参与行业协商案例

案例	协商类别	主体类别	协商目的	影响程度	决策阶段
中国家电协会专门制定了《中国家用电器协会行业职业道德规范》和《中国家用电器协会行业自律惩戒制度》	规则协商	行业协会	自律	决策型协商	形成阶段
中国施工企业管理协会先后制定《关于加强工程建设企业自律工作指导意见》《中国施工企业争议处理规则》《施工企业职业道德准则》和质量检查制度等自律公约来规范会员企业行为	规则协商	行业协会	自律	决策型协商	形成阶段

---

① ［英］戈登·怀特:《公民社会、民主化和发展:廓清分析的范围》,载何增科:《公民社会与第三部门》,社会科学文献出版社 2000 年版,第 74 页。

② ［瑞］麦克莱蒂:《瑞典的国家和市民社会关系》,(伦敦)艾文伯格公司 1995 年版,第 16 页。

③ 王名、邓国胜、何建宇:《中国社团改革——从政府选择到社会选择》,社会科学文献出版社 2001 年版,第 116 页。

续表

案例	协商类别	主体类别	协商目的	影响程度	决策阶段
中国工业协会经济联合会、中国煤炭工业协会、中国机械工业联合会等 11 家行业协会联合发布《中国工业企业及工业协会社会责任指南》，提出工业企业和行业协会履行自身社会责任的组织制度体系和推动企业履行社会责任的组织制度体系建设	规则协商	行业协会	自律	决策型协商	形成阶段
全国性行业协会商会代表行业和会员企业向政府部门提出政策建议 1729 项，采纳 912 项	政策协商	行业协会	建言	建议型协商	形成阶段
上海市规定市政府重要工作会议均邀请 15 家评估等级为 5A 的行业协会秘书长列席	政策协商	行业协会	建言	建议型协商	形成阶段
中国物流与采购联合会发布的中国采购经理指数成为涵盖我国生产和流通、制造业等领域的重要宏观经济监测指标体系之一	立法协商	联合类社会团体	标准	附带表决权协商	执行阶段
铜陵市企业家联合会与市人社局、总工会建立三方劳资协调机制	社会协商	联合类社团	维权	建议型协商	反馈阶段
郑州市出租车行业协会在的哥集体罢工过程中主动参与政府与的哥的协商	社会协商	行业协会	维权	建议型协商	反馈阶段
和谐贵阳促进会动员民营企业家、宗教团体负责人、民主党派人士参与社会矛盾化解	社会协商	联合类社团	治理	建议型协商	反馈阶段
广东省食品行业协会联合省医药行业协会出台《广东省食品药品行业自律管理标准》和《广东省食品药品行业社会责任标准》	行业协商	行业协会	标准	附带表决权协商	执行阶段
美容化妆品商会起草提出《关于减免美容化妆品修饰类消费税的提案》	行业协商	行业协会	提案	建议型协商	形成阶段
美容化妆品商会就国家工信部、食品药品监督管理总局《化妆品卫生监督条例(征求意见稿)》向社会征求意见，并报国家有关部门	行业协商	行业协会	建议	建议型协商	形成阶段
美容化妆品商会起草《美甲机构服务规范》《美容 SPA 磨砂护肤技术要求》等行业规范，提交商务部流通司审定	行业协商	行业协会	标准	建议型协商	形成阶段
石油业商会在国务院审改办、全国工商联民营企业座谈会上汇报，提交《关于尽快放开原油、成品油进口限制，促进石油体制改革的报告》	行业协商	行业协会	倡议	建议型协商	形成阶段
环境服务业商会参加国家发改委国家生态环境治理体系课题，向国家发改委提出《关于设立国家环保基金的建议》	行业协商	行业协会	报告与建议	建议型协商	形成阶段

案例	协商类别	主体类别	协商目的	影响程度	决策阶段
环境服务业商会受国家发改委环资司委托,起草《推行环境污染第三方治理总体方案》,向环保部提交《关于建立环境服务评价体系的建议》	行业协商	行业协会	建议	建议型协商	形成阶段
石油业商会、环境服务业商会和新能源商会、中小冶金企业商会等,参与全国工商联组织的对"新36条"等文件的贯彻落实情况进行第三方评估,反映情况,提出意见建议	行业协商	行业协会	建议	建议型协商	形成阶段
中国机械工业联合会承担了国家装备制造业产业发展政策和规划纲要等20多个文件的起草、修订工作	决策协商	行业协会	起草	决策型协商	形成阶段
浙江省自行车电动车商会在广泛听取电动车企业意见的基础上,参加由省经信委组织公安、质监、工商等部门召开的浙江省电动自行车生产、销售企业座谈会,协商制定浙江省电动自行车管理办法	决策协商	商会	起草	决策型协商	形成阶段
浙江省工资集体协商,已形成"行业协商谈标准、区域协商谈底线、企业协商谈增幅"的协商模式,覆盖16个行业、8972家企业、惠及职工近50万名	决策协商	商会	起草	决策型协商	形成阶段
为贯彻落实国务院办公厅《关于加快推进行业协会商会改革和发展的若干意见》文件精神,国资委协会办随机选取了煤炭、钢铁、轻工、纺织等75家委管协会进行调研,获取了大量案例与政策建议	政策协商	行业协会	建议	调研型协商	提交阶段
泰顺县小水电协会向省委书记张德江递交了《关于强烈要求执行指导价公平对待泰顺小水电的紧急报告》,指出电子部门与水电行业之间是买卖关系,因而要求政府定价原则	提议协商	行业协会	提议	提议型协商	提交阶段
河南省工经联组织指导行业协会撰写了《2006年度行业(产业)发展报告》,包括钢铁、模具、食品、信息、电力等25个行业的发展报告,提出了相应的政策建议	行业协商	行业协会	建议	调研型建议	形成阶段
浙江省皮革行业协会与有关部门制定了《浙江省对德出口皮革及制品有关管理规定(草案)》,禁止使用含芳香胺基团的染料,成功地突破了欧盟的"偶氮"禁令	决策协商	商会	起草	决策型协商	执行阶段

　　行业协会参与的行业协商一般有行业价格协商、行业标准协商、行业工资协商、行业政策协商、行业会费协商、行业自治协商、行业纠纷协商等。每一项协商都涉及政府、企业、行业协会及行业员工之间廉洁务实的工作关系和业务关系。一是行业价格协商，由市场决定价格是较为科学的，但"市场失灵"问题要求我们对价格进行调控，因为许多垄断性企业实力雄厚，为了维护自身利益，往往采取干扰市场价格的行为，私自制定产品价格。还有的企业为了获得价格利润差最大化，伙同其他企业联合制定高于市场标准的价格。因此，行业协商就需要行业协会作为中间人和裁判者积极从中斡旋并客观公正的根据市场行情以及民众的实际购买能力制定合理的价格。二是行业标准协商。行业标准是为了规范行业企业产品制造的质量保障而采取的统一监测标准。如果没有统一的行业标准，各个企业生产规格和生产质量参差不齐，许多非法企业鱼目混珠，仿造假冒产品，产品入市门槛低，伪劣产品横行，损害了购买者的利益。行业协会通过对较高声誉和产品过硬的企业进行考核，经过相关企业多次协商沟通，制定市场上能够引领、规范和提升产品质量的行业标准。三是行业工资协商。虽然不同企业的工资福利根据各自的企业收益进行拟定，但是为了保障工人的基本合法权益，国家也严格规定了工人收入的相应标准，各个地区各个行业也制定了工资收入的最低收入标准。而企业类型繁多、企业数量庞大、企业的性质、企业的收益以及企业的成本等都各有不同，政府对于调节不同企业发展的政策也不尽相同，这就为企业工资制定的统一性带来了麻烦，许多企业利用现实条件的复杂性和监管的漏洞，在制定工资方面各自为政、标准不一、权利义务失衡、收入和付出不匹配，这就需要行业协会商会出面进行监管和协调。行业协会商会成立专门的工资协商小组，针对不同企业采取不同的标准，对于企业工资的拟定、执行、争议等进行裁决，同时保障工人的生活安全和生存发展的需要，保障工人的生命权、幸福感等，制止侵犯工人利益、扰乱社会稳定的事件发生。四是行业政策协商。行业政策的制定需要与政府积极沟通，因为政策不仅涉及本行业的发展需要，而且对当地经济社会发展统一规划、合理布局都有着重要的作用。温州行业协会商会参与公共政策的渠道主要有三种:(1)商会中的人大代表、政协委员分别提出人大议案和政协提案;(2)商会向政府部门提出建议;(3)商会精英人物与政府官员沟通。据俞建兴团队调查,温州市经贸委主管的所有行业协会和工商联主管的80.6%的行业商会都有会员担任各级人大代表和政协委员,9.5%的行业协会和8.3%的行业协会中有15名以上的各级人大代表和政协委员。一个市人大代表指出,人大代表虽然来自不同界别,但许多界别都由有影响力的企业家组成,而农业界就没有一个真正的农民。① 这就会出现政策制定中因为各自企业的人大代表和政协委员的多寡,而造成在不同企业间政策红利分配的不同。除不同企业之间存在政策利益争夺之外,在中央、地方和企业之间也时有产生复杂的利益博弈,"上有政策,下有对策"的现象时有发生,此时的行业协会就出面协调,代表企业向上级部门寻求支持,或者通过法律途径帮助企业走出困境。五是行业收费协商,行业协会乱收费成为目前腐败问题的高发区,包括乱收会费、资质费等。国务院第九督察组降成本小组在山东钢铁集团核查发现,该集团及其下属公司2016年到2017年上半年,共向100余家行业协会缴纳会费等费用达500多万元。乱收会费等各种乱摊派费用的产生主要原因就是行业协会没有通过协商民主的方式与企业、相关部门进行充分协商,费用的制定往往一家之言,因而腐败现象难免发生。六是行业自治协商,行业协会内部应该建立民主选举、民主监督、民主管理等治理机制,建立内部权力制约机制和责任追究机制,关于重要岗位或者负责人专门形成制度规范。建立理事会、监事会、代表会、全体会的协商机制,对大事、小事等协商分流机制,通过协商民主的方式防止腐败问题的发生。七是行业纠纷协商、行业内部不同企业的实力背景都有不同,甚至存在很大差异,大小企业之间就会因为力量的不平衡,造成谈判协商的失败。另外,在员工与企业的纠纷中也往往出现企业与员

---

① 郁建兴:《在参与中成长的中国公民社会》,浙江大学出版社2008年版,第194页。

工之间实力不对等,员工利益受损的情况,行业协会本着公平、公正的原则,在企业之间、企业与员工之间利用法律法规和行业规则进行调节,维护弱小者或者受害者的利益。

三、行业协会商会协商式治理中的失灵与矫正

行业协会商会很好地规范了行业行为,改善了行业竞争乱象,促进了政府职能转变,在政社之间打造了相互协作、相互监督的局面,有利于行业协会商会和政府领域的廉政风气形成。但在行业协会商会的发展初期,其外部制度环境的不完善,相关法律法规不健全,特别是在新兴行业的治理机制和治理规律没有摸透的情况下,难免会存在一些不合理、不规范甚至走向反面作用的地方。

一是,行业协会商会内部形成价格同盟,私下合谋抬高产品价格,损害消费者利益,扰乱了市场正常运行。行业协会商会价格同盟的手段一般有三种:(1)利用手中的行业标准制定的权力,私自设置行业标准的内容,标准内容有利于行业协会商会会员企业的产品类型,从而提高这些"标准产品"的价格;(2)限制性竞争手段的实行,主要表现在禁止本地企业使用外地的材料资源以及设置标准限制外地产品的公平竞争;(3)利用参与制定产业政策的权力,私下支持一些有利于自己会员的产业政策,在土地开发、交通规划以及各种用地规划中私自向会员企业倾斜。

二是,限制人才自由流动。行业协会商会鼓励人才引进,在与外地人才竞争中,却采取了"重进限出"的政策,尤其是在外地本行业企业的竞争中,通过各种优惠政策吸引进入本地,却在人才外流时采取户口、档案以及保险等各方面的限制转移对策。这种限制人才流动的方式在本地企业之间有时也表现出来,这虽然保护了流出企业的利益,但这种措施没有全面分析问题,包括人才流出的企业是否公正对待人才、人才流出的企业是否适合相关人才的发展、其他因为不可抗因素比如夫妻分居、子女异地上学等现实问题而导致人才不得

流动的问题。更重要的是它从全局角度影响了人才竞争市场的有序运行,不利于整体行业人才的交流和发展。

三是,行业协会商会在与政府博弈和民众博弈中可能因为集体优势,或者因为利益导向,获得某些特殊权利,挤压了政府权力,也损害了公共利益。目前我国发展的政策导向集中于经济建设为中心,以行业协会商会为代表的企业界是经济发展的主体,在某些会员企业污染环境或者侵犯了公共利益时,行业协会商会出于行业保护主义,出面与受害相关人协调,在这种情况下,因为行业协会商会的组织优势,往往迫使受害方妥协,有时当地政府为了维护经济发展业绩,也有意袒护这些企业的利益。

四是,行业协会商会的行政性色彩不减,政府与行业协会商会之间有着某些天然的组织关系,也存在一些共同的利益关系。有的行业协会商会的负责人是当地政协、人大或者党的会议代表,具有一定的政治资源优势;有的政府部门的领导兼任了行业协会商会的领导职务,虽然政会分开不允许政府领导兼任行业协会商会领导职务,但是有些行业协会商会是政府主导创办的,无形之中也在政策、人员、制度、场所等各个方面进行直接或者间接的支持。这些行业协会商会以各种名义与政府建立了某些内在的关系,培植或者安置行业协会商会的领导,并从中合伙获利。

以上现实问题的存在,给行业协会商会参与协商式治理带来了困境,出现这些问题有些是因为制度原因,有些是因为政策原因,也有些是因为个人或组织的原因,还有的是因为市场原因。化解困境的对策就是从全局观察事物的内在机理,找准解决问题的合理路径,在有效维护改革步骤有序进行的基础上,科学地优化现有机制结构,避除干扰事业发展的障碍。简单来说就是行业协会商会去除"四化":一是去除行政化。去除行政化就是消除行业协会商会的行政特权,避免其利用政府下放的权力,行使非市场化手段的运行模式,根除行业协会商会权力腐败的源头,并树立行业协会商会公正、客观的执法、执行公共事务。二是去除资本化。"商会内部职位的高低在很大程度上取决于其资本实力"。① 会员企业能够进入行会商会本身已经是在当地本行业领域具有一定代表性的企业,能够在行会商会中占据更重要的位置,很大程度上取决于这个企业的资本实力。有的行会商会在选举领导职位时特别看重企业对于行会商会的赞助费或者缴纳的会费数额;有的行会商会在选举领导时主要看企业在社会上的影响力等。企业家在社团中"总会采取行动,以增加自己的自主性,避免受团体成员的控制,他们也会强化自己的自由处置权,增加或者维持团体成员对他的信赖"②,而获得这种权益的路径就是有着更多的金钱资本。三是去等级化。有的行业协会商会建立了省市县乡各级协会组织,而且各级组织之间按照政府的级别采取行政化管理结构模式,这种协会等级管理形式是对市场化管理运行模式的一种破坏。四是去功利化。行业协会商会的建立是为了更好地服务于企业发展,最终是为了民众的生活消费获得更好的福利。行业协会商会的宗旨是公益性的,慈善功能是行业协会商会的立会目的,不能将这个社会组织与企业等同起来,二者目的利益不能完全一致,宗旨使命不能混淆,行业协会商会不能被企业完全利用,必须站在公共的、民众的利益基础上做出决策。

总之,行业协会商会通过协商的方式与政府、企业、民众等主体进行对话、沟通、谈判、接受咨询、质询、辩论等,在行业协会商会正确的立会宗旨引导下,在公益性、志愿性的目标维护下,以及在行业协会商会的专业性、技术性路径维持下,能够很好地在道德、标准、规范等方面树立标杆作用,在问题、纠纷、矛盾中担当公正公平的裁判,在重大公共政策决策中代表弱势一方,做出科学公正的决策。协商式治理需要一个风清气正的制度环境,需要一个健康有力的组织实体,行业协会商会的发展就是朝着这个目标方向前进。

---

① 郁建兴:《在参与中成长的中国公民社会》,浙江大学出版社 2008 年版,第 159 页。
② 帕特里克·郭威利:《民主官僚制与公共选择——政治科学中的经济学阐释》,中国青年出版社 2004 年版,第 40—41 页。

第三节　扶贫领域协商

国家高度重视社会组织承接扶贫服务在整合各方资源合力扶贫中的重要作用。然而随着扶贫工作的深入,由于深度贫困区的特殊背景以及引导各主体参与合作治贫的相关政策和实践机制的缺失,致使贫困治理中出现各扶贫主体合作意愿较低、项目决策精准性不足,以及扶贫过程中低效腐败等问题普遍存在。本研究通过对具有代表性的 5 个县的 10 个社会组织承接的扶贫项目进行比较分析,结合参与式预算的优势因素及其在既有问题上的有效作用,研究认为将参与式预算引入社会组织承接扶贫服务,对明确各主体在合作治贫中的责任义务、满足受众真实需求、提升项目廉效性具有积极意义。

一、研究背景与研究框架

1. 研究背景与问题提出

社会组织承接扶贫服务因为能够凝聚政府、社会组织、企业等多方资源共同治贫,对于提升扶贫服务效率和创新治贫服务机制具有积极意义。2018 年中央财政拨出约 1.9 亿元支持社会组织参与"脱贫攻坚战"服务项目,并对在"三区三州"等深度贫困地区开展扶贫的社会组织予以政策倾斜,2017 年和 2018 年立项 298 个,项目资金 10464 万元①。但由于我国社会组织参与贫困治理尚处于不成熟的发展阶段,引导社会组织参与贫困治理的法律和社会政策的缺失,以及深度贫困区的特殊背景等多方面的综合原因,致使社会组织承接扶贫服务项目在实践过程中仍面临着诸多困境。韦诸霞、周均旭认为在政

---

① 柳旭:《汇聚扶贫力量　共赴攻坚战场》,社会组织扶贫网,网址:http://www.chinanpo.gov.cn/760004/114945/shzzfpindex.html,2018 年 12 月 10 日。

府机制下政府作为首要扶贫主体承担了重要角色,但由于其购买理念落后和购买程序规范度低等问题,导致决策过程中政府干预性过强,项目选择缺乏科学性和精准性。① 许源也认同这一观点,他在组织场域理论框架下对承接服务项目的非竞争性现象进行了分析,指出在购买场域中存在政府行政逻辑主导的现象。② 而龙翠红则以嵌入性视角对社会组织承接扶贫服务项目的行政化现象进行了研究,指出行政逻辑下社会组织自治性和志愿性缺失。③ 同样,李永亮、高红研究认为,扶贫过程中由于制度规定不完整性与模糊性并存,与政府主导的地位下决策的偏好,导致社会组织承接扶贫服务项目呈现出了内容边缘化、形式单调与运转无力等结果。④ 黄春梅、刘成晨基于社会角色视角进一步研究,指出角色定位不清将导致购买主体购买行为的不可持续性,也会对承接主体和评估主体的专业性和公信力产生不良影响。⑤ 而且,购买服务过程中定价方式的单一性与不合理性、评估机构专业性弱等问题也影响了项目实施的公众满意度。⑥ 因此,社会组织在承接扶贫服务中,各主体责任不清、权利义务不明确,尤其是评估机制不健全,导致扶贫项目决策的精准性不足、各扶贫主体相互合作意愿较低等状况,甚至出现低效腐败等更为严重的问题。

为了化解以上社会组织承接扶贫过程中出现的问题,本研究尝试将参与

---

① 韦诸霞、周均:《政府购买社会组织公共服务的三重机制与变革路径》,《求实》2017 年第 12 期。

② 许源:《购买场域中的组织特征及其制度逻辑:政府购买服务供给市场研究》,《学习与实践》2016 年第 1 期。

③ 龙翠红:《政府向社会组织购买服务:嵌入性视角中的困境与超越》,《南京社会科学》2018 年第 8 期。

④ 李永亮、高红:《政府职能向社会转移的实效研究:制度、路径与运作》,《东岳论丛》2018 年第 4 期。

⑤ 黄春梅、刘成晨:《角色失调视域下政府购买社会服务的现实困境与分析》,《云南行政学院学报》2020 年第 1 期。

⑥ 徐家良:《政府购买社会组织公共服务制度化建设若干问题研究》,《国家行政学院学报》2016 年第 1 期。

式预算引入社会组织扶贫服务项目。Jayshree Bose 将参与式预算定义为公众直接或间接地参与公共社会资源分配和使用决策的活动。[①] 参与式预算在反映民众真实诉求、维护民众对项目的监督权益,进而能够保障项目的廉洁和高效方面具有明显优势。[②] 首先,承接扶贫服务项目的实施精准度缺失与购买主体话语权过强有关,应强化政府受托责任、推动购买竞争性实现以及弥补政府有限理性的现实需求是参与式预算赖以生存的逻辑起点,[③] 在地方扶贫财政资源有限的情况下,政府应立足于民众的偏好,充分利用资金解决民众最紧迫的需求。[④] 苏振华认为,参与式预算强调民主、公平、透明,公众可以平等地表达对公共资源分配的诉求与意愿。[⑤] 其次,社会组织承接扶贫服务项目中出现的合力不足等问题,根源在于各主体角色定位不清以及参与决策和监管渠道缺失。参与式预算能够将主管单位与部分社会组织的"共谋"转变为普遍参与、公开协商的公开机制。[⑥] 当前,政府购买社会组织服务中以政府—社会组织的二元委托代理关系为主,应积极引导角色定位向各级政府—社会组织—公众的多元主体合作治理网络转变。[⑦] 最后,扶贫项目的廉效性也与民众是否有效参与项目监管密切相关,有学者认为政府购买服务给了民众"不称心的礼物",只有加大公众参与政府购买项目的讨论和监督,才能扭转这种

---

① Jayshree Bose.Participatory budgeting:concepts and country experiences.*Financial Theory and Practice*,2010(3):289.

② 王栋:《社会组织承接政府购买服务中参与式预算的实践困境与机制突破》,《现代经济探讨》2019 年第 9 期。

③ 王婷婷:《权力分享与协商民主:中国参与式预算的制度困境与完善路径》,《财经理论与实践》2018 年第 5 期。

④ 孙同欣、张昀晨:《促进基层政府服务能力提升的参与式预算调查研究》,《经济研究参考》2016 年第 44 期。

⑤ 苏振华:《参与式预算的公共投资效率意义——以浙江温岭市泽国镇为例》,《公共管理学报》2007 年第 3 期。

⑥ 顾丽梅、戚云龙:《政府购买社会组织服务资金管理困境与对策研究》,《浙江学刊》2019 年第 5 期。

⑦ 余佶:《政府向社会组织购买公共服务的风险管理——基于委托代理视角及其超越》,《马克思主义与现实》2016 年第 3 期。

尴尬局面。①

　　目前,全世界至少有 2000 多个地区或者城市开始了参与式预算改革实践,②其中南非、印度、巴西等贫困地区引入了参与式预算治贫方式,我国许多地区如四川白庙、云南盐津、河南焦作、重庆万州等地,也陆续出现了对参与式预算模式的探索。但是,当前我国政府购买社会组织参与式预算实践缺乏典型案例经验,公民参与也主要体现在事后的预算绩效评估阶段,③存在相关体制机制没有理顺、实践模式不到位、运作程序不规范、参与角色认知不准确等问题。④ 本研究将参与式预算引入社会组织承接扶贫服务领域,在扶贫实践过程中,透析参与式预算对于扶贫项目执行效果优化的综合效应,特别是分析各主体合作治贫的内在联系,构建多元治贫联动机制。而本研究研究的关键就是通过实证分析,发现问题背后的真正原因,论证通过参与式预算方式化解问题的必然逻辑,以及挖掘在社会组织承接扶贫服务中的基础性条件,从而形成适合现实情况需求的可行性方案。

2. 样本选择与研究路径

　　研究选取的 5 个县在经济发展状况、地理位置、自然条件以及社会组织等基本状况方面都有较强的代表性。一方面,5 个县皆属集中连片特困区和革命老区,位于多省交界区域,边远、边缘和边界是其三大区位特征,其中 P 县、W 县和 G 县为少数民族自治县,且 G 县也属于边疆地区。5 个县存在自然环境较差、地区经济发展落后和脱贫难度大等共性问题;另一方面,5

①　彭婧、张汝立:《如何避免政府购买服务成为公众"不称心的礼物"?——基于政府责任视角的分析》,《中央民族大学学报(哲学社会科学版)》2018 年第 1 期。

②　刘斌:《参与式预算的中国模式研究:实践、经验和思路》,《经济体制改革》2017 年第 4 期。

③　王名、王春婷:《国外政府如何向社会组织购买服务》,《中国社会组织》2015 年第 2 期。

④　马海涛、刘斌:《参与式预算:国家治理和公共财政建设的"参与"之路》,《探索》2016 年第 3 期。

个县的社会组织发展初具规模,扶贫类社会组织不断涌现,成为扶贫工作的新生力量。

表 4-3-1　2018 年 5 个县贫困程度及社会组织的基本情况

地区	社会组织数/扶贫类社会组织数(个)	每万人拥有社会组织数(个)	人均 GDP(元)	贫困户(户)	贫困人口(个)	贫困发生率(%)
贵州省 W 县	62/5	0.49	20274	36700	243700	22
重庆市 P 县	340/36	6.24	25830	3482	12266	2.86
云南省 G 县	701/11	8.47	32459	3073	8892	2.35
四川省 L 县	251/10	3.56	33206	6756	64900	9.5
四川省 T 县	173/12	2.52	17973	6758	21416	3.12

研究以"整体化分散治理"为理论支撑,主张既要各主体间加强扶贫合作,也要增强各主体角色责任、明确权限边界,从而体现多元一体的扶贫局面。[①] 在抽样方法上,运用非概率抽样中的判断抽样,选取位于黔、滇、渝、川四地省际边缘贫困区且较有代表性的 W 县、G 县、P 县、L 县、T 县作为研究对象,并从 5 个县中抽取具有典型性的 10 个社会组织承接扶贫项目作为调查样本。在研究主体界定上,社会组织承接服务项目,一般情况下指社会组织承接政府的购买服务[②],但通过实地调研发现社会组织承接服务的对象,已经不限于政府机构,还包括企业、人民团体、基金会和个人等。而且当前国内已经有大量关于其他主体向社会组织购买服务的研究,指出购买服务的主体涉及社会各界力量。[③] 基于此,本研究将社会组织承接服务的主体界定

---

① 王栋:《整体化分散治理——基于中国政社权力关系演变的轨迹》,中国社会科学出版社 2019 年版,第 12 页。

② 邹新艳、徐家良:《基于整体性治理视域的社会组织集成攻坚扶贫模式研究》,《行政论坛》2018 年第 5 期。

③ 麦磊:《从政府劝募到企业购买社会组织服务——政府、企业和社会组织的关系研究》,《海南大学学报(人文社会科学版)》2014 年第 4 期;郭红斌:《工会购买社会组织服务工作的挑战与出路》,《中国工运》2017 年第 1 期。

为向社会组织提供资助的政府、企业、人民团体或个人等事实性主体。本研究采取以下三种措施收集资料:(1)蹲点调研:利用挂职扶贫和实习机会在L县和P县,实地调研社会组织承接扶贫服务的现状,掌握第一手扶贫工作资料;(2)深入访谈:向村民了解他们参与扶贫项目的情况,向政府工作人员了解社会组织扶贫的作用,向社会组织了解承接扶贫服务的方式和遇到的困难等;(3)文献调查:实地前往扶贫机构查询有关档案、政策文件、实践材料、工作总结等。在此基础上整合5个县10个项目的调研数据,对社会组织承接扶贫服务和参与式预算的相关要素评分比较。在项目比较中,从政治学、社会学和经济学等视角进行分析,并重点从制度建设的角度对社会组织承接扶贫项目中引入参与式预算的基础性和可行性条件进行论证。在对策研究过程中,根据各主体之间的制度性约束和内在合作关系,构建一个结构合理、规范有序的社会组织承接扶贫服务参与式预算机制。同时,依据5个县不同的发展基础、客观环境以及制度条件,对5个县相似情境中的差异性进行归类比较,将建构的路径进行区分,使之切合各地区实际情况和多元化的需要。

表 4-3-2 5个县11个承接扶贫项目的社会组织基本情况表

组织名称	隶属县/区	成立时间(年)	成员(人)	组织类型	主管部门	等级	承接扶贫项目的类别及数量
K协会	L县	2015	3	社会团体	县扶贫移民办	县级	宣传培训类扶贫项目4个
G协会		2015	11	社会团体	县团委	县级	贫困青少年帮扶项目6个
Z基金会	S市N区	2009	21	非公募基金会	民政部	部级	救助类和价值推广类扶贫项目40个
J技术中心	G市H区	2016	40	民办非企业	直接登记	区级	贫困村发展项目5个

组织名称	隶属县/区	成立时间（年）	成员（人）	组织类型	主管部门	等级	承接扶贫项目的类别及数量
B 培训学校	B 市 B 区	2015	189	民办非企业	市人社局	市级	扶贫技能培训类项目 5 个
T 社工中心	B 市 Q 区	2018	20	民办非企业	共青团市委	市级	社区扶贫类项目 2 个
X 社工中心	P 县	2018	7	民办非企业	直接登记	县级	文化产业扶贫项目 2 个
G 合作社		2017	12	农民合作社	乡政府	乡级	农技产业扶贫项目 4 个
Q 技术中心	T 县	2015	137	民办非企业	市科技和知识产权局	市级	农畜产业扶贫项目 1 个
H 农协		2016	25	社会团体	县科协	县级	土地有效利用等 2 个
Y 基金会	K 市 P 区	2011	43	基金会	省林业厅	省级	生态扶贫发展示范项目 7 个

注：数据截止时间为 2019 年 12 月。

二、5 个县社会组织承接扶贫服务的现状及困境

通过借鉴前人研究成果、实地调研以及咨询相关领域专家学者建议，以及参考部分基层政府关于社会组织参与贫困治理绩效的评估方法，本研究选取了能反映社会组织承接扶贫项目的现状以及民众参与情况的有效指标，并通过专家打分法和层次分析法测量指标体系中各指标的权重值。最后对各个县社会组织承接扶贫服务发展情况与扶贫项目中的民众参与度进行评估，以量化的形式直观显示 5 个县社会组织承接扶贫项目执行的成效与困境。

1. 扶贫项目指标体系及权重确定

本研究从项目承接主体、项目资金来源、帮扶方式、是否具有竞争性以及民众参与督评情况等维度出发,构建 5 个县社会组织承接扶贫项目执行的现状描述框架。以描述框架为基础,利用层次分析法,构建判断矩阵,并以各指标对社会组织承接扶贫服务发展程度及扶贫项目民众参与程度的贡献率为标准,给予指标权重。其中判断矩阵指标的赋权工作由各个县负责扶贫工作的5 名工作人员负责。

一致性指标(Constant index)公式:

$$C.I. = \frac{\lambda_{max} - n}{n - 1} \tag{1}$$

n:表示矩阵的阶数

示例中的 $C.I. = (5.329-5)/4 = 0.082$

检验一个矩阵的一致性指标为矩阵的随机一致性比率,计算公式为:

$$C.R. = \frac{C.I.}{R.I.} \tag{2}$$

$R.I.$:平均随机一致性指标,这个是一个常量,根据阶数可以在量表里查询。5 阶 $R.I.$值为 1.12。

以测评社会组织承接扶贫项目现状的指标体系为基础,构建判断矩阵 A。经计算求得 A 的最大特征值为 λmax = 5.329,相应的特征向量作归一化处理为 W = (0.070,0.406,0.057,0.242,0.225),对应的一致性指标 C.I.为 0.082,一致性比率 CR 为 0.073,A 的不一致程度在容许范围内,可用 A 的特征向量做权重向量。同理,对二级标准的相对重要性建立判断矩阵,并根据重要性以赋分的形式表示权重。具体分值及赋分标准。

表 4-3-3　社会组织承接扶贫服务指标分值及赋分标准

目标层	一级指标	总分值	二级指标	二级指标描述	赋分值
A 社会组织承接扶贫服务及民众参与情况	A1 承接主体	10	A11 外来组织	承接主体为外来社会组织	2
			A12 本地组织	承接主体为本地社会组织	8
	A2 资金来源	40	A21 单一来源	资金资助主体为政府、社会组织、民众其中一方	5
			A22 多渠道来源	资金资助主体包括政府、社会组织、企业、个人等任意两种及以上	35
	A3 帮扶方式	10	A31 基础帮扶	物资帮扶、生活帮扶等基础帮扶方式任意一种	2
			A32 发展帮扶	技术帮扶、教育帮扶等发展帮扶方式任意一种以上	8
	A4 竞争性	20	A41 非竞争性	单一主体参与项目承接主体竞争	4
			A42 竞争性	多主体参与项目承接主体竞争	16
	A5 民众参与督评	20	A51 非民众评估	政府、人大、社会组织任意一种为评估主体,且公示结果	3
			A52 民众评估	民众作为评估主体进行评估,且公示结果	17

2.5 个县社会组织承接扶贫服务发展现状及困境

以 10 个由社会组织承接的扶贫项目实施情况的调查研究为基础,依据各指标的评分标准,量化 10 个扶贫项目的发展情况。

表4-3-4　5个县10个社会组织承接扶贫项目对比表

所在县	项目名称	一级指标 承接主体(10分)		资金来源(40分)		帮扶方式(10分)		竞争性(20分)		民众参与与督评(20分)		总分(100分)
		二级指标 外来社会组织2 本地社会组织8		单一来源5 多元来源35		基础帮扶2 发展帮扶8		竞争性4 非竞争性16		民众评估3 非民众评估17		
		赋分项	得分	赋分项	得分	赋分项	得分	赋分项	得分	赋分项	得分	合计
贵州W县	T	本地	8	基金会援助	5	社工服务物资帮扶	8	定向援助	4	无	0	25
	S	外来	2	政府购买	5	社工服务物资帮扶	8	竞争购买	16	无	0	31
重庆P县	M	本地	8	社会募捐	5	社工服务	8	募捐	4	无	0	25
	N	本地	8	政府购买	5	物资帮扶	2	配套支持	4	政府管评	3	22
云南G县	L	本地	8	政府购买	5	物资援助社工服务	8	竞争购买	16	第三方与民众参与	17	57
	F	外来	2	基金会和政府资助	35	技术帮扶物资帮扶	8	定向援助	4	第三方评估	3	52
四川L县	G	本地	8	政府资助社会募捐	35	物资帮扶	2	定向援助	4	公开资金状况	3	52
	Y	本地	8	社会募捐政府购买	35	教育帮扶	8	定向援助	4	人大建议	3	50
四川T县	D	本地	8	社会募捐政府购买	35	就业帮扶技术帮扶	8	竞争购买	16	政府考核	3	70
	X	本地	8	社会募捐政府购买	35	技术帮扶	8	定向援助	4	政府和群众参与	17	72

　　表4-3-4的对比结果显示,承接项目的社会组织已经具备一定的发展基础,本地社会组织能满足大部分的扶贫项目需求。但是扶贫项目资金来源较为单一,仅有L县的Y项目与G县的F项目融合了来自政府、基金会与社会爱心人士的扶贫资金。再者社会组织落实扶贫项目的方式既包括产业帮扶、物资帮扶、就业帮扶等基础帮扶,也包括了教育帮扶、技术帮扶等发展帮扶,但缺少养老帮扶与心理救助等帮扶。同时,社会组织承接的扶贫项目也存在竞争性不足问题,但是更为不足的是民众参与项目资金预算和监管的得分最低。

结合对 5 个县的社会组织承接项目的实地调研资料比较分析,社会组织承接扶贫服务存在各主体参与扶贫的积极性和合作度不足、选择性购买与服务精准度不足、廉效性不足等困境,影响了扶贫服务的成效。

(1)承接项目缺乏公开参与和责任义务机制,各主体参与扶贫的积极性和合作度不足。

研究发现,5 个县的社会组织承接扶贫项目中存在相关主体权利不够明确、责任界限不清等问题,严重制约了合作扶贫工作的有序开展。从承接主体来看,参与招标的社会组织较少,甚至找不到承接项目的社会组织。T 县共有社会组织 173 个,仅有抗癌协会、慈善协会等 8 个社会组织承接政府购买服务。而 P 县 X 社会工作中心仅有 1 名中级社工师、5 名助理社工师和 2 名专职社工服务该县 20 个乡镇。尤其是民众因为缺乏项目参与的话语权,导致其对项目执行的配合不积极。在扶贫项目的公示与评估阶段,存在项目公示内容单一、项目开展详细信息可查询度低,且民众反馈的渠道狭窄等问题,然而基层政府部门却保持着"公示即参与"的错误认识。从民众参与督评环节来看,T 县、L 县都有人大或者民众的参与建议和监督过程,W 县、P 县和 G 县 3 个少数民族贫困县相对不足。由于民众参与度不高,民众对于项目的满意度也普遍不高。通过调研发现,有 10 个项目中 39% 的受助贫困户对扶贫项目效果不满意,认为自己被动接受扶贫任务,持续发展的能力未得到提高。

经常有上面的人来送物资,但来了就走了。他们也经常开会,但没喊我们参加,领导开完了就来和我们说下干什么,我们大多数不明白上级怎么个要求做法,过一段时间也就不搞了。有时候,来了些外面的什么社会组织说让我们发展种植业,但是考察完后,也就没有下文了。(PSC002)

(2)政府对于项目范围以及承接方社会组织的选择性倾向,无法满足民众精准性需求。

通过对 5 个县社会组织承接扶贫服务的实际内容的分析,发现存在扶贫项目的购买范围窄的问题。从 W 县、P 县、G 县所收集的资料来看,向社会组织购买的扶贫服务主要集中于技术、教育与产业领域,而对贫困群体心理救助、养老服务、医疗辅助等服务领域则较少涉及。在承接扶贫服务主体选择上,各地基层政府倾向于选择技术类、协会类和社工类的社会组织。在本研究12个社会组织中,有7个是协会类、技术类和社工类社会组织,T县的23个扶贫类社会组织中,协会类共15个,占比65%。尤其是T县社会组织在承接扶贫服务过程中,虽已有支持政府购买社会组织服务的相关政策文件,但在购买过程中,一些医疗援助以及养老服务等适合社会组织承接的项目实际由企业承接,而由社会组织承接扶贫服务所需的资金,则主要来自于自筹。例如T县X信息平台搭建项目,由H专业技术协会出资2万元自筹建成。在该县项目实践中,政府充分动员了社会组织参与扶贫,却未将购买社会组织扶贫服务落于实处,也未在购买过程中引入竞争机制。同时,在实际运作中,政府通常会购买易出政绩的服务项目,而社会组织受其治贫能力的限制,倾向提供易操作的服务,因此扶贫项目出现对民众服务需求错位的情况。例如,有的留守儿童父母在外打工,家庭收入有保障,能够给孩子生活费用,但是无法给孩子心灵上的照顾。在关爱扶贫项目实施中,因信息不对称导致社会组织无法及时掌握这些留守儿童信息动态,不能对不同留守状态、不同监护状态、不同家庭环境的农村留守儿童开展有针对性的教育帮扶活动。

今年政府给了我们村一个扶贫项目,是关于种植草果的,但是我们家只有我这个83岁老人和一个5岁孙儿在家,娃儿的爸妈已离异,孩她爸也常年在外打工,这个扶贫项目我们家做不了,希望政府能给些娃儿读书上的照顾。(LJC001)

(3)承接项目的购买、执行、评估等整个过程的监管机制不规范,导致扶贫项目结果的廉效性不足。

2018年T县发现3家社会组织违反了《民间非营利组织会计制度》,存在财务管理混乱、经费收支不规范、长期不向会员公布会计账目等问题。另外发现10起村干部截留扶贫资金、违规评定精准贫困户、违反程序私定项目中标者和虚报扶贫成绩等腐败问题。L县纪检监察机关查出了涉及脱贫攻坚"微腐败"问题57起。通过调研,发现5个县社会组织承接扶贫项目的制度设计,既缺乏系统的绩效评估体系,又缺乏具体的风险管理体系,更缺乏系统操作流程和运作执行模式。总体来说,相关管理制度建设,呈现从普通建制贫困县向少数民族贫困县减弱趋势和购买前管理制度数量向购买后监管制度数量递减趋势。从相关主体的规则要求来看,大多集中于对政府、社会组织的规范细则,缺乏针对受众主体的参与要求。以P县《政府购买服务管理办法》为例,购买服务监督机制较为健全,但受合同的非完备性、购买方式的非竞争性、监督主体责任不清,尤其是民众的参与度较低等多方面问题的影响,导致实际工作中存在一些监管漏洞。社会组织承接扶贫服务廉效性不足问题主要体现在四个方面:第一,有的扶贫主管部门和扶贫实施单位在扶贫工作中责任不积极,回避难度大、任务重的项目,有的担心出现客观问题造成的责任追究,不愿意主动推进工作,甚至变相执行上级任务;第二,扶贫项目时间紧任务重,使得很多项目仓促上马,项目从选择立项到实施运营,缺乏有效监督和审核;第三,扶贫项目实施时间不长,但相关法律法规的制定有一定的滞后性,甚至因为扶贫主管部门负责人更换,政策也随之改变,难以保持持续性;第四,有的财务管理制度存在规则漏洞,缺乏社会全方位监督的细则要求,扶贫资金支出不规范问题普遍存在。

我们近几年加大了对社会组织扶贫的监管力度,但是仍有村民反映有些社会组织拿着政府的钱在搞形式、走过场、摆样子,有的社会组织也不留下联系方式,需要时也联系不上,没有对百姓起到实质性帮助。(LNGOG004)

三、社会组织承接扶贫服务中引入参与式预算的基础及作用

通过5个县的项目研究,当前需要增加各扶贫主体之间的合力,尤其是增强民众参与的积极性,因为社会组织承接扶贫服务的最终落脚点是民众的获得感和满意度,政府应该通过公众参与来维护公众利益,即将公众置于公共服

务质量评价的"中心"位置。但是承接服务的社会组织要向政府负责,政府的项目管理者又要向上级部门负责①,致使群众的意愿难以真正体现。调研发现,公民参与项目的督评对于承接项目的结果导向具有积极作用。本研究以5个县10个社会组织承接扶贫项目中公民参与评估的经验为基础,结合在各县扶贫中的项目公示、民众参与、监督、评估等有关参与式预算要素的探索,提出"社会组织承接扶贫服务+参与式预算"的扶贫路径,并构建各扶贫主体通力合作的多元联动治贫机制。

1.民众参与项目监督有助于承接项目的困境化解,奠定了参与式预算的实践基础

从贵州 W 县和重庆 P 县的四个得分最低的项目来看,其民众参与资金监督和绩效评估的程度很低,只有 N 项目为 3 分,其他均为 0 分。由于资金监管机制不透明,导致其资金来源也不充分,4 个项目均为 2 分,远低于其他县的项目本指标得分。资金来源的单一也反映了社会力量合作参与的积极性不高的问题。而总分超过 50 分的另外三个县的 6 个项目,其民众参与项目监督和评估的得分均达到了 3 分及以上,其中 2 个达到 17 分。与之相应的是除了云南 G 县项目的资金来源单一,其他均为来源多元化渠道,分值达到 35 分,印证了前面民众参与项目监管的程度越高、社会力量参与越积极、合作度越高的结论,相应由于民众的监督参与,项目的廉效性也得到了一定保障。总之,把参与式预算引入社会组织承接扶贫服务,将发挥更为全面、系统的整体效益,一是打通政府、社会组织、民众在贫困治理中各自为政的隔阂,明确在参与式预算中相互之间的责任和角色,形成分工明确、合作互动的治理机制;二是打通"委托—代理"链多层之间的隔阂,避免中间环节的腐败空间,而且形成各主体之间相互监督,相互制约的网络关系;三是打通从公民到社会组织再到政

---

① 彭婧、张汝立:《如何避免政府购买服务成为公众"不称心的礼物"? ——基于政府责任视角的分析》,《中央民族大学学报(哲学社会科学版)》2018 年第 1 期。

府之间的联系隔阂,公民参与角色由监督上升到决策,再到治理,实现扶贫服务工作廉洁到廉政再到廉能的目标递进。但不可忽视的是目前 10 个项目中仍有 6 个项目不可上网查询资金的使用明细、项目惠及率等。而且民众参与项目决策的情况较差,仅有 W 县 T 项目得到体现。因此民众参与的程度需要加深,参与的层面需要拓宽,从而为社会组织承接扶贫问题的化解起到真正的帮助作用。

2. 项目的参与式和公开化运行的有效实践样本,增加了参与式预算实施的可行条件

通过实地调研,发现各县在项目信息公开、项目讨论以及事后监督方面的实现程度较高。各县实施的扶贫项目意见反馈渠道已初步构建。其中巴中市参与式预算实践经验、L 县资产收益扶贫模式中民众投票表决议事经验,以及 T 县"一事一议"和"村规民约"制的实践基础,为参与式预算的引入提供了现实基础。总体而言,民众参与度较好的项目有以下特点:(1)项目实施涉及相关利益民众广,民众自主脱贫能力强。P 县已经成立 22 个资金互助社,惠及相关村的大部分贫困户。W 县天龙村有领导力的核心村民能够高效地凝聚村民,并主动向项目管理方表达发展需求;(2)项目有较为成熟的运作体系和专门的文件规范。L 县 Y 项目在长期发展中形成了完整的项目运作机制,其中市关工委对申报条件和申报程序进行了严格的监督规范;(3)社会组织承接项目服务以民众需求为导向。J 技术中心在项目推进中引导贫困村民召开议事会,社工全程陪同村民参与脱贫项目执行,并协助村民与政府进行沟通;(4)地方政府和社会组织积极培养民众自我治贫的能力,例如,P 县资金互助社利用扶贫资金的"杠杆效应",盘活民众自有资金的利用率;(5)民众参与地方经济建设项目的财务监督试验,为参与式预算提供了经验参考。例如,L 县资产投资收益扶贫、巴中白庙乡财务"裸晒"等创新;(6)地方人大对扶贫项目预算监督和决议。例如,L 县人大专题会议听取、审议并建议对政府购买社会

组织扶贫项目实施预算。

3.参与式预算的引入有利于形成项目运行的"供需管"合作关系,实现多元治贫联动效应

参与式预算引入社会组织承接扶贫项目,将政府、社会组织、受助民众有机的联系起来。在这个有机治贫体系中,各主体明确了责任和角色,激发了各主体的治贫积极性,同时确定了各主体之间的义务关系,将有利于形成政、社、民"供需管"关系下的多元联动机制(见图4-3-1)。在党的领导下,社会组织作为扶贫服务的"供给方",需要加强组织的党建,提升专业服务能力,帮助民众参与预算的整个过程。受助民众作为扶贫服务的"需求方",需要提高协商与监督意识,发挥贫困治理自主能力,并监督政府和社会组织的预算执行过程。而政府作为监督"管理方",需要完善社会组织承接扶贫服务和参与式预算的相关政策法规,统筹协调各个管理部门的合作计划,做好对社会组织治贫项目的监督与评估工作。同时,各地区人大代表与政协委员应代表广大人民群众,特别是代表弱势群众的利益,发挥监督作用,为基层政府贫困治理工作建言献策并监督贫困治理工作的开展。

四、社会组织承接扶贫服务中参与式预算的路径创新

针对社会组织承接扶贫服务的困境,在其中引入的参与式预算具体应加强相关项目的信息公开、讨论协商、民主监督、意见反馈和责任承担等基本制度建设。其中项目信息公开制度包括项目资金使用、成效的公示,以及项目信息的可查询性;讨论协商制度和民主监督制度包括建立健全扶贫项目实施前、实施中、实施后的民众参与、协商、决策等各种权利;意见反馈制度包括提高民众反馈意识、拓宽意见反馈渠道和完善扶贫项目资金公示政策等方面;而责任承担制度则通过规范项目合同内容来明确项目主体的权益与职责。但是,由于贫困地区资源禀赋、区位位置、经济发展情况存在差异,加之各地区的社会

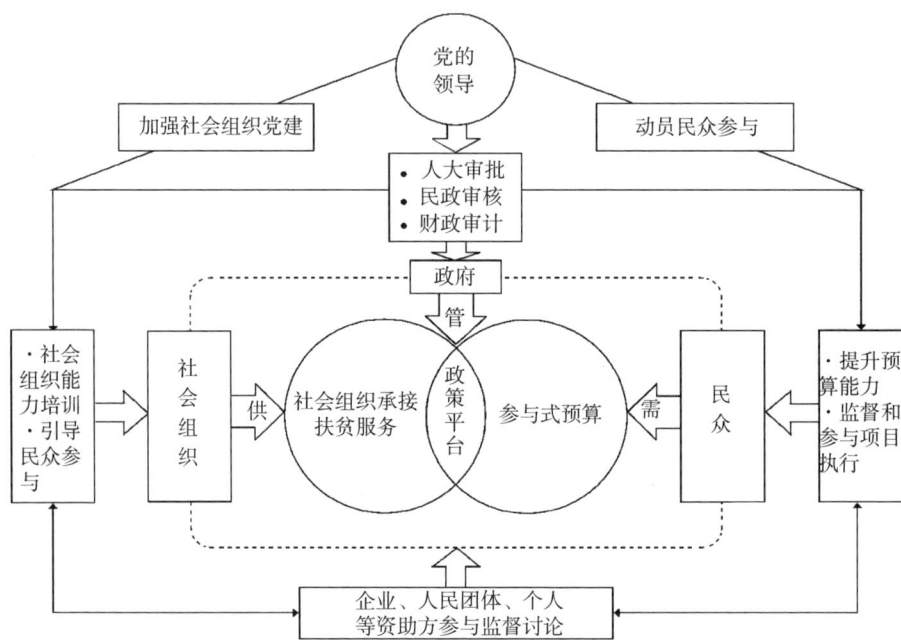

图 4-3-1 基于"供需管"关系下的多元联动治贫长效机制

组织承接扶贫服务及其民众参与程度参差不齐,社会组织承接扶贫服务参与式预算应该根据各贫困地区的实际情况制定更精准的路径。基于此提出以下两种更具适用性、推广性的具体路径,并建立更有针对性的制度规则。

1.选择路径一:"民众直接参与+竞争性选择+多元资助"

从5个县发展程度的对比分析可知,T县、L县以及属于少数民族地区的G县拥有较好的社会组织承接扶贫服务参与式预算发展基础。P县与G县都有发展较为成熟的社会组织,多层次的开展社会组织扶贫工作。调研统计得知,5个县均加大了社会组织的孵化力度,尤其是对于扶贫类社会组织的大力扶持,其中P县、T县的本地社会组织已达56家和23家。5个县12个社会组织,除刚成立的H农业专业合作社外,其他11个社会组织全部设立党支部。与他们发展情况类似地区社会组织承接扶贫服务参与式预算的实施,在民众参与方面,可以由引导参与向直接参与转变,由单一的项目监督向项目决策、项目实施与监督全过程参与转变,规范政府购买、企业与基金会资助行为,严格采取竞争性方式选择扶贫服务承接主体;基层政府应增加购买社会组织扶贫服务,并引导企业、基金会、爱心人士,为社会组织承接的扶贫服务进行资助,实现扶贫服务单一资金来源向多元资助转变。同时,应进一步推进政府简政放权,使社会组织有更多的自主权利执行扶贫项目。而相关政府部门积极对项目执行过程进行监管,并为承接服务项目提供政策支持和配套服务。

2. 选择路径二:"社会组织引导+定向委托+政府购买"

从 10 个案例的对比分析可知,W 县社会组织承接扶贫项目发展程度最高分仅为 31 分,P 县社会组织承接扶贫项目发展程度最高分为 25 分。W 县和 L 县内部社会组织基础都较为薄弱,社会组织数量少,每万人拥有社会组织数分别为 0.49 个和 3.56 个,远低于全国 5.75 个的平均水平,专门的扶贫类社会组织更少,W 县仅有 5 家。相对来说,少数民族县的项目总体得分较低。与 W 县、P 县发展基础类似地区社会组织承接扶贫服务参与式预算的进一步发展规划,应为完善政府购买及社会组织承接制度,提升扶贫项目民众参与度。基层政府需扩大扶贫服务方面的购买范围,并加大培育本地社会组织承接扶贫服务的力度。社会组织需培训民众在扶贫项目决策、实施、监督等方面的参与能力。在外部制度环境建设方面,需要加强社会组织的党建工作,通过党建引领社会组织的能力素质提升,相关立法部门应加强承接服务和参与式预算的法制建设。

五、总结及进一步讨论

本研究基于 5 个省际边缘贫困县 10 个项目的贫困治理经验,积极建构一种适合省际边缘贫困区完整的社会组织承接扶贫服务参与式预算机制,但这种完整的实施机制还需多种外部条件的支撑。从目前 5 个县情况来看,已经

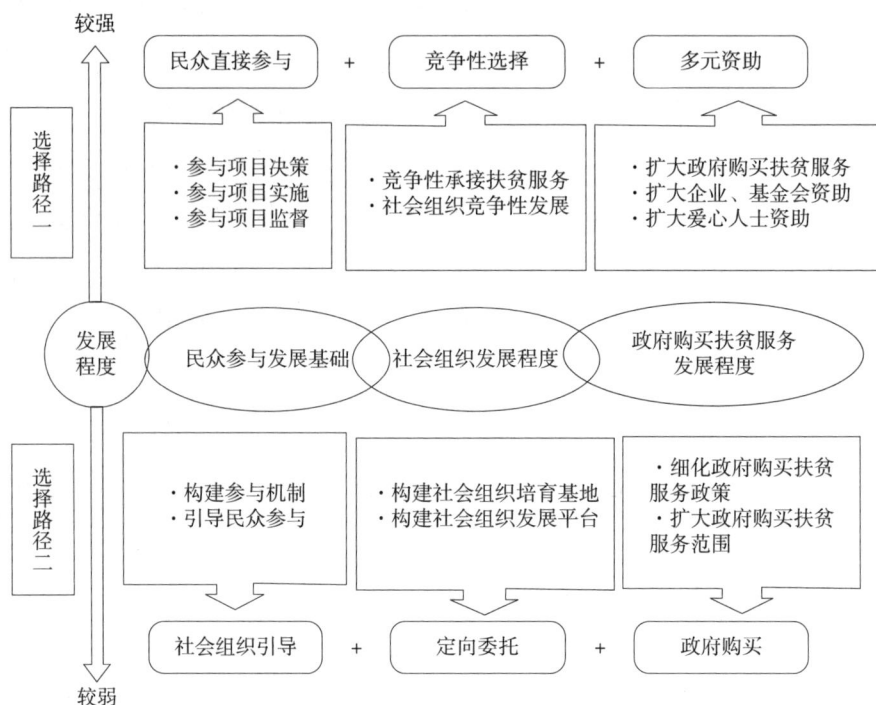

图 4-3-2 不同贫困县社会组织承接扶贫服务参与式预算路径的选择

具备了社会组织承接扶贫服务的基本条件,可是在推动受助民众参与预算执行方面还存在民众预算知识欠缺、参与意识和参与能力不足等问题。从社会组织相关负责人及受助民众调研来看,他们认为政府应进一步放开项目信息公示力度,并加大政府对民众长期发展利益的投入,从而激发民众自主脱贫和学习参与预算技能的积极性,社会组织则在其中起到引导和辅助作用。除此之外,预算过程中还需有当地扶贫干部通过通俗易懂和言简意赅的语言方式向民众宣传预算知识。尽管如此,业界和学界仍较一致认为,应对不同贫困县的实际情况进行预前评估,以科学的测评结果,来制定因地制宜的参与式预算模式,而且在选择参与的民众类型方面,也应采取精英代表(即推荐制)和普通代表(即随机抽选制)相结合的方式,以利于民众参与对项目预算的有效性和代表性。同时,随着扶贫层次的深入,省际边缘贫困区还存在民族县、边区、老区等多种特殊背景交叉问题。因不同地区的文化、习俗和政策不一样以及其特殊的历史背景和发展模式都对参与式预算的推广造成难度,需要根据不同情况分类施策。但也有学者认为并不是所有老少边穷地区都发展落后,有些此类地区有着很好的发展经验,关键是如何增强政府的责任,激发民众自主发展的动力,提升社会组织的扶贫能力和品质。① 参与式预算是一种很好的实践方式,只是它需要一种渐进的学习过程。当前扶贫进入攻坚阶段,深度贫困是扶贫中的硬骨头,单纯靠"扶"已经不能满足需要,必须将当前农村振兴的思路和方式融合到扶贫工作中来,增强各主体之间合作互动关系,实现由扶贫向治贫的路径转化。且有学者认为参与式预算是一种创新的"公民学校",通过参与式预算,普通民众学会了表达、尊重和决策的政治技巧,也更关心公共利益。民众将会从纯粹的旁观者变成积极的参与者、支持者和倡导者。② 总之,社会组织承接扶贫参与式预算将有效衔接扶贫和振兴的工作机制,亟须加大这方面的研究力度。

第四节　冲突领域协商

基于交换理论对于冲突的解释,马克思认为,阶级是斗争或冲突的动力基础,在自然分工和社会分工过程中,生产是分工的源泉,而交换是分工的催化剂③。交换的利益动力将会触发人们内心或者欲望之中的多种神经,它由个人的可以上升为群体的,或者由金钱的演化为权力的,或者由物质的催化出精神的,这些层层递进的在宏观结构与亚结构之间错综复杂的辩证关系是我们

---

① 王三秀、高翔:《民族地区农村居民多维贫困的分层逻辑、耦合机理及精准脱贫——基于 2013 年中国社会状况综合调查的分析》,《中央民族大学学报(哲学社会科学版)》2019 年第 1 期。

② 陈家刚:《地方治理中的参与式预算——关于浙江温岭市新河镇改革的案例研究》,《公共管理学报》2007 年第 3 期。

③ 马克思、恩格斯:《德意志意识形态》,人民出版社 1961 年版,第 14 页。

理解这些社会冲突的理论工具。然而,交换理论能够解释危机发生的内在原因,却无法拿出一套预防和化解危机的根本方案。由于交换基于利益目标解决问题的短期效应以及现实环境对于交换有效发挥调解作用的各种深层障碍,因此必须对其进行理论和方法的创新。在霍曼斯看来,应将经济理性、社会理性和价值理性有机地结合在一起,这对于重新恢复人的主体性、克服功利主义具有积极的作用。但是对于交换的功利性问题批判,仍没有从更为积极的角度进行解读。"批评家未能成为建设者。他们精细地指出了经济交换理论的缺失面,却没有设法弥补这些不足。"①本研究通过在交换思想、社会组织和交往场域中注入公共性的要素,并力促达成三者的互动关系,即"交互—中介—场域"理论结构体系。研究将以交换理论对于社会冲突问题解释力不足及更进、社会组织介入及不足、公共场域的构建与可行性等三个层面递进展开,围绕公共性的核心问题意识,从而构建一个完整、互赖、不可分割的"理论—载体—空间"实践有机体。

一、交换解决冲突中的社会组织角色介入

交换理论融入了交叉、交叠、交往等新的理论要素,但是理论要转化为可以实践运行的机制,需要现实中有效利用这些理念的协调者或组织者。社会组织凭借其生活性、社会性以及政社之间的枢纽作用,能够有效促进交换理论的升级和成果转化。

1.社会组织在交换解决冲突中的作用

一是,无数不同利益的社会组织将社会大的问题分解成无数更小的问题,同时通过社会组织的不同专业能力将问题分而治之。计划经济时代,原有的单位编制体制,可以通过体制内的财政和身份控制,它"将社会利益分割化,

---

① 李友梅、肖瑛、黄晓春:《当代中国社会建设的公共性困境及其超越》,《中国社会科学》2012 年第 4 期。

将冲突化整为零到各单位范围内进行处理,因而降低了公共社会中宏观协调的成本。它分散了社会政治行动的内容、形式和规模,客观上降低了面向国家层次或公共领域的利益政治压力"。① 但是后单位制时代,这种控制将会极大改变,从而将增加基层维稳的压力。谁来弥补单位这一重要调控角色,如何将分散的人们进一步组合,社会组织无疑是新的替代方案,社会组织能够将盘踞在街头的,通常带有一定程度暴力的社会冲突转化为代表不同利益群体的政治社会团体的辩论、谈判与立法。它解决冲突的方式不是压制冲突的发生,而是转化冲突发生的场域与形式,增强了冲突的可预期性,有助于节制冲突的策略,推动国家和社会进入更具合作性的关系中。社会组织虽然没有单位那样严格的身份控制,但通过社会组织的慈善精神感化,通过内部压力的调解疏通,将问题化解于组织内部。无数不同的社会组织的目标诉求,将社会更大的抗争分解和消散。

二是,横跨不同领域的社会组织能将不同领域之间的不同矛盾通过组织关系得以消解,尤其是跨越政社两个领域的社会组织,在政社之间建立了沟通的桥梁。陶郁将这种组织称之为"半独立社团",在它具备了社会纠纷调解职能时,就可以有效地削减村庄的大规模群体性上访,而由官方管理的负责治保或民调类的社团却无法达到同样的效果。事实上,中国农村大量的宗教或宗族组织都具有较高程度的自主性,但只有那些同样具有嵌入性的社团(在组织结构中嵌入了基层干部),才能在获得群众与基层政府的双重认可与支持,从而更容易起到通过调解纠纷来化解群体性抗争作用。② 社会组织将资源、合法性、制度性支持方面求助于国家,而国家的意志与目标嵌入在社会组织的运作中,通过"双向授粉"效应,国家和社会组织权力均得到了强化。从目前我国社会组织人员组成来看,一身兼任数家社会组织职务,或者一人同属于不

---

① 张静:《法团主义》,中国社会科学出版社 2005 年版,第 189 页。
② 陶郁、刘明兴:《双重认可与交叠权威:理解当代中国农村社团与群体性抗争的关系》,载肖唐镖:《信访研究》,学林出版社 2014 年版。

同社会组织的身份,这些情况普遍存在,多元化身份的社会组织成员对于社会组织之间以及社会组织与其他行业之间的互动,形成了以社会组织为节点的社会网络互动关系,利于不同行业不同领域的人员之间的交流,增加了社会信任和认同感。

三是,社会组织连接着群众一方,能够深入生活继而以深入人心的细微的方式来调解人们的矛盾。与行政机构帮扶任务领域不同的是,社会组织大多是关注心理疏导、困难救助、跟踪管理等上访群众的"信访外"诉求。社会组织的公共性是社会公共性,它不仅针对市民的切身诉求,而且能够提供多样化的服务,社会组织的公共性同时也是实质性的公共性,因为他能够正确处理个人利益和集体利益之间的矛盾。① 社会组织成为整合个人利益的初级主体和基础力量,是社会问题解决的第一道关口,它在基层社会生活中逐渐形成一种社会救济体系,个体心中的不满可以通过社会组织的活动得到释放和救济,同时提升困难群众自我发展、自我调解的能力。尤其是当前"群体性事件已不再仅仅是由社会中的弱势或边缘群体发起的针对传统议题的抗争,而逐渐为社会中的其他群体或议题所普遍采用。"② 这就必然要求社会组织的生活交往方式参与到所有困难群众问题解决中去,而不仅仅是针对上访群众。因为只有在这些小范围的社会团体领域,这些价值和目标才能在个人生活中呈现清晰的意义,社会组织能够深入人们的生活而且能够组织人们的生活,通过社会组织的专业能力和奉献精神塑造人们丰富的生活体系和内心世界。

2. 社会组织参与冲突治理的现状

但是,作为时代的产物,社会组织也有其客观的不足,由于外部条件限制以及自身发展的阶段性特征,使得社会组织在冲突调解中面临着三方面现实

---

① 张康之:《公共行政的行动主义》,江苏人民出版社 2014 年版。

② 张振华:《中国的社会冲突缘何未能制度化:基于冲突管理的视角》,《社会科学》2015 年第 7 期。

困境。

一是,社会组织化中的群体鸿沟。通过社会组织进行各个群体之间的交换和协商的路径有着现实的困境。社会群体之间因为场域过大,人口过多而难以组织,另外还有一些难以逾越的现实障碍。社会组织尽管是各种利益群体的代表,但是在转型期的中国,难免因为社会发展不充分、市场经济体制不完善、社会组织的行政性以及自利性导致了社会组织不一定完全为公共的利益服务,群体鸿沟成为社会多元之间平等交流的障碍。

二是,社会组织调解渠道的局限性。协商民主在小规模的社群或面对面的互动中是可以实现的,但是,在广博国土和人口众多情况下,社会组织无法将民众进行制度化地组织到一起参与协商。哈贝马斯表达了同样的困惑,"商议性政治如果要放大到形成一个社会整体的结构,法律体系中所期待的社会化模式就必须扩展成对社会的自我组织,并渗透到社会作为一个整体的复杂组织中去,但这是不可能的。"①有学者建议应将社会组织嵌入到国家政策体系中,然而社会组织的作用是有限的,这些社会组织及成员如何建立联系,又影响外界,缺乏一种机制或者内在的动力,总体来说在整个国家体系中,社会组织本身就是一个弱势群体。那些嵌入到国家政策系统中去的社会组织"得到国家认可,并被授予本领域内的绝对代表地位。作为交换,它们在需求表达、领袖选择、组织支持等方面受到国家的相对控制。"②

三是,社会组织主体作用的有限性。当前我国社会组织发展还不够成熟,在支撑运行的资源较为匮乏、所处制度环境不够完善的背景下,一些社会组织采取"工具主义"的发展策略,在交换为手段的矛盾化解协商中,有些社会组织即使是为了某一群体的共同利益,在与公共利益发生矛盾时,却

---

① 哈贝马斯:《在事实与规范之间:关于法律和民主法治国的商谈理论》,三联书店 2003 年版,第 379 页。

② P.C.Sghmitter and Glehmbruch, *Trends Toward Corporatist Intermediation*, London, p.9.

表现出很强的反公共心态,如垄断性行业组织、民粹主义维权组织等等。据统计截至 2018 年底,列入活动异常名录公示的社会组织共计 1069 家,列入严重违法失信名单的社会组织共计 970 家。① 因此"共同利益"不同于"公共利益",一旦处于激烈的市场竞争中,有些社会组织就会把自身的协调功能转化为牟利行为,通过民主程序用自己的偏好来取代公共偏好,损害社会公共利益。

二、探索"交互—中介—场域"体系

1. 社会组织主体及其活动场域演化

社会组织带给我们的不是仅仅存在于某个特定岗位、特定时刻或者仅仅存在于社会组织本身,它应该是在与社会大的环境中形成精神道德的内在联合。我们应建立新社会下的社会组织,通过社会组织来承接、传递、编制新的人际关系、信念理念和目标愿望等。"社会组织在社会创新中不仅可以提供福利,还可以培育社会凝聚力。社会组织要超越其治理工具的意义,需要一套包容性的社会制度架构"②。只有如此社会组织才能从本体论上升到经济发展中的市场论即"市民社会组织",再到国家政治与法律中的治理论即"公民社会组织",市民社会组织和公民社会组织的特征形式,尽管存进了社会多元化、合作、妥协等和谐社会的优良品质,但它由于没有统一的、俯瞰一切的、能够引领社会正确方向发展的精神,这种社会的模式给我们以憧憬,却没有给我们以方向。阿米特·埃兹奥尼提出了社会道德、法律并举的善治论社会模式即"公共社会","公共社会概念与公民社会组织概念的差别在于,它不仅强烈支持志愿社团(丰富而强大的社会结构以及话语的文明),而且试图找到某些

---

① 《中国〈慈善法〉2018 年实施报告(2019)》,中国公益研究院网,http://www.bnu1.org/show_1409.html。

② *Social Innovation and Civil Society in Urban Governance:Strategies for an Inclusive City*,Urban Studies.

具体善的社会性观念"①,但是公共社会是一个抽象的概念,当前对于公共社会的分析还大多停留于理论的建构方面,缺乏现实运行机制的支撑,相关实践要素和主体没有真正纳入进来。应将社会组织以及冲突双方放置于一个制度化平台中解决,这个平台有利于各主体之间开诚布公,相互监督,民主与宽容、高效与廉洁的氛围将矛盾情绪消解,而且有利于各个主体素质修养的提升。福克斯和米勒提出的"公共能量场"具有借鉴意义。公共能量场是一个具体空间构造,具有很强的实践性,它包含着情景、语境及临时性。"能量场的概念把人们的注意力直接引向语境,即真实、生动的事件,把人们引向建构理解过程的社会互动。"②

2. "交互—中介—场域"体系构架

通过在交换的理论中加入相互作用、相互信任以及相互包容的思想,将交换场域置于具有公共性的领域,在公共理性的包围下,化解矛盾危机,实现社会的和谐稳定。这种交换思想及其完善要素,综合起来我们可以称之为"交互理论"体系。交互体系的实施,需要具有公共精神和公共领域保障的社会组织才能够更好地完成交互体系中的中介纽带作用。通过社会组织在危机冲突现场解决,尤其是在日常政治生活中,以协商民主的教育、包容、互动的方式感化;在正式政治活动中,以协商民主的沟通、讨论、建议等方式传达,实现政治决策和执行中的民众意愿表达。这种开放的、共享的、道德的协商互动方式,消融了个人、政府、社会组织之间的主观与客观的内外在危机,从而建立全面、全程、全景的危机预防和治理体系。

---

① 罗伯特·尼斯比特:《"寻求共同体":秩序与自由之伦理学的研究》,载[美]唐·E.艾伯利:《市民社会基础读本》,商务印书馆 2012 年版,第152—176 页。
② 查尔斯·福克斯休·米勒:《后现代公共行政——话语指向》,中国人民大学出版社 2002 年版,第104 页。

表 4-4-1　演变中的"交互—中介—场域"体系

冲突双方	冲突中的目标诉求	冲突产生的影响	交换的双方主体	社会组织及环境的调适	交换理论的调适	交互方式的实践	作用层次
利益—利益	经济利益诉求	利益群体分流	个体—群体	社会组织	交叉	诉讼协商	个人自主
利益—权力	经济权力诉求	社会阶级分化	阶级—阶级	市民社会组织			
权力—权力	政治权力诉求	国家阶级分别	精英—弱势	公民社会组织	交叠	政治协商	政治系统
制度—制度	政治制度诉求	上层社会分离	精英—国家	公共社会（公共能量场）	交往（交互）	社会协商	公共领域
文化—文化	思想文化诉求	文化价值分裂	文化—文化				

　　现实中,整个社会系统引入"交互—中介—场域"理念要素,其工作庞大且关系复杂,可行的办法就是基于某一个领域、某一个行业或某一个项目进行理念和机制的塑造。制度化发生在一定的"场域"中,是借助日常生活中的互动实践建构起来的。正是在组织场域中,不同组织在互动实践中形成了强制、模仿和规范等三种机制,使制度化过程得以成型。[①] 首先,社会组织不仅是一个组织主体,而且还是塑造、践行和引导社会道德的主要制度,人们在社会组织中形成了义务与权利的关系,这种关系又随之带入社会。人们在改变社会组织的每一项制度和规则时,同时也在改变着社会。其次,构造共建共享的社会运行机制,人们因为可以参与社会建设并获得相应的回报,由此人们更珍惜自己的权益,人们更加对于社会负责,为了共同目的,人与人之间也因此而相互负责。再次,人们参与社会治理的机制是协商民主的,协商民主体现的是人们实实在在的对于自己周围的和有关的事务做出自己的判断,并与其他个体

---

　　① Paul J.Di Maggio and Walter W.Powell,"The Iron Cage Revisited:Institutional Isomor Phism and Collective Rationality in Or ganizational Fields", *American Sociological Review*, vol, 48, no. 2 (1983),pp.147-160.

形成合作的关系。最后,这个场域是政社互动的,实现了社会协商、诉讼协商和界别协商的互通渠道,也打通了个人自主到公共领域再到政治系统的内在联系,政社相互之间赋权赋能,共同发展。

第五节　劳动纠纷协商

如何从遵守法律上升到尊重法律,需要法律的内在道德的积极影响。这种法律的高尚性也启发人与人之间产生了由衷的相互理解和尊重。这是法律由规范化正义向事实正义演化的重要意义。然而现实中,人的理性主义几乎蔓延到整个社会风气之中,个人的理性演变为组织集体的理性。在理性支配下,组织与个人产生利益博弈,法律如何不被理性所左右,保持超然的姿态,作出公正评判。从"起点正义""程序正义"以及"结果正义"来设置对于弱势个体的权益维护,仍难以实现理想目的。实践证明,化解困境的有效出路,需要社会组织第三方平衡力量的有力支撑。

一、法律的理性反思及应用场域演变

人与人之间紧张关系的分析,都是基于人的理性行为、目的、道德而展开的,它没有考虑到除了"人"的世界外,政府、企业等组织也有自己的个性和诉求,它有时并不完全依赖于人的需求而存在,它甚至脱离人的主观愿望,因为每一个场域都可以是一个独立的生活世界,人不过是其中的一个组成部分。个体确实是人们利益矛盾产生的源发点,但是矛盾并不是仅仅在人与人之间产生。首先,个体与组织或组织与组织之间都会产生矛盾冲突和紧张关系,而且这种关系随着时代和社会的进步,越发显现出它的突出性,因为交往的便利缩小了各个主体单元之间的距离,也拉近了他们之间的关系,从而导致了他们之间产生矛盾的可能性。其次,当前和未来的社会越来越是组织化的社会,组织化的社会结构不同于传统的社会结构,从农耕社会的家庭单位,到工业社会的协作生产,再到后工业化社会人们必须将工厂的协作关系引入生活才能适应市场经济和工业经济的发展需要。当家庭为单位的社会结构开始打破以后,人们的生活结构也被冲击的零散破碎,工厂可以协作,那么人们的生活呢(虚拟生活)？ 在传统家庭或者部族的结构关系逐渐消失之时,人们的生活必须进行重建,才能构建起与工厂协作结构相并存的社会网络。正如齐格蒙特·鲍曼所说,我们一生的工作被分成了许多细小的任务,每一种任务都在不同地点、不同人群和不同时间被完成。我们只是这个任务中的一个角色。[①]不仅组织的数量和应用领域激增,而且发生了结构的转变,从先前的基于亲情纽带和血缘关系的"家族"形式转变为基于除了利益的共同追求外无其他联系的个人之间的契约安排的"合伙"形式。[②]

然而,在新的组织形式不断产生,而相关保障制度未能及时建立的背景下,单薄的个体与管理个体的"单位"组织(后简称组织)如何和谐相处？ 当个体与组织发生矛盾纠纷时,组织因为有着各种优势资源和权力,对下属个体形成不平衡的角色地位关系。在组织与个体的利益之争中,组织是否应该具备道德的效力？ "越来越多的人将困扰当代社会的许多痼疾归咎于组织。问题主要在于组织对社会分层体系的影响,即组织数量和规模的增加所导致的权力和地位基础的变化。"[③]

首先,组织与个体之间的地位不平等导致的不公平。当前社会的每一个人可以说都生活在组织之中,组织生活或者组织权益给人们生活带来了很多便利。但是随着组织化社会的发展,组织已经超越工具性的用途,它不仅仅是人们为了获得更多利益的简单工具,而是组织本身已经成为一个独立的社会主体,也就是说它已经成为具有思想、实体乃至目标的一个同于人的类型的主

---

① [英]齐格蒙特·鲍曼:《后现代伦理学》,江苏人民出版社 2003 年版,第 21—22 页。

② [美]理查德·斯科特等:《组织理论:理性、自然与开放系统的视角》,高俊山译,中国人民大学出版社 2015 年版,第 4 页。

③ [美]理查德·斯科特等:《组织理论:理性、自然与开放系统的视角》,高俊山译,中国人民大学出版社 2015 年版。

体存在,"组织被看作实现目标的工具,但这个工具本身却吸收了大量的能量,在某些情况下组织自身成了目的。"①在这个组织中,人们的行为、思维、价值依附于组织的目标。人们是组织的人,而非组织是人的组织了,"一旦通过组织,关于人的权利的政治规定就仅仅是一种理论而不是现实。由此可见,正是因为组织对近代以来的政治规定作出了否定,才使政治的发展陷入了窘境。"②组织界定了人与人之间的规则,以及人们服从组织的规则。那么规则是否是道德的呢?罗尔斯对于在人们日常生活和政治组织中的道德进行了区别,一种是合理的自律:人为的而非政治的。合理的自律依赖于个人的价值判断和道德实践。它表现在个人追求一种善观念以及按照这一善观念来实践行为的能力之中。另一种是充分的自律:政治的而非伦理的。充分的自律是在公共生活中通过认肯政治的全局原则和诉求基本权利的保障而得以实现的。罗尔斯将政治生活与个体生活的思考标准区别开来,但是在现实实践中,前者政治生活根据意识形态的渗透以及强制性武力的威胁能够将个体生活完全控制起来。因此罗尔斯对于道德在个人和组织中的界定是不可取的。它忽视了组织如果仅靠法律或者制度来约束,而法律和制度缺乏道德内涵,可能将组织引向不道德的境地。关于组织对个人的不平等是早有批评的,"组织在许多方面损害其成员的个性和精神。异化、强制统一和压制正常人格发展等现象不仅在劳动改造这样的特殊组织中存在,在日常生活的各类普通组织中也屡见不鲜。"③

其次,个体以组织的名义处理问题、逃避应有的责任。乌尔里希贝克将此定义为"有组织的不负责任",即当前越来越多的可以预见的环境退化和据此而引起的环境法规的不断增多。然而,没有个人或机构看起来能够对此承担

---

① ［美］理查德·斯科特等:《组织理论:理性、自然与开放系统的视角》,高俊山译,中国人民大学出版社 2015 年版,第 12 页。

② ［美］桑德尔:《自由主义与正义的局限》,译林出版社 2001 年版,第 56 页。

③ ［美］理查德·斯科特等:《组织理论:理性、自然与开放系统的视角》,高俊山译,中国人民大学出版社 2015 年版,第 5 页。

具体责任。① 官员们不再乐于表现自己,不主动承担义务,担心过多的主动,不是带来自己的晋升砝码,而可能成为风险的责任者。如果出现了问题就将责任转嫁到集体或制度的责任上来。倪星通过对反腐压力下的基层官员避责策略研究,总结出:忙而不动、纳入常规、隐匿信息、模糊因果关系、转移焦点、互相推诿等六种逃避责任的方式。② 从而,个人不敢再做分外的事情,"不违背法律、不违背领导精神、不违背组织规则",如何避免这种困境,需要改革组织。"当前我们一切关于社会变革的探讨,也就必须从组织着眼,也就是说,我们需要在组织再造中去谋求走出当前政治窘境的出路,也需要在组织再造中去发现社会变革的方案,也即最终我们需要把组织改变成每一个参与其中的人都是自由自主的行动者的行动体系。"③

因此,为了给予"个体"一个权利诉求平台、一个可以寻求帮助的力量或者一个公正评判的中介,需要引入第三方公益机构来支撑,社会团体便是可以依赖的第三方独立力量。而且将社会团体从"单位"组织中单独列出来,是因为个体与社会团体的关系,不同于个体与所属政府、企事业单位之间的关系,前者是基于自愿的,无利益报酬索取的,而后者之间关系是基于薪金、报酬、职级、福利等利益建立起来。社会团体具有公益性、志愿性和慈善性特质,很多社会团体从事着扶助贫困人士生存发展,维护弱势群体的权益的工作,并且因为其专业能力和公共精神,对于主体与组织间矛盾纠纷解决具有积极作用。

二、个体与组织契约的法律属性争议

契约是在不违背相关法律或制度前提下,制定契约的相关主体之间针对

---

① Ulrich Beck, Politics of Risk Society, from Jane Franklin(ed.), *The Politics of Risk Society*, Cambridge:Polity(1998), pp.9-22.

② 倪星、王锐:《从邀功到避责:基层政府官员行为变化研究》,《政治学研究》2017 年第 2 期。

③ [美]桑德尔:《自由主义与正义的局限》,译林出版社 2001 年版。

某个问题或者某个项目达成共同的约定,这个约定如果本身不违法的话,是具有法律效力的。但是契约一定是合理的吗? 或者说它一定是合法的吗? 人们志愿达成一定的协议,起到保护契约各方利益的作用,但是现实中各主体之间制定契约时就存在不合理、不道德或者不合法的现象,再者即使制定时是符合要求的,但是执行起来又会存在违背契约条款,伤害某方利益的问题。桑德尔指出如何评估契约公正性的两个原则:其一,双方达成契约的条件是自由的,还是强迫地达成此契约的? 其二,可以考察该契约的具体条款,即双方是否公平地获得各自的份额。这是从普遍性原则来说,桑德尔还从契约的道德性指出,契约是由两种相关却又不同的目的构成的。一种是自律理想,它把契约视为一种意志表达,其道德在于交易的自愿行为。另一种是相互性的双赢,它将契约视为一种互利的工具,其道德取决于相互交换的潜在公平性。① 桑德尔还进一步指出基于自律达成的契约是正当合理的,因为它首先基于制定契约双方的道德自律产生的,因而前提即是道德的,契约的结果也是道德的。如果是基于双方互利性的理想达成的契约,就不一定是道德的了,因为按照互利性目的,自由的过程仅仅是达到一种独立公平结果的手段而已。

在契约的正义性问题讨论上,哈贝马斯坚持"程序决定主义",哈贝马斯认为实质性的正义,只能起到一种引导作用,具体怎么实现,必须依据严格的程序,"民主的意见形成和意志形成过程的程序条件和交往前提是唯一的合法性源泉"。② 罗尔斯也认为,如果在制定契约的程序上是正义的那么结果也是正义的,"有了一个正确或公平的程序,不管结果是什么,只要程序被恰当遵守,结果也同样是正确的或公平的。"罗尔斯认为只要契约是自律的,它就是纯程序正义,而只要契约是纯程序正义,那么契约执行最后的结果就是正义的。罗尔斯同样认为,互利性的契约是不完善的程序正义,因为基于功利的交

---

① ［美］桑德尔:《自由主义与正义的局限》,译林出版社 2001 年版,第 130 页。

② ［德］哈贝马斯:《在事实与规范之间——关于法律和民主法治国的商谈理论》,童世骏译,三联书店 2011 年版,第 684 页。

易,本身就是非纯正义的。在关于程序对于正义的作用,程序与正义的关系,其决定最后契约结果的意义是复杂的。

一个正义结果的实现不仅需要程序的正义,更需要严格的科学的程序限制,还应有正义的程序,也就是说这些程序还应是建立在民主、平等、自由的基础上。罗尔斯举了一个纯粹的程序正义例子,"如果赌博的程序是公平的,其中没有任何欺骗,而且人们自愿参加,那么赌金的任何一种分配结果都是公平的"。① 可以说这个案例是可能存在的,但现实是复杂的,即使是程序正义的,也并不是针对每个人来说是可以接受的。如果赌博的一方家产万贯,而另一方已是穷途四壁。在二者背景差距甚大的情况下,那么谁对输的接受程度会高些呢? 现实中,这种情况很多,为什么有些人越来越穷,即使程序正确,那些贫穷的人也不敢拼命一搏,因为等待他的结果是难以预料的,不是他们不想拼搏,只是没有拼搏的本钱。

况且,在我们现实生活或者工作环境中,这种纯粹的程序正义很难普遍存在,尤其是在利益相关度大的、层级结构复杂的或者传统体制影响深重的地方,越是重视利用"程序",越是难以达到真正的正义。其一,在针对某个目标达成共同协议,并涉及利益分配或者任务承诺的时候,在程序条件和原则上,协议的弱者一方即使明白其中的不公平,也难以拒绝。其二,有些程序看似十分严谨,但是无关要害,条条框框特别多,表面利于双方,实际上,程序制定者利用的是"障眼法",搞形式主义。其三,官僚主义严重,言称程序的制定是为了集体利益等,实则先入为主,将自己放在高高的位置,至于后面的程序正义与否,那已经失去了实际意义。其四,程序是严谨的,过程是科学的,商谈是和谐的,但是真正达成协议后,已经在前者协议将受雇方框住以后,程序怎么走完全是组织说了算。其五,程序很严谨、也很明确,但是在责任主体上没有完全限制,或者现实中根本没有实际的主体责任一方,或者主体责任一方需要多

① Rawls,John.*A Theory of justice*.The Belknap press of Harvard University Press,1971,p.86.

个部门完成时,这就出现后面执行程序中的"踢皮球"现象。其六,即使是严格的程序规范具备,但是在实施过程中如果代表雇主一方责任人和受雇者之间由于个人私利,或者私人恩怨,任何一方违背公共利益的行为都可能使得程序走样。其七,任何程序在制定的时候都要依据一定的法律法规,但是更高一级的法律法规是否完全正义,这个法律的出台是否遵循了严格的程序正义或者正义的程序有待考究。其八,不排除由于人们的谈判水平是不一样的,即使提供了充分的谈判条件,也会因为谈判的技巧及能力的差异带来不公平的谈判结果。

　　罗尔斯对于严格的程序将导致正义的结果这一命题,也进行了自我反思,他对程序提出正义的原则:一是平等自由的原则;二是机会的平等和差别原则的结合。这两个原则可以说是对于程序正义的补充,但这些原则在体制未完全优化、法制不健全、人性道德不足的情况下,还是难以实现最后真正的公平。罗尔斯认为程序的正义需要实质正义的维护,"不存在任何纯粹的程序,并且也没有任何程序能够决定其实质性内容,从而,我们永远依赖于我们关于正义的实质性判断"①。哈贝马斯对于程序的认识不仅止于程序这个过程,还应该保证程序所依据的法律是正义的,"也就是说,一个社会是合法的,不是意味着这个社会的政治制度和政治秩序是符合法律的,而是意味着它们是合乎道德的。"②哈贝马斯将程序的正义实现归结为法律道德性基本保障。程序依据的法律是合法的,程序实施的主体、行为及其规则是道德的。罗尔斯通过建立原初状态将契约从外在环境中脱离出来,赋予其纯粹的道德正义。原初状态认为各方处于相同的处境,每个人的能力差异性都没有了效力,在这种处境中,不平等的根源就消失了,也就不存在契约的道德性问题,契约在原初状态中是正义的。但是原初状态真实存在吗?原初状态只是罗尔斯为了弥补程序正义和结果正义的不足而假设出来的一种"起点正义"的诉求。但这种"起点

---

① Rawls,John.*Political Liberalism*.Columbla University Press,1996,p.421.
② 姚大志:《何谓正义:罗尔斯与哈贝马斯》,《浙江学刊》2011 年第 4 期。

正义"只是意愿上的公平诉求,在实际情况下,契约的双方是不能完全永远平等的,每个人所具有的资源、背景、能力以及权利都有可能是有着差异的,那么在人与人之间的契约制定中,不可能完全存在对等的话语权。而且这种状况在个人与组织之间体现出的差距更是明显,个人怎么与组织进行平等的对话,在这种情况下契约怎么是正义的?"一项契约不能因其被志愿达成就能证明是正当合理,如同一项法律不能因为其法律化就证明其正当合理。"

三、个体与组织关系的理性反思

在世界法治发展过程中,出现了英美和德法两种法制模式,在这两大法制模式背后,透视着法律理念和法治理念的明显差异。英美模式以个体权利为逻辑起点发展法律和衍生法治,讲求自由主义;德法模式以国家权力为逻辑起点创制法律和建构法治,倾向国家主义。① 亦即是说,二者出发点都是为了更好地对权力起到制约作用。英美宪法是通过权力制约权力,德法宪法是通过权利制约权力。具体来说,前者通过法律中的制度安排,在政府、国会和司法部门之间进行权力的相互牵制。而德法宪法注重从社会中寻找制约政府及其他执政部门的制度安排,通过法律对于民众以及非政府组织的权利授予,让这些社会力量监督乃至制约政府的权力运行。

自 18 世纪以来,随着资本主义的发展,对自由主义与经济利益的诉求,逐步上升为资本主义社会人们的主要思想潮流。小市民社会是近代以来对于资本主义社会的一个通俗表达,也反映出人们越来越追求的经济利益思想。基于自由主义的个体精神,在稳定的社会发展时代,逐步演变成为一种理性主义思潮。但是在这股思潮的发展过程中,英美等国继续延续了自然法所认可的自由主义精神,即个人利益为目的的理性诉求得到继续张扬,而德法等国则将个人主义的理性逐步演变为国家的整体理性,乃至这些国家所制定的法律和

---

① 庞正:《法治的社会之维:社会组织的法治功能研究》,法律出版社 2015 年版,第 79 页。

制度也带有了理性主义色彩。这其中区别最为明显的是,当英美国家小市民社会的经济诉求遇到精英主义或者垄断主义阻挠自身利益实现的时候,这些市民社会组织则进一步向获得政治权益的目标挺进,他们认为阻碍他们实现经济利益的最大障碍就是自身没有在政治决策中具有一定的话语权。托克维尔描述的美国政治社会的情景是,不管是大到政治事务,还是小到社区事务,人们都可以通过社团来实现自己的诉求。相反的是在德法等国家,社团虽然发展也十分迅速,但是基于国家主义的治理格局仍是这些国家的治理模式主流,一些社团做大做强的手段是通过与国家达成合作的协议,通过相互利用,从而达到政治和经济上的利益双赢。这些社团与国家的政治合作,演化为国家法团主义的发展态势,这种态势并不利于民众利益的实现,"这些社会组织得到国家认可,并被授予本领域内的绝对代表地位。作为交换,它们在需求表达、领袖选择、组织支持等方面受到国家的相对控制。"①

理性主义的演化过程,在英美国家继续保持了一种体现个人意志的理性发展模式,而在德法国家逐渐由个人层面的理性发展为国家层面的理性。难怪法国政治学家托克维尔在考察美国之后,由衷赞叹美国的社团对于个人利益的保护。而德国哲学家哈贝马斯始终坚持权威主义对于政治社会秩序的重要作用,制度以及法律在哈贝马斯看来必须贯穿于一种严格的"尊重和遵守"的原则。反过来罗尔斯则认为自由主义是正义的首要原则,任何强势的权力必须让位于这一正义首要原则,但他也承认自由主义会带来自由的泛滥和社会的失序,需要有主持公道的国家主体起到宏观调节作用。

四、社会组织参与调节的视角

罗尔斯的理论重要性在于告诉人们,只有正义才是解决人类矛盾与痛苦的治本之药,除此之外没有更好的办法。尽管正义的获得是如此艰难,但是我

① P.C.Sghmitter and Glehmbruch, *Trends Toward Corporatist Intermediation*, London, p.9.

们只有选择去遵守它,才能获得对于自己的正义。主要是由于罗尔斯的正义
假说理论中契约的各方很难在能力上是一致的,由此真正的结果正义就难以
最终达成。罗尔斯原初状态理论仍是契约各方维护自己利益的一厢情愿,现
实中人与人之间禀赋、财产、地位的不同,这种意愿永远达不到真正的"起点
正义"。而且"平均主义"或者计划经济模式已经验证了其错误。那么我们如
何来解决这一现实悖论呢?其实罗尔斯所忽视的一个重要力量因素,那就是
第三方社会团体。如果将社会团体引入这个原初状态中,代表民众弱势力量
与政府、企业等强势主体进行对话,那么这个原初状态就很容易得到验证了。
尤其是在个人与组织之间、强者与弱者之间将会体现出基于理性思考的更为
公平的结果。在托克维尔描述的 19 世纪中叶美国市民社会状况中,指出美国
人的政治结社对于抵御暴政的积极作用,"显而易见,如果每个公民随着个人
的日益软弱无力和最后不再能单枪匹马地保护自己的自由,并更加无法联合
同胞去保护自由,那么暴政必将随着平等的扩大而加强。"[1]罗尔斯所处的时
代是 20 世纪中叶,这已经整整过去了一个世纪,在这个时期的美国其社团主
义应该更为成熟、更为兴盛,然而罗尔斯没有直接将这一主体放置到他的原初
状态中充分考虑,尽管罗尔斯的理论已经内含了社会团体的存在和作用,但是
他并没有将其上升为分析的依据。社会团体是代表普通群众利益、代表民间
的声音、代表道德的力量,大多数社会团体是慈善的化身,是正义的追求者,是
社会和谐的拥护者,因此将社会组织纳入罗尔斯的原初状态理论,这将会使得
其中的各种假说更加现实,甚至摩擦出新的思想火花。

　　而且第三方作用也打消了哈贝马斯的顾虑,交往理性的实现需要权力的
支撑,没有权力的社会公民难以与精英以及国家进行平等对话。哈贝马斯交
往权力的提出,实际上是对罗尔斯的自由主义过渡到公共利益的一种手段支
持,但是哈贝马斯所提出的这种手段由谁来完成呢?如果基于个体公民的单

---

① 　[法]托克维尔:《论美国民主》(下卷),商务印书馆 1988 年版,第 635 页。

个力量,仍旧无法实现程序公正和权力民有。社会团体的发展,为个体的公共愿望提供了新的保障。它在个体与国家之间建立了沟通的桥梁,也在人与人之间建立了沟通的平台。由此,社会团体"作为个体与国家的中间地带,启发我们从个人权利为逻辑起点的渐进理性主义和以国家权力为起点的建构理性主义的法治思维中解放出来,将法治的正当性乃至法治本身的认识基于一个全新的基础"。

社会团体的介入,一方面能够以理性精神来实现民主自由权利,避免非理性的集体行动;另一方面,也使成员形成团队"类生活",认识到并加强个人权利的社会关联与合作,从而能克服个人权利行使的自发性、孤立性和不稳定性,避免无政府主义及极端个人主义的思想倾向,削减权利滥用对民主与法治的威胁。① 由不同社会组织搭建而成的多元化社会结构,能够极大程度地将对立的社会意见在社会层面予以传递、融通,使有可能激发于国家决策层面的能量交锋先行释放于社会本身,也就是说,对于这种有可能威胁人类自由的局面,不是国家法治制衡,而是社会自我制衡才能提供有效的解决办法。②

因此,法律应该支持契约双方在自愿的意志下,共同拟定契约条款,协商达成一致协议。首先,如果任何一方中止契约,其产生的后果也必须是公平的。这就是程序正义和结果正义的体现。其次,针对契约双方,因为二者绝对性的天然优势不对等,导致起点的不公平,应通过第三方社会组织进行协调,包括维权组织、法律组织、救济组织等。再次,法律在"起点正义""程序正义"和"结果正义"基础上,应出于法律的道德性要求,在法律要义中体现对于弱势群体的适当照顾,即支持契约中弱势一方的权益维护,重要的是法律还应指出权益保护的途径,寻求帮助的主体等,且这些路径操作方便、门槛低。但是

---

① 马长山:《国家、市民社会与法治》,商务印书馆 2002 年版,第 249 页。
② [美]罗伯特·达尔:《民主理论的前沿》,顾昕、朱丹译,三联书店 1999 年版,"译者后记"第 225 页。

回到问题的原点,法律如何真正达到道德性,现实中在制定法律时,缺乏充分代表民意的组织力量支持,法律道德性可能处于"被制定"的境地,难以真实且持续,这种制定法律时的起点正义,仍需社会组织在其中进行力量的平衡,同时也发挥社会组织对法律及制度和契约的道德感化作用。

第五章　社会组织参与协商治理的条件与能力建设

第一节　社会组织主体形式的规范

一、社会组织主体形式的复杂性

一是,正式的与非正式的并存。狭义上理解,体制内的社会组织是指具有政治合法性,隶属体制且在体制内活动的社会团体。这些组织或者可以理解为民政部《关于对部分团体免于社团登记有关问题的通知》中列举的三类社会组织:(1)参加中国人民政治协商会议的组织,如中华全国总工会、中国共产主义青年团、中华全国妇女联合会等;(2)由国务院批准免于等级的社会团体,如中国文学艺术联合会、中国作家协会、中国全国新闻工作者协会等;(3)机关、团体、企事业单位内部经本单位批准成立,在本单位内部活动的团体。这些组织具有较强的行政色彩,前两项社团的工作人员还参照公务员或事业编制,接受国家全额财政拨款,行使国家部分行政职能。因此,这些组织是完全意义上的体制内社会组织。如果将范围再扩大一些,凡是在民政部门登记的或没有登记但具有社会合法性的社会组织也属于体制内范畴,这样范围明显扩大,但模糊了体制的严格定义。在我国社会组织除了国家正式注册的之外,还有很多未经登记的社会组织。《取缔非法民间组织暂行办法》（2000 年 4 月 10 日民政部令第 21 号）第 2 条规定，"具有下列情形之一的属于非法民间组织：（1）未经批准，擅自开展社会团体筹备活动的；（2）未经登记，擅自以社会团体或者民办非企业单位名义活动的；（3）被撤销登记后继续以社会团体或者民办非企业单位名义进行活动的。"从以上规定来说，只要未经登记或者被撤销登记的社会组织均为非法组织。然而，当前我国有相当多的社会组织由于登记门槛较高，或者组织规模较小，资金少等原因而没有登记，还有的组织因为找不到自己的主管部门，或者因为"一业一会"的管理制度而没有资格再行登记。这些组织主要是以兴趣类和服务类为主的社区民间组织、学生社团、网上社团、业主委员会等。这些组织基本上是从事着合法的活动，并且大多数给老百姓提供了各类服务，带来了生活上的便利和身心上的乐趣等。但是由于没有法律政策的支持，从而降低了这些组织的老百姓的认可度，也给这些组织带来了很多运行上的困难。

二是，营利的与非营利的并存。社会组织在某种意义上是指不以营利为目的组织。我国颁布的《社会团体登记管理条例》和《民办非企业单位登记管理暂行办法》的第 4 条规定"社会团体和民办非企业单位不得从事非营利性经营活动"否则将被认为是非法组织，依法取缔。这种区分突出了公民社会与市场（企业）的实质性区别。但是不以营利为目的不代表不进行一定程度内的经营性有偿服务收入。这种合法性收入是我国及其他国家所允许的。弗斯顿伯格曾说过："现代非营利机构必须是一个混合体：就其宗旨而言是一个慈善机构，而在开辟财源方面，它是一个成功的商业组织。当这两种价值观在非营利组织内互相依存时，这个组织才是有活力的。"①但是，由于没有一个严格的"有偿服务费用"收取标准，也就无法界定组织的"营利"或"非营利"。在我们国家，社会组织的资金来源十分缺乏，由政府创办的那些人民团体、群众团体基本上没有衣食之忧。但是对于那些独立自主、自我服务、自我管理的

---

① 弗斯顿伯格：《非营利机构的生财之道》，科学出版社 1991 年版。

组织着实在资金方面十分缺失,尤其是从 2003 年开始,全国先后进行了党政机关与行业协会及社会团体的分离脱钩,社会组织一下子像断了奶一样,资金短缺、办公场所缺乏、人员不足等一系列问题暴露出来。甚至有些社会组织由于找不到主管部门,没法在民政部门登记,只好挂靠工商部门,这就必须按商业性组织纳税等。因此,这些组织一无政府资助,二无政策支持,三无自身给力,只有采取另辟蹊径,引财入社。这种情况在我国已经十分普遍,且无标准和规范性法规约束,营利的界限不明,造成很多社会组织走上了违背社会组织宗旨的道路,影响了社会组织的形象,也因为在正常市场法规和规则内运行,潜在的干扰了市场经济秩序。另外对于社会组织的非营利要求,在有的政策中却有着不同规定。《民办教育促进法》(2002 年 12 月 28 日)规定:"民办学校在扣除办学成本、预留发展基金以及按照国家有关规定提取其他必需的费用后,出资人可以从办学结余中取得合理回报,取得合理回报的具体办法由国务院规定"。民政部和国家工商行政管理局 1995 年联合下发的通知也明确许可具有社团法人资格的社团投资设立企业法人或非法人的经营机构以从事经营活动。财政部和国家税务总局联合下发通知明确规定依法登记的社会团体取得生产经营所得一律征收企业所得税,这实际上是对社会组织从事营利性活动的认可。这些规定与前面《社会管理条例》和《民办非企业条例规定》这两项更高阶位的政策规定存在冲突,不利于政策的统一执行,影响了政策的效力。给社会组织在经营活动方面带来了模糊性影响。

三是,无形的与有形的并存。随着社会的飞速发展和科技的进步,一些新形式的社会组织出现。普赖斯从科学家之间的科学交流、信息传递渠道,以及人际关系中的联系网络等科学研究的社会过程中发现:科学共同体中存在着两类亚群体:(1)正式的,有组织的科学家集团。(2)非正式的非组织体的科学群体。由于这类亚群体是通过科学交流、信息网络连接起来的,因此,是一种无形的社会群体。这种非正式的社会组织不仅存在于科学界,在其他社会领域也同样存在。特别是由于网络技术的普及,网络社会组织应运而生。对于网络社会组织的界定,学者认为"网络社会组织是以网络为载体,具有一定的网民人数,组织成员以自我管理为基础,有相对约定俗成的规定,为了一定的目标自愿组成的虚拟与现实相结合的社会结构体,具有志愿性、自治性、民间性、长期性和相对稳定性等特点。"①网络社会组织因为利用了信息技术在交流方面的便利性、操作性强、效率高、成本低等特点,很快在社会中发展起来。如"援川志愿者"在2008 年 5 月 12 日地震的三天后,迅速建立了"入川志愿者"QQ 群,16 日成员就开始聚会,18 日即有 14 名志愿者奔赴四川省安县参与抗震救灾工作。但是,网络社会组织具备普通社会组织的一般优点和特殊优点之外,它却因其隐蔽性、分散性、无组织性等特点给社会管理带来了困难。对于网络社会组织的数量现在还没有一个可靠的数据,对于它的界定也没有统一的标准,且由于它很多时候是临时性、应急性的,所以很难估计我国这类组织的具体数目。当前我国还没有专门出台一部相关法规条例予以正式规定,也没有一个专门机构对其进行管理,在理论界也还没有形成规模的研究团队。对于这种新生事物,它的内在无规范性和外在无约束性,以及无预警性和研究预期性等问题存在,这就使得这类组织的存在和发展既有它的有利之处,也有其潜在的失衡危险。网络社会组织是社会组织新兴的类型,在信息技术和民主化程度不断发展的背景下,各种网络社会组织呈井喷式速度发展,但是在发展初期,没有相应的制度规范,没有严格的组织机构管理,很容易产生不和谐的因素。一是非理性情绪骂战、道德绑架。网络社会空间成了许多人发泄情绪表达不满的场所,并且在相对匿名的环境下网民更甚出现过恶意诋毁中伤他人的事件。二是侵犯个人权利、网络谣言虚假信息传播。在网络传播中,最大的消极方面就是容易生成谣言导致虚假信息的蔓延。各种简短信息在发布中每个用户不去求证信息的虚实反而加入了各自的主观评价的转发和跟帖使得信息内容不断被模糊和歪曲。2017 年 9月,国家互联网信息办公室印发《互联网群组信息服务管理规定》,要求"政治敏

---

① 刘斌、程亮:《网络社会组织培育与监管研究》,《社团管理研究》2011 年第 10 期。

感话题不发,不信谣、不传谣,所谓内部资料不发,涉黄涉毒、涉爆不发,有关港澳台新闻在官方网站未发布前不发,军事资料不发,有关涉及国家机密文件不发等等"。互联网群组是指微信群、QQ 群、微博群、贴吧群、陌陌群、支付宝群聊等。这些都可以作为网络社会组织的范畴,如果不及时规范管理,将会对社会稳定、经济稳定乃至政治稳定产生不可防范的严重威胁。

四是,主流思想的与非主流思想的并存。当前社会智库的发展成为社会组织发展中的重要力量,社会智库在政府建言献策,服务社会发展,促进合作交流,增进文明智识方面发挥着重要作用,但是社会智库由于关系到思想观点的问题,特别是意识形态的问题上,如果辨识不请,容易陷进争论之中,目前有些社会智库呈思想多元化与极端化并存、主体碎片化与辐射化并存、形式分散化与联盟化并存的状态,在社会阶层分化、利益群体分流、价值观念分裂等社会环境问题以及国际形势复杂、外交策略转变、军事安全升级、周边局势紧张等国际环境问题以及国家治理问题等多重因素的影响下,许多社会智库也由最初的单边行动、独立发言、经济诉求开始向国家、国际等重大政治文化问题深入,其存在形式、发展目标和争取对象、研究内容、联系客户等方面也全面升级。

表 5-1-1　当前社会智库存在的风险发展的形式及影响变化

发展类别	形式表征变化	形式要素变化	典型案例
在发展模式上	由网络集聚到组织扩散	自媒体产生的影响,由团体发起源网站发展为成员各自为中心的分支和多形式网站或网点	博客、微信、百度官方贴吧、论坛/BBS
	由单边行动向联盟合作	从独立的思想阐发和行动目标,由于网络技术的进步,开始整合国内各地甚至国外价值观一致的智库合作	国内许多非主流智库引入西方智库或 NGO 研究学者加盟,或者共同开发中英文网站等
	由组织潜伏到组织嵌入	最初是在党政事业部门进行项目研究,或者通过派出、挂职、借调的方式参与政社合作,目前这类智库的学者通过"旋转门"的方式直接转变为政府公务员或者官员	非主流智库或者非主流学者通过国际合作项目渠道进入政府体系

发展类别	形式表征变化	形式要素变化	典型案例
在切入点与目标序列上	由思想之争到民众意见分化	由最初的学术界或政界意见争议到意见扩散和影响到群众的观念和意见争论	当前马克思主义文化、西方文化以及中国传统文化的分化争论
	由议政层面到参政诉求扩大	从提供政策咨询到争取进入政界决策层面的各种渠道和平台,如人大、政协、党代会、各人民团体	会议代表、旁听列席、参政顾问、特邀研究员方式参与政治协商
	由体制外到体制内的主体延伸	由独立的研究或思想学者或相关人员通过国际项目或者产(政)学研一体化政策渠道进入高校、党政机关等	《美国NGO在华慈善活动分析报告》显示,高等学校、科研机构和政府部门,是美国NGO资金流向最集中的三类部门
在方式转化上	由硬性输入到软性渗透	从思想的急性传播和意识形态的斗争影响转化为培训、教育、交流、合作方面的间接渗透	每年中国各领域都会有大量的高端人才得到美国NGO的资助,或出国留学、进修,或从事各类项目的研究
	由非法处境向合法地位争取	由被动活动和禁止活动处境向全球化、市场化、法制化的名义出现	雾霾、气候、地震、灾害性问题对于全球的影响来压制中国
	由低层合作向高层影响推进	由扶贫、支教、助残等实践活动到争取国家级各类决策课题和研究项目	国家社科基金、国家自然科学金、科技部基金等都允许国外学者或组织参与申报或研究
在性质导向上	由外资合作到西方异化	进行合法的国际项目合作,但是在合作过程中有意识的支持或者选择倾向于西方利益的政策建议或者分析报告	先后支持三峡工程、南水北调、化工等布局的反对性项目等
	由技术泛滥到道德失范	通过各种高校、智库、项目、发展及治理等评估,引入所谓国际标准,实际带有强烈西方色彩的评估标准,影响我国各项事业发展走向	国际透明指数、牛津系列全球大学排行、国际民主治理发展指数、全球公民社会发展指数
	由市场化发展到功利性偏向	市场化发展缺乏制度和法律以及价值规范,追求利益、利润、地位的工具性和功利化色彩,导致社会智库本体宗旨偏差	山寨版智库名称泛滥,非实体、非注册、非研究性社会智库泛滥

因此,党和国家及时出台《关于社会智库健康发展的若干意见》以指导社

会智库的健康发展，"社会智库开展涉外交流与合作，创办发行刊物，开设网站，开立微博、微信之类的社交账户等应当依照有关规定办理审批手续。从事涉及国家秘密课题研究的社会智库要严格遵守有关保密条款和法律法规。加强行政执法。民政部门要依法查处社会智库违反社会组织相关法律法规的行为，业务主管单位应予协助和配合。对未经社会组织登记、擅自以社会智库名义开展活动的非法组织，由民政部门依法予以取缔。对社会智库违反法律法规的其他行为，由有关部门依法查处。"

二、社会组织主体形式发展的规范化措施

综上所述，我们发现当前我国社会组织存在着主观上的分类不明确，界定不规范、法律不健全，以及客观上我国市场经济不完善、政府职能未根本转变和社会组织发展不成熟等问题。解决问题的途径就是我们必须从更宏观的制度环境和更细致的政策细节进行改革，笔者认为可以从以下五个方面着手。

首先，在社会组织的合法性认定上，我们可以借鉴国际通用法则，认可结社自由，降低登记门槛，加大过程监督。自由结社是人们的基本权利，公民可以不经过政府的许可而自愿结成组织。这是人类自由和法治的最好体现，任何人或组织不得打破。但是我们要注意以下几点。首先，对于社会组织合法性的控制，主要是过程控制而不是主体控制，也就是说，社会组织没有合法或非法之分，它一经成立就具备了天然的合法性，但是在社会组织的运行过程中，如果出现法律普遍禁止的行为，法律机关将依法进行对其规制。其次，在对社会组织的非法认定和依法制裁过程中，政府和司法机关的规制责任必须严格区分，不能因政治意志或其他因素而随意干涉法律的正常执行。在我们国家由于没有一部完全意义上的社会组织法规，或者是"母法"，以及在对社会组织的执法中主要是行政机关而缺乏司法干预，从而降低了法律权威，影响了执法的公正性。再次，对于特定的社会组织的权力应专门进行规定。也就是说社会组织的一般行为是不受政府约束的，但是对于其与社会组织的基本

原则或者与社会公共利益存在着一定的矛盾倾向时,要专门对其法律规制,比如社会组织的免税申请、筹款资格认定、经营性活动的开展等都需要进行法律约束。

另外,在社会组织的登记上,我国是登记门槛较高,而过程监管较弱。因此,我们应降低登记门槛,从而让更多的社会组织有资格有机会成为正式注册的合法组织,同时明确民政部门和主管部门的监管职责,使社会组织的运作也成为名副其实的合法。同时我们还应改革双重管理体制,简化登记手续,改革主管部门的职能,使其主要是引导而不是干预,从而吸引更多的社会组织自愿登记。例如,对于规模小、无章程等社会组织可以采取备案制方式,使更多的社会组织纳入政府的监管范围。广东省在这方面做了更大胆的尝试,《关于广东省进一步培育发展和规范管理社会组织的方案》指出,除特别规定、特殊领域外,将社会组织的业务主管单位改为业务指导单位,社会组织直接向民政部门申请成立,无须业务主管单位前置审批后再向登记管理机关申请登记。广东省本次改革简化了登记程序,突出了"宽进"。

其次,在社会组织的营利性认定上,应采取积极的扶持性政策,提升社会组织的自我造血能力,减少法外营利。首先,政府部门应加大对非营利组织的资助力度。在税收方面给予宽松的优惠政策,特别是对于那些刚刚成立或规模较小且营利较低的民办非企业,以及那些为民众提供服务和救济的社会组织应给与优惠政策。国家加大扶持力度可以有效避免一些困难社会组织走上营利为目的的经营活动。其次,对于民办非企业的营业收入在征税方面应区别对待,即如果这些组织所获得的营业收入是继续用于该组织的社会服务事业,而不是用于组织成员的分配,这部分收入应给予税收减免政策。再次,对于民办非企业应加大过程监督,特别是明确登记机关和主管机关的监管职责,避免出现双重负责或无人负责的局面,在监管上引入税务和司法机关的监管,定期实行这些部门之间的情报交换制度,使各监管部门及时了解组织信息。最后也应引入社会监管,如媒体和普通公民的监管,或引入第三方监督机构,这类机构可以由社会组织联合组成,也可由政府委托某专业性机构担任。使这些社会组织的经营活动在一个网络监管之下,难以进行违法性营利活动。

当然对社会组织的监督是减少非法营利的重要方法,更重要的是加强社会组织自身能力建设,提升社会组织参与社会管理和服务的水平,实现社会组织的良好社会形象,从而增强社会组织的自我造血能力,减少社会组织通过其他非法渠道营生。这就需要不断优化社会组织结构、完善管理制度、培养专技人才。政府还应积极转变职能,将部分政府不宜管且又管不好的职能转给社会组织,同时下放权力给社会组织,增加社会组织完成各项工作的合法性基础和有效手段,另外还应将相应责任也一起转移给社会组织,使其权责一致,避免社会组织因滥用权力而造成的非法营利和贪污腐化现象。

再次,对于与政府对抗的社会组织的认定,我们应转变传统思想观念,引入现代社会管理意识,理性分析,区别对待,积极应对。首先对于那些带有明显的反政府反国家倾向的社会组织应进行严格取缔。而对于那些具有政治倾向的社会组织应区别对待,如果这些组织是为了影响选举过程或结果,带有权力获取的意图,法律应严格禁止,如果社会组织的政治目的是为了影响公共政策制定,使其服务民众更公平,则应给予鼓励。其次,对于群体性事件的认识,政府应转变观念,不能将所有群体性事件纳入敌对的范畴。政治学者金太军教授认为应将"群体性事件"改为"群体性行动"①,行动的主体是因为利益或权利受到侵害的相关受害者,他们因利益的共同性而聚集到一块,没有组织,更没有章程,不能将其笼统地认定为非法组织非法闹事。其实,在群体性事件发生时,社会组织应该发挥其积极的建设性作用。群众因为受到利益伤害而聚集到一起,一般情绪激动,他们无组织无纪律,一旦矛盾激发则难以控制,如果群众找到维护权益的相关社会组织,通过合法的社会组织与政府沟通,则会因为这些组织的专业性和理性,同时与政府的联系渠道便利,从而使问题更容

---

① 金太军、沈承诚:《学术的视野与学者的使命——金太军教授访谈》,《学术月刊》2011年第9期。

易解决,避免了混乱局面的发生。吴新叶教授认为,"在理论逻辑上,这是片面强调矛盾冲突性而忽视同一性的结果,是片面地把社会组织看成可能导致社会运动的结果。"①历史唯物主义认为,社会组织的产生归根结底是由于社会生产方式的根本变革,也是国家与社会职能分立的必然结果。政府难以处理的社会问题通过社会组织也能够得到很好的解决,从而降低了政府施政成本和社会危机风险。

最后,在社会组织的体制性认定上,以机制建设为突破口,加强社会组织管理机制和运行机制的建设。百度百科解释"机制"是指由有机体比喻一般事物,重在事物各部分的内在机理即相互关系,"体制"指的是有关组织形式的制度,限于上下级有层级关系的国家机关或企事业单位。②"机制"不仅是中性的同时是有效的,它巧妙地避开了"问题与主义之争"的困局,将问题放于机制层面来解决,绕开了体制性障碍。同时,从更宏观的角度来分析,机制属于制度范畴。按照制度自身演变思路,"案例——规则——制度——(机制)——体制——生态——治理",机制则是处于狭义上的"制度"与"体制"两个层面的中间。也就是说,当前我们应该在哪一个层次上进行制度的建设是必要的和可行的。以上提供的思路是机制这一阶段,因为规则和制度都是孤立的或无生机的硬性规定,较高层次的体制或生态又因为现实诸多因素的门槛制约,无法逾越,因而当前进行机制层面的建构可以说较为现实,可行性较强,操作性更强。机制的发展也必然带来对更高层次发展的要求,但前提是基础打牢了,问题清楚了,条件具备了,则更高层次的体制和生态的建构就顺势而成。因此,我们应加强社会组织的各项机制建设,比如,管理机制、监督机制、约束机制、激励机制、运行机制等。这些机制的建设将有效促进社会组织的规范化和合理性,从而实现其健康有序发展。社会组织自律和外部有效性的作用,也使其在市场经济和政治体制的双重监视下获得更大的生存和发展空间。

---

① 吴新叶:《农村基层非政府公共组织研究》,北京大学出版社 2006 年版,第 244 页。
② 百度百科,http://baike.baidu.com/view。

最后,对于社会组织的存在形式认定上,应将无形社会组织纳入正式社会组织的范畴,进行统一管理。社会的发展离不开社会资本的力量,这种力量在市场经济的培育和科学技术的支持下,越发显得重要。新形式的出现必然伴随着新问题,网络交流的自由性、散漫性,导致思想交流缺乏规范性和约束性,从而容易产生集体言语的盲目性和非理性,对社会秩序产生潜在的危害。然而,我们不能一揽子将其清除掉,而应区别对待,采取积极的措施去保护有益的新事物的发展。当前我们的政府部门对于他们的不同见解表现出了非凡的魄力和宽容度,这是我们国家民主政治进步的表现。对此,国家还应积极采纳他们的真知灼见,将不同的观点融为一体,共同为社会主义的建设贡献力量。除此之外,网络社会组织还面临着很多无序性和流变性的问题,对此我们应对这类组织进行备案调查、立档归类、定章立制、建岗定员,专门对其管理和监督,同时联合信息部门,制定网上社会组织运作的平台和机制,开发专门监督和管理这类社会组织的应用软件。公安部、民政部、宣传部等部门合作配合出台相关规定,建立联络管理机制、预警机制、危机处理机制等。民政部门也应将这些组织纳入统一考核,奖惩范畴。在征税、营业范围、营利额度、活动领域、组织人数、组织结构、组织机制等要有明确具体规范的规章法律。

三、结语

以上对当前我国社会组织主观性定性控制方式问题的归纳总结及改进建议,还未周济所有问题,但总体来说这类问题的解决需把握三个方面的原则。一是民主,充分体现社会组织在社会治理中的积极作用和重要角色,并用制度的形式加以保障。二是法治,必须同其他社会组织一样在法律的天平下公平竞争,按章行事。同时,在基于民主与法治原则基础上,还应照顾市场经济发展的规律,给予社会组织更多的发挥空间和必要的"试错性机会",在社会组织发展中,如有不可预见性或不可避免性的失当行为,法律制度应给予适当的宽容和保护态度,灵活合理的处理问题,并及时纠正其错误,使其按照正确的道路发展。因此由于国家社会转型时期的特殊国情,社会组织在参与各种活动中应有选择的进行,鼓励社会组织参与社会服务、志愿服务、经济服务等领域,积极发挥基层社会治理作用。在政治选举、维权等还不够成熟的社会肌理和社会制度时期,社会组织应该积极参与以协调、稳定、和谐、服务、监督、政策为主的社会或公共活动。协商式廉政建设就是在这一背景下,以协商参与、建言献策、民主监督、评估评议的和平方式进行积极参与反腐治理。根据联合国非政府组织处的统计,截至 2014 年 9 月,享有联合国咨商地位的社会组织共4361 个,其中享有一般咨商地位的 144 个,专门咨商地位 3283 个,入册咨商地位 979 个,而我国在联合国经社理事会享有咨商地位的社会组织仅 50 个(含港、澳、台),只占全部咨商地位社会组织的 1.1%。①

第二节　社会组织主体发展的制度建设

一、问题提出及分析框架

社会组织作为新时期社会治理力量的重要组成部分,它的发展不仅影响了社会治理的格局变化,也塑造了新的治理理念和治理精神。更为重要的是社会组织是社会的重要分子,社会组织的本体、精神、制度、环境的整体成长,其内外部的综合系统可以达到与社会高度融合、高度一致的境地。石国亮认为,私人组织(市场)、公共组织(国家)、社会组织是西方工业社会结构分化的三个部分。但是,"在 20 世纪后期以来的组织变革中,随着非政府组织的出现,私人组织、公共组织与社会组织出现了融合的趋势,在非政府组织的中介下,私人组织与公共组织都开始向社会组织靠拢。"甚至,"现在,随着私人组

---

① NGO Branch: *Consultative status*, 2014 年 9 月 1 日,参见 http//esango. un. org/civilsoci-ety/display Consultative Status Search.do,第 16 期。

织、公共组织与社会组织的融合,社会结构也开始了融合的过程。"①其实社会组织从来没有脱离市场、国家的范畴,"市场只有在深深嵌入市民社会并存在合作时,才能最有效运行;国家在嵌入市民社会时才能在经济发展中扮演积极角色"②,"市民社会可以参与对国家的塑造活动,这种参与活动也确实承担起了由市民社会的私人性向国家和政府的公共性过渡的功能。"③然而我国社会组织发展起点晚、基础薄弱、受历史与政治影响深重,社会组织发展至今仍在制度建设和环境配套方面存在很多缺陷。因而我国社会组织的工具性问题较为突出、行政色彩浓厚、社会组织公共意识模糊,由此而产生的社会组织未能真正融入社会整体发展的系列环节,难以成为社会转型的主导力量。社会组织作为主体发展,仍与国家、市场乃至社会严重脱节,必须认真研究,着力突破。

　　基于以上问题的思考,本研究以"主体·制度·社会"为分析框架,我们认为社会组织的发展与治理转型密切相关,其中,社会组织的发展不仅仅是单纯的社会组织这一现实存在物的能力和规模发展,它应该在主体社会关系、法律地位、公共意识等方面进行制度化培育,"社会组织在社会创新中不仅可以提供福利,还可以培育社会凝聚力。社会组织要超越其治理工具的意义,需要一套包容性的社会制度架构"④。只有如此,社会组织才能从本体论上升到经济发展中的市场论,再到国家政治与法律中的治理论,乃至发展到社会道德、法律并举的善治论。"好的社会概念与公共社会概念的差别在于,它不仅强烈支持志愿社团(丰富而强大的社会结构以及话语的文明),而且试图找到某些具体善的社会性观念。"⑤只有整体社会得到了全面发展,"谋求维护最广大

---

① 石国亮:《论私人组织、公共组织与社会组织》,《中国行政管理》2010 年第 10 期。

② 何增科、包雅钧:《公民社会与治理》,社会科学文献出版社 2011 年版,第 10—11 页。

③ 张康之、张乾友:《市民社会演变中的社会治理变革》,《浙江学刊》2009 年第 6 期。

④ "Social Innovation and Civil Society in Urban Governance:Strategies for an Inclusive City", *Urban Studies*, Vol.42, No.11, October, 2005.

⑤ [美]阿米特·埃兹奥尼:《社群主义与道德维度》,载[美]唐·E.艾伯利:《市民社会基础读本》,商务印书馆 2012 年版,第 152—176 页。

人民的根本利益,最大限度地增加和谐因素,增强社会发展活力"①,社会治理中的社会组织力量才能得到真正发挥,社会组织创新和驱动社会发展的能力才能得以不断加强。

二、外部环境影响下的社会组织发展局限

外部环境的导向作用将国家和政府的意图迅速地传达给社会组织,在国家对于社会组织"选择性支持"政策引导下,由于社会组织生存和发展的需要,社会组织的自我功能定位和发展目标将会因为外部政策和环境的影响产生"跟随效应"。当前我国经济社会发展还处于转型时期,发展中的经济水平决定了相应政策的需求层次,这对于社会组织的要求也处于不断调整的阶段,在这个过程中社会组织外部环境还不够成熟,制度不够完善,社会组织发展主要表现出以下三个方面的局限性。

一是,对社会组织政策支持力度不够,社会组织主体政治功能缺乏。目前社会组织的作用大都是在经济和社会服务两方面,而关乎社会组织参与政治决策的重大事项方面还是很难看到社会组织的身影。对于专门从事建言献策的社会智库来说,它的声音也很难到达决策者那里,得到的大多是参考和倾听。更重要的原因在于,我们剥除了社会智库的政治功能和社会化作用,大多将其作为企业或者政府建言献策的经济工具。就拿社会组织本身来说,经济类、服务类、公益类、科技类都是国家政策支持的重点,而法律类、维权类、思想类等社会组织,没有得到很好的重视。以法律类社会组织为例,由 2008 年的 3236 个减少到 2015 年的 3000 个,年度环比增长连续下降,2015 年相比 2014 年更是下降了 8.2%。② 这种对于社会组织的机械性态度,就很难发挥

① 乔耀章:《从"治理社会"到社会治理的历史新穿越——中国特色社会治理要论:融国家治理政府治理于社会治理之中》,《学术界》2014 年第 10 期。
② 民政部:《社会服务发展与统计公报》,2008—2015 年,见 http://www.mca.gov.cn/article/sj/。

其应有作用,更难以对于社会长期持续发展起到基础作用。

二是,社会组织相关法律不健全,社会组织主体法律地位不明确。政府往往采取限制方式或者"选择性支持"方式,导致出现注重"培育"而忽视社会自我"发育"的现象。除单方面自上而下的对于社会组织合法性的支持存在不足之外,社会组织也面临着与其他社会主体关系难以厘清的问题。在当前大力实施的政社分开改革中,政府通过简政放权的方式,积极推动社会组织与政府分离脱钩,问题是政府在让出权力的同时,却没有给予社会组织充分的自我决定、自我治理的自主权,权力没有真正下放,从现实情况来看,更多的是"权力的下派",即直接委派给被选中的社会组织。实际上在当前我国政治局面中,无形之中又形成了政府与社会组织的"上下级"关系,政府在社会组织的权力承接、权力运行、权力收回等方面起着决定性作用,因而"政社不分"的形式只是由原先的"嵌入式"改变成为了"下属式"。同时政府在退出社会组织自主活动领域后,党加强了社会组织党建,应实施社会组织党建科学化路径,建立党社之间良性合作互动关系,从而确立社会组织在我国政治社会活动中的重要地位。

三是,社会组织目标功能定位不清,社会组织主体道德要求不到位。当前国家积极发展个人的权利,包括自我管理、自我选举、自我服务、自我监督等权利;而另一方面国家也积极实施政社分开改革,力促社会组织脱离对政府过度的行政依赖。这就产生了一种发展趋势,国家支持个人发展的自主权利,社群中的自主诉求也自然助长了个体精神的发展,如果过度渲染个体权利而忽视公共精神的塑造,可能会造成个人主义的发展倾向。个人主义并不利于社群的发展,相反它会割裂社群内部的联合关系。社会组织原本具有民主、合作、信任与妥协的重要内涵,但是社会组织在我国的发展却没有很好地利用它背后的强大精神力量和社会文化推进作用,片面将其作为经济生产力和社会稳定所必需的工具,由此,社会组织的"个人主义"也暴露无遗,迈克尔·桑德尔指出个人主义盛行带来的后果,"个人取得了很多的权利,却没有相应的公民意识。民主体制内的斗争将完全集中于如何调整民主过程以满足个人和团体的各种诉求,而非如何实现民主的实质性目标。"①而在此时,国家理应从全局的角度,以共同善和美德社会为目的,积极发挥社会组织的作用。然而,当面对越来越复杂的社会问题和危机挑战时,政府则是通过强制性控制来取得社会的暂时稳定,于是国家部门、国家法律、国家政策层出不穷,这与此前的个人主义形成了对立之势。没有社群真正意义上的合作、团结、信任、妥协的精神实质,没有完整意义上的社群主义的黏合破裂和化解冲突的作用,政府处理社会矛盾时往往力不从心。

三、整体视域下现代社会组织发展的制度化建设

应从社会组织整体环境发展考虑,优化社会组织在社会中的主体角色以及与其他社会主体的制度性结构关系,创造社会多元合作共治的"善治"图景,"'善治'不局限于好政府,而着眼于整个社会的好治理,是公共利益的最大化,而不是政府利益或某个集团利益的最大化。对西方的超越在于,在中国语境中,善政仍然是实现善治的关键。而对一般政治哲学的超越在于,它包含民主法治,但不局限于民主法治"②,因此善治是一种综合体现,既有体制、也有法制和德制的要求。本研究从现代社会组织体制建设、现代社会组织法制建设与现代社会组织德制建设三个方面综合分析。

表 5-2-1　社会组织制度化建设及其影响效应变化

指标＼阶段	现代社会组织制度建设			制度发展的理想状态
	现代社会组织体制建设	现代社会组织法制建设	现代社会组织德制建设	
主体表征	社会组织	市民社会	公共社会	好社会
主体特征	自由主义	社群主义	多元主义	合作主义

----

① ［美］迈克尔·桑德尔:《民主的不满:美国在寻求一种公共哲学》,曾纪茂译,江苏人民出版社 2012 年版,第 380—405 页。
② 俞可平:《治理与善治引论》,《马克思主义与现实》1999 年第 5 期。

阶段 指标	现代社会组织制度建设			制度发展的 理想状态
	现代社会组织 体制建设	现代社会组织 法制建设	现代社会组织 德制建设	
主体间关系	权力制约	法律制约	自律	自律与他律结合
主体权力	人格化权力	体制化权力	道德化权力	社会化权力
治理类型	权治	法治	德治	善治

四、总结

在无充分文化精神与成熟市场经济背景下,由于政府和社会组织各自利益价值的不清晰,政府的自主性、政治性、社会性产生了脱节,同时,社会组织的功能定位和目标诉求也产生了内在焦虑的危机,从而导致社会治理生态的破坏。因此国家必须重新审视社会组织的真正内涵本质与功能作用,从全面深化改革的角度,对于社会组织主体发展提供更为广阔的发展空间。研究体现了从社会组织到市民社会再到公共社会,最后到"好社会"的发展轨迹,体现了社会组织主体在整个社会、国家及市场关系中的角色、地位与精神塑造。但是如何实现一系列成长轨迹的顺利转型,国家和社会应从整体关系优化的角度,处理好政府与社会组织的体制关系,政府与社会组织的法律关系和政府与社会组织的道德关系,尤其是着重于从制度化路径,以顶层设计、全面规划、整体平衡的思路,创造社会组织发展的良好外部环境。

第三节　政社分开与社会组织治理

虽然社会组织作为协商式治理的重要主体,但是社会组织自身发展的不成熟不完善,加之相关法律法规制度欠缺,造成了社会组织主体发展的诸多非正常问题。同时社会组织因为承接政府放权和赋予的公共服务职能,又衍生出社会组织利用职权腐败的问题,这为社会组织参与制约政府腐败问题的途径又增加了很多不信任。其实社会组织参与社会治理中职权增加,其背后出现腐败问题的根本原因是社会组织行政化色彩浓厚,社会组织在执行社会和行业管理任务时,运用传统的行政管理方式,具有强烈的形式主义、官僚主义。同时政府在不断简政放权、转移职能、减少腐败的空间和加大制约力度,但是由于社会组织与政府关系密切,很多社会组织由政府发起或者挂靠政府部门,或者政府人员在其中兼(任)职,少数领导干部趁机"暗度陈仓",使社会组织成为政府权力延伸和腐败转移的"安全带"。庄德水指出:"管理体制滞后是社会组织发生腐败问题的根源。长期以来,一些社会组织依附于政府部门,沿用行政方式管理,在资金来源,管理运作和社会服务等方面存在先天不足,成为政府行政权力的延伸。"①程文浩也指出:"很多行业协会虽然是社会组织,但背靠政府,拥有政府授权,本身掌握着一些隐形权力,比如制定行业规则,组织行业评比等,甚至权力滥用,通过向会员单位乱收费等方式获取非法利益。"②2015 年,李克强同志在国务院第三次廉政工作会议上指出:"还有更突出的,就是政府放权降低了'门槛',但有的地方中介'高墙'依然林立。有的中介打着政府的旗号,服务乱,收费高,搞垄断,被社会上称为'二政府'、'红顶中介'。有的行业协会,依托主管单位的权力,对企业强制服务,强行收费,如不交钱登记,企业就不能在当地承揽项目。这些中介乱象,使企业负担不减反增,成为新的市场'拦路虎',严重制约市场活力,也为寻租腐败提供了机会。对这些问题,必须坚决纠正和治理。"③

因此从源头上卡住社会组织腐败的空间和机会是当前社会组织腐败治理的根本之策。社会组织反腐"必须以社会力量的壮大以及政治国家和市民社

---

① 陈金来:《透析社会组织领域腐败问题》,《中国纪检监察报》2018 年 3 月 29 日。
② 陈金来:《透析社会组织领域腐败问题》,《中国纪检监察报》2018 年 3 月 29 日。
③ 李克强:《在国务院第三次廉政工作会议上的讲话》,http://mjj.mca.gov.cn/article/xzglxw/201503/20150300779567.shtml。

会的分离作为前提。"①李景平指出："脱钩是治理腐败的一个重要举措,有釜底抽薪、斩断根源效果。"②王红艳指出："构造式治理是社会组织治理腐败的重要路径,它是在完善社会组织法人治理结构的同时,主要从推进社会组织与党政部门分离入手对社会组织腐败实施治理的。"③2017 年《民政部关于进一步规范社会团体涉企收费等行为切实减轻企业负担的通知》指出："加快行业协会商会脱钩改革,是厘清政府与行业协会的职能边界,切断行业协会商会和行政机关的利益链条,实现行业协会商会'去行政化'的治本之策。从制度上解决行业协会商会依托政府部门或利用行政影响力违规收费的问题。"

　　政社分开改革起步于 20 世纪 80 年代,但是 80 年代末颁布的《社会团体登记管理条例》规定,社会组织必须同时接受同级登记机关和主管单位的管理,"双重管理体制"为政社分开造成了新的阻碍。1999 年,国家经贸委印发的《关于加快培育和发展工商领域协会的若干意见(试行)》中提出协会商会应"坚持自立、自治、自养的原则",并提出按照"政社分开"的原则探索协会商会管理模式。同年,协会商会的改制基本完成。以这两项工作为基础,协会商会的去行政化改革大幕真正拉开。2002 年南京开展了以人事分离为主要内容的政会分开改革。2005 年,《关于促进行业协会商会改革与发展的若干意见(征求意见稿)》发布,提出从职能、机构、人员和财务四个方面与行政机关彻底分开。重庆、广东等省市改革取得初步成效。2007 年,国务院办公厅发布《关于加快推进行业协会商会改革和发展的若干意见》,明确要求切实解决行政化倾向严重以及依赖政府等问题,自此,"四脱钩"成为协会商会政会分开改革的核心。2009 年重庆开始进行全市的社会团体政社分开改革,这相对于前面各地区仅在行业协会商会去行政化改革方面迈出了新的一步,并于2010 年末宣布在"机构、职能、人员、财务、场所"等五个方面脱钩改革基本完

①　张新光:《论社会制约权力》,《浙江师范大学学报(社会科学版)》2006 年第 4 期。
②　郑赫南:《脱钩,能否根治"涉协会腐败"》,《检察日报》2016 年 4 月 26 日。
③　王红艳:《社会组织腐败治理机制变迁与发展》,《政治学研究》2016 年第 2 期。

成。然而政社分开改革带来了社会组织发展困境和其他新的问题,2010年至2014年政社分开处于调整期。随着社会组织腐败问题加重,为了配合全面反腐的工作开展,同时配合政府职能转变和社会组织培育发展,2015年中共中央办公厅、国务院办公厅印发《行业协会商会与行政机关脱钩总体方案》,自此行业协会商会脱钩改革进入全面改革时期,一系列配套改革措施相继出台,加上前期的改革政策主要包括国家相关部委关于"行业协会商会负责人管理办法""行业协会商会有关行政办公用房的管理办法""公务人员在社会团体兼任职的管理办法""脱钩与国有资产管理的办法",并且加大政社分开改革在社会组织腐败治理中的有效措施,出台了"规范行业协会商会收费管理的意见""行业协会商会综合监管办法"。其他财税相关监管政策有"关于社会组织票据使用规范""关于行业协会商会扣税免税规定""关于社会组织账户管理规定""关于社会组织统一社会信用代码"。在执法方面关于"社会组织信用管理办法""社会组织抽查暂行办法""社会组织受理投诉举报办法""社会组织谈话规定""社会组织登记机关行政处罚程序规定"等。在负责人管理方面"退离休干部在社会团体兼职"等。在慈善事业方面"社会公益事业领域政府信息公开""失信联合惩戒"等。在社会团体方面,出台"规范涉企收费减轻企业负担""行业协会价格行为指南""行业协会商会行业自律建设""规范社会团体合作活动规定"等。在民办非企业单位方面出台了"营利性民办学校监管实施办法""诚信评估指标""自律与诚信建设规定"等。在基金会方面出台"专项基金管理""注册会计师审计制度""信息公布""年检"等。其他如"社会团体薪酬管理""社会组织健康发展"等有关制止社会组织腐败问题的监管政策也相继出台。

但是,自2013年以来在政府反腐领域出现捷报频传、腐败治理效果明显、腐败问题各项指标均出现好转的情况下,社会组织腐败问题却日益突出,成为腐败领域的新的增长点,并成为高发领域,对于当前全面反腐任务的开展形成了巨大挑战。仅2016年全国就查处社会组织违法违规案件2363起,其中取缔非法社会组织 16 起,行政处罚 2347 起,尤其是从 2018 年 2 月初到 3 月底,中央已经连续发布五批涉嫌非法社会组织名单,共计 302 家,广东也公布首批 13 家涉嫌非法组织名单,北京宣布首批 16 家非法社会组织名单,湖南、山东、河南、河北等其他省市也相继提出大力整治非法社会组织专项行动,社会组织腐败不仅在注册的社会组织内发生,在未注册的非法社会组织中影响也很严重。当前政社分开改革不断推进,通过政社分开防止社会组织腐败的政策文件多达几十项,但是这些政策明显暴露出法阶层级低、政策间衔接性不强、重复冲突地方较多等问题。很多政策出台明显带有"突击救火""头疼治头,脚病治脚"等问题,缺乏治本之策,往往刚刚治理了一个问题,新的问题又出现,甚至造成出台的政策前后矛盾,以至于"按下葫芦浮起瓢"的问题不断出现。政策的不连贯和政策的不系统、不协调、不统一为政社分开以及防腐治理带来了执行难度。本研究基于政社分开改革中在治理社会组织腐败上出现的问题进行反思分析,因为在政社分开改革前后出现的措施计划较多,所以,本研究依据最近的《行业协会商会与行政机关脱钩总体改革方案》中的改革内容"五分离,五规范"即"机构分离,规范综合监管关系;职能分离,规范行政委托和职责分工关系;资产财务分离,规范财产关系;人员管理分离,规范用人关系;党建等事项分离,规范管理关系"等五个方面的改革框架作为基本依据,结合政社分开改革中各项政策文件和改革中出现的现实问题进行全面分析,在反思分析中有针对性的对于较为典型的重庆市 C 市社会组织政社分开改革与腐败治理的相关问题数据进行微观透视,从而达到全面立体的观察研究视角。

一、基于政社分开改革与社会组织腐败治理的问题反思

本研究依据的"五分离,五规范"的政社分开改革任务中,第五项"实现党建、外事和人力资源管理的分离,规范管理关系",仅将问题较为突出的"党建"这一块改革进行分析,"外事和人力资源管理"因为涉及腐败等问题相对偏少,所以,本研究未展开分析。

1. 对于"机构分离,规范综合监管关系"的反思

为了加强对于社会组织的监管,我国采取登记管理机关和业务主管机关同时对社会组织进行监管。"双重监管制度"形式上增加了对于社会组织的监管层面,但是多头管理因为没有理清监管的职责关系,反而弱化了对社会组织监管的力度。本来业务主管部门是对社会组织合法性和合规性的日常监管部门,但是由于登记管理机关的行政层级高,业务主管部门为了规避对于更高层级的登记管理部门"越权"之嫌,有意弱化自己的监管职责,而登记管理机关又没有完善和细化对于社会组织的监管职责,主要是通过登记和年检环节进行监督,从而造成目前对于社会组织监管薄弱现状。在政社分开改革过程中,我国北京、深圳等地率先实现了业务主管部门转变为社会组织的业务指导部门,2015 年中央办公厅、国务院办公厅联合发布《行业协会商会与行政机关脱钩总体方案》明确规定"取消行政机关(包括下属单位)与行业协会商会的主办、主管、联系和挂靠关系"。这就使得原本薄弱的业务主管部门对于社会组织的监管更是流之于形式。虽然放松了对于社会组织的束缚,某种程度上激发了社会组织的活力,但是在登记管理机关未能明确细致严谨的监管职责的情况下,却给社会组织的腐败留出了更大的余地。因此,应该规范业务主管部门或者业务指导机关法定监督职责范围及其实现途径,确保在管制和扶持之间寻找政府监管行为的合理边界。另外,按照 2007 年《民政部关于授权中国法学会作为社会团体业务主管单位的通知》、2009 年《民政部关于国务院授权全国工商联作为全国性社会团体业务主管单位的通知》和 2011 年《民政部关于国务院授权中国红十字总会作为全国性社会团体业务主管单位有关问题的通知》,中国法学会、全国工商联和中国红十字总会将负有登记管理部门和业务主管部门的双重职责。这与我国绝大部分社会组织通过民政部门登记管理有所区别,在相关政社分开改革政策规定中没有具体涉及如何规范这类问题。

在政社分开之后，除登记管理机关和业务主管机关明确规范对于社会组织的监管以外，《行业协会商会与行政机关脱钩总体方案》规定其他政府职能部门需要加强对于社会组织的监管，这些部门涉及税务部门、财政部门、审计部门、司法部门和公安部门等。在这些部门制定的相关法规制度中，对于涉及社会组织的工作任务以及违法腐败行为，没有细化规定，有的只是模糊处理，在这些部门的工作程序和任务中也没有重视社会组织的违法处理。2018年财政部、国家税务局《关于非营利组织免税资格认定管理有关问题的通知》，提出"有关部门在日常管理过程中，发现非营利组织享受优惠年度不符合本通知规定的免税条件的，应提请核准该非营利组织免税资格的财政、税务部门，由其进行复核。"这个通知是在国家做出政社分开改革后实施的文件，但里面"有关部门"进行了模糊认定，如果以社会组织的日常管理部门来说，应该是民政部门，但是民政部门基本上通过年检进行管理社会组织，还没有达到"日常"的频度，而业务指导部门在政社分开改革后已经大大弱化了日常管理业务，再则对于社会组织税务执行情况，最为熟悉的职能部门应该是财税系统部门，但该通知又规避了这个责任。

2018年，国家监察委员会及各地监察委员会相继成立，规定了监察委员会监督的对象，作为行使国家监察职能的专责机关，国家监察委员会和各级监察委员会依法对所有行使公权力的公职人员进行监察全覆盖。然而社会组织是否属于监察范畴之内还需要严格审思，有的社会组织通过法律法规或者政府委托来实施行政职能，这种职能相匹配的是公权力，因此这部分社会组织在行使行政职责的期间内应该接受监察委监察。但如果没有行使或不在行使行政职权期间的社会组织就不属于被监察的范围。监察委还专门将监察对象列为六类，其中第二类为"法律、法规或者受国家机关依法委托公共事务的组织中从事公务的人员。"在这类规定中，正如前面所述，承接政府职能的社会组织应该属于这类，但并不是只有被政府委托的社会组织才从事公共事务，许多社会组织，尤其是在社区居民自治性社会组织或者接受民众委托的第三方评估类社会组织,他们执行的也是公共事务,那么这些社会组织是否应该接受监察委监察? 当然这些社会组织行使的不是公权力,可以据此将其排除在外,他们行使的是社会权力,即民众自我治理的权力。但是在监察委列出的第五类被监察对象为"基层群众性自治组织中从事管理的人员",其中"基层群众性自治组织"严格意义上(按照宪法和村居委会相关法律)也是社会组织,行使的应该是社会权力,但按照现行办法,"基层群众自治组织"一般是指"村委会和居委会",在我国这又不属于"社会组织"范畴,他们一般代行上级政府承担部分公权力。在我国有些地区,社区居委会已经将所有行政事务上交给街道办事处,自己仅行使与居民密切相关的公共事务,所谓的"公权力"已经被排除在外,那么这些社区居委会是否在监察委监察之列? 因此监察委在认定的监察对象对于社会组织及其相关组织没有科学严格的界定,存在概念和实质内容的混淆。

在预算监督方面也存在财政系统、审计系统和人大系统三分的局面,财政系统负责预算编制和预算执行的具体组织,审计系统侧重预决算执行情况的监督,人大系统负责预决算审批和总体监督。由于财政系统和其他行政职能部门同属于预算最大化的争取方,他们虽有监督能力,但监督责任不明、监督动力不足,甚至自己也常常出现不小的预算违规行为。① 在政社分开改革要求中,行业协会商会需要在资产财务上与行政部门脱钩,要求独立设置账户,包括行业协会商会的分支机构也应与所属总会共用一个银行账户,这就需要中国人民银行及其所属机构,国有银行及其他政策性银行加入到对于行业协会商会的监督中来,因为商业性银行具有营利性,是市场性的非行政性银行,因此行政执法会带来工作不力或者变相执法的情况。因此,在社会组织财税业务的监管上,政府相关职能部门没有明确责任和监管边界,在各自制定的相关法规制度中,因为各部门的监管都有义务,因而在制定本部门法时就有意回

① 郭剑鸣:《公共预算约束机制建设与中国反腐败模式的完善》,《政治学研究》2004年第4期。

避争议和冲突,这实际上弱化了,甚至模糊了对于自己的责任以及其他部门的责任,也就难以真正对于社会组织起到监管作用。

2. 对于"职能分离,规范行政委托和职责分工关系"的反思

《行业协会商会与行政机关脱钩总体改革方案》仍将"职能分离、规范行政委托和职责分工关系"规定为:"厘清行政机关与行业协会商会的职能。剥离行业协会商会现有的行政职能,法律法规另有规定的除外。"周俊指出:"职能分离的重点还是剥离行政职能,而没有同等重视将不属于政府的行业治理职能交还给社会,没有意识到过度干预社会也是一种行政化,更没有正视行业协会商会已经进入到'一业多会'时期,传统的垄断地位不再,在竞争格局中,如果一切行业治理职能都还披着行政职能的外衣,那么,行业协会商会的发展土壤必将变得贫瘠,如此,政会脱钩可能会面临难以预料的糟糕后果。"①从2016年C市社会团体与行政机关脱钩改革,实现"职能、人员、财务、资产、场所"分离情况(共涉及69家社会团体)来看,唯有职能分离的整改情况数据为零。这暴露出职能分离是政社分开的难点,也反映了政府在与社会组织职能分离界定上缺乏法律标准依据,在权限边界和职能划分上存在很多争议和模糊问题,从而造成了政社职能分离处于"不知所措,无从下手"的尴尬局面。

2017年,《民政部关于进一步规范社会团体涉企收费等行为切实减轻企业负担的通知》指出"要加大执法查处力度,从严从快查处社会团体依托行政机关、行政审批、政府购买服务、政府委托职能、评比达标表彰等实施的违法、违规收费行为,做到发现一起、查处一起、曝光一起。"这个《通知》细化了社会组织在与行政机关脱钩后承担的部分公共职能。但是这同样是由政府委托、授权、购买等方式获得的权力,而非真正将权力转移给社会组织,让社会组织独立承担,从而建立制约社会组织权力的法律制度体系。在笔者2016年对于

---

① 周俊:《职能分离决定政会脱钩成败》,《中国社会组织》2015年第19期。

C市政社分开改革后40家社会团体(包含实施脱钩改革和未实施脱钩改革的)的职能现状调查发现,政府向社会组织转移职能主要通过法律(5个)、政策(13个)以及协议(18个)等途径,可见真正通过法律确定的只有5个,其他基本是通过政策和协议,这两种模式的合法性和可持续性很不稳定,社会组织承接的职能未能完全到位。另外,从这40家社会组织发展的障碍调查结果来看,有关职能部门授权不足(9个)和组织没有法律赋予的权利,缺乏权威性(7个),共计16个,这同样反映出社会组织本身职能和权力的合法性不足,法律和政策的支持力度不够,改革不够彻底。

表5-3-1 2016年C市政社分开改革后职能和发展障碍问题调查结果

政府委托职能和工作的方式	法律条文规定(相关法律)	5	社会组织发展主要障碍	有关职能部门授权不足	9
	政策规定(相关政策)	13		组织缺乏完成相应工作的资金	11
	长期合作协议	11		组织缺乏人才	15
				技术手段缺乏	5
	短期合作协议	7		组织与相关部门缺乏沟通	9
				组织没有法律赋予的权利,缺乏权威性	7
	其他	1		缺乏社会支持,企业不配合	16

从全国来看,当前政府与社会组织职能分离后出现了两个现象:一是成立官方色彩的新的社会组织中介机构,承接政府转移的职能,而不是直接放权给社会组织。如政府成立枢纽型社会组织、社会组织促进会、社会工作联合会等作为政社分开后政府间接管理社会组织的手段。枢纽型社会组织、社会组织促进会以及社会工作联合会等都在民政部门登记注册,以社会组织的身份存在。但这些组织的负责人和部分工作人员有行政待遇,工资由政府发放;有的仍在政府任职,然后在这些组织兼职。"他们有着'双重身份',对内而言其属于'准政府',员工享有政府工作人员待遇,承接政府管理社会组织的功能,对外以民办非企业或者社会团体注册,以社会组织模式运行,也参与政府购买社

会组织服务。概括地说，'用有形的手与政府沟通，用无形手'控制社会组织'"①，用经济学术语来讲，这些组织担当了"白手套"的角色。二是通过政府购买社会组织服务来规范政社之间的法律权限边界。但是在政府购买社会组织服务中，无疑又增加了新的"委托—代理关系"，本来在政府一般预算中，委托人"公民即纳税人"和代理人"政府"之间就因为二者之间的信息不对称，发生腐败寻租问题，"一旦存在委托—代理关系，由于委托人和代理人之间存在着信息不对称，这样，代理人就有可能发生机会主义的行为或道德风险行为。这些行为在有利于代理人的同时，必然损害委托人的利益。甚至，在信息不对称情况下，代理人在实施以权谋私的过程中，可以在委托人不知晓的情况下将损失转嫁给委托人。"②况且在政府与纳税人之间还有一层代理关系，那就是人大的预算审批和监督，将人大的职能考虑进去，那么就是公民委托了人大，人大又委托了政府，这三层代理和委托关系之间虽然人大的介入监督可能减少了腐败的可能，但是在我国现有政治结构体制下，人大对政府的监督和约束力量较为软弱。在这种情况之下，社会组织又直接介入进来，政府将服务委托给了社会组织，在政府和人大之间增加了一个新的代理层级，这就大大增加了腐败寻租的空间，"在终极委托人和终极代理人之间层次多、链条长，且是一个递减函数，每增加一个层次，降压一次，层次越多，链条越长，终极委托人就越难对终极代理人实施有效的监督"③。尤其是在当前对于社会组织的监督制约体系还未完全建立，社会组织自身发展还未成熟，社会组织廉洁自律的文化氛围还未形成，社会组织洁身自好的价值观念还没确立的情况下，社会组织的介入有着"双刃剑"作用，如何避免增加社会组织代理服务这一环节的腐败机会，必须考虑加大对其监督的力度。李兴文指出："在达成购买公共服务

---

① 乔东平等：《政府与社会组织合作：模式、机制和策略》，华夏出版社 2015 年版，第 164 页。

② 任建明：《廉洁政治：概念与目标》，《理论与改革》2017 年第 5 期。

③ 朱圣明：《民主恳谈：中国基层协商民主的温岭实践》，复旦大学出版社 2017 年版，第 122 页。

的契约后,由于提供财政资源的委托方(政府)缺乏足够的信息,并且由于公共服务质量量化评估难,公共服务成本和价格计算难,服务过程监控难和质量标准制定难,因此控制代理方(社会组织)难度大;而代理方在实践中掌握更多权力,更了解实际情况,可能产生各种合同漏洞,引发社会组织逐利的道德风险,或囿于社会组织自身的运作能力,造成执行过程中偏离委托方意图。而政府因为拥有包括特许经营权在内的审批、服务价格和服务质量监督管理等方面的权力,在缺乏外部监督的情况下,很容易滋生腐败。"①

3. 对于"资产财务分离,规范财产关系"的反思

在清华大学廉政与治理研究中心等部门开发的《中国民间公益透明指数(GTI)》2015 年度报告中,从基本信息、治理与管理信息、项目信息、财务信息四个一级指标得分的高低看,财务信息得分最低,为 2.45 分,只有理论满分的8%。再从平均值与中位数的对比看,财务信息的中位数为 0,反映出大量 GTI 涵盖机构没有通过网络披露机构的财务信息。这说明财务信息的披露仍然是广大民间公益组织的弱项。刘碧强指出:"治理社会组织腐败,最关键的是对社会组织进行产权改革,改变其对行政的依附关系。只有这样,才能让社会组织真正参与到公开、公平、公正的市场竞争中,为市场经济服务,为社会服务。"②在我国政社分开改革中涉及社会组织资产财务问题的主要有以下几项。

一是,民办非企业举办主体和其他主体产权关系不明确,从而导致资产财务关系不清晰,民办非企业是否"营利"性质含糊,容易产生腐败。1998 年《民办非企业单位登记管理条例》规定举办主体是非国家机关(包括党政机关和人民团体)的社会力量和公民个人。举办资产是非国有资产,第四条规定民

---

① 李兴文、丛斌:《关于政府向社会组组织购买公共服务的若干思考》,《经济研究参考》2015 年第 8 期。

② 陈金来:《透析社会组织领域腐败问题》,《中国纪检监察报》2018 年 3 月 29 日。

办非企业单位不得从事营利性经营活动。而1999年《民办非企业单位登记管理办法》(以下简称《办法》)中第五条规定民办非企业单位合法财产中的非国有资产份额不得低于总财产的2/3,民办非企业单位须在其章程草案或合伙中载明该单位的盈利不得分配,解体时财产不得私分;2004年财政部《民间非营利组织会计制度》规定,民间非营利组织不以营利为目的,资源提供者向该组织投入资源不得取得经济回报,资源提供者不享有所有权。因此,就开办资金而言,非政府属性要求民办非企业单位应利用非国有资产,但《办法》关于国有资产不得超过民办非企业单位资产的1/3的规定使得问题变得复杂:一是举办者投入的资产性质本身难以界定;二是国有企业、事业单位的资产性质亦日趋复杂;三是许多民办非企业单位依托公共机构,其财产未完全从依托单位中独立出来。① 在2014年《民办事业单位登记管理条例》(草案)第五十条,又做出"民办事业单位将取代民办非企业单位"的规定,民办非企业的"事业性质"将使得社会组织举办者及其资产财务关系发展趋势变得更为复杂。除了民办非企业要厘清与其举办者关系外,还得与捐赠者、受益者、雇员、志愿者等其他相关主体明确资产财务关系,这些都是当前民办非企业及其相关主体间资产财务关系不明确容易产生腐败的地方。

二是,税务部门没有专门针对社会组织的票证管理体系,社会组织在活动中基本都使用财政部门的票据,使税务部门难以真正掌握其全部经营情况,难以对其进行管理。社会组织没有统一的社会捐赠发票,为社会组织混淆捐赠收入和经营性收入进行逃税漏税提供了机会。笔者在C市政社分开改革后社会团体(共69个)使用的票证中可以发现在改革后真正使用税务发票的仅有1个,而使用会费收据和其他票据的社会团体有19个,并且会费收据使用由改革前的14个增加到16个。这种使用票据混乱情况存在,为腐败产生提供了温床。

---

① 赵立波:《事业单位社会化与民间组织发展研究》,山东人民出版社2010年版,第131页。

表 5-3-2　2016 年 C 市政社分开改革票据类清理前后数据

名目	使用收费票据				
	使用非税收入一般缴款书的社会团体(个)	使用会费收据的社会团体(个)	使用捐赠票据的社会团体(个)	使用税务发票的社会团体(个)	使用其他票据的社会团体(个)
脱钩前	1	14	0	0	3
脱钩后	0	16	0	1	3

　　三是,有些社会组织采用两套账本,以应付不同监管部门的财务监察。如民办高校,按民办非企业单位管理的要求,需要每年向民政部门提供按照《民间非营利组织会计制度》编制的会计报表。由于它的业务主管部门是教育部门,因此按教育部门要求,民办高校还要按照《高等学校会计制度》中设定的会计科目向教育部门提供各项统计报表。两套会计制度不能对接,民办高校的财务部门面对不同的管理部门,在两套制度之间不停切换,导致有些民办高校多账套设账。① 笔者从C 市政社分开改革后的社会团体(共 69 个)账号及会计制度使用情况来看,社会组织执行民间非营利会计制度的社会团体仅有 16 个,与挂靠单位会计合账的有 2个,由机关财会人员兼任社会团体财务的 1 个,财会人员具有职业资格的 16 个,这都反映出社会组织财务执行状况问题突出,不合规、不专业的情况普遍存在。

表 5-3-3　2016 年 C 市政社分开改革账号类清理前后数据

名目	开设独立银行账户的社会团体(个)	执行民间非营利组织会计制度的社会团体(个)	与机关(含参公事业单位)会计合账的社会团体(个)	与挂靠单位会计合账的社会团体(个)	财会人员具备执业资格的社会团体(个)	由机关(含参公事业单位)财会人员兼任社会团体财务(人)	由挂靠单位财会人员兼任社会团体财务(人)
改革前	19	17	0	2	13	5	0

---

　　① 丁少山:《民间非营利组织会计制度修订论证及研究》,载《中国社会组织理论研究文集》,中国社会出版社 2015 年版,第 267—286 页。

名目	开设独立银行账户的社会团体（个）	执行民间非营利组织会计制度的社会团体（个）	与机关（含参公事业单位）会计合账的社会团体（个）	与挂靠单位会计合账的社会团体（个）	财会人员具备执业资格的社会团体（个）	由机关（含参公事业单位）财务人员兼任社会团体财务（人）	由挂靠单位财会人员兼任社会团体财务（人）
改革后	66	16	0	2	16	1	0

四是，社会组织利用慈善名义收集捐款和资助，然后利用这些资金从事营利性经营。在社会组织提供的扶助或救济上，应该对于贫富差距者采取不同的收费标准，对于"富裕者"正常收费，不能高价，对于"贫困者或者家庭困难者"采取低价或者减免的方式提供，社会组织不能依靠人们的"善款或者捐赠等"进行谋利，也不得以此而造成被救助困难者的负担，这不符合慈善意图，也违背了捐助者的本初意愿。因此，政社分开不仅要去行政化，还要去官僚化，去垄断化。

五是，政府购买社会组织服务对于主体性质、购买服务界限等没有作出明确规定，为腐败形成了契机。《政府采购法》从供应商所具备的商业信誉、缴纳税收、经营活动的各项要求来看，属于营利组织。这与社会组织这个非营利组织性质的机构来说，是不符合的。而且在预算管理制度中没有明确政府购买社会组织服务的预算条款。《政府采购法》对于信息公开以及对于政府购买服务的监管细则、原则和内容也处于真空状态。另外，政府采购不能等同于政府购买服务。首先，当前我国政府采购中的服务主要是针对用于政府自身消费所需要的服务，如会议、加油、维修、票务等，这类服务尽管也有一些使用要求上的具体差异，但总体而言，还是具有通用、标配的属性，由集中采购机构进行统一采购在技术上是完全可行的，而且还可以收到规模采购之提高经济效益的好处。但是，在广义的政府购买服务的语境下，所谓的服务实际上是公共服务的简称，其范围、内涵、外延骤然增大，与政府采购中的服务不可同日而语。公共服务的内容不仅在具体形态上千差万别,而且各有各的技术标准、质量要求、专业性极强,集中采购机构很难进行如此差别极大、技术性极强的采购。① 因此《政府采购法》对于政府购买服务的社会组织性质界定、购买范围界定、购买方式界定和预算执行等,都存在模糊和缺乏可靠性的问题,为政府购买服务中社会组织违法腐败提供了可乘之机。

4. 对于"人员管理分离,规范用人关系"的反思

行政机关不得推荐、安排在职和退(离)休公务员到行业协会商会任职兼职。但是目前我国很多企业因为是国有或者集体企业的性质,属于体制内企业单位,这些企业的负责人,虽然不是公务人员,但是与政府有着必然的体制内联系。他们有的是政协委员、人大代表、党代表或者某人民团体代表,他们虽然不属于行政部门人员却具备行政级别待遇。这些企业领导如果进入行业协会商会任职兼职同样会带来负面影响。笔者对于 C 市 2015 年列入脱钩改革的 69 家社会组织的调研发现,在社会组织脱钩改革后,仍有许多未列入参公单位的事业单位领导干部和国有企业领导干部在社会组织中继续兼(任)职。未列入参公单位的事业单位和国有企业在《中央关于领导干部不得兼任社会团体职务的规定》中已经明确这部分人员不得在社会组织中兼职。但是由于这些部门与纯粹的行政机关有一定区别,且基于这些部门人员的专业性和技术性在社会组织中兼(任)职的合理性,所以在脱钩改革中对于这部分人进行脱钩改革并没有严格执行,同时也为部分其他这类部门不符合兼(任)职的领导干部提供了机会。在 2014 年中央组织部联合发布的《关于规范退(离)休领导干部在社会团体兼职问题的通知》规定了退(离)休干部在社会团体兼职时应向其所在单位党委(党组)履行的手续以及承担的责任,但是当前民主党派或者无党派人士担任领导职务的越来越多,如果这些领导干部兼任

---

① 冯俏彬:《政府购买服务倒逼财政加强后端管理》,《中国经济时报》2014 年第 14 期。

社会团体职务,应向哪个部门负责?

表5-3-4　2016年C市社会团体与行政机关人员脱钩情况

兼任领导职务情况																		
未列入参公管理的事业单位									国有企业									分支机构兼职人数
合计	行业协会兼任职务			人事关系所在单位职务			领取兼职报酬人数	履行过审批或备案人次	合计	行业协会兼任职务			人事关系所在单位职务			领取兼职报酬人数	履行过审批或备案人次	
	会长	副会长	秘书长	正职	副职	其他				会长	副会长	秘书长	正职	副职	其他			
11	5	9	4	10	0	1	5	13	5	9	10	2	12	0	7	1	2	0

常设办事机构工作人员情况												
未列入参公管理的事业单位						国有企业						分支机构兼职人数
合计	人事关系所在单位职务			领取兼职报酬人数	履行过审批或备案人次	合计	人事关系所在单位职务			领取兼职报酬人数	履行过审批或备案人次	
	正职	副职	其他				正职	副职	其他			
5	1	0	2	2	0	0	2	2	5	0	3	0

按照《行业协会商会与行政机关脱钩改革总体方案》和《中央关于领导干部不得兼任社会团体职务的规定》,各级各类公务员和领导干部以及事业单位,国有企业领导干部不得兼任社会组织领导职务或工作人员,但是社会组织的发起方式相当部分是由政府部门、事业单位或者个人与政府共同发起,这某种程度上也相应要求其在新成立的社会组织中有政府部门等发起单位的人员来进行管理,尤其是这些社会组织的法定代表人具有事业单位、政府等性质。据一项不完全调查统计,我国现有的行业协会中,官办、半官办的占大多数。

2012 年底,广州市政协组织的一项调查显示,广州全市 657 个社会团体中,有 2/3 过去由党政机关主导成立,行政色彩浓厚。[①] 并且在社会组织管理人员产生方式上也明显带有行政干预的情况。笔者对于重庆市 C 市 2016 年社会团体与行政机关脱钩改革试点后 40 家(包含部分列入脱钩改革的和未列入脱钩改革的)社会组织的调研发现,其发起方式、法定代表人和管理人员产生方式与国家规定的社会组织去行政化改革目标有着很大的差距,重庆市 C 市仅对于全区重点掌握的 69 家社会组织进行了脱钩改革,其他基本没有涉及。

表 5-3-5　2016 年 C 市政社分开改革后社会组织发起方式、
法定代表人及管理人员产生方式

发起方式		法定代表人		管理人员产生的方式	
企业发起	1	企业	6	根据章程通过民主选举产生	13
政府有关部门发起	16	事业单位	11	由组织负责人提名并经主管部门批准	17
企业与政府部门共同发起	6	其他社会组织	5	由主管部门派遣和任命	5
个人发起	7	个人	10	无特别的规则	5
企业和个人共同发起	5	退休人员	4	其他	0
其他	1	政府机关	5		

而从 C 市社会团体与行政机关脱钩改革后公务人员通过报批手续后兼任社会团体职务的人数来看,仍有 216 人,约占未改革前 548 人的 39.4%,虽然厅局级及省部级以上的高级别职务人员偏少,而基层干部,尤其是较低行政级别的公务人员占了大多数,这从某种程度上减少了高级领导干部在社会团体兼职数量,但是普通公务人员仍旧很多,在我国由于公务人员在职能和权力分离上还改革的不够彻底,各个岗位和层级的公务员权力都没有明确界定,政治与行政不分情况较为严重,所谓"县官不如现管""处长现象"等问题突出,

---

① 　陈俊宇:《行业协会"去行政化"为何这么难》,《中国社会组织》2014 年第 6 期。

因此这些普通公务人员兼任社会团体职务仍带来很大的政社不分问题。况且本研究调查对象是市级社会团体，而省级部门以上所辖的社会组织则政府人员兼职的级别将会有所提升，这是不能忽视的另一种问题。

表 5-3-6　2016 年 C 市行政及国有企事业单位人员重新
履行报批手续后兼任社会团体职务人数

机关、国有企事业单位退（离）休领导干部（人）		机关（含参公事业单位）在职干部（人）		事业单位（非参公）在职领导干部（人）		国有企业在职领导干部（人）	
所有人数	17	所有人数	117	所有人数	57	所有人数	37
省部级		省部级		省部级		省部级	
厅局级		厅局级		厅局级	1	厅局级	
处级	14	县处级	24	县处级	8	县处级	3
科级	2	科级	85	科级	35	科级	14

5. 对于"党建等事项分离，规范管理关系"的反思

社会组织党建对于实现社会组织健康发展，拓展党的执政基础具有重要意义。然而，从目前政社分开后加强社会组织党的建设来看，存在"重建党轻党建"的问题，社会组织党建着重社会组织党组织的覆盖率和对社会组织的领导作用，而对于社会组织中党如何实现自身发展，提高党建的质量方面还十分薄弱。通过社会组织党建还有一个重要作用就是加大对社会组织的监管，相关部委出台的政策法规中大多强调党的建设和党的领导以及党的监督对于社会组织发展的健康引领作用，以及对于社会组织思想、组织和作风的重要意义。但是在社会组织党建的相关政策法规中，缺乏社会组织中党组织以及党员干部的反腐倡廉制度建设。在政社分开相关政策法规以及后期各类规范性政策法规大多没有单独列出社会组织中党自身的反腐倡廉工作。有的政策法规只是简单带过，并没有具体细化反腐倡廉工作的制度架构，责任部门和惩戒机制，如 2014 年《关于加强社会组织反腐倡廉工作意见》中指出："社会组织

党组织要推动党员干部严格执行廉洁自律规定,落实党内监督制度,充分发挥党员干部的模范引导作用。"2016年《行业协会商会综合监管办法(试行)》中规定:"上级党组织负责领导协会商会的思想、组织、作风、反腐倡廉、制度建设。协会商会党组织和纪检组织应当认真落实党风廉政建设主体责任和监督责任,接受党的纪律检查机关的执纪监督。"另外,在党的各级各类廉政建设党纪法规建设制度中,也缺乏专门的社会组织中党的廉政建设专项要求,在社会组织党的党风廉政建设这一块,目前还是党建整体工作中的短板,亟须加强,这不仅是党的健康发展的要求,也是更好引领社会组织健康发展的要求。当前社会组织党的廉政建设存在着一些现实困境,由于社会组织组织涣散,人员流动性强,任务不固定等问题,尤其是社会组织党组织大多是联合党支部,社会组织成员来自于不同单位,联合支部的党员又来自于不同社会组织,这就为社会组织党的组织生活和纪律建设带来了一定难度。

而从加强社会组织党建与政社分开关系的大环境来看,加强社会组织党建有利于社会组织的健康发展。党与政府在社会组织管理功能上不一样,党的建设主要是思想性和服务性的建设,而不涉及具体社会组织的业务活动,对于社会组织整体业务的规范性和方针性问题,党需要加强监管。但是相当部分社会组织对于党的建设带有认识上不足的问题。"有些业务主管部门和挂靠单位认为社会组织嵌入党组织中的党组织只是个摆设,起不了多大作用;有的社会组织担心建立党组织、开展党的活动会改变社会组织的性质,影响其运转,对建立党组织持不积极甚至反对党的态度。"①加强社会组织党的建设需要同时加强社会组织中党组织和党员干部的廉政建设,以及党在思想、政治、组织、作风等方面对于社会组织的领导和监管,从而避免出现新的政社不分问题,党的"政社不分"问题同样给社会组织廉政及其党的廉政带来巨大挑战。

---

① 石国亮、廖鸿:《社会组织党建的现状、难题与对策——基于一项全国性调查的深入分析》,《长白学刊》2012年第3期。

二、政社分开改革中社会组织腐败治理相关共性问题的反思

一是,当前社会组织政社分开与社会组织腐败治理的法规政策名目繁多。但是这些法规政策缺乏连贯性,大多是出现某类问题就制定一个政策,这些政策法规都是行政法规,在执行上存在影响力和执行力不够的问题。尤其是当前针对政社分开和社会组织腐败治理的最高指导法规是 2014 年发布的《社团登记管理条例》,但是这个法规同样属于行政法规,法律阶位低,不具有法律的强制性。与社会组织执法有关的最高法律都分散在各部门法中,如《中华人民共和国民法典》《中华人民共和国商标法》《中华人民共和国反垄断法》《中华人民共和国信托法》《中华人民共和国行政许可法》《中华人民共和国招投标法》等 28 部,有的法律颁布时间也十分早,如《中华人民共和国诉讼法》为 1991 年颁布,《中华人民共和国审计法》为 1994 年颁布等。因此相关法律的分散性,降低了执行的效率也弱化了执行的强度,甚至存在执行法律中出现冲突、混淆、错位等问题。这就需要从最高法角度建立统一的、专门的社会组织法律法规。另外,在国家最高法和各部门法中也要完善对于社会组织腐败治理的相关条款,并实现各部门法中相关法律的衔接性和连贯性。易盛华指出:"完善规范行业协会的法律法规,并与其他法律如刑法相衔接明确法律责任和惩罚机制。要提高对行业协会腐败治理效果,应在刑法中增设相应的行业协会单位犯罪罪名。"[1]李景平也指出,社会组织腐败治理同样与其他党政领导干部在法律法规执行上的一致性:"如果在职国家工作人员兼任,可以直接追究其受贿罪等刑事责任;如果是民办协会的负责人,在追究刑事责任的同时,也要追究其民事、行政责任、首先解除其职务,同时规定其不得再从事类似职业。"[2]

二是,当前脱钩主要是在行业协会商会中进行,而在社会团体、基金会等

---

[1]　刘亚、张剑:《行业协会:有的已染上"隐性权力腐败"》,《检察日报》2015 年 11 月 3 日。

[2]　郑赫南:《脱钩,能否根治"涉协会腐败"》,《检察日报》2016 年 4 月 26 日。

未深入全面开展,而对于网络社会组织、社会智库、业主委员会等新型社会组织的政社分开和廉政建设还存在模糊地带,在实施政社分开改革中还应加大对于"山寨社团"等非法社会组织的整治。我国社会组织一般包括社会团体、民办非企业和基金会三类。但是在中共中央办公厅印发的《关于加强社会组织党的建设工作的意见(试行)》,认为还包括社会中介组织和城乡社区社会组织等。因此社会组织政社分开应从行业协会商会向其他社会组织类型深入,包括基金会、民办非企业等大类社会组织。需要引起重视的是当前大量网络社会组织、社会智库和业主委员会等新型社会组织出现,这些社会组织存在形式灵活、组织形式分散、组织活动涉及覆盖面广等问题,但许多新型社会组织同样存在腐败的问题,如某些网络社会组织的非法敛财、某些社会智库商业营利行为和业主委员会的占用居民福利等问题,这些组织在很多情况下利用某些政府组织或公务领导干部的荫蔽,从事非法腐败活动,因此同样需要加大政社分开和廉政建设。除了在民政部门登记的合法类社会组织出现违法腐败行为以外,大量"山寨社团""离岸社团"等非法社会组织也打着政府的名义,通过设置竞赛项目、评审、资格认证等方式敛财,自 2016 年 3 月份到 10 月份民政部已经连续发布 13 批"离岸社团""山寨社团"名单共计 1286 个。其中大部分非法社会组织打着"中国""全国""国家"等带有政府部门形象的名号。这些非法社会组织之所以有市场,暴露出我国行政干预市场的现象仍然存在,非法社会组织利用人们的错误认识和现实监管存在的漏洞从事非法敛财的行为。

三是,在政社分开改革政策中进一步加强了政府及相关各职能部门对于社会组织的监管,但是政府购买社会组织服务因为政府和社会组织将市场活动和行政活动又通过购买和授权的方式联系在一起,而服务的受益者也将作为购买服务的利益相关者。政社分开改革的政策对于政府、社会组织、公民三者如何联合考虑,系统管理没有做出明确规定,虽然加强社会监督和媒体监督以及第三方监督是政社分开后对于社会组织腐败治理的重要措施,但是这些社会性监督一般是通过检举、投诉以及舆论等方式参与进来,而没有实质性的对于购买项目的合理性、科学性以及执行的有效性提出建议。由于政府和社会组织都是资金的掌控者或者使用者,他们为了谋取本部门的利益,往往通过各种方式增加收入,在政府和社会组织腐败问题得到严格管理的情况下,政府或者社会组织则打着"市场化"和"专业化"的名义增加民众的额外消费,从而获得"合法"收益。麦克奈特分析当下社会指出,"具有革新意识的人利用先进的市场营销手段,发展出第五种方法,即制造委托人。他们意识到,即使人们对服务没有需要,他们也可以为人们创造出需要,即使人们对需要的认知不符合服务业的期望,这些社会服务经理也有先进的营销手段劝说人们符合期望。①"因此实施"参与式预算",直接在多层环节之间,将直接利益相关者,纳税人的监督加入进来,通过公民参与各个环节的监督,打通多层代理之间的约束隔阂关系,缩短委托代理链的现实监督疲软的困境。在参与式预算中,公民直接与政府、人大、社会组织的职责或者预算进行对接,通过公民(代表)实施监督,并表达自身切身诉求,降低了成本,减少了腐败,并且增加了服务的效能,同时公民可以对于项目的针对性、必要性做出选择。2015 年,财政部《政府购买服务管理办法(暂行)》以及其他购买服务政策中已经出现了加大各相关利益者参与协商和监督的方式进行科学合法的购买服务,"有条件的地方可以探索由行业协会商会搭建行业主管部门、相关职能部门与行业企业沟通交流平台,邀请社会组织参与社区及社会公益服务洽谈会等形式,及时收集、汇总公共服务需求信息,并向相关行业主管部门反馈。财政部门要加强政府购买服务预算管理,结合经济社会发展和政府财力状况,科学、合理安排相关支出预算。购买主体应当结合政府向社会组织购买服务项目特点和相关经费预算,综合物价、工资、税费等因素,合理测算安排项目所需支出。"但本政策对于公民的参与式预算还没有做出明确规定,也未出现具体相关实践。

---

① 约翰·麦克奈特:《专业化服务:对社群和公民的负帮助》,载[美]唐·E.艾伯利主编:《市民社会基础读本》,商务印书馆 2012 年版,第 233 页。

　　四是,在政社分开的同时,政府放权、授权或者还权成为支撑政社权限边界的重要措施,但是现代社会组织权力的构建是社会组织主动的权力构建而非被动的权力授予,否则以后者形式建立的社会组织权力将会十分软弱无力且不适用。因为单方面自上而下的对于社会组织法律和政治合法性的确定存在不足之外,所以社会组织也面临着与其他社会主体关系难以清晰的问题。在当前大力实施的政社分开改革中,政府通过简政放权的方式,积极推动社会组织与政府分离脱钩,问题是政府在让出权力的同时,却没有给予社会组织充分的自我决定,自我治理的自主权,权力没有真正下放,从现实情况来看,更多的是"权力的下派",这些权力是进行了严格的审查,并直接派给被选中的社会组织,实际上在当前我国政治局面中,无形之中又形成了政府与社会组织的"上下级"关系,政府在社会组织的权力下放对象、权力运行、权力监督、权力收回、权力演变等方面起着"一票否决"的作用,因而政社不分的形式只是进行了由原先的"嵌入式"改变成为了"下属式"。因此需要从党的方面也要与社会组织进行合理的权限划分,建立良性的互动合作关系,才能确立社会组织在我国政治社会活动中的独立地位。

　　五是,政社分开后,政府对社会组织资助、场所提供等方面出现了很大的下滑,社会组织"断奶"问题较为严重,这种情况下要避免社会组织过多寻求"洋奶"(即国外资金的浸透),很多国外资金带有营利取向或者非法目的,通过利用国内社会组织的便利,变相从事非法敛财等政治活动。同时政社分开后还有很多社会组织转向高度依赖市场和企业资源,尤其是行业内大企业的资源,从而又可能陷入商业化的怪圈。"目前我国很多行业协会商会在很大程度上已经成为大企业利益的代言人,而众多行业内中小企业的利益则受到忽视。这也是造成近年来我国一些行业协会被发现存在横向垄断窝案的重要原因。从而异化为行业内的利益集团组织。"①因此需要警惕社会组织去行政

---

　　①　刘鹏:《行业协会商会,不能一脱了事》,《中国社会组织》2018 年第 1 期。

化后又染上企业化的另类发展。

三、几点建议

由于文章第二部分在反思政社分开"五分离、五规范"中提及社会组织腐败治理的问题反思的同时,问题的提出也相应提出了改进的方向。在文章第三部分关于政社分开相关社会组织腐败治理共性问题反思中,也同样有针对性地提出了整改的意见。因此本部分建议是在前面两部分反思基础上进一步的深入思考,为更完整地实现政社分开与社会组织腐败治理提供可行建议。

一是,由于存在社会组织监管的部门繁多,相互之间存在社会组织监管的行政隔阂,目前全国性和部管社会组织有较为明确的政策和部门监管措施,而大部分基层社会组织监管部门存在属地隔阂、行业隔阂和级别隔阂等多重障碍。因此建议社会组织监管部门和政策具体化、针对化、分类失策。林跃勤建议:"实行属地化管理,不要依据协会所属的主管部门级别,或者负责人的行政级别来决定监管部门,如果某协会即便是全国性的,却位于某市某区某街道,那么就应由该街道所属的工商、税务、文化监管部门等实施监管。希望尽快出台全国性法律,对监管权限予以明确。"①

二是,因为政府宏观行政功能和社会组织的政社不分问题,对社会组织社会治理和服务的公共性质以及行政性质难以界定,因此政府向社会组织职能转变和政社职权划分难以明确,对于社会组织的行为归责问题难以配套。在这种情况下实施社会组织职权的清单管理制度是较为可行的办法,李克强总理强调:"大幅减少投资项目前置审批,取消全部非行政许可审批事项,消除行政审批'灰色地带',整治'红顶中介',加快建立权力清单、责任清单和负面清单,着力铲除滋生腐败土壤。"②

---

① 郑赫南:《脱钩,能否根治"涉协会腐败"》,《检察日报》2016年4月26日。
② 李克强:《在国务院第三次廉政工作会议上的讲话》,http://mjj.mca.gov.cn/article/xzglxw/201503/20150300779567.shtml。

三是,社会组织资产财务的监管存在很多漏洞,尤其是因为社会组织的营利属性方面的争议,社会组织在各个领域的涉入带来的问题复杂性,社会组织不同类别以及各种新型社会组织的不断涌现,因此加大社会组织的考核向社会组织的预算财务监管,从源头上和出口上严格把关,"严进严出"是应成为未来社会组织监管的重要方式。2018年中办印发《关于人大预算审查监督重点向支出预算和政策拓展的指导意见》要求政府预算及各项公共预算,不仅做好"入口"审查,还有对于"出口"的财务使用去向、结果、问题的审查,并考察是否与当前重大需求政策对接。政府购买社会组织服务同样应该加强各个环节的预算程序,并与社会群众的需求意愿紧密结合起来。

四是,减少和制止领导干部在社会组织中兼职任职,从外部建立制约监管机制。同时在社会组织内部治理选人用人方面建立科学机制,外部领导干部的进入,某种程度上存在外部环境的压力或者行政干预,因此在内部选人用人机制上严格把关,充分利用民主选举的办法,通过社会组织代表和所有成员的选举,从而选出真正代表社会组织水平的领导,这对于抑制外部领导干部的涉入有一定积极作用。同时政府与社会组织之间的人员交流,即"旋转门"制度也是为了促进政社互动,更好的实现社会组织服务于政府和社会,因此公务员及党政领导干部可以严格按照民主选举方式参与社会组织领导的选任,从而真正选出能够代表社会组织全体成员意愿的领导,并严格通过政策审批成为社会组织领导,以增强政府领导干部继续在社会组织兼(任)职的合法性和有效性。

五是,社会组织党建要走出政社分开的路径,这就需要打破党和社会组织合作的"体制"思维,社会组织的党建不仅是为了壮大党的基础和执政能力,更重要的是带动社会组织发展,尤其是通过党与社会组织的中介作用更好地服务于社会,因此原来"体内党建"封闭式党建,仅在社会组织内部或者党组织内部开展活动的方式,要向"体外党建"走出去,发动群众,服务群众,与群众的需求和爱好结合起来组织活动的方式转变。这种"大党建,大服务"模式,将很好的化解党与社会组织的"政社不分"问题,实现"党社有效分工合作"的合理定位,也可以有效介入国家法律法规政策对于党或者社会组织的约束惩戒,而不是仅限于党或者社会组织各自相关系列法规纪律的约束,避免二者法规纪律在使用上的隔阂。

另外,政社分开中社会组织腐败治理的完善还应在法律的规范性、政社分开涉及的社会组织类型、政府购买社会组织参与式预算和社会组织权力构建及制约、社会组织资金获取途径和方式等方面进行全面反思与改进。

第四节　社会组织治理的体系构建——基于新制度主义进路的视角

当前社会组织协商参与治理机制的研究未能突破"就事论事"的叙事范畴,在硬性制度限定和软性原则约束之间徘徊不定。新制度主义作为一种研究方法,以对宏观社会解构和微观事例解剖,在自身历史发展进程中,从制度史规律和特征角度,解读制度演变的答案;在生存环境的复杂关系中,从竞争性和合作性的人类特质角度,来建构新的社会结构体系。新制度主义的这种"宏观—纵横"叙事特征,为社会组织治理机制的发展打开了一扇门窗。然而,机制的建构不以方法为终点,社会组织治理机制的范式创新,以新制度主义进路为指引,却应在现实环境中寻找二者的最佳结合点,并建构更广阔的发展空间。

一、引言

"社会组织治理"(associational governance)的概念最早由政治学家昂格尔提出,指的是社会成员基于契约或志愿的原则,通过群体协作解决共同问题、促进共同利益。[1] 并指出"在市场交易和社会生活中,社会组织能够降低信息

---

[1]　Brigitte Unger and Frans van Waarden,"Interest associationsand economic growth:a critique of Mancur Olson's Rise andDecline of Nations",*Review of International Political Economy*.6:4,1999. pp.460,444-456.

不对称带来的社会损失、减少短视的机会主义行为、培养人们之间的信任、提高产品的质量和标准化、协调政府行使管制职能、降低交易成本、解决社会冲突、提供集体物品、避免毁灭性竞争，等等。"①与昂格尔观点一致，美国政治学教授帕特南研究指出社会组织治理为北部意大利经济发展提供了良好的社会资本，在社会组织生活中形成的社会信任和横向网络为经济发展提供了适宜的环境。然而，这里帕特南的"社会组织治理"的主体是指服务于地方自治和公共利益的社会组织。② 但无论哪种理解，两位政治学者都倾向于社会组织参与治理对于社会经济发展具有重要意义。何增科也认为，"公民通过参与各种志愿性社会组织组织所形成的互惠、信任、合作等规范，正是维系民主和促进发展都不可或缺的社会资本。"③这些都反映了社会组织治理的重要性。

"社会组织治理机制"是指社会组织内部组织和运行变化的规律，包括社会组织各要素之间的协调关系与社会组织运行的方式两个方面，以及社会组织参与外部治理的法律、制度、结构等环境要素和有机联系的总称。当前我国对于社会组织治理机制的相关研究还基本处于实践检验和经验总结的阶段，缺乏更宏观的制度环境考虑，缺乏更深层的历史文化根源影响，缺乏更理性的市场经济要素分析，同时也缺乏微观的现实性制度操作。这种问题的出现，也是我国政治学研究范式的缺陷。本研究借鉴新制度主义研究范式，试图为我国社会组织治理机制问题的解决提供经验参考。严强教授指出，"传统政治制度主要是从公共权力配置、政治组织和制度、意识形态构成，政治形态更替等宏观角度分析"，而向现代转型的当代政治制度研究却出现了"从宏观政治

---

① Brigitte Unger and Frans van Waarden，"Interest associationsand economic growth：a critique of Mancur Olson's Rise and Decline of Nations"，*Review of International Political Economy*.6：4，1999，pp.460，444－456.

② ［美］罗伯特·帕特南：《使民主运转起来》，王列等译，江西人民出版社 2001 年版，第206—207 页。

③ 何增科：《公民社会和第三部门研究引论》，《马克思主义与现实》2000 年第 1 期。

生活研究一下子跃进到微观层面的政治生活分析的‘断层’现象。直至政治学中新制度主义研究路径的出现才得以改观,一批新兴政治学家用中观层面政治制度研究"弥合"了先前宏观与微观的断裂。"①可以说,新制度主义研究范式的发展演变规律与背景为社会组织治理机制的构建打开了一扇门窗。结合新制度主义分析,社会组织参与治理机制的建构不仅是微观的制度设计,同时也应考察历史、文化、体制等宏观层次的背景。

二、研究方法与理论框架

20 世纪 90 年代以来,新制度主义的各个流派在应用制度因素分析社会现实的过程中,共同建构了新制度主义的理论体系。其中,影响较大的是历史制度主义、社会学制度主义、理性选择制度主义和规范制度主义。新制度主义的发展,就其实质而言是对"能动与结构的关联"问题的认识发展。社会学制度主义和理性选择制度主义大致上分别以结构和能动作为自身流派的社会本体性(social ontology)。历史制度主义则没有明确的本体性立场,而是在结构和能动之间游移不定。在制度研究中,与"能动—结构"这组重要范畴对应的是,制度之下的个体行动者发挥能动性的程度以及制度性结构的约束性。新制度主义各个流派均承认个体选择和制度约束的重要意义,但它们在能动和结构之间哪一个居于首要地位的问题上,仍然存有深刻分歧。② 吉登斯反对以"二元论"(dualism)的方式来对待结构与能动之间的关联,主张"人类能动与结构在逻辑上是相互关联的"。结构作为社会系统中的制度框架和资源背景,它正是构成人类能动之中"人类"(human)因素的主要媒介。与此同时,能动也是结构的媒介,个体在其活动过程中不断复制着这种结构。这种对于结构和能动的相互作用(interplay)予以强调的理论主张,在规范制度主义那

---

① 严强:《制度政治学研究中的相关问题》,《闽江学刊》2011 年第 1 期。

② 马雪松:《新制度主义政治学的内在张力与理论取向》,《上海行政学院学报》2011 年第 1 期。

里得到了发展。规范制度主义认为人们的行为不是以计算回报为基础,而是以确认"什么是恰当的行为"为基础的。宏观的政策结果无法通过个体行为的还原来解释,个体行为只有纳入到组织、制度中才能得以解释。当人们约定的规则所反映的价值与社会产生矛盾和冲突时,制度就会通过学习和适应逐渐调整,直至本体与制度恰当融合。

综上分析,新制度主义"能动与结构"的关系的发展历程,反映了新制度主义本体性的演变特征,即由自主性和制度约束性的分歧到二者的联合。这种发展进路也体现了新制度主义的范式发展规律特征:"[能动—历史制度主义与社会学制度主义—文化路径—适宜性逻辑]→[结构—理性选择制度主义—理性路径—结果性逻辑]→[互动—规范制度主义—二重路径—恰当性逻辑]"。本研究基于新制度主义"能动—结构"为分析视角,从本体性和制度建构两条路径展开分析。首先,按照制度主义本体属性演变特征,将社会组织治理机制划分为"主体性→客体性→综体性(主体性与客体性的综合体)→整体性"。但是新制度主义的这种演变过程,在社会组织治理机制构建中显示的仍是弱解释力,因为整体性虽然突破了"能动与结构"的分歧,实现了主体与客体的联合,然而,这种机械的结构组合,难以打破社会组织治理机制中要素间合而不力的状况。因此,需将"整体性机制"向"机制要素有机联合的生态性机制"发展,即实现社会组织治理机制本体性进路:"主体性→客体性→综体性→整体性→机体性"。其次,社会组织治理机制的构建历程也体现了新制度主义制度建构的文化路径和理性路径,然而这种新制度主义路径解释也难以克服社会组织治理机制的可持续运作和科学发展,因为文化路径的"历史依赖症"以及理性路径的"利益依赖症"都未能打破社会组织治理机制存而不活的状况,社会组织治理机制必须打破这一简单机械化的价值趋向,借之以"二重路径",使文化路径的能动论和理性路径的结构论,向"能动—结构→互动"进路发展。至此,新制度主义为社会组织参与治理机制创新提供了重要的方法论指导。新制度主义各种范式具有独特优势和特定条件可独立的为社会组织治理机制提供经验借鉴,各自存在的不足与缺陷可为社会组织治理机制提供教训提醒,各种范式之间的关联性影响也为社会组织治理机制提供发展性思考。然而,新制度主义毕竟是方法论范式研究,具有高度抽象性和理想倾向,它无法给予社会组织参与治理机制以完全直接的现实参考,社会组织参与治理机制的构建是在借鉴新制度主义经验基础上,力图构建自己的新制度主义发展范式,以对普遍的新制度主义补充和发展。

在论述过程中,本研究将以"能动与结构、本体性、发展路径和运行逻辑等"为分析指标,逐一展开分析。

三、社会组织治理的体系构建

1.借鉴历史制度主义与社会学制度主义能动性特征,加强社会组织治理的自生机制建设

社会组织治理自生机制以自体性为本体中心,遵循文化发展路径,建构适宜性逻辑运行方式,实现机制的自我能力。

"自生机制"一般是指人们在交往的过程中在群体内部随着经验的增长而逐渐形成和演化出来的一系列规则。社会组织参与治理的自生机制包括自治、民间和独立等规则。自治规则,是指社会组织有自主决策的权利范围,包括管理自治性、政策自治性,以及在实际决策中摆脱控制的能力,包括结构自治性、财务自治性、法人自治性、干预自治性等;民间规则要求社会组织切实代表基层民众利益;独立规则要求社会组织有独立的资格主体,在与政府和其他组织博弈中,其利益立场不被左右,且能够与这些博弈对象平等对话。另外社会组织还有非营利性、志愿性、法治性等其他自生性规则,并发挥着重要作用。社会组织治理自生机制的建设,所遵循的是历史和文化发展路径,按照社会组织自身发展规律,不断提升内在素质和自治能力,但是当前我国对社会组织自治的关注,更多是侧重于社会组织自身角度,而忽视社会组织整个外部历史文

化环境的塑造。这种自体性机制割断了自身与外部环境的联系,使社会组织自治陷于"自恋"的处境,得不到外部的认可和支持。因此,我们还应加大社会组织内在自生机制和外在自生机制的共同建设。

外部自生机制建设主要有以下几个方面:一是建设民主科学的社会主义新文化。新中国成立后,打破了陈旧的专制枷锁,人民成为社会与国家建设的主人翁,然而,官僚主义、集权主义、臣民意识等传统遗症仍长期存在,阻碍了社会的正常发展,应建设以人民为中心的集体主义中国特色社会主义新文化。二是加强公民文化建设。公民文化是社会的内在要求,它追求的是民主、自由、平等、分权以及积极参与社会政治生活,塑造独立自主、合作互助的公民精神。三是加强社会结构体系构建。在中国文化中,"家"作为一个完整和独立意义上的单位在社会生活和政治活动中一直担当着重要角色。然而,这种以"家"为中心的本位主义与争取社会制度支持、争取社会公共资源支持、在合作互利共同完成任务以及在市场社会中争取更大的行业利益或团体利益等诉求精神是不相符的,也严重影响了社会公共精神的进一步形成。

2. 借鉴理性选择制度主义结构性特征,加强社会组织治理的制度体系建设

社会组织治理制度体系以主体性、客体性以及综体性为本体中心,遵循理性发展路径,建构机制的结果性逻辑运行方式,实现机制的竞争能力。

(1)自主选择:社会组织参与治理的主体性机制构建。

社会组织政治参与是社会组织有效影响政府决策并参与政策实施过程的重要方式。据调查显示,我国社会组织政治参与效果不够理想①,社会组织政治参与的机制建设不够完善,政治参与渠道还较欠缺或不够通畅。因此,完善社会组织政治参与机制,促进社会组织参与社会治理是当前重要任务。

---

① 周亚越、俞海山:《我国社会组织政治参与:机制与对策研究》,载国家民间组织管理局编:《2010年中国社会组织理论研究文集》,时事出版社2011年版,第117页。

　　一是,利益表达机制。社会组织在参政议政中,首先是将自己的建议和心声传达给政府机关,使自己的提案或建议能够在政策制定中得到体现。结合中国政治结构和现状,可以考虑有效充分利用当前体制内资源,将社会组织的意见通过正式渠道,进入决策过程,并最终转化为合法性的政策。社会团体可以通过提名人大代表候选人、对人大代表施加影响以及为人大立法提供意见和建议;通过推选自己的代表参加政治协商会议,或者通过其他政协委员的提案;还可通过社会组织成员参加政府的顾问委员会或专家组,对政府行政部门、行政首长提供咨询或施加影响;另外,通过大众传媒宣传团体宗旨,将社会组织的诉求得到更多的社会公众舆论的支持。以上社会组织政治参与途径的实现还得依赖于政府行政决策程序的完善,将决策前的政府——公民协商作为决策的必经程序,将社会组织的意见和观点作为决策评估的重要内容等。另外,社会组织还可通过一些其他辅助性措施,比如听证制度、意见征询制度、选举制度、问责制度、信访申诉制等来帮助社会组织的建议得到实现。这些措施,是当前我国鼓励公民政治参与的新式途径。在实施过程中,由于法律等其他配套机制建设的不完善,存在很多机制上的缺陷和漏洞。另外,政府的意愿还基本上是以公民个体为参与主体的,而很少从社会组织参与的角度考虑。从而未能给予社会组织创造良好的参与空间。因此,以上辅助性措施,还需在主要参与机制建设的基础上,逐步完善和修正,共同打造社会组织利益表达机制的完整体系。

　　二是,监督政府机制。社会组织是群众自发的具有共同利益、共同爱好或者共同目的的组织形式,它反映的是组织或者成员的利益愿望,由于其代表利益的鲜明立场,成为监督政府的重要力量。当前监督政府的重点主要是监督政府浪费问题、监督政府责任和伦理的问题以及监督政府预算问题。特别是监督政府的预算问题已经成为当前许多发展中国家创新的监督方式,"20 世纪 90 年代以来,社会组织在一些发展中国家政府公共预算过程中的作用越来越重要……应用型预算的机构正在很多国家扎根,包括一些对参与公共预算过程不热心的国家"①这种"参与式预算"机制可以借鉴到我国人大预算立法的各个阶段:一是在政府预算环节,公民预算小组可以为代表公民利益的项目提供信息与建议,并且通过提升公民的参政意识与能力,积极参与到公众听证会或政府预算决策制定阶段;在立法环节,加大相关预算制度或法规的宣传教育,促进公众对预算的了解,积极提倡预算有助于弱势群体保障的观点,营造政府服务社会的气氛,为立法真正代表公民利益提供社会支持;在实施环节,公民预算小组对影响各项目的信息进行比较分析,找出影响执行的问题,采纳公众的意见,使问题及时得以化解;在审计环节,进行预算效果的评估总结,从而为人大机构监督政府审计提供数据资料和意见征询帮助。以上社会组织监督政府的效果的达成还需要相应的机制作为依靠,首先小组的设立要独立于政府和党的运作,以便起到真正监督效果;再者建立健全政府重大事项社会公示制度、社会组织听证制度和灵敏高效的信息反馈机制,特别是要完善网络反馈机制,建立处理社会组织网上民意的机构和部门,及时解决网上社会组织反应的问题。

(2)制度约束:社会组织有序参与治理的客体性机制构建。

一是,政府依法监督社会组织。我国尚处于社会转型期,社会组织发育还不够成熟,社会组织法规不健全,还远不能满足政府职能转变的需要。目前,除了《社会组织管理条例》和《民办非企业组织管理条例》等少数法律法规外,其他非营利组织的法律地位、责任及其行为的监管等,还处于无法可依状态。因此政府应加大对于社会组织监管的立法和执法的力度。具体而言,一是制定法律法规对社会组织的主体资格、责任义务、活动范围以及对违法违纪等明确加以规定;二是政府应按照社会组织的不同类型,实施不同的准入资格制度和注册审查管理制度,采用法律规诫、行政指导以及政策激励等多种协调手

---

① [美]瓦伦·克拉夫奇科:《公民社会组织在政府公共预算决策中的作用——对公民社会组织预算小组工作的描述》,载刘明珍选编:《公民社会与治理转型——发展中国家的视角》,中央编译出版社 2008 年版,第 226 页。

段,积极扶持合法、守规社会组织的发展;三是政府应依法监督社会组织的社会服务过程,确保其活动的公开、公平和公正,使其保持社会组织的公益和服务性的宗旨。另外,我国长期条块分割的体制特点加上政府改革和社会转型形成的权力分散,以及党政体系的权力不分,对社会组织的许可、行政及监管职能分散在了登记部门、各主管部门和部分监管机构中,使得社会组织特别是那些无法通过民间组织登记注册的社会组织得不到集中统一监管。建议在现行民间组织管理局的基础上,建立民间组织监管委员会(简称民监会),将分散在业务主管单位以及相关部门行使的对社会组织各项行政监管职能统一到民监会中来,由民监会统一行使对社会组织的监管任务。

二是,社会联合监督社会组织。除了政府监督社会组织以外,还应积极发动新闻媒体、公民个体等社会监督力量。对社会组织的预算开支可公布在相关网站或报刊,媒体也可以联合专业评估部门对社会组织进行评估排名,将优秀的和不合格的社会组织公示于众,甚至对于违规违法的社会组织予以曝光。银行等相关部门也可建立信用评估机制,设立专门社会组织信用档案,将不守信用的社会组织登记在册。同时,考虑到一部分从事教育、卫生、环保、社会福利等公共服务的社会组织具有很强的专业要求,应当由相应的业务部门或政府授权的中介组织进行资质认证、业务指导、业务考核及监管。作为公民个体,积极发挥社会主人翁精神,将社会组织的不法行为揭发并通报给相关部门。

(3)双向互动:社会组织外在民主关系的综体性机制构建。

一是,社会组织与公民。首先,对于有组织所属的公民,组织是实现公民目的的工具,而不是凌驾于公民之上的阶层,二者都是社会组织治理的平等主体,既是相互联系也是相互制约的关系。其次,在很多情况下,公民并不都是有组织的,而是以个人的身份参与社会治理。这种情况在我国较为普遍,现有的所有社会组织所能承载的人数与实际公民人数相差甚远,尤其是公民社会在我国发展还处于初期阶段,人们还没有普遍形成"公民社会人"的意识。当前很多社会组织是利益垄断性行业组织,组织的目的主要是维护自己行业的利益。它们在某种程度上制约着国家对其利益的侵犯,但当它们与无组织的民众发生利益矛盾时,公民个体是难以与有着强大实力的利益集团相抗衡,难免给处于弱势的公民一方带来不公。因此在没有社会组织保障的情况之下,如何保证公民也能正常参与社会治理,是我们要面对的实际问题。

二是,社会组织与社会组织。弱化垄断组织的权力,削减其行政色彩,对于基础薄弱的草根组织则应加大政府支持力度和法律保护力度、制定社会组织间关系法规或者成立社会组织联盟,在联盟内制定平等合作原则。再者可以建立社会组织之间的联络机制,加强沟通,化解矛盾,促进它们之间更好地协作发展。另外,在维护社会组织之间平等基础上,引入竞争机制。社会选择使社会组织运营符合市场规律,优化社会组织系统进出机制,淘汰不合格的社会组织,将资源向资质优秀、能力强、信誉好、服务好的社会组织转移,从而净化社会组织环境,引导社会组织健康成长。然而,根据《社会团体登记管理条例》第13条第2项的要求,在同一行政区域内已有业务范围相同或相似的民间组织,没有必要成立的,对于民间组织的成立申请不予批准。另外,社会团体不得设立地域性分支机构。这项"同质竞争禁止"的规则,因为用词方面的模糊性,潜在的赋予了登记管理机关一定的自由裁量权。所以,在现实中,这项规则容易保护"官办"社会组织既有垄断地位,也容易使得被否决筹备的发起人提起行政复议或者诉讼时难以胜诉。因此,需打破这种封闭机制,在现行政策环境允许的条件下,逐步适当放开,通过增量的改革推进存量的调整,从而形成社会组织优胜劣汰机制。

三是,社会组织与政府。有学者指出,要实现社会组织自治就得"政府撤出社会领域"。① 有的学者则认为政府全面撤出是对社会组织发展不利的,目前我国社会组织的发展是在政府主导下进行的,且是有效地,并提出了社会组

---

① 邓正来:《市民社会理论研究》,中国政法大学出版社2002年版,第5页。

织的"政府培育"论。① 然而,"培育"不等于"干预",政府支持社会组织是当前我国社会组织发展状况和我国国情决定的。但是,加大支持的同时,还需保持社会组织的自治性。因而,在对社会组织支持资源过程中,应积极将资源内化为社会组织自有资本,同时政府应逐步向社会组织放权,一步步将权力移交或内化为社会组织的自治力,提高社会组织与政府的对话平等权。分权可以参照以下路径:其一,自上而下的推动权力下放。上层政府将权力下放给地方政府特别是社区,这有利于社区支持发展基层组织参与社区建设。权力下放给社会组织,可以帮助社会组织进入当地政府部门,也有利于影响政策。其二,通过合作自下而上分权。社会组织可以加强与地方政府的合作,特别是成立地方分会与地方政府联系,还可通过培训政府成员,转变政府观念,帮助政府放权。其三,通过交流自下而上的分权。社会组织可以在政府内部选派自己的代表,还可以通过社会组织对政府提供项目服务等等。以上形成良性互动的前提条件是社会组织形成与政府平等对话的资格主体。同时我们还需要制定相关法律以维护这种民主机制的顺利实施。

四是,社会组织与政党。尽管社会组织存在着这样那样的问题,但就其主体而言,它们对于中国的现代化事业和民主政治建设是一支健康的和积极的力量,大多数民间组织都有着与党和政府合作的强烈愿望。② 因此,在社会组织与执政党的关系方面,需要转变党的执政意识和执政方式,达到社会组织与党关系的良性互动。③ "应当以不影响民间非政府组织的独立自主性为前提,来谨慎探索社会组织中党建工作的可行之路,切实避免因不当措施,使政社分开的改革努力成为无果而终的'同义反复'"④这就要求我们在支持社会组织

---

① 郑琦:《论公民共同体:共同体生成与政府培育作用研究》,中国社会出版社 2011 年版。
② 俞可平:《改善我国公民社会制度环境的若干思考》,《当代世界与社会主义》2006 年第1 期。
③ 王栋:《当前中国公民社会发展困境与反思》,《中共四川省委党校学报》2011 年第 3 期。
④ 马庆钰:《论"政社分开"与社会组织管理改革》,《行政管理改革》2010 年第 7 期。

发展的同时,应该建立民主机制,恰当解决在社会组织内部设立党组织的问题,以有效处理二者之间的关系,实现党和社会组织共同利益的最大化。

3. 借鉴规范制度主义能动与结构联动性特征,加强社会组织治理公共机制建设

社会组织治理机制以整体性为本体中心,遵循文化与理性结合的二重路径发展模式,建构机制的恰当性逻辑运行方式,实现机制的合作能力。

(1)建立统一的社会治理机构。目前,我国整个社会治理体系缺乏有机联系和系统协调,政府社会管理职能分散在各个部门,多头管理、职能交叉现象严重。因此有必要将分散的管理职能尽量收拢合并,成立一个统一的社会治理机构,建立各社会治理主体之间的协调机制和制约机制,明确各主体职责与角色,从而优化配置利用社会领域的管理和服务资源。丁茂战曾经论述建立统一的政府社会治理机构的重要性,"社会治理是一项政策性强,涉及面广,协调难度大的工作,没有强有力的工作机构,很难实施真正有效地管理的服务。因此,有必要成立统一的政府社会治理机构——社会管理和服务委员会",[1]丁茂战这里提出的机构只是限于政府部门,其他治理主体并没有纳入这个机构之中,而是作为这个机构被管理的对象,所以不够全面。我们所建构的统一治理机构吸纳所有的治理主体,建立定期会议协商机制和联络机制。当前,上海的社会组织孵化机构、北京的枢纽型社会组织、杭州的社会复合主体以及深圳的法定机构都是政府支持或社会组织自发组成的联盟机构,当前以它们的角色和功能,一般将其界定为事业单位的代理机构、社会组织扶持机构、或者支持型社会组织等,它们在培育社会组织发展、监督政府行为、承接政府职能等方面起到了积极的作用。

(2)构建软法治理机制。软法在我国学术界还是一个比较新的词汇,目

---

① 丁茂战:《我国政府社会治理制度改革研究》,中国经济出版社 2009 年版,第 221 页。

前尚未有对"软法"的准确定义,国外有学者将其描述成为一种没有拘束力的准法律法规体系,或者说约束力在一定程度上弱于传统的"硬法",或者将其界定为与"硬法"相辅相成的行为规范体系,主要依靠共同体的威信、信誉和舆论来加以保障。① "软法"有多种表达形式,诸如"自我规制""志愿规制""合作规制"等。构建的软法治理机制,强调以软法的建设和实施为基本内容,将软法与硬法共同作为社会治理的基本法则。单纯的硬法机制主要基于层级制的单向传达,公民参与的渠道与机会有限,在参与中也难以做到与政府部门身份地位上的真正平等,而在软法治理机制中,社会组织与政府部门在同等地位上进行沟通和协商,共同形成规则,并同等的受到规则的约束。"软法是治理模式的主要依据或手段,是其在规范纬度上的表现形式,不仅如此,软法和治理模式是同构同质的,公共治理就是软法治理"②通过倡导软法之治,强化社会行动者在社会治理中的作用,促使政府将行政命令方式降低到其必要的限度上,尽可能地运用软性的治理手段,更加注重协商与民主、对话与互动。软法治理机制包括加强行政主体行为规范的建设,包括与公民、社会组织、企业或其他组织通过协商的形式合作规范的建设,包括制定各类行业标准以及指导社会团体、行业协会、基金会等建立和完善自律性规范,等等。本着"自由为体,秩序为用"的原则,所有治理主体采取谈判协商的方式,都依法平等的参与社会治理,治理效果兼顾公益与私益、公平与效率,并要求各治理主体权责一致,实现权力监督和权利保护相统一。

（3）构建公共生活领域机制。公共领域的一种解释认为所谓公共领域是指那些与市民社会相对应的社会生活内容,是围绕着公共部门的核心而展开的公共生活形态。哈贝马斯则认为公共领域是一种介于市民社会中日常生活的私人利益与国家权利领域之间的机构空间和时间。③ 可见,公民社会的活

---

① 罗豪才等:《软法与公共治理》,北京大学出版社 2006 年版,第 144 页。
② 罗豪才等:《软法与公共治理》,北京大学出版社 2006 年版,第 144 页。
③ 展江:《哈贝马斯的"公共领域"理论与传媒》,《中国青年政治学院学报》2002 年第2 期。

动空间和生活内容可以看做是公共领域的核心思想。基于以上理念支撑,还需发挥载体的作用,通过媒介的传播,将公众的声音转化为公共舆论,同时,设立公众进行商谈或展开辩论的公共场域。再者,健全协商机制,人们在进行商谈或辩论时,是理性的和非支配性的,特别是处于不同阶层的或者是政府与群众之间的对话时,要有一个畅通的沟通机制。

最后,我们应该突破新制度主义"联动与结构关联性"认识,构造"能动—结构—互动"的社会组织治理机制新机律。创新社会组织治理机体性特征机制,遵循生态发展路径,构建机制的循环性逻辑运行方式,在"整合"核心思想基础上,发展机制"均衡、互动、循环、协调"新功能,实现"衡力、合力、返力、协力"效应,达到合而有力的治理效果。

第五节 协商民主的选举基础条件——
基于单位制居民小区的反思

协商民主是实现党的领导的重要方式,是我国社会主义民主政治的特有形式和独特优势。但是在协商民主发展过程中不可忽视的一个问题就是,协商民主应该与选举民主相辅相成,共同发展,没有以选举民主作为基础性条件的协商民主是不完善的,也是不成熟的。有学者指出协商民主相比选举民主更适合我国实际,"与和竞争性选举或人权的个人主义观念联系紧密的对抗性政治相比,协商更容易在儒家文化中开展"[1],"目前中国民主发展的战略选择应注重和完善协商民主"[2]。21世纪初,我国基层选举民主发展遇到一些瓶颈性障碍,以协商民主为改革内容的浙江温岭民主恳谈实践进入人们的视野,它以公共预算改革为突破口,将公民参与提升到新的高度。俞可平认为,

---

① John Dryzek, "Democratization as Deliberative Capacity Build-ing," *Comparative Political Studies*, Vol.42, No.11, 2009.

② 何包钢:《协商民主和协商治理》,《开放时代》2012年第4期。

"在民主选举方面,我国现行的制度授权相对不足,但在协商民主方面现行的制度空间则相当广阔。一些地方政府在协商民主方面作出了一些突破性改革,值得高度称道。"①之后,四川都江堰乡镇协商会形式、四川彭州"企事业单位、村社区、乡镇街道"三级协商对话平台、北京丰台区"区、街道、社村"三级联动的协商平台、北京朝阳区"党政群"共商共治的工作机制,等等。基层协商民主在我国迅速发展,为我国选举民主的暂时困境又开启了新的窗口。针对协商民主的蓬勃发展,而选举民主的逐渐式微,有学者提出不能忽视选举民主的重要性,当前应该重点发展选举民主,协商民主是选举民主的补充。申建林等指出,"协商民主运行需要以选举民主所提供的民主政治构架为前提,选举民主具有逻辑上的先在性。"②杨雪冬认为,"协商民主是对选举民主的完善,但其发展仍然离不开选举民主。"③马得勇通过对四川新都选举民主和浙江温岭协商民主的实证测验比较发现,在"基层政权信任度、制度公正、服务绩效"三个影响指标方面,选举民主所产生的效果均优于协商民主。④ 朱芳芳、陈家刚对于 12 个省级党校参加培训的党政干部的 2223 份问卷进行统计,22.7%的比例认为选举民主重要,21.2%的比例认为协商民主重要。⑤

　　针对以上两种观点的交锋,有学者从更为积极的角度,以整体性思维分析指出,选举民主与协商民主是两种不同民主形式,应相辅相成。陈家刚指出,"选举民主和协商民主各有优劣,不存在发展的孰先孰后问题,二者相辅相成、相互补充、互动共赢。"⑥俞可平也表达了相同的观点,"我们不能以选举民

　　① 俞可平:《敬畏民意:中国的民主治理与政治改革》,中央编译出版社 2012 年版,第 137 页。

　　② 申建林、蒋田鹏:《中国民主政治发展的"协商"与"选举"之辩》,《武汉大学学报(哲学与社会科学版)》2014 年第 1 期。

　　③ 杨雪冬:《协商民主的前途及挑战》,《中国党政干部论坛》2013 年第 7 期。

　　④ 马得勇:《选举抑或协商:对两种乡镇民主模式的比较分析》,《国外理论动态》2015 年第 6 期。

　　⑤ 朱芳芳、陈家刚:《协商民主:替代性选择? ——基于地方官员问卷调查结果的分析》,《马克思主义与现实》2016 年第 4 期。

　　⑥ 陈家刚:《当代中国的协商,民主:实践探索与理论思考》,《马克思主义与现实》2014 年第 4 期。

主去否定协商民主,也不能以协商民主去取代选举民主。选举和协商,对中国特色的社会主义民主政治而言,都是不可或缺的基本要素"。① 在庆祝人民政协成立 65 周年纪念大会上,习近平总书记就选举与协商的关系进行了系统论述:"人民是否享有民主权利,要看人民是否在选举时有投票的权利,也要看人民在日常政治生活中是否有持续参与的权利;要看人民有没有进行民主选举的权利,也要看人民有没有进行民主决策、民主管理、民主监督的权利。"②

然而,现实中如何将选举民主与协商民主进行有效结合?温岭市民主恳谈对这一问题似乎开启了新的路径,在民众参与政府预算后,将民众的建议以及协议的预算方案一并提交地方人大审议,人大会议专门设立财政审议小组负责政府预算的审核工作,这一改革举动激活了地方人大的审核、监督与决策的权力。以选举人大代表为机制实现的人大会议制度在这一环节与协商民主达成了程序上的融合。但是问题还没有完全解决,因为人大代表的选举机制还没有得以同步改进,是否真正通过民主渠道与机制实现代表选举还有很长的路要走。且温岭市民主恳谈因其特殊性、地区性,在全国范围内的推广受到限制,如何在更广泛区域、更广泛的群众以及更广泛的层面展开,当前居民小区民主的实践探索成为民主发展的新的增长点。党的十九大指出,"加强社区治理体系建设,推动社会治理重心向基层下移,发挥社会组织作用,实现政府治理和社会调节、居民自治良性互动。"

居民小区有着不同于乡镇街道村落社区的民主实践,它的民主实践的动力更为普遍,更为直接,也更为深刻,一是居民小区的民主生活与民主诉求是以维护私人房产以及家庭幸福生活为出发点,这一联系直接把我国原有政治不进家庭、家庭不问政治的局面打破,原来"家国合一"的牢固社会统治体系,被新时代的"私人财产受到保护"这一宪法条例,将家庭的政治参与推到前

---

① 俞可平:《中国特色协商民主的几个问题》,《学习时报》2013 年 12 月 23 日。

② 习近平:《在中国人民政治协商会议成立 65 周年纪念大会上的讲话》,人民出版社 2014 年版,第 12—13 页。

台,并将日常小区生活琐事纳入与政府及其他部门商谈的内容;二是居民小区的民主实践已经突破家庭与政府机构(街道办事处、社区居委会)直接对话的结构渠道,而是引入了市场操作的物业公司模式,并引入了第三部门形式的公益服务组织——业委会,也就是说在我国传统的政社对话之中,插入了市场主体和公民社会的角色,以竞争、交易、公平、合作、中介为特征的新社会形式、新政治要素和新市场模式直接为基层民主的实践增添了更多的不预知性和难以执掌的操控性,也必将为基层民主的深入发展带来了难以预料的重大机遇。

一、案例选取缘由

本研究选取西部地区一所高校所属教职工居住小区,它有着与全国所有居民小区共同的时代背景和社会关系,因而具有广泛的代表性,同时它又因为是单位制居民小区,与普通居民小区有着内在主体结构关系上的不同,因而具有以下特殊性:(1)本研究选取的单位住宅小区,以高等学历的高校教职工组成为主,其中本科学历占比21%,硕士学历占比67%,博士学历占比12%,另外还有2%的单位外人员。(2)本案中的单位住房为经济适用房。经济适用住房是由国家统一下达计划,用地一般实行行政划拨的方式,免收土地出让金,对各种经批准的收费实行减半征收,出售价格实行政府指导价。居民个人购买的经济适用房产权归个人;房屋的产权分四部分:使用权、占有权、处置权和相对收益权。(3)小区业主同时接受两个部门管理,一是工作主管部门——学校,二是行政主管部门——社区居委会。另外,小区主体结构还包括业委会、物业公司、业主。同时业主还自发形成了一个QQ网络群。由于以上特殊的体制背景和深刻的历史背景的单位制高校职工小区,在民主实践与探索的大浪潮中,不可避免的将会呈现更为复杂、突出和典型的民主博弈态势。根据人们对于高校教师以及高校职工小区的概念化认识,我们提出以下假设,作为我们分析问题时的初步理解,并在某种程度上影响我们分析问题时的前期思考。

研究假设 1:高级知识分子具有更积极的政治参与意识、更理性的问题处理意识以及较高的政治参与能力。

研究假设 2:由于高校作为小区的工作主管部门,高校相对弱化的行政色彩,科学高效和民主制度氛围对于小区的民主实践更具利好性。

研究假设 3:单位体制下的组织相比市场化模式下的组织,更强调党的作用和建设,因此单位制小区相比商业住宅小区在党建方面应更加完善。

本研究希望通过典型个案事件的问题过程,折射我国同类小区的集中问题,需要进一步解决的问题有三个:

待解问题 1:在我国传统的单位制住宅小区,且是高校职工小区,其改革的步伐、产生的问题、带来的社会影响等,与普通居民小区相比,对于我国基层民主发展有哪些触动和影响?

待解问题 2:在当前我国社区及村落基层选举民主发展任务重和协商民主建设存在诸多困惑,如何在更为基层的单位居民小区中找到民主发展的新要素?

待解问题 3:最终将问题落脚于选举民主与协商民主在基层民主实践中的融合互动层面,如何在居民小区民主实践中找到二者的交织点,为何这种融合更容易产生于居民小区这一最为广大和最基础性的领域。然而这种融合却又在单位制居民小区遇到阻力,其内在逻辑和启示有哪些?

本研究中出现了两个较为重要的学术性概念。一是"协商均衡"概念。费什金在《倾听民意:协商民主与公众咨询》一书中提出"协商均衡"(Deliberative Equality)概念,指出要同时实现审慎协商和政治平等两个价值目标。在本书中,费什金将审慎协商意同为协商民主,而政治平等则是选举民主。① "协商均衡"概念很好地体现了选举民主与协商民主的融合愿景,本研究也借用这一概念作为协商民主和选举民主协调发展的代指词。二是"节点政治"

---

① [美]詹姆斯·S.费什金:《倾听民意:协商民主与公众咨询》,孙涛、何建宇译,中国社会科学出版社 2015 年版。

概念。"节点",通常来说是一个事物实体或发展程度的一个关键交汇点。从辩证法来解释,节点又称之为度的临界点或者区分量变到质变的重要标志点。李威利在其《新单位制:当代中国基层治理结构中的节点政治》一文中,指出"新单位制"是我国横向和纵向治理结构中的重要节点①。本研究则将"协商民主与选举民主的协调"作为单位小区治理现代化过程的重要节点。研究采取历时性实证方法,时间跨度为 2016 年 10 月至 2020 年 3 月,在长时间的事件发展过程中,详细的观察各个主体在小区物业纠纷中的关系和角色,具体分析内在的问题和发展走向。整个过程体现了"行政权力—选举权利/协商权利"的博弈态势,即单位行政权力与业主之间对于选举权的控制,研究发现,选举支配权倾向于哪一方,将会对于业主的协商权利程度产生决定性影响。研究截取大量访谈资料,借以印证事件问题背后的逻辑原点。同时通过单位小区与商住小区的比较,来更清晰地发现单位小区的问题及其原因。为了便于分析,对研究对象进行编码,其中 J 代表居民(即普通业主),D 代表业主代表,Z 代表业委会主任,第 2—3 位代表月份,4—5 位代表日期,6—7 位代表顺序。再者,研究也将整个问题和事件放在更为宏大的历史和体制背景中观察,客观分析问题的产生肌理和应对策略。

图 5-5-1　H 小区治理模式的历史发展时间轴

注:H 旧小区为旧校区时的职工住房区,H 新小区是指搬迁新校区后的职工住宅小区。

---

①　李威利:《新单位制:当代中国基层治理结构中的节点政治》,《学术月刊》2019 年第8 期。

二、单位小区选举民主与协商民主的融合困境

本案中居民小区事务协商的推进,不断地暴露出选举民主存在的问题,每一次重大问题的出现或者转折都直击前期业委会选举存在的问题。到最后协商基本以 QQ 群形式存在,但已经仅是谈论一点家长里短,而对于小区与物业公司、学校之间的重大决议事件方面,除了制造舆论压力之外,业主基本没有民主上的话语权。分析这一问题发展的历程,可以分为四个阶段。

1. 行政替代选举阶段

小区 QQ 群成立,业主与物业公司、学校、业委会的问题协商处于常规阶段。然而前期业委会的不科学选举为后期物业公司的重新选聘埋下了隐患。

按照《物管法》规定,业委会有权参与对物业公司的讨论决定,但是鉴于前期业委会没有成立,物管公司的前期选聘是由校方(工会)出面选聘了物业公司。聘期为 1 年时间。在此期间学校以各学院工会为单位推荐 2—3 名业主代表,然后提交学校工会,并由学校筛选产生了 63 名业主代表,小区业委会正式成立。2017 年 11 月,小区业主 QQ 群成立,各项事宜均通过 QQ 群来讨论,形成了业主与业委会、物业、校方的信息联系渠道。2018 年 2 月,物业公司聘期到期,本由业委会出面续签合同,但是鉴于寒假,大部分业主代表不在学校,学校工会及业委会主任与物业公司达成了 2 个月的短期聘用协议。这段时期,业委会针对业主反映的新老校区间校车应照顾小区在老校区上班的职工、新校区校车拒载教工(及其家属)及停靠地点的问题,与学校进行了交涉并得到解决。业委会在业主中树立了信任。在业主 QQ 群内,也有物业公司的成员(且有小区房产)与业主进行互动,发布停水、停电、收费等小区事宜。在这一阶段,尽管由学校认定了业主委员会主任及代表,但是没有在小区公示栏和学校相关网页公布,QQ 群内有业主询问,"业委会主任是谁? 我们以后有事也好找他,有老师透漏下否?"(J180301)但群内也一直未公开这个

业主委员会及其成员的信息。也有业主问另外一个群内业主，"老师，你是不是业主代表？我们是一栋楼，能否反映下我们楼下的草都长得老高，也没人管"（J180405），对方则回应，"我不晓得我是不是业主代表，前面说是推荐我，但我没看到公文里是否有我"。（D180421）

表 5-5-1　经推荐产生的业主代表统计

人员类别	人员情况		住所情况			入住情况	
	人数	占比（全代表）	类型	占比（全代表）	占比（本职数）	已入住	占比（同类住所代表）
院长（处长）	12	17.6	别墅	27.9	160/11.9	6	52.6
教授	4	5.9	别墅			2	
离退休	3	4.4	别墅			2	
副院长（副处长）	9	13.2	花园洋房	13.2	40/22.5	6	66.7
科长（副高）	12	17.6	小高层	25.9	60/20	9	75
副教授/科长（中级）	8	11.8	高层	41.2	800/3.5	7	82.1
普通行政人员	11	16.2	高层			9	
讲师	9	13.2	高层			7	

2. 被动选举权利阶段

物业公司面临重新选聘，业委会、业主以及原物业公司进行了激烈的博弈过程。但最终因为业委会选举和业主大会的不合法程序等，原物业公司继续被聘任。这一阶段是问题的爆发期。为了分清事情经过的复杂关系，我们从业委会、物业公司、业主、学校等几方分别进行阐述。

首先是业委会负责人与物业公司之间的博弈。事情缘起于物业公司单方面涨价，业委会负责人会同学校工会、业主代表对物业公司的单方面费用涨价和前期工作不力进行交涉，业委会主任等以物业公司合同到期为由，提出重新招标选聘物业,遭到了原物业公司的不满。业委会主任随即在业主 QQ 群内发布重新选聘物业公司公告,并号召 63 名业主代表到场积极参与新物业的选举。但来参加的业主代表只有 27 人,有的业主代表说,"我不在新校区小区住,对那边不了解,一切听领导的。"(D191034)

其次是业主之间,以及业主与业委会的对话博弈。鉴于原物业公司的单方面涨价,业主均表现出积极支持业委会,坚决抵制物业单方面涨价的态度,并指出物业的多种不作为行为。而对于业委会邀请招标的三家公司(包括原物业公司),经过业委会代表投票确定了新的一家收费更高的物业公司。业主们在群内表达了不同的意见,大部分业主表示了对结果的尊重,认为选聘过程公平、公开、公正。但个别业主对此产生异议,"这家物业就在我们小区(校外),管理服务水平很差"(J191007)。而有的业主表达了对于原物业公司的肯定,尤其是得到群内较有号召力的群主的同情,因为原物业公司是来开荒的,任务艰巨且很难干,做到如此应予理解(Q191003)。另外,业委会对于部分业主针对结果的不满意,也表达了自己的委屈,"这段时间就我这个光杆主任来回跑学校和物业公司,业主代表也很忙,没有过来一块商讨的,我也无权自作主张"(Z191004),业委会主任的工作引起很多业主的支持,表示应给予一定的劳务补助。但不管如何,群内的议论和意见对于新物业公司的选聘产生了一定影响,由此业主与业委会之间的关系也表现出一定的离心力。业委会主任提出了辞职的要求,QQ 群的群主也提出了退出业委会的愿望。甚至有部分业主提出重新选举业委会,有的还提出由学校相关专业老师和学生共同组成物业公司,实行物业自治,或者由学校后勤来主持小区物业工作等建议。

再次是业委会与物业公司之间的博弈。业委会是以法律程序进行了新物业公司的选聘过程。在选聘前期和选聘中,各候选物业公司均参与了竞标过程,结果原物业公司没有被选上,原物业公司于是对业委会及其代表选聘程序提出了的质疑。一是指出业委会并非业主自选、业主大会也没有真正召开,业委会没有在街道部门登记,因此这次选聘由于"非法"的业委会主持,也就是不合法的选聘结果。二是物业公司指责业委会没有向其发出招标邀请,且没有按照前期约定的"如果我司能够保证按照当前物业服务水平,标准,则优先聘用"。① 因此物业公司向全体业主及学校发出公告,指出本次招标无效,并将涨价费用标准予以公示。

最后是业主与物业公司的关系博弈。业主与原物业公司的矛盾最为激烈,在整个事件过程中,业主一边倒地表达了对于原物业公司的不满,刚开始原物业公司成员还在 QQ 群内发布相关信息,但是到后来也不再出现。虽然物业公司在这一非常时期采取了更为积极的态度,小区内的工作包括保安、清洁等也较前有了较大转变,但是这没有转变业主对其的不良形象的看法。为此,物业公司刚上任就对全小区 241 户业主(实际参与 221 户)进行了满意度调查,总票数为 1273 张,调查结果中满意率为 70.78%,基本满意率 22.31%,一般率 4.95%,不满意率 1.96%。

表 5-5-2　小区物业公司发起的业主满意度回访统计表

评价选项 / 评价项目	评价选项								总票
	满意		基本满意		一般		不满意		
	得票	占总比	得票	占总比	得票	占总比	得票	占总比	
秩序维护	179	84.04%	29	13.62%	4	1.88%	2	0.94%	213
环境卫生	126	59.15%	57	26.76%	14	6.57%	9	4.23%	213
维修维护	150	70.42%	48	22.54%	18	8.45%	8	3.76%	213
事务处理	149	69.95%	39	18.31%	11	5.16%	5	2.35%	213
收费工作	160	75.12%	50	23.47%	4	1.88%	1	0.47%	213
综合评价	137	64.32%	61	28.64%	12	5.63%	0	0.00%	213
合计	901	70.78%	284	22.31%	63	4.95%	25	1.96%	1273

① 资料来自于 2019 年 2 月 25 日学校与物业公司签订的聘用协议。

评价项目 \ 评价选项	评价选项								总票
	满意		基本满意		一般		不满意		
	得票	占总比	得票	占总比	得票	占总比	得票	占总比	
满意和基本满意	共 1185 票/占总比 93.09%								

注:当时小区在住业主 241 户,回访调查了 221 户(其中上门征求意见 169 户,电话回访 44 户,其中 8 户未联系上或放弃未做评价)。以上数据来自于小区物业公司调查数据公示。

物业公司希望通过这个举动和结果来证明自己物管业绩的合法性和有效性,但是业主不买账,一是票数不代表行动;二是投票过程资料不透明、不公开,数据不具备说服力。针对物业公司的满意度调查,热心业主也通过手机调查软件,对小区居民进行问卷调查,从数据分析来看,业主对于物业公司的满意度极低(5.49%),差评率为(55.49%)。最终部分业主采取停缴物业费的抗议措施。业主与原物业公司的矛盾至此处于僵化状态。

表 5-5-3　小区业主发起的业主满意度回访统计表

物业公司下列行为最让您反感的是		
选项	小计(人)	百分比(%)
管理制度不健全,管理混乱	129	70.88
管理人员态度粗暴,蛮横	71	39.01
房屋及公共设施,维修不及时	128	70.33
擅自扩大收费范围,提高收费标准	137	75.27
乱搭乱建改变用地和公共设施用途	61	33.52
不按物业管理规定和管理办法履行义务	109	59.89
其他损害公共利益的行为	42	23.08
您认为解决服务不到位,主要措施有		
选项	小计	百分比(%)
进一步完善物业法规建设,左右有法可依	151	82.97
建立小区的物业管理规范	172	94.5

续表

物业公司下列行为最让您反感的是		
明确物业公司、开发商,业委会、居住者的责权利	163	84.56
提高物业管理水平和工作人员的素质	84	46.15
加大物业管理的社会化程度	42	23.08
您对小区物业管理的总体评价		
选项	小计	百分比(%)
满意	10	5.49
一般	71	39.01
差	101	55.49

注:数据来源于业主手机调查后在业主 QQ 群内公布的结果。

最后是业主与学校的关系分析。在整个事件的过程中,学校似乎变得异常沉默,但是最后收拾残局的时候,学校又出面与原物业公司续签合同。因此,学校的不作为、不过问、不协调的行为,引起了学校部分老师的不理解。一是有老师认为业委会的"冲锋陷阵"是学校工会部门的替罪羊,在业委会选举时学校过渡干预,而当出了问题后,学校又推诿责任。二是在业委会与物管公司矛盾激化的时候,有老师直截了当地指出物业公司的最初选聘不规范,可能存在利益输送和利益勾结问题。三是在学校没有出面为职工分忧解愁的情况下,学校又针对教职工的房屋乱搭乱建行为进行大力整治,甚至对于常见的雨棚提出拆除要求,引起教职工的诸多不理解。

3.选举权利停摆阶段

业委会解散,工会与物管公司续签合同,这一阶段 QQ 群的业主处于协商无力,协商无果,协商无用阶段。

业委会仅靠业委会主任和几个热心业主代表难以撑起工作局面,如一业主在群内多次询问业主代表是哪位时,有业主回复"估计都不晓得自己是不是业委会代表,是否代表了别人,甚至他连自己都代表不了"(J1911007)。学校在其中没有起到很好的协调辅助作用,在学校与业委会,学校与业主之间的关系也不免存在一些不和谐的状态。至此业委会已经形同虚设,有些业主也直接提出重新选举业委会的看法,"我们自己选出业委会,直接上报街道办备案"(J1911009),但有业主回复"小区选出业委会的人选,得由学校部门同意后上报,并以学校作为挂靠部门,否则不能成立。"(J1911011)在后期小区产生了车库行车安全、小区路灯不亮、高层电梯屡次出事等问题,QQ 群内进行了激烈的争论,但是雷声大雨点小,均未形成业主合力,物业公司也没有进行积极回应。整个小区除了几个保安维持秩序外,小区内杂草丛生、池水混浊、灰尘遍地、电梯频坏、路灯不亮等问题愈发严重。而在 10 月底学校又单方面提出凡是进出学校校门,没有学校通行证(即校外车)一律收取过路费和学校停车费,引起业主(尤其是校外人员在校内购房者)的不满,甚至有些业主起草抗议书,通过微信的方式与学校争论。这些混乱无序的景象反映出了在没有业委会存在的情况下,业主单方面与物业及学校的对话基本没有效用,小区内业主、物业、学校处于各自立场,没有摆正自己的位置,使得小区的日常生活与管理没有头绪,看不到希望。

4. 协商权利空置阶段

学校出面直接干预物业各项费用收支,出台政策要求物业管理费、水电费将直接从业主工资中扣除。

2020 年 3 月,校长办公会研究了小区的管理事宜,会议要求"小区业主的水、电用量数据由物业公司查抄并计算费用,应交的物业费数据由物业公司提供,业委会审核,水电费和物业费数据交由学校计财处统一从教职工绩效工资中代扣并划拨给相关单位。""由于现在的物业公司属于前期物业,与学校签订的服务合同,学校应协助收取业主按规定应交的相关费用。为理顺关系,避免小区管理的恶性循环,同时给业委会创造顺利的工作环境,要求各位业主交清各项费用,过期未交的费用统一由学校计财处从业主的绩效工资中扣缴。"①这一会议决定在业主QQ群里公布以后,立刻引起众多业主的强烈不满,主要意见集中在:一是学校代扣属于侵权,包括违背业委会的权利行使,违背《工资支付暂行规定》提出的"用人单位不得随意克扣劳动者工资"的条款。二是业委会没有代表业主利益发声,业委会主任的产生及职责没有得到业主认可,业主代表的产生没有经过业主选举同意。三是学校与物业公司之间有利益输送,质疑为什么学校替物业公司说话,而不顾业主利益。"再者物业公司诉苦经营处于亏本状态,然为何又在小区坚持不走"(J2002011)。针对业主群内产生的强烈反响,学校迅速召开二级部门书记会,传达和强调学校校长办公会精神,有些支部书记也理解业主情况和法律规定,因而向学校提出可以让业主自主选择缴纳物业费方式,水电费由学校代扣。但是学校以违背了学校校长办公会精神为由,再次依托学校各级工会向二级部门书记和业主传达"对本部门个别职工希望物业费选择自行缴纳的,做好思想工作,统一思想,物业费、水电费实行学校计财处代扣代缴。有些顾虑我们将在合同中加以强调。"②

有些业主针对学校和物业公司的做法,提出设立自主物业管理模式,但群内只有称赞,而更多业主以自己工作忙无时间和精力参与、家中老人小孩又没有能力参与为由不支持这一办法,并且有些业主提出让校长或书记担任业委会主任,从而提高业委会的权力,但很快有业主提出新任校长和书记都无学校房子为由,与他们利益无关,因而也不会考虑小区利益。在几番争论中,在学校相关领导做工作情况下,最后物业公司与业委会签订了服务一年的合同。群内争论也只能再次成为发牢骚而已,没有产生任何实际的行动。在后期的物业费用从工资中代扣过程中,出现了物业费用扣除明细不及时、不透明,业主反映没有入住就乱扣和重复扣等不好的现象。而物业公司只有在签合同前那几天工作表现格外积极以外,小区又恢复了往常的状态。

---

① 资料来自于2020年3月20日校长办公会会议纪要。
② 资料来自于2018年5月21日学校党委会会议纪要。

三、问题分析

通过研究,发现小区从问题的产生、问题的激化、到问题的顽固不化,其背后的根本原因就是小区协商民主的前提"选举民主"并没有真正实现。在小区业委会成立之前,本来由业委会选出的物管公司,却由校方代为选择。在业委会成立的时候,本该由业主民主公开选出业委会代表,却也由校方和二级学院代为推选。有学者指出当前的单位小区选举暴露出利益导向型的精英竞争取向,业委会在选举过程中偏离了其最初的制度设计理念,选举的结果并不是业主所期望的以"利益共同体"为标准,而是多方博弈后的一种"形式民主"。[①] "若没有选举民主所提供的对于公民平等政治权利的制度保障,协商民主的愿望也无法实现。"[②]因此这两个与业主进行对话与互动的主体,都没有经过正常与合法的途径选出,在后期问题出现时,难免就会出现各自为己,利益复杂的困境。

一是,业委会非由业主全权选出,当业委会运作时,只有业委会主任以及几个热心人在呼吁、在发动,而大部分业主代表只是徒有虚名,他们大部分是学校"指派"的"好好先生",而非自愿积极主动提出担任业主代表,很多业主代表甚至没有住在小区,对小区事务不了解,有的业主代表连基本的业主 QQ 群都未加入,因而出现问题也只是敷衍应付。

二是,物业公司并非业委会和业主意愿产生,物业公司的选聘没有经过业主和业委会的选聘程序,是由学校单方面与物业公司达成聘用协议,因而物业公司不能真正为业主服务,因为决定他们去留的是校方,而不是业主。

三是,大多数业主及业主代表都能积极参与 QQ 群内的协商,但是这种网

---

① 白杨:《选举的仪式化功能——从业委会选举来看城市基层民主实践中的博弈》,《社会科学》2003 年第 5 期。

② 申建林、蒋田鹏:《中国民主政治发展的"协商"与"选举"之辩》,《武汉大学学报(哲学与社会科学版)》2014 年第 1 期。

络合作形式,只能产生一定的信息沟通和舆论压力,却无法形成真正的行动,这也印证了人民论坛调查中心的调研发现,"积极参与跟帖讨论的网民在现实生活中却存在对于政治参与的认同感较弱"①。同时业主在群内提出很好的建议时,要么找不到载体实现(本由业委会担任),要么物管公司置之不理,"没有现实中相关的制度、机制的对接,大多数网络空间的协商民主实践都将止步于网络,并不能走进现实"②。

对于以上出现的问题是本研究最基本的观点呈现,关键在于找出这种问题背后的深刻原因。

首先,单位制小区是我国特有的传统管理模式,其社会化程度严重不足。这种模式随计划经济和全能主义理念产生,它们带有封闭性、行政性以及计划性。单位里的小区与外界隔离的问题突出。除了严格的单位进出管制,里面的居民小区也是独立建制、围墙高立。这就阻断了与外界社会、政治的正常交流,外界公共机构也因避干预教育之嫌而大都不干涉学校内部事务。由于单位本身与市场、社会有一定利益、地位及政策上的隔阂,甚至于单位之内的职工小区自然受到影响。小区业主都是单位职工,他们首先受到单位的行政或者工作制约,然后才是对于外界进行选择对话。由于房产是经适房,业主还能享受学校的诸多福利,业主自然也在情理上愿意接受学校的管治,因此小区的相当事务是由单位规定。

其次,有些单位不仅承担着主体自身业务(产业)任务,同时还担负着国家与社会赋予的职工居住生活等公共服务职能。企事业单位的庞大而沉重的副业任务对于自身主业的发展带来了严重的负面影响,以重庆市为例"由重庆市国资委监管的国有企业因为办社会职能每年需要付出的直接成本达10亿元以上,给企业造成了沉重的经济负担,严重影响了主业发展,制约企业提

---

① 人民论坛问卷调查中心:《中国公众的政治参与观念调查报告2016》,《国家治理周刊》2016年7月4日。

② 张星:《网络空间的协商民主实践:现状与问题》,《电子政务》2015年第8期。

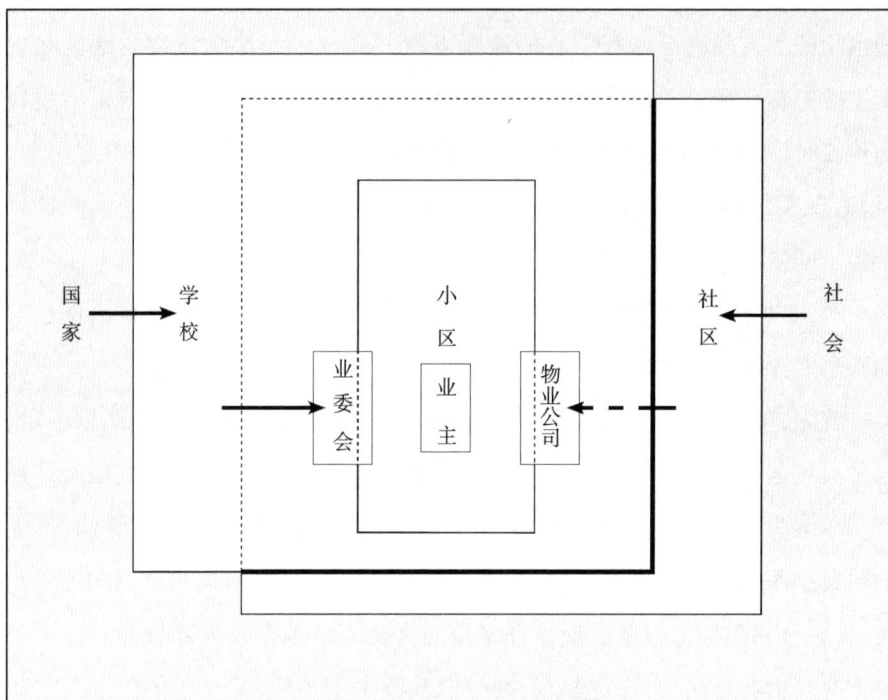

图 5-5-2　H 新小区内外结构关系图

升竞争力"①。而企事业单位为了主体职能的发展,逐步减弱对职工居家业务的投入,在主副业未能实现分离的情况下,企事业单位居民小区的各项事业发展受到严重影响。单位一方面对于职工小区的主体治理结构、物业公司选择、小区业委会选举、小区重大决策决定等顶层设计部署进行干预甚至包揽;另一方面又对具体事务运作中出现的操作性问题不管不问,而后者问题的出现恰是官僚主义、本位主义色彩浓重造成的。

再次,单位制小区沿袭了传统社区治理模式,虽然不断引进社会化和市场化管理模式,但是基于单位一体化管理体制,在单位内一切行政、管理、生活都由单位统一协调规定。尤其是各种福利待遇、房产性质、退休保险等与外部社

①　刘涛:《力争明年底基本完成国企办社会职能剥离》,《重庆日报》2016 年 12 月 9 日。

会事业有着较大的差异,这种差异阻隔了外部先进的治理模式、治理力量、治理技术的进入。由于传统国家计划和托管的性质,在小区选举民主等方面就难以取得有效地话语权和独立性,又加之小区职工是这种体制的"既得利益者",他们也想保住这种较好的国家福利,又想获得更多的自治权,二者产生矛盾时,难免前者对后者产生很大影响。在城市基层社会化进程中的社区居委会,其选举的方式更加科学、选举的制度更加严谨、选举的程序更加规范,同时与选举民主相配套的各种治理结构、治理模式也相应完善。然而单位制小区由于独立建制、封闭管理、传统基因等原因,严重阻碍了所辖职工小区的现代化进程。加之小区多是经适房,建设成本低、投入少、规格低,也相应地降低了标准要求,这些都对小区发展造成了不利影响。麻宝斌等对2400名单位工作人员调查,有55.6%的调查对象认为自己能够参与所在工作单位的管理,与"社区管理参与"相比,其比例少了12.8个百分点。[1] 单位制小区社会化、市场化以及现代化进程相比商住居民小区发展滞后,严重阻碍了其民主化进程。

最后,高级知识分子群体公共事务参与意识以及技能与其具有的文化知识水平和社会赋予的社会公共责任具有较大差异。在本研究中观察可见,高校教师知识分子理性素质较高,协商的积极性也很高。但是力主实施较有难度的建议时,难以达成共识和合力。原因分析有四,一是虽然知识分子讨论问题热情高,但大多是纸上谈兵,缺乏现实经验。尤其是知识分子通过高等教育,其独立性意识更强,长期的封闭式学习和思考,"两耳不闻窗外事,一心只读圣贤书",磨掉了或者截断了亲身参与社会事务的积极性。二是知识分子属于社会中产阶层,对福利待遇、社会保障、工作稳定、职业期望值较高,尤其是繁重的升迁目标,课业工作以及科研任务,使得他们难以抽出必要时间思考身外之事,按照心理学家马斯洛五个由低到高逐步提高的分层需求理论,在一

---

[1] 麻宝斌等:《机会不等于意愿:中国转型时期民众政治参与认知状况分析》,《理论探讨》2016年第2期。

般公民中是基本适用,而在高级知识分子这里却发生了"颠倒"的奇怪现象。三是小区业主又是单位的职工,"人在屋檐下,怎能不低头",职工所追求的物质利益与学校的考核评定有着紧密联系,业主在提出意见时,都要考虑这样是否会给自己带来不必要的麻烦。如果个别业主利益受到单位伤害,其他业主往往"明哲保身"。即使出现集体利益受害时,也因不同人的利害大小关系,往往是"观望""助威",难以付诸行动。有数据显示"单位内部解决成为民众主要的接触式参与方式,占35%,其余12个选项如接触人大代表,参加社会组织,依靠法律途径,依靠熟人网络,上访等都不足10%"。① 四是单位制小区业主不仅是小区利益相关者同时也是单位利益竞争当事者,职工之间的晋升、奖评、激励等制度都无形之中加大了职工之间的隔阂,从而进一步消解了小区内家庭之间的团结关系。这与商住小区业主与居委会的利益关系有着很大的不同,商住小区的业主一般隶属于不同的单位部门,与居委会没有人事、工资、业务等方面的关系。普通居民之间没有单位利益关系的竞争分割,自然就拉近了业主之间的邻里关系。普通居民来自各行各业受市场社会同化影响深刻,思维活跃、意识灵活,不受条框限制,相互沟通激发创新更有动力基础。再者普通居民业主受居委会管制较宽松简单,关系单纯,也自然更能客观、主动地去监督、制约居委会和物业公司,选举更真实有效,协商成果也落实较好。有学者指出,"在业主维权'中途退场'的往往是体制内工作人员,真正等坚持到最后的仅是无业者、自雇佣者、年轻白领和离退休人员。"②

最后,单位制小区社会行政事务缺失,同时党的领导作用也难以发挥。单位里的行政业务是针对学校发展与教学活动而建,没有形成专门针对小区业主的行政工作业务,自然社会行政的自身功能及其发展带来的影响未能触及单位制小区。同样小区所属单位有着严密的党组织机制,但是这些机构、人员

① 房宁、史为民:《中国政治参与报告(2011)》,社会科学文献出版社2011年版。
② 吴晓林:《中国城市社区业主维权冲突及其治理:基于全国9大城市的调查研究》,《中国行政管理》2016年第5期。

与制度都是针对学校党的建设而言,一般到了小区这一层面但没有将党的业务延伸进来。李威利指出:"在单位和社区'双通道'联结时,主要是通过党组织发挥联动、整合和吸纳的作用。但是基层政府、单位和党组织在社区空间中的作用是不均等的。"①整个小区缺乏行政管理和服务,缺乏党的统一领导与协调作用,小区的统合力、凝聚力、执行力必然大打折扣。党的领导作用没有建立,小区选举民主也缺失了主心骨的强力支持。相反,在普通居民小区的"网格化""网络化""电子化"创新管理方法,党的政治生活、组织纪律、统筹引领、内部民主、监督制度和公开制度等党建制度是单位制小区无法比拟的。

四、总结及建议

研究表明应积极推进基层社区居民协商民主制度建设,促进协商民主程序与选举民主程序对接。重点从加强小区党建、小区市场化和社会化进程、小区现代化和制度化建设、小区去行政化等方面推进小区选举民主基础上的协商民主建设。

第一,加强党建对小区治理的引导作用,组织业主积极参与小区各项选举工作。目前社区居委会的各项事务管理没有深入到单位小区内部,只有在人大代表等重大选举的时候,才会在小区内张贴选举公告。但是小区的民主进程,不仅体现于偶尔的选举,社区居委会应该将当前国家及基层方面的党建、政府改革、社会事务改革以及各种基层民主创新纳入到单位小区的实施范畴,从而推动单位小区的民主进步。"使党的组织边界(治理单元)与社会边界重合,为提高治理的有效性创造体制性条件"②,重点加强业主委员会的党建工作,通过党的领导,促进业委会的执行力,规范业委会的选举工作,而且有了党

---

① 李威利:《新单位制:当代中国基层治理结构中的节点政治》,《学术月刊》2019 年第8 期。

② 田先红:《政党如何引领社会?——后单位时代的基层党组织与社会之间关系分析》,《开放时代》2020 年第 4 期。

的体制内资源,可以通过其加强与校方的合作沟通。

第二,加强学校的思想与业务协调,减少直接行政干预,业委会实现自主选举。学校作为教学和科研等工作的直接管理方,对于业主的工作负有必需的责任,但是对于独立的小区民主生活,学校应该遵守物业管理法规和事业单位工资福利发放法规以及业主的参与权、知情权、决策权等法规。尤其是在小区物业选聘和业委会自主选举方面应该充分体现业主的权益。业委会选举实现去行政化,学校行政主要领导不允许兼任业委会的领导职务。

第三,建立开放式小区,推动选举工作与社会接轨,引入先进的市场管理理念和技术。单位制小区不仅需要在民主制度和管理技术上跟上步伐,同时还应在市场理念和社会服务理念方面积极跟进。业主在小区内参与的选举活动应吸收和采纳严格的选举原则和先进的选举技术。引入社会服务机构,成立小区自治组织,协助选举工作有序开展。减少小区外社会组织进入小区服务的门槛限制,准许社会上合格的社会组织的公益活动进入小区服务。鼓励和支持小区成立更多的业主自组织,通过这些组织宣传选举政策文件,组织选举工作,并指导业主正确参与选举。

第四,推动单位把小区居民选举等重要职能移交社会,推进国企事业单位的去行政化改革与单位制小区社会化改革同步进行。国家在市场化改革和社会化改革方面,针对事业单位和国企的改革已经提上日程,希望在这些分流和分化改革中考虑到这些传统单位下属小区的社会化和市场化改革的诉求。尤其是单位小区的业委会选举及备案工作,小区物业公司的选择与监管工作,都应与社区和街道办事处相应工作对接。

第五,基层社区居民协商除了前期的选举民主作为前提条件以外,还必须用制度进行保障。组织业主参与小区物业预算及其他重大投资的预算工作,将预算程序和工作与镇街人大预算审批工作接轨,将业主通过协商达成的预算成果及时通过人大这个权力机关予以审核和确认,使其上升为合法性要件。

自改革开放以来,单位制改革经历了漫长的过程,从 H 小区的发展周期来看,尽管当前面临着徘徊不前的症状,但是当前的进程相比于 H 旧小区的无协商和无选举阶段,已经有了重要转折,当前的主要任务就是紧跟时代发展形势,并结合国家重大发展战略部署,积极应对改革中面临的实际困难,既要有推进改革不断前进的果敢魄力,也要有通过无数细微的改进而实现量变到质变的渐进策略。

第六节　社会组织参与协商治理的程序设计

"治理是使相互冲突或不同的利益得以调和并且采取联合行动的持续过程。它包括有权迫使人们服从的正式机构和规章制度,以及种种非正式安排。"①这种持续性过程,上升到制度阶段就应用"程序"进行规范设计。詹姆斯・N.罗西瑙认为,治理是通行于规制空隙之间的那些制度安排,或许更重要的是当两个或更多规制出现重叠、冲突时,或者在相互竞争的利益之间需要调解时才发挥作用的原则、规范和决策程序。因而协商治理的程序性过程要求是协商民主的重要特征,"协商治理的人民民主特质,体现在程序民主方面,它强调公共治理和协商对话的参与者和利益相关者权利的平等自主,权利义务责任的对称和对等;主张和发展协商治理的制度化、规范化和程序化;积极推进协商治理中公民权利和有序政治参与的法治化,由此实现实质民主与程序民主的有机结合和辩证统一"。② 协商治理的程序性考察的是针对既定问题持续采取的措施以及过程中及时进行的策略调整和新计划的执行,它是不断变化的,同时也是形式多样的。也就是说,在每一个阶段治理所采取的策略手段不是全然一样的,或者几个方式交错并用,既有前期对于问题的非正式民间协商,也有在解决问题中正式的程序性法律或行政处理,还有后期对于结果的民间评判与建议等。在每一个阶段参与的主体也不尽相同或者各有侧重,

---

① 俞可平:《治理与善治》,社会科学文献出版社 2000 年版,第 270—271 页。
② 王浦劬:《中国协商治理的九大基本特点》,《求是》2013 年第 10 期。

前期重在民间、中期重在政府或法院、后期重在社会组织或相关团体代表。

我国社会组织参与协商治理的实现过程是一个由"实体"到"程序"逐步深入的过程,2006 年中共中央《关于巩固和壮大新世纪新阶段统一战线的意见》、2006 年中央 5 号文件、2011 年中办发[2011]16 号文件、2012 年十八大报告都先后提出拓宽社会组织参与政治协商途径的建议。2013 年《中共中央关于全面深化改革若干重大问题的决定》则强调构建程序合理、环节完整的协商民主体系,拓宽国家政权机关、政协组织、党派团体、基层组织、社会组织的协商渠道。从而将社会组织参与协商治理的程序要求正式提出来。"程序"与"实体"二者是决策过程的必然统一,只有将实体问题上升到程序层面,才能真正将实体的权力转化为现实,并得到有效保障和可持续发展。一个完整的决策程序,不仅包括政府层面的会议等正式性协商环节,还包括决策提交决策层之前的基层民主协商环节和决策制定后实施阶段的评议和完善建议环节。党的十八大报告提出,把政治协商纳入决策程序,坚持协商于决策之前和决策之中,增强民主协商实效性当前的任务就是积极研究规范各级决策的协商程序,落实民众特别是有着专业知识、参政技能以及参政愿望的社会组织的参与制度安排,并上升到法律层面予以规范。①

一、社会组织参与协商治理的程序设计

"程序"侧重分析社会组织参与协商治理不同阶段正式或非正式、显性或隐性、直接或间接等不同形式的决策参与方式的运用。胡永保在研究农村基层协商治理中总结出主要有以下几种协商治理形式:一是决策性协商治理;二是听证性协商治理。主要形式有民主听证会、决策听证会等;三是咨询性协商

---

① 文章中出现的重大文件"1987 年党的十三大报告、2006 年中央《关于巩固和壮大新世纪新阶段统一战线的意见》、2006 年中央 5 号文件、2011 年中办发[2011]16 号文件、2011 年《中共中央、国务院关于加强和创新社会管理的意见》、2012 年十八大报告、2013 年《中共中央关于全面深化改革若干重大问题的决定》。"均参见中共中央文献研究室网站,最新文献资料专栏:http://ddwx.wxyjs.org.cn/zxwxzl_580/index_1.htm。

治理。如浙江温岭的民主恳谈会等;四是协调性协商治理。主要用于利益矛盾协调,不同于公共决策,也不同于民意表达,主要形式有利益协调会、矛盾调解委员会等;五是评议性协商治理。本研究基于社会组织的主体特征及在协商治理中的角色作用,提出社会组织参与协商治理的完整性体系,以弥补当前社会组织协商治理的过程空白与制度缺陷。

表 5-6-1　社会组织参与协商治理不同阶段

	社会协商	界别协商	评议协商
过程	• 政策制定前的民意征集	• 政策制定中的利益权衡	• 政策执行中的意见完善
方向	• 由下而上的诉求	• 横向诉求博弈	• 嵌入式直接参与
法律	• 软法支持,比如社会规则、风俗习惯	• 硬法支持,比如国家法律法规	• 协议,具有法律效益

(1)社会协商:社会组织参与协商治理的前置性审议。

社会协商是政府正式决策之前的民间意见反映和采纳的过程,当然也包括社会自身针对社会事务的自我协调决断,因而我们把社会协商称之为协商治理的前置性协商环节。因为决策"一方面是在议会党团的制度化的协商形式中实现的,另一方面又是在社会公众及民间团体的政治上的语言交往网络中实现的。所有涉及全社会的重大问题,以及需要进行规范的事务都可以形成意见和意志。非正式的意见的形成会慢慢地融入到制度。"①至于社会协商具体内涵,党的十三大报告指出,"群众的要求和呼声,必须有渠道经常地顺畅地反映上来,建议有地方提,委屈有地方说。这部分群众同那部分群众之间,具体利益和具体意见不尽相同,也需要有互相沟通的机会和渠道。因此,必须使社会协商对话形成制度,及时地、畅通地、准确地做到下情上达,上情下达,彼此沟通,互相理解"。当前我国社会协商体制尚未健全,基本上还处于

① ［德］尤尔根·哈贝马斯:《民主的三种规范模式:关于协商政治的概念》,见 http://xue-shu.newyouth.beida-online.com。

论证和探索阶段,主要问题仍是官僚主义作风犹存和公民参政意识欠缺,相关社会协商的渠道和机制也没有建立起来;但是社会形势的复杂化趋势以及社会矛盾的叠加累发,又迫切需要某个社会主体代表参与到与政府沟通对话中来,当前最能够达到这一条件的就是社会组织。在协商治理的整个过程中,社会组织参与协商治理就是发挥社会组织的基层作用,增加政治协商会议之前社会组织与群众的交流沟通以及建议征集环节,实现协商在党委决策之前、人大通过之前、政府实施之前。通过社会组织的社会协商过程,一些民众的意见或建议就能够间接地影响到决策层面。在社会协商环节可以采取以下措施。

一是方法应用。社会组织参与社会协商的形式可以多样化,一种形式是民意测验。是由政府主动向社会组织征集意见的方式,包括问卷调查、入户访谈、意见箱、网络信访渠道等;于是政府组织实施,因而难免给社会组织一种"高高在上"的感觉,影响了意见的真实提取,因而保证这一过程的民主性、真实性是这些方法需要注意的问题。詹姆斯·S.菲什金这样描述协商民意测验的做法:"在最初的调查之后,参与者会被邀请参加周末面对面的协商;他们会得到经过认真权衡和审查过的基本材料从而为对话提供最初的基础。他们与训练过的主持人被随机分成几个讨论小组,并且鼓励就小组讨论的问题询问专家和政治家。主持人试图营造一种参与者都认真听取别人意见而没有人可以控制讨论的氛围。"①但民意测验毕竟是一种单项式的工作方式,没有深入群众内部,以生活探讨的方式进行对话,难免造成意见失真。浙江省温岭市的民主恳谈会与重庆市黄梅村的社日活动对这一问题进行了很好的改进,将政府的事务直接搬到群众的庭院坊间进行日常式的直接对话,甚至还可以从中获知本来不是政府议题的意见和建议。2013 年上海市创新了一种"咖啡屋活动":与会者分桌围坐,喝着咖啡,轮流发言;每桌都有一只"发言棒",放在发言者面前,提醒大家保持安静;与会者在听取他人发言的同时在卡片上记下

---

① [美]詹姆斯·菲什金:《协商民主》,载陈家刚:《协商民主》,上海三联书店 2004 年版,第 37—38 页。

自己的疑问、建议或提示;发言完毕后,由负责人汇总大家的记录卡片,进行梳理总结,整理出完整的逻辑性较强的"集体成果"。这种形式特别强调倾听、探索和发现,鼓励每个与会者积极发现、分析和解决问题,尊重其在分析问题中提出的独到见解和建议,通过不断的讨论和完善,进而形成更为准确全面的解决方案。它对于前面民主恳谈会和社日活动,进行了一次游戏式的或者是一种"休闲"式的对话,用"喝咖啡"的轻松方式探讨社会组织建设和发展的严肃话题,有利于在政府和社会组织之间建立和加强平等协商、互利合作的伙伴关系。

二是技术应用。由于网络技术的普及,网络信息功能为社会组织参与协商提供了便利条件,目前最主要的问题就是如何将技术转化为制度化参与模式,包括利用网络建立联系沟通平台,开发出网络办事平台,或者网络办理软件等。2014 年,重庆市渝中区开发出了"群工平台"网络处理手机软件通过扫描二维码,将办理软件程序下载到手机在办理软件中点击"事项反映",办理者会得到一个流水号,从而进入下一步的办理流程,办理采取逐级解决制,如前面社区一级办理不了,软件自动提交街道一级办理,依次类推。这种方式相比于电脑操作更加随时随地,方便应用。除了政府利用网络信息平台与社会组织主动对话以外,社会组织本身也可以利用网络技术积极发展自身的对外交流沟通空间。由于网络的发展也带来了媒体的工作方式革新,各个网民个体或者社会组织个体都可以成为社会信息发布的"自媒体",因而社会组织应积极把握这一趋势,利用网络来建立自己的信息共享平台并主动与政府等部门建立业务或信息沟通关系,从而更加主动或平等的与政府进行协商对话。①

三是策略应用。"策略"某种程度上是针对"制度"而言,制度是稳定的、正式的、官方的性质,而策略是具体的、隐性的、非正式的性质,康晓光分析制度与策略的区别认为"'制度'与'策略'之间似乎存在一定程度的'替代关

---

① 王栋:《从分散协同到整体联动:自媒体时代网络公民组织发展与治理》,《黑龙江社会科学》2015 年第 3 期。

系',即'制度'愈发达,则'策略'的用武之地愈小,而'制度'愈贫乏,则'策略'的发挥作用的空间越大"①。当前我国正处于"制度"相对贫乏期,在制度还没完全建立起来时,社会组织应该充分利用政策优势和空间,采取一定的"策略"从而为自己争取更多的合作和发展机遇,为制度的完善积累前期实验性经验。如,社会组织参与协商治理可以采取试点推进的方式,首先可以在村(居委会)一级,针对最基层的群众事务与村委会进行正式或非正式的协商,待这种方式成熟之后可以向乡镇一级甚至区县一级推进在商谈事务上,可以对最简单的地、水、电、气等基本的民生事务进行商议,后面也可以进一步向税收、征地甚至人事选举等政府决策方面提出建议。最初的商议社会组织可以选派代表与政府协商,待社会组织成熟稳定以及参政议政的机制完善之后,可以直接进行政府与社会组织之间的人员换岗,社会组织较为权威的人员进入政府部门担任"顾问、督导、参事"或者更为实际的工作岗位。另外社会组织还可以参与政府项目的课题招标,通过课题的研究,将研究结论和自己的建议直接上报政府,或者采取更为灵活的研讨会形式,邀请政府人士参与会议,在学术性会议的较为轻松而又严谨的氛围中,游说政府采纳一些更为科学的建议措施。当然,社会组织还可以凭借自己在专业知识,市场手段等方面的优势,无偿的为政府人员提供"培训"等业务,通过培训的方式,将最先进的管理理念和施政理念传达给政府等等。

(2)界别协商:社会组织参与协商治理的体制内融合。

社会协商为社会组织参与协商治理提供了前期酝酿和准备阶段。很多群众的意见经过社会组织与政府协商后,直接得到了现场解决,而这些问题的解决一般又不是个案,它们很多是制度或者体制没有完善导致的。因而在社会协商解决琐碎杂事的同时,社会组织更应该着手将这些问题重新归纳分类,深入研究,找出问题的制度症结,然后通过正式渠道上报政府相关部门,或者直

---

① 康晓光:《NGO 与政府合作策略》,社会科学文献出版社 2010 年版,第 3 页。

接参与政府部门的决策过程。这一阶段,我们称之为社会组织的界别参与资格,即将社会组织这一群体纳入人大、政协或者党代会,作为单列界别与其他社会各个界别进行直接对话,从而将自己所代表的利益群体的建议反映到国家政策中来。浙江温岭的民主恳谈会与人大工作的结合便是典型例子,民主恳谈会是社会基层的群众自发创新,基于社会资本在市场经济条件下不断分化与整合,建构了一套成长于体制之外的自然制度体系。但是如何使社会自我衍发的创新成果,融合于符合我国体制特征的政治话语体系之中,赋予其存在与发展的合法性,这就需要在民主恳谈会与国家政治机关之间建立一种可以"沟通谈判"的渠道,进而上升到"合作互动"的程序系统,这涉及民主恳谈会如何与现有法律、规章以及一些地方制度协调的问题,其中最主要的就是实现与基层人大制度协调融合的问题。通过创新性结合,将游离于体制外的民主恳谈会纳入人大已有制度框架之内,在深度合作的基础上保持相互督促的张力,从而推动原创性机制不断走向成熟和可持续发展轨道。但是社会组织由社会协商阶段进入界别协商阶段,需要一个渐进推进的过程,应结合当地实际,找准问题的切入点,考虑好政府体制的可承受程度,在有把握节奏的情况下,逐步改进。温岭的民主恳谈会纳入人大协商体制便经历了一个不断探索的过程。"2003 年,温岭市诞生了中国第一个工资协商范本。2005 年,进行了公共预算民主恳谈改革尝试,开始探索民主恳谈的制度化途径,尝试将民主恳谈引入基层人大体制。2008 年,参与式预算已形成一套程序完备、参与广泛的示范模式。现在,温岭市将预算恳谈从乡镇一级升格到市级,同时在提交预算修正案后引入代表辩论程序。如今,参与式预算已推广到当地市级 30 多个部门"。① 温岭市的民主恳谈会为公众参与政府决策提供了一个很好地参考范本,当前温岭民主恳谈会基本上还是以分散的公众参与为主,以有组织化的社会组织参与的方式还不太多,因而这方面还需积极探索改进,在这一过程

---

① 温岭民主恳谈会:《泥土里生长出来的"民主载体"》,2012 年 12 月 11 日,见 http://zjnews.zjol.com.cn。

中,需要注意以下问题:第一,建立社会组织与党、政府、人大等在政治协商中的沟通互动机制,把协商成果与党委、人大、政府、官办社会组织办事规则相衔接,使协商成果纳入决策程序。第二,社会组织作为选举单位,高度重视,精心组织,坚持贯彻民主集中制原则,严格按照选举程序,采取自下而上、上下结合、反复酝酿、层层遴选的办法。第三,为保证委员的代表性和民间性,规定来自官方色彩较浓的协会委员暂不归入社会组织界别。第四,建立激励和惩罚相结合的机制,提高组织成员参与的热情。社会团体应当采取"选择性激励",辅以社会团体的集体价值观建设,从多方面提高社会团体成员的参与热情。第五,进一步规范社会组织协商程序,实现社会组织"参与恳谈——提出建议——集中辩论——政府内参——社会公开——出台政策"的政策制定全过程。目前社会组织参与界别协商还基本处于理论论证地方省市试点探索阶段。在这些前期准备工作阶段的同时,应不断摸索实验的经验教训,并将成熟的模式形式上升为制度范例,再进一步通过各级人大等政府部门的法律建设,将这些实验性成果规范为法律文件,从而为在更大地区范围内推广做好铺垫。

社会组织应积极争取国家政治决策层面的正式性参与渠道,以政治协商会议为例,当前全国各级政协的界别设置,基本涵盖了社会各阶层、各领域、各行业,具有较强的地区覆盖和较广的群体关照,体现了政协的包容、团结和不断拓展的协商精神,但是随着我国全面深化改革的逐步推进,新的阶层、新的群体以及新的形式不断涌现,不断考验着协商界别的包容性和代表性。特别是目前存在着有的界别涵盖面过宽与有的界别代表性较窄的矛盾,有的界别跨度较大与有的界别指称对象逐步淡化的矛盾,有的界别界限清晰与有的界别难以界定主体的矛盾等各种问题存在,尤其是政协代表精英化趋势日趋明显,缺乏底层群众的直接参与。因而积极开展界别设置改革工作,使界别设置符合我国社会各界政治愿望扩大,政治诉求加深,从而建构能够代表社会各界愿望表达和利益代言人的政协界别新体系。在我国传统的部门设置中,并没有将社会组织作为工作单位或者生产单位性质界定,而是仅仅作为一个新的社会形式或者社会群体进行对待,从而阻碍了其进入以部门划分为依据的政协协商机制,因而社会组织只有"搭便车"而非独立姿态在政协中发声。同样,政协委员不是通过选举而是通过各级政协部门提名推荐产生,而提名推荐政协委员的主体则是民主党派代表、各行精英代表,以及部分弱势群体代表,这使得许多社会组织成员只能通过其他主体推荐或者代表其他界别主体进入政协会场,这都不利于将社会组织的整体诉求完整地传递给政府。因而在全国及各级政协现有界别之外,增设"社会组织界",增进党、政府、企业、社会组织等各界主体之间的互动与交流,从而实现一体多元和多元一体的良性局面。《中共中央关于全面深化改革若干重大问题的决定》第一次将社会组织纳入协商的主体范围。未来在增设新的社会组织界别时,应注意以下几个方面问题:一是明确社会组织界别的功能与定位,增强社会组织界别的有效性和代表力;二是培养和挖掘能够代表社会组织整体利益的合理代言人,尤其侧重将善于建言、敢于发言、精于立言的研究性组织推引到政协中来;三是积极将各类社会组织的政治参与引导到依法、有序的轨道上来,促进社会不同利益群体的和谐,重点推进社会组织在政治协商、民主监督、参政议政中的制度化、规范化、程序化;四是拓展社会组织参与界别协商的形式,更加活跃有序地促进社会组织参与协商,增加社会组织协商密度,提高协商成效;五是建立和完善专委会联系和服务社会组织界别的制度,形成社会组织代表日常工作制度和及时报告机制,重点依靠网络技术和网络平台建立"互联网+"的协商工作体系。目前,我国广东省惠州、东莞,海南省已经开展了政协中社会组织新界别的改革试验,效果反应很好,当前应及时进行问题与经验的归纳总结,并适时进行其他地区的推广,国家也应尽快开展相应法律政策的制定,将这一试验性改革成为制度性安排。除政协以外,湖北省玉门市等地也开展了在党代表或人大代表以及青年联合会等人民团体的成员中增加社会组织的人员比例,这些都将成为社会组织参与协商治理的新的有效途径。在增加政协、人大等国家政治组织中的社会组织界别之外,还应积极开拓其他协商治理的参与路径,扩大协商参与的渠道或方式。如充分利用和挖掘网络资源,利用网络平台发布协商成果和建议,同时利用网络进行线上与线下的互动交流,以及参与社区的议事会议、民主恳谈会、预算监督会议等形式。

(3)评议协商:社会组织参与协商治理的过程性参与。

在政策实施过程中,社会组织也应承担起监督责任。由于政府执行的单方面行动往往会导致政府不作为、懒政现象,甚至可能出现政府从项目中牟利,损害纳税人的利益,或者政府因其需要随意改变原有方案。因而,社会组织可以对政策实施过程进行全程监督,由于参与监督而不是参与执行,主要是对于实施过程中出现的问题或者问题出现的预兆提出自己的意见或建议,所以我们称之为评议性协商。评议协商需要政府、项目实施者、社会组织三方达成实施中的监督协议,制定监督流程,明确监督职责,建立监督平台,因而作为政府部门或项目实施一方需要做好以下工作:第一,政府及项目实施部门应定期召开项目进展汇报会,邀请相关社会组织参与评议;第二,项目实施部门应及时公开项目实施情况,包括项目进度、项目支出和项目负责人等;第三,项目的修正必须及时通报政府和社会组织,并开展修正听证会,听取社会组织意见,并作为社会组织一方应做好以下工作:第一,参与实施监督的社会组织应为专业人员,了解和熟知项目的基本知识,掌握相关法律知识和国家方针政策;第二,社会组织成员应进入项目实施现场,随访考察;第三,社会组织监督员建立随访档案,按时间、环节、地点、问题等进行分类登记并提出整改建议。参照相关过程监督的方式方法,社会组织评议可以采取评估项目执行报告,提出进一步优化建议;现场跟踪检测,将问题及时进行拍照建档和告知汇报;进行财务抽查,重点针对预算与支出的可比性分析,主要包括建材的报价权衡等;社会组织及时召集政府、项目执行方进行项目的内部评估,并将结果公布于众;质疑与投诉,对于政府或执行方无法解决或者不予解决的问题向法院或公证部门进行投诉。

当前,在社会组织社会协商和界别协商还未完全建立的情况下,社会组织参与评议协商还处于讨论阶段，基本上还未出现在现实政策执行的环节中来；但在前两者已经试点和即将上升到正式程序中来时，评议协商也应积极进行探索，它是前两个环节不可缺少的补充，如果没有此环节，那么前面的努力，有可能演变成"前功尽弃"的结果。目前由于相关论证不充分，现实中缺乏此方面的实验，可以参照企业市场的做法，如工程监理、项目跟踪、项目验收等做法。或者在试点不够成熟的条件下，可以采取"试行"的办法"试行不同于试点，试点更多的是一种空间概念。试行则更多的是一种时间概念，主要做法是，出台一个法律效力较低，适用范围较窄，可以随时修订的临时办法，而不是法律法规甚至不是正式文件。试行即试错，试错即可推广，可修正，可中止"①。结合我国已经实施的监理经验教训，社会组织参与评议协商还应注意以下问题：一是防止问责的短视效应。因为评议只是看到了实施中的部分效果，在整体效果还未显现的情况下，纠结于财务或者外观以及执行者的临时决策，从而可能影响项目执行方的长远计划。二是防止问责机制的结构性失衡。问责往往是针对于项目执行方，而很多问题并非执行方一人作为，极有可能政府在其中进行了干预，另外社会组织问责还应吸取公众意见或者是项目受益方的意见，综合平衡。三是社会组织自我能力短缺。由于社会组织还处于发展期，特别是针对公共服务建立的专业性建立机构，还处于摸索阶段，缺乏专业人才，更是缺乏监督资质，没有监督的相关政策支持和资格证书保障。在当前这些问题还未解决的情况下，积极发展社会组织专业建立机构，同时政府还应在现有监理部门的基础上，联合社会组织建立公共服务第三方代理机构，这一部门以其相对独立的身份，处于政府、社会组织和项目执行方之间，对于三者的行为都可以做出客观公正的裁判，由于是政府出资创办，符合体制内需要，且又有资金保障和社会信任度，因而比较好执行，社会组织应该积极发挥自身优势参与到这一机构的建设中来。综上所述，社会组织参与评议协商应

---

① 蒲宇飞：《我国重点领域改革的分权制衡机制和政策建议》，《改革》2013 年第 10 期。

积极探索可行模式,多方寻求合作资源,争取国家政策支持,尽快建立相关程序规范,为社会组织协商治理提供更为完整的环节支持。

二、程序设计中的风险防范

增加社会组织的协商治理参与,为制度民主化进程提供了新的动力基础,但是无形之中也带来了利益冲突的危机,如果社会难以满足社会组织的现实需要,而社会组织的参与增强了社会公开抗衡的民主意识,从而增加了公共危机的风险防范意识,况且不是所有社会组织都是完全有着规范、民主和公益性态度,还有许多非法的或者带有盈利性质的社会组织参与其间。社会组织参与协商治理是一种客观性选择,无论政府还是社会组织抑或其他社会主体都有可能在协商治理中为了自身利益而做出违背公共利益的选择。但是,我们可以利用博弈理论将弊端转化为优势,增加社会组织的参政界别目的就是通过增加社会组织这一利益主体,在多元主体之间形成利益竞争格局,并通过政府的积极引导和规划,建立多元主体相互竞争、合作互助的良性局面,通过简政放权、赋权于社会组织从而形成多元主体权力制衡的结构,这种相互竞争和制约的结构客观上起到了控制风险、稳定社会的作用。在权力制度有效划界基础上,还应发挥市场自我调节作用,通过市场自由竞争、优胜劣汰原则,构建政府、社会组织及其他主体之间的平等地位,即在未来的政策制定中,在多元主体之间建立一种政策选择市场,让政策以商品的姿态参与市场竞争,而政府或者社会组织都是政策商品的生产者,民众便是消费者,民众在各个主体的政策产出中选择"最大公约数",选出最好的政策产品。但是这种设想如果成为现实,必须有相应的制度支撑,要建立起政策思想搜集和筛选机制,更包容地对待批评意见,以及建立一个政策思想同行评审和同行竞争的机制,以避免信息不对称,提升政策制定者对政策建议的科学性判断能力。

第六章　协商民主与治理：理论创新与范式突破

　　"协商民主"可以为当前反腐斗争或者治理提供新的路径思考：一是它基于中国经验、中国特色以及中国优势的民主政治资源进行的路径创新；二是它更注重于深度、广泛、微观的民众全面反腐参与；三是它为群众反腐提供了反腐的技术、路线和平台，构建了群众反腐的载体和路径依赖；四是它超越了为反腐而反腐的目的，将廉洁、效能、公平、发展作为综合性考核标准。通过协商民主的方式参与治理是对我国当前反腐败与廉政建设模式的补充，在构建中国特色反腐体系中具有重要作用。其一，利于构建由上到下、由下到上、左右互动的协商廉政结构。如果说由上而下的监督更多体现的是党内监督，那么由下而上的监督更多体现的是人民监督，只有加强党内监督和人民群众监督的结合力度，才能实现监督的有效性，增强党的执政合法性。同时，应构建左右互动的平台机制，这种互动的模式包括党监督党、党监督群众、群众监督党、群众监督群众的结构网络。其二，基于协商方式的治理是一种软法治理。在我国还有很多规则制度，并没有上升到国家硬法规制领域，这些规则的形成是各种组织在成立前后形成的规范其组织活动的有效约定，具有惩戒作用和激励作用，国家的法律规范首先起到第一步规制作用，而真正组织群众参与其中的社会组织则通过各种组织制度和社会规约，将协商参与过程进行具体化的实施。其三,基于协商方式的治理是一种建设性的治理路径。这种路径是通过在合力完成一项任务时,基于公众或者组织之间的配合互动,在互动中相互监督,这种商议的过程就是在利益最大化的基础上实现成本最小化的过程。以动态平衡的良性互动机制推动反腐败的制度建设方式,区别于那些以抗争政治面目出现的反腐败运动,提供了一种和平、有序、平稳的反腐政治互动可能,从而避免落入对抗性、暴力性反腐运动的陷阱。① 其四,基于协商方式的治理是一种过程治理。因为这个工程的确立需要很多的配套建设和基础构筑。一则是具有预防性特征。在决策之前通过公民或者社会组织代表的协商参与,将潜在的问题与障碍进行探讨化解,将可能发生的风险和负面影响拟定回避措施,将可能产生的成本和效益进行合算。二则是一个多元参与的过程。在整个实施过程中,为了共同任务的完成,每个主体都应以身作则,尽心尽力,否则会影响另一个环节任务的对接,因此各主体之间要相互督促。三则是在评估的基础上对于政府及各主体的行为绩效进行评议,然后交由被测验的对象参考,被测验对象可以针对评估方的问题和建议提出自己看法和对策。其五,基于协商方式的治理是一种教育式治理,构建的是一种公益、公共、共享的治理机制。社会各个主体齐心协力,为了不因一方的失职或失误而造成整体事业的损失,也不因为一方的自私而造成其他主体的利益受损。在治理中必然遇到各种利益的博弈和观点的交锋,也会遇到现实困境的阻挠。如何克服这些主客观因素造成的麻烦,他们在公共交往中需要尊重对方,服从正义的原则,从而赋予其遵守法制,遵守规则的精神。

因此,积极论证研究的重要意义,梳理和总结协商式治理的概念、主体、形式、特征以及适用条件,形成研究的理论体系;积极推论问题的历史背景、政治规律和社会基础以及实施载体,形成全面系统的逻辑体系;积极挖掘我国相关典型案例,总结不同协商方式的异同,提出规律性的东西,形成源于现实需求的实

① 肖滨、黄迎虹:《发展中国家反腐败制度建设的政治动力机制——基于印度制定"官员腐败调查法"的分析》,《中国社会科学》2015 年第 5 期。

践支撑;积极完善治理的程序步骤,构建严谨科学、可行有效的实现路径。然而以上目标达成需要经过"问题聚焦—概念供给—分析框架—理论建构"四个阶段的理论生成过程。"问题聚焦"是理论研究的动力来源;"概念"是理论的原材料,是构成理论的基本元素;"分析框架"是利用概念分析问题的基本路线,是将概念置于具体语境,解决现实问题的思维空间;"理论"则是概念经过分析框架解决现实问题后,将问题的多样性及其解决方法的多样性进行的规律性总结,这也是中国政治学研究的原创性理论目标和当前的最大困惑,"立足于中国创新实践的原创性研究的最大挑战,就是如何超越过去那种针对问题进行对策性研究的做法,将中国的创新实践上升为具有普遍意义的理论。"①问题聚焦、概念供给、分析框架和理论构建是一个递进发展的过程,唯有经历四个具体的学术创造环节,才能形成一个完整的知识话语体系,才能解释原初问题的本质和应对未来的可能变化危机,"我们必须具有批判与超越的精神,从本土的现象和问题出发,来寻求解决问题的相应途径、方法和工具,建立本土的学术概念、理论和分析框架。"②我们要着力打造融通中外的"新概念、新范畴、新表述"。

第一节 问题聚焦:协商民主能否反腐?

"问题"是人们思考依据的基本出发点,首先有了人们迫切需要解决的问题,才有进一步思考的动力,"中国政治学研究要从问题出发,而不是从概念和理论出发。在从问题出发、发现问题、研究问题之后,再倡导概念体系、理论体系,这更有助于中国政治学的发展。"③正是有了问题的针对性,提出的理论才有的放矢。当前,大量研究认为选举对于治理起着重要的基础性作用,只有

---

① 周光辉:《新时代以原创性研究推动中国政治学发展》,《政治学研究》2018 年第 2 期。
② 翟学伟:《中国人行动的逻辑》,社会科学文献出版社 2001 年版,第 333 页。
③ 王绍光:《开眼看世界的"中国学派"》,《经济导刊》2018 年第 6 期。

通过选举出来的官员，才真正对选民提出的意愿负责。[1] 但是很多选民意识到，在日常政治生活中，选民对于选出来的官员没有实质性的影响作用。民众认识到无法发挥选举的真正作用后，导致在选举中大量选民的选票本身是应付的。同时也有西方学者研究证明，选民在选举的态度上并不是基于政府廉洁而做出选哪一个领导的决定（Konstantini-dis&Xezonakis，2013）[2]，"在民主国家，政治家的腐败丑闻并没有显著降低他们再次获得选民支持的可能性。"[3]而是更多的因为民众获利或者经济运行良好降低了民众对政府的腐败抨击（Klanja&Tucker，2013）[4]，而且，缺乏对于经选举产生代表的根本性制约机制，而使得"代理人有三个靠不住：代理人诉诸公投而逃避责任；代理人通过例外状态而自我溢出；代理人为金主而非选民服务"[5]。因此"选举民主"制约腐败这一路径"失灵"之后，当下我们还能通过什么路径来从根本上约束权力？肖汉宇（2016）等通过 135 个国家 2009—2012 年的数据研究指出："民主程度的深化会使得国家加大对腐败行为的惩罚力度，从而提高腐败的成本，因而腐败减少。"[6]协商民主是更深层次的、更具实质性的民主形式，研究表明民主初期仅靠选举民主的反腐作用甚浅，且在协商民主没有建立起来的情况下，腐败程度呈上升趋势，选举民主的发展必须借助于协商民主的完善才能发挥选举民主的永久生命力。Koteraetal（2012）采用 82 个国家的历年数据，研究发现，"在民主化程度较高的国家里，政府规模扩大会减少腐败；而在民主化低的国家，扩大政府规模会导致腐败上升"。[7]

---

① 毛益民、陈国权：《民主就能抑制腐败吗》，《经济社会体制比较》2018 年第 2 期。

② Konstantinidis, I.and G.Xezonakis, 2013."Sources of Tolerance towards Corrupted Politicians in-Greece：the Role of Tradeoffs and Individual Benefits." *Crime, Law and Social Change*.60（5），pp.63~549.

③ 肖汉宇、公婷：《腐败研究中的若干理论问题——基于 2009—2013 年 526 篇 SSCI 文献的综述》，《经济社会体制比较》2016 年第 2 期。

④ Klanja, M.and J.A.Tucker, 2013."The Economy, Corruption, and the Vote：Evidence from Experi-ments in Sweden and Moldova." *Electoral Studies*.32（3），pp.536~543.

⑤ 吴冠军：《再探代议民主的规范性困局》，《当代世界与社会主义》2017 年第 3 期。

⑥ 王绍光：《开眼看世界的"中国学派"》，《经济导刊》2018 年第 6 期。

⑦ Kotera, G., K.Okada and S.Samreth, 2012."Government Size, Democracy, and Corruption：An Em-pirical Investigation." *Economic Modelling*.29（6），pp.2340~48.

"协商民主"能否给廉政带来实质性的效益。从农村基层协商民主的反腐现状来看,何包钢研究指出"上访最多的地方恰恰是最腐败,最不公正的地方。正是在这种地方,通过民主协商可以减少由于征地纠纷所带来的上访问题。这是因为,民主协商的方法自身是公正的、公开的和透明的。"①王婷等学者指出协商方式制约腐败问题具有很大的发展空间,"近年来,农村协商民主,有效推进了农村公共事务解决,但协商民主制约监督村级权力运行、整治侵害群众利益的价值还没有完全发挥出来"。通过协商民主方式进行廉政建设也具有现实的渠道空间,有明确的发展路线,"事实上,协商民主这一价值体现在村民自治过程中:补充民主选举,规范权力生成方式;融入民主管理和决策,制约权力运行;推动民主监督,完善村级权力监督体系,因而可成为治理新的生长点。"②协商民主不仅对于决策公平、透明和廉洁具有重要意义,"突破了传统封闭、隐秘式权力运行模式,防范权力主体运用决策机构掩护腐败动机的行为。"而且协商民主对于腐败问题易发的"选举领域"也具有重要影响,"协商民主规范了利益群体竞争和博弈的选举程序,可以规避选举过程中的腐败"。针对协商方式反腐的重要作用,有学者甚至指出协商民主是腐败治理的根本之策,"协商民主拓展和深化了村务公开和村民代表大会制度,从源头上预防和治理腐败"③。

在党政高层,协商式治理是通过人大代表、党代表、政协委员等对国家和地方重大事务的协商活动进行腐败问题的监督。同时它也反映在专业性行业领域的社会力量与相关决策机构(者)的公共事务中的协商对话,形成科学公正的决策方案或者具有廉政作用的规则制度。但是协商式廉政建设的重要意义更突出表现在全体公众能够参与到或者有机会影响到的地方。

---

① 何包钢:《协商民主与协商治理——建构一个理性且成熟的公民社会》,《开放时代》2012 年第 4 期。

② 王婷、李景平、方建斌:《协商民主:村民自治过程中治理的生长点》,《西北农林科技大学学报(社会科学版)》2018 年第 1 期。

③ 吴兴智:《协商民主与中国乡村治理》,《湖北社会科学》2010 年第 10 期。

而且基层领域的腐败或者说群众身边的腐败是我国当前腐败治理的重要领域,据统计,截至 2019 年 1—3 月全国共查处违反中央八项规定精神问题 11819 起,处理人数 16750 人。数据显示受到党纪处分的省部级干部人数降低外,基层干部人数却大幅增长,其中给予乡科级干部及以下人员党纪政务处分 14672 人,占处分总人数的 87.6%。① 同时腐败问题不仅发生在基层政权领域,而且在社会各个领域,甚至群众涉及公共事务中的自身利益都可能发生"行贿"等腐败问题。这些腐败比较隐蔽、分散,法律或者反腐机构很难全部触及到,"目前社会领域存在着个人腐败、组织腐败等问题,并表现出边界模糊、领域集中、主体多元、影响恶劣等特征"②。在这种情况下,通过群众协商式的决策或者管理过程的监督,"尤其重要的是要加强权力体制之外的民主监督,让人民群众通过合法的渠道监督各级政权组织和党政官员。"③群众通过参与决策过程中的建言、讨论、谈判、批评、质询,从而将最基本的腐败可能扼杀在最优决策方案之中。而群众参与协商的活动或者场所已经不限于决策领域,只要群众可以利用协商方式参与的任何与群众利益有关的公共事务,如"预算""立法""听证""自治""问政""评价"等都有涉及。群众通过协商参与反腐的路径得到政策的支持,但是群众通过协商反腐路径的理论话语却没有及时跟进。只有将当前中国新的民主理论发展成果及时与群众反腐的斗争实践进行有机对接,才能准确阐释当前社会反腐领域的现实问题,才能深刻总结当前群众反腐的经验和不足,有效发挥群众反腐的特殊优势、最大程度的调动群众反腐的积极性、充分利用群众反腐的广大资源。

---

① 《3 月全国 5143 人因违反中央八项规定精神被处理》,http://www.gov.cn/xinwen/2019-04/30/content_5387681.htm,2019 年 4 月 30 日。

② 王名、李世卓:《探索社会组织参与预防腐败》,《深圳特区报》2011 年 7 月 12 日。

③ 俞可平:《人民政协与人民民主》,《人民政协报》2009 年 8 月 31 日。

表 6-1-1 当前中国通过协商民主方式进行治理的领域及案例

领域	主体	方式	案例
法律协商与治理	司法检机构、律师、社会组织、公民	协商制定利于各方主体合作治腐的法律法规	重庆东路社区联席会议
听证协商与治理	职能部门、专家、社会组织、公民	通过质询、质责、批评、建议等方式督促纠正相关方问题	圆明园湖底防渗工程
网络协商与治理	党政机构、社会组织、公民	通过网上监督、网络质询以及网络问政的方式与相关方进行问题处理	惠州奥一网与南方民间智库合作打造的网络问政平台
行业协商与治理	党政机构、专家、社会组织、公民	相关方协商制定维护行业自律、廉洁的规章和行业规定	中国家电协会制定《中国家用电器协会行业职业道德规范》和《中国家用电器协会行业自律惩戒制度》
评价协商与治理	政府部门、第三方机构、社会组织、公民	通过科学评估,拿出客观、真实的分析报告及结论,为相关方的问题纠正提供参考	淮安市借助零点咨询集团实施"效能公开评价工程"和"党政机关廉洁评价和质询工程"
物业协商与治理	社区、业委会、业主	业主参与社区和业委会各项大小社区事物的决策及执行	重庆市万州区天台社区物业自治
观察协商与治理	党政机构、专家、社会组织、公民	通过第三方专家或组织,对事件进行客观分析,拿出真实科学的报告	扬州市"城市啄木鸟"民间观察团
参与式预算与治理	党政机构、社会组织、公民	受众参与重大决策及项目的决策、执行以及意见反馈	海口美兰社区参与式预算、巴中白庙乡

第二节 概念短缺与概念供给

针对现实中发生的重大问题,我们却很难在学术话语中找到对应的解释性概念,尽管有些既有概念能够体现某些问题特征,但却不能概括问题全貌。当前我们迫切需要对于现实问题进行总结,在既有理论基础上创新对应性的学术概念。概念是理论打开观察客观世界的窗口,正如海伍德所说,"为了认识世界,我们必须在某种意义上赋予它特定的含义,而这一任务是通过构建概念来完成的。"①

一、当前缺乏对于现有概念资源的挖掘与整合

首先,"协商民主"本身就带有治理之意。通过协商过程,"能够使决策程序更规范,决策过程更加民主,决策结果更加科学,有效地防止或消除了决策的随意性、短期性和盲目性。"②习近平总书记在政协成立 65 周年大会讲话中指出,"要敢于讲真话、讲诤言,及时反映真实情况,勇于提出建议和批评,帮助查找不足、解决问题,推动各项改革发展举措落到实处。"这种协商于决策前后的建议和批评,通过"民主监督"的方式成为政治协商的重要路径,"各级人民政协应当加强民主监督和制约官员腐败负起政治责任。"③而且在 2017年中办印发的《关于加强和改进人民政协民主监督的意见》中进一步以"协商式监督"论断得到明确:"在政协组织的各种活动中,依据政协章程,以提出意见、批评、建议的方式进行的协商式监督。""协商式监督"是"对于推进党和政府科学决策、民主决策、依法决策,促进国家机关及其工作人员转变作风、改进工作、反腐倡廉,推动解决人民群众关心的实际问题,具有重要意义。""协商式监督"还确定了监督的内容对象,包括党和国家大政方针、重大改革举措、重要决策部署、年度计划、财政预算、涉及人民群众切身利益的实际问题解决,以及国家机关工作人员遵纪守法、加强作风建设、密切联系群众、开展反腐倡廉等情况。中共十八届六中全会通过的《中国共产党党内监督条例》,也首次把政协民主监督写入中国共产党党内法规。当前"协商式监督"开始向基层工作延伸,重庆市长寿区政协探索每年开展的监督式协商占每月协商主题达40%以上。九龙坡区 2018 年一年内,一共累计 286 名政协委员参与履职,接受群众的批评建议和监督。而且协商民主已经不是仅限于政治协商会议,在

---

① 安德鲁·海伍德:《政治学核心概念》,中国人民大学出版社 2014 年版。
② 陈家刚:《当代中国的协商民主:比较的视野》,《新疆师范大学学报》2014 年第 1 期。
③ 《习近平关于社会主义政治建设论述摘编》,中央文献出版社 2017 年版,第 59 页。

党的十九大报告中提出，"要推动协商民主广泛、多层、制度化发展，统筹推进政党协商、人大协商、政府协商、政协协商、人民团体协商、基层协商以及社会组织协商。"因此，通过"协商式监督"进行廉政建设在国家机构层面、在地方基层治理中都得以体现，公民及各社会主体的协商式监督反腐渗透于民众公共生活的各个方面。

其次，"治理"本身也包含着治理的含义。"治理能否最终体现和实现公共利益，是否关注人民群众最直接、最根本和最现实的问题；看其是否能够超越特殊利益集团、部门、地方和短期利益，最大限度地体现弱势群体的利益；看其是否尊重科学与理性，是否尊重民意、遵循正当程序与社会公认的伦理和道德标准。"①俞可平对"治理改革"提出的目标："法治、公平、责任、透明、廉洁、高效、和谐"，突出体现了"治理"对于廉政的目的要求。② 而且将"廉政"列入治理评估框架 12 个重要指标之一。③

基于"协商民主"和"治理"兼容而成的"协商治理"概念，因此是治理的双重作用融合。以问题为导向、以协商为核心建立的治理模式尽管都可以称为协商治理，但基层协商治理不是单一的经验模式，而是出现了多重维度，按照比较政治学的说法，在协商治理属概念之下存在不同的"亚类型"（subtype）。④ 王浦劬从公众参与民主管理过程来透视协商监督反腐败的作用，"协商治理贯穿于我国的民主决策过程之前和决策过程之中，是公共决策民

① 张成福、李丹婷：《公共利益与公共治理》，《中国人民大学学报》2012 年第 2 期。

② 俞可平：《中国治理变迁 30 年（1978—2008）》，《吉林大学社会科学学报》2008 年第 3 期。

③ 其中"廉政指标"包括：廉政法规及其效果、廉政官员的数量及其惩处、对政府及党政干部的经济审计、公共预算监督、权力的相互制约、公民对政府权力的制约、新闻舆论监督、公众举报等社会监督、党和政府的自律。参见俞可平：《国家治理与评估：中国与世界》，中央编译出版社 2009 年版。

④ Giocanni Sartori."Concept Misformation in Comparative Politics".*The American Political Science Review*.Vol 64 No.4.（Dec.1970）.胡永保研究总结出在中国有以下几种协商治理形式：决策性协商治理、听证性协商治理、咨询性协商治理、协调性协商治理、评议性协商治理。参见胡永保、杨弘：《中国农村基层协商治理的现实困境与优化策略》，《理论探讨》2013 年第 3 期。

主性、科学性、合法性和实效性的重要保障机制。另一方面,协商治理负有决策监督、决策调整和决策评估的职能,从而形成了民主监督与民主决策共存互补、辩证结合的功能。"①

然而,目前我们还没有一个准确的词汇来体现"通过协商方式实现治理"的含义。治理仅是协商治理的形式内容之一,协商治理中包含着治理的本质要义。但是不能用协商治理来代替治理,治理也不能完整体现"通过协商方式的治理过程"。因此,从概念供给角度来看,如何基于我国本土文化基因借鉴西方先进理念,构建一个体现"协商"和"治理"双重含义的概念,对于对接我国大力推进的群众反腐实践,对于完善我国反腐路径体系,乃至对于我国政治学相关理论体系的构建,都是十分必要的。"今天中国政治学构建的关键环节,就是要改变概念供给能力不足和'概念短缺'的状况,如果这种状况不能得到迅速有效的改变,构建中国政治学的目标就难以达成。"②

再次,"概念短缺"暴露出我国概念的适应性和创新性的不足。"协商民主"和"治理"概念严格意义上源于西方研究背景。第一次学术意义上使用协商民主(Consociational Democracy)概念是约瑟夫·毕赛特的《协商民主:共和政府的多数原则》一书。"协商民主"概念在 20 世纪末引入中国,并得到长足的发展。而"治理"(governance)一词兴起于 20 世纪 90 年代的美国,詹姆斯·N.罗西瑙是最早在政治学领域研究治理的学者之一③;在中国,"治理"一词首先被经济学家引入,"公司治理""公司治理结构"等术语在公司改制中广泛应用,尔后,相继被政治学家和社会学家采用。④ "协商民主"与"治理"在我国得到很好的传播与运用的基础上,"协商治理"也就集合两个概念含义与作用,顺其自然的在社会各界广泛得到运用,它是结合中国实践创新,转化为

---

① 王浦劬:《中国协商治理的基本特点》,《求是》2013 年第 10 期。
② 周平:《概念供给:中国政治学构建的关键》,《江汉论坛》2017 年第 11 期。
③ 詹姆斯·N.罗西瑙:《没有政府的治理》,江西人民出版社 2001 年版,第 49 页。
④ 俞可平:《中国治理变迁 30 年(1978—2008)》,《吉林大学社会科学学报》2008 年第 3 期。

中国学术话语的智慧产物,"协商治理是一种适合中国国情的公共治理模式,是一种以中国式民主即协商民主为基础的公共治理模式"①。同时,"协商治理可以利用既有政治资源,协商进入门槛较低,协商治理的主张和决策阻力及政治风险较小,使协商治理具有降低党和政府以及社会治理成本的特点"②。

"协商治理"在中国的兴起顺当其时,很好地适应了而且满足了学界对于我国政治实践和政治经验的解读,某种程度上也促进了我国协商民主在国家治理体系与治理能力现代化中所提供的重要动力。但是我们应该积极从中国经验中提炼自己的学术概念,"而不是仅仅抓住西方某种所谓'先进'概念与理念片面嫁接到中国的基本国情和社会实践中。"③我国政治学者应该有文化自信进而激发我们的学术自信,我们有着广阔的协商民主实践领域,有着丰厚的协商民主文化底蕴。已经践行了丰富多样的协商民主创新项目,从中央到地方,从政界到学界,从官方到民间,协商治理的政策、理论与实践都为我们提供了源源不断的学术资源。我们不能只盯从西方"拿来主义",而需要从我国实际出发,总结经验、形成理论、分析问题、优化创新,推动协商治理多层化、广泛化、多样性的发展,形成更多更好的协商治理新阵地,"廉政"作为当前我国治理重要领域,必须在协商治理的深厚资源中获得一席之地,概念基础上的学术创新和理论推动是实现这一目的的重要路径。

二、在中国现实问题和既有资源基础上的概念创新

因此对于当前我国通过协商方式进行廉政建设的概念化创新,以适应反腐败新形势新问题新战略的要求,"协商""治理""廉政"每一个概念都难以完整表达协商参与和协商监督过程中的廉政建设丰富内涵,"必须对我们的实践进行整合、升华、提炼,把碎片化的观点转变为系统的体系,把零

---

① 胡象明:《协商治理:中国公共管理体制改革的目标模式》,《学术界》2013 年第 9 期。
② 王浦劬:《中国协商治理的基本特点》,《求是》2013 年第 10 期。
③ 胡象明:《协商治理:中国公共管理体制改革的目标模式》,《学术界》2013 年第 9 期。

散的观点升华为学术的话语。当代中国需要实现治理话语从西方到中国的转换,形成中国协商治理话语,探索中国协商治理路径。"①习近平总书记指出,目前我国哲学社会科学发展的学科体系、学术体系、话语体系建设水平总体不高,学术原创力还不强。我们必须正视当前研究的概念短缺问题,从概念生产入手,为理论创新和理论发展提供重要的基础工具和分析框架,是当前中国政治学话语体系构建的基本前提。概念生产不仅是一个严谨学术问题,而且具有明显的国别特色,不同国情的学术话语必须在特定的语境中才能体现它的真实含义。因此中国特色的政治学概念生产需要遵循一定原则。

一是,新概念善于学习西方但更应该来自于中国本土实践,应该针对于解决中国的新问题或者新矛盾。"也就是说,我们面对的是改革中的中国所特有的社会矛盾和问题,应该立足于我国本土、直面现实问题来建构中国的学术体系和话语系统。"②西方的方法不是万能的,中国的问题比较复杂,不可预期的、潜在的问题更是深不可测。中国也不可能从西方能够拿到所有的解决方案。再者,西方的问题方案也不是为着中国而生,服务于资本主义国家的制度问题是他们的根本目的。因此解决中国问题必须依靠自己,依赖所谓西方的方法解决中国问题那只能是解决问题方式上的"本末倒置"。

二是,新概念不仅来自于顶层设计的政策话语,同时更应该来源于群众的实际生活和实际创造。政治学界要提升概念的生产和供给能力,就必须摒弃"唯上是从"的思维,提倡面向实际的深入研究,鼓励自主研究的风气。③ 如果仅仅从红头文件、领导人讲话、制度文本等去提炼解释话语,得出的只能是

---

① 王岩:《协商治理——治理的中国形态》,http://www.cssn.cn/zzx/zzxzt_zzx/93909/jb/201703/t20170328_3468995.shtml,2017 年 3 月 28 日。

② 王岩、魏崇辉:《协商治理的中国逻辑》,《中国社会科学》2016 年第 7 期。

③ 周平:《概念供给:中国政治学构建的关键》,《江汉论坛》2017 年第 11 期。

"应该如此""西方如此"等无意义的抽象空谈。不能准确认识和解析政治实践的中国特色。① 我们应该在深刻领会国家重要政策文件基础上,结合亟须解决的重大现实问题,提炼出具有针对性、通识性的概念或论点。

三是,新概念不仅引进西方的先进理念,更应该从中国优秀传统文化基因中寻找解决中国问题的中国方案。"它必须渊源于中华民族的治理传统、根植于当代中国治理的实践经验;它必须能够有利于解决当前中国政府面临的种种公共治理问题;它必须符合中国式公共治理的效能原则。"②学习西方的东西主要是方法的、理念的东西,但是这些形式或精神的资源必须依托于中国的文化土壤,必须对接中国的实践创新,借助中国的文化符号和实践载体形成的概念知识来分析中国问题。解决问题只是第一步,更重要的是通过问题的解决,深刻分析问题的内在本质,总结提炼问题化解的优化思路,将化解问题转化为发展的动力,从而将中国的问题方案转化为动能模式。

因此基于以上原则,本研究尝试提出"协商式治理"概念。"协商式治理"是治理在协商民主过程中的具体运用。协商式治理不仅体现了以上宏观考虑。还应有自身的独特优势和话语空间。

一是,它不仅能够解决已有问题的表面现象,而且能够根本上提供一套可行的化解问题本源的方案。

二是,它不仅能够独立的成为一套概念范畴,更应该能够与其他概念形成相互补充相互呼应的话语体系。

三是,它不仅能够解决短期问题,而且能够使得事物可持续的发展,继而形成一种可资借鉴的治理模式或思路。

四是,它不仅化解负面问题的影响,而且能够带来积极的正面作用,既它不仅"反腐"更重要的是它更注重"效能"。

---

① 张桂林:《逻辑要义、历史努力与认知前提:建构中国特色政治学话语体系》,《政治学研究》2017 年第 5 期。
② 胡象明:《协商治理:中国公共管理体制改革的目标模式》,《学术界》2013 年第 9 期。

五是,它能正确认识协商方式在治理中的某些不足,并通过扬长避短和取长补短的方式,弥补方法上的某些缺陷,从而完成理论上的升华。

表 6-2-1 "协商式治理"概念的基本特征

特征	特征描述	相关要素
行为	动态的	在互相沟通、互相制约和互相协调中实现了观点的交锋与融合,从而取得最优化的结果
	整体性的	各个主体之间关系形成一个立体的网络、相互联系、互通有无
	过程性的	它的实施需要一个完整而又严谨的程序步骤,分为事前协商、事中协商和事后协商
	制度的	过程是公开透明的,防止了暗箱操作和内部自定
	互动的	每一个决策之前首先要经过相互的协商,不经过协商的事务不能擅自做出决定
	参与的	不仅在制定决策过程,还是执行过程中的监督,又或是任务完成后的总结和评议,相关利益方都要亲自参与
效应	防腐与反腐结合的	它在任务执行前就协商讨论如何避免资金浪费,工作人员不作为,权力滥用等问题
	注重治理的效应	它不仅是防止腐败这个基本问题的发生,而且体现各个主体的参与过程,通过各主体的共同智慧实现了效益的最大化
	积极的	它不是为了反腐而反腐,而是本着廉政的目的,希望通过积极的协商,达到效果的最优化
形式	柔性治理和硬性惩治相结合	具有刚性规范与柔性规范、刚性权力与柔性权力、硬法之治与软法之治有机结合的特点
	正式与非正式方式的结合	各主体之间的事前协商,达成基本一致的意见,将问题及时发现纠正,如果在地方政府层面,形成的方案还要提交地方人大会议进行审批
	线下和线上的结合	线上的协商方式便利、快捷、成本低,并且拉近了亲和的距离,得出的观点更客观。线下协商有着严格纪律规则,而且面对面的沟通显得相关方更重视、更认真、更直接也更体现有效性
目的	实质正义与程序正义的结合	实质正义主张协商的结果必须是正义的、公平的。而程序正义主张,只要是程序严谨,每一步不违程序,最后的协商结果都是正义的
	廉政、效能和公平相结合	廉政是最基本的目的,效能是根本的目的,而公平是最终的目的

第三节　分析框架：手段、目的、过程与路径

一、概念承载语义的局限性

概念供给源于问题阐释需要，而现实又无法用合适的词汇或者语言表达，进而对于问题的表象与本质进行了高度综合凝练所产生的对应标识。实际上，概念某种程度上为分析问题提供了一个语言组织的符号，概念是这些符号中的关键性或者是控制性标识。有了这些标准化了的或者学界共识的符号后，人们可以准确理解问题分析的内在逻辑。比如"协商""治理""廉政"就是我们研究中"基于协商方式实现廉政目标的治理过程"所使用的主要符号概念，但是概念又不能完全等同于符号，它除了是关键性或者控制性标识外，还有着丰富的语义或者现实内涵，而不是像"了""的"等组织语言的工具。概念更应该是利用符号和现实的结合形成的一个新的"象征词"，这个"象征词"是一个"具象"的存在。在这个"具象"背后有一个严谨的"定义"作为支撑。它已经不是一个词汇，而是一个丰富的"故事"发生的"现场"和使用的"方法"这个话语体系。"定义也仅是给予一个基本的含义解释"，它无法完全表达"概念丰富的内涵及边界。"因为"概念"除了自身严谨的规范界定以外，而且它可以分析这个概念所联系的任何问题，在不同的场合和语境中，这个概念跟随互相搭配的其他符号形成新的涵义特殊性。在时代和社会急剧变化，社会问题愈来愈复杂的形势下，如果没有语言词汇的概括能力是难以在学界乃至社会中进行有效沟通的，Marie-Eve Reny（2011）研究认为"从中国研究中产生的知识几乎不存在具体个案进行概括的可能性深层考量。"①我们缺乏从实践中提炼概念的意识。中国不乏大量创新实践的案例，很多情况下正是没有

---

① 　Marie-Eve Reny, REVIEW Essay: What Happened to the Study of China in Comparative Politics? *Journal of East Asian Studies*, 11, 2011, pp.105–135.

一个科学的概念对应这些案例,使得案例传播和推广遭受宣传上的瓶颈。"我们不仅要关注政治过程中所使用的符号,而且要关注政治过程进行研究时所使用的符号。"①只有将现实的问题或者过程提炼出一个对应的话语词汇,然后才能够进行基本的学术研究和沟通。

二、分析框架

实际上概念在给予问题和现实一个对应的话语之后,更重要的是给予这个问题或者现实一个解决问题的分析框架。这个概念只有在这个框架中才能表明它的真实含义,离开这个框架,这个概念可能会造成概念含义的模糊或者变移。"名称仅仅限于在这种或那种情形下提供研究的工具和框架,如果名称及其定义要超越言语的重要性,那就必须在框架中使用这个工具。"②正如洛克所说,"无论如何,我们的目标不是使术语的用法标准化,而是为政治理论提供分析框架"③,因为分析框架有一个重要作用就是可以切入任何与之相关的问题,并提供可资借鉴的经验方法,"所有人都以同样的方式理解它,而且在未来的政治问题的研究中可以直接或者通过转述的方式使用该分析框架"④。或者说概念提供了分析问题的依据,而概念提供的分析框架却将人们引入到了问题的场景。"协商式治理"研究架构了一个四段式的分析框架,即"协商—手段;廉政—目的;治理—过程;参与—路径"。

一是,"协商"是实现廉政目的的治理过程中所使用的手段。协商在反腐中的非强制性特点往往成为批评的对象,基于协商的结果是无力地或者说缺乏权威性、强制力,容易导致协商的失败。现实中协商的天平利于协商双方中

---

① 王沪宁:《中国抑制腐败的体制选择》,《政治学研究》1995 年第 5 期。
② 哈罗德·D.拉斯韦尔、亚伯拉罕·卡普兰:《权力与社会——一项政治研究的框架》,王菲易译,上海人民出版社 2012 年版,第 7 页。
③ 林国基:《洛克的"创世纪"——读〈政府论〉》,《政法论坛》2011 年第 5 期。
④ 哈罗德·D.拉斯韦尔、亚伯拉罕·卡普兰:《权力与社会——一项政治研究的框架》,王菲易译,上海人民出版社 2012 年版,第 7、8、9、6、3 页。

强势的一方。因此协商需要制度性的控制,借助于某种正式的仪式或者某个公共的活动,费尔·约翰认为,协商民主制度的构建要特别重视执行制度、决策制度和协商制度。① 协商可以在各个层面各个领域,只要是与群众利益相关的,群众需要参加的,除非涉及国家安全和机密问题,都应开放式的接待协商活动。在公共事务、地方决策乃至国家政策上还需要民众的协商结果或者协商过程与政府的政治系统接轨,从而使得人民的意志转化为国家的意志。在廉政建设协商领域,"人民可以通过人民代表、人民代表大会及其常委会、党和国家机关、社会团体设立的信访机构、司法机关、人民法院和举报机关等多种形式行使监督权。"②

二是,"治理"是实现廉政目的所经历的协商过程。但是治理仅仅依靠一个过程是难以达到目的的,这个过程必须还付诸于一些重要的细则或者理念,首先是治理是互动的。③ 即使它没有这么多主体或者渠道实现全方位的互动,但至少它为希望加入的,留有这个机会。其次治理是合作的。治理各主体之间不相互排斥,它们不管是不是可以互补,但都可以加入到自己所属的队伍中,形成可能最大的力量。而且尽管有些主体存在于现场,但是因为各种原因不愿意加入到合作中来,但他不对其他主体表现出抵制的态度或者行动。再次治理是分工的。不是每个主体都随意组合,它是基于各自的擅长或者功能来确定自己的位置,政府、企业、社会组织、公民以及其他社会主体都在某个问题或者领域治理中摆正角色,各司其职。最后,治理是有序的。程序的设计可以保证问题能够按照既定的方案一步步解决,也可以避免有人不按程序,在不符合条件的情况下擅自加入,也可以避免执行者随意改变任务原则或者方案,防止出现玩忽职守、滥用职权或者制造不公等问题。

---

① [美]约翰·费尔约翰:《建构协商民主制度》,载陈家刚:《协商民主》,上海三联书店2004年版。

② 王沪宁:《中国抑制腐败的体制选择》,《政治学研究》1995年第5期。

③ 乔耀章:《从"治理社会"到社会治理的历史新穿越——中国特色社会治理要论:融国家治理政府治理于社会治理之中》,《学术界》2014年第10期。

三是,"廉政"是基于协商治理过程而争取达到的目的。其实廉政还可以有其他概念反映它的含义,如"反腐""治腐""防腐",但是这些概念只能部分反映"廉政"内涵,而且在语义指向和行为动向上,与"廉政"有着很大的区别。(1)"廉政"是积极的,正向的动作范畴。(2)"廉政"不是短暂的结果效应,而是持续的政治生态维护。(3)"廉政"不是单方面的问题解决,而是全面的结构性的优化发展。(4)"廉政"不是因为问题而解决问题,还有对于整个政治和社会业绩的效能提升。(5)"廉政"不是一种结果,而是一种民主的过程。(6)"廉政"不仅靠强制的手段,而是说服、教育、规劝与硬性规则结合的综合反映,它是预防与治理的结合,是源头反腐和过程反腐的结合。从这些概念间的比较来看,看似相近的概念在行为指南和政策导向上有着很大的不同,从而在最后结果的发展趋势上也必然有着很大的差异。本研究用"廉政"的意义就在于此。而且"廉政"结合"协商"和"治理"更能体现出以上"廉政"的本质含义,"协商"和"治理"处理相关问题上有着与"廉政"相同的态度和指向,三个词汇的结合顺其自然而又顺乎其实。"廉政"在"协商"和"治理"的语境中更能体现它的特征,或者说"廉政"这个经验指标在协商与治理这个创设情境中更加稳定和持续。

四是,协商方式为治理的参与提供了一个可行的路径。"协商式治理"是参与式民主与协商式民主的结合。"治理"主张公民及其他社会主体实际参与到公共事务中去。参与民主与选举民主相比,更体现了选举活动后国家以及社会具体问题解决中的参与。但是参与式民主的不足在于它没有明确的参与方式和参与情境的界定,它的规则模糊,方式不固定,忽视了社会的复杂性。"协商式民主"恰恰某种程度上回应了这些困境,"协商民主的价值就在于具体指出了公民生活和民主过程如何更好地运作。从这个角度讲,协商民主无疑是参与式民主的深化。协商民主通过具体的市镇会议、志愿团体、基层组织、工作场所、司法实践乃至议会活动等形式,使参与式的理想更接近现实。"①因此协商民主为

① 陈尧:《从参与到协商:协商民主对参与式民主的批判与深化》,《社会科学》2013 年第12 期。

"治理"提供了参与的方式,也提供了参与的场景、参与的原则、参与的主体以及参与的目的。"协商"就是通过对话来实现参与的过程,当然对话的方式、对话的深度、对话的规则等不一样,"协商"主张各参与主体是平等的,但是它经过严格的程序协商,已经将该考虑到的问题、不足乃至腐败的可能,都经过周密的协商将其拒之门外。它不具有强制性,但是没有人低估协商的力量,经过大家集体讨论的决策,如果违抗必然遭到集体的反抗。

第四节　理论构建与转化

一、理论形成的条件

概念经过分析框架提供给人们思考的工具,却无法拓展人们的思考视野。这些碎片化的概念"名片"还不能构成人们的思维意识,也难以用思想的感召力影响人们的思考。它也不能直接被相关需求者分享,这就需要后期的进一步加工,形成集约化的理论体系,从而实现话语向理论的转化,"中国人形成了系统的、独特的、统一看法。除了要有概念,还要有独特的、成系统的和统一的理论"①。

一是,理论源于问题又超然于问题。问题有真、假、虚、实、短期性、长期性、表面性、根本性等类型之分,是不是根本性的、迫切需要解决的问题才能成为理论来源的重要依据。这种认识是不成熟的,因为真假问题,虚实问题都可以相互之间转化。从假到真,从虚到实,里面包含着很多现实的可能,真和假、虚和实只是问题的两个端点,"政治范畴之间存在很多连续性,如同在实践中由范畴构成的不断变化的事件特征一样多。"②理论就是将所有想到的和可能

---

①　王绍光:《开眼看世界的中国学派》,《经济导刊》2017 年第 6 期。

②　哈罗德·D.拉斯韦尔、亚伯拉罕·卡普兰:《权力与社会——一项政治研究的框架》,王菲易译,上海人民出版社 2012 年版,第 8 页。

发生的考虑进来,因为理论应引领实践。因此,拉斯韦尔认为"研究的主要意义既不必然是理论性的,也不必然是实践性的,既有操作性的观点,也有沉思性观点"①。操作性观点就是以问题情境为起点的研究,通过确定的目标而采取的行动过程,将问题、行动与目标之间的关系进行阐述。沉思性观点,并不关注分离目标变量也不关注发现被认为具有特定重要性的行动,而是根据各变量对持续发展的研究的重要性,来阐述变量之间的相互依赖关系。不管是哪种研究,都不能走向脱离现实的极端。

二是,理论形成于实践并接受实践的检验。"实践是检验真理的唯一标准",没有经过长期实践的打磨,没有经过实践的不断完善,理论往往是漏洞百出,难以经得起考验。最初"协商式治理"还大多处于基层农村的村民实践中,随着实践范围的不断扩大,"协商式治理"开始在政府预算、听证,以及向着行业性、专业性的领域发展,如法律协商、行业合约、评估反馈等,乃至当前又出现了网络技术的协商式治理。基于协商民主监督的需求和现实经验,中央审时度势积极提出"协商式监督"理论概念,虽然这个提法在政策层面只是在"政协活动"中,但是基于政协的联系层面广,代表性强,以及政党协商、人大协商、政府协商、基层协商、人民团体协商、社会组织协商的统筹推进,因此"协商式监督"已经深入到各个层面和各个领域,"只要有廉政建设问题的地方,必然有协商式监督的介入的需要"。"协商式监督"主要有体现的还是"外围的、非直接参与的"或者说,还仅仅停留在监督问题的执行,而非问题的"治理"。随着"协商式监督"在基层和群众中发展,它与"治理"紧紧结合在了一起,那就是"协商式监督"不仅停留于政治协商活动中,它已经演变成群众的参与式实践。

三是,理论发展于交流。理论的提出是为了能够为学界提供一套可供交流的参照本。通过学界的研究,提出不同的意见和改进的办法,通过交流也使

---

① 哈罗德·D.拉斯韦尔、亚伯拉罕·卡普兰:《权力与社会——一项政治研究的框架》,王菲易译,上海人民出版社 2012 年版,第 9 页。

得理论体系不断完善。并通过学界的交流,将不同学科的知识引入进来,也将其他学科的方法尝试解决政治学领域的问题。再则,理论不仅要引进来,还得走出去,通过国际比较赢得更多的经验参考。而且通过中国理论的发展来树立中国政治学话语的国际地位。"将中国创新实践理论化,是中国政治学实现从传播政治学知识向贡献知识学知识转变"是"走向国际学术舞台和同行交流,在平等的对话中显示自己话语体系的解释力和影响力,从而逐渐掌握话语的主动权,趋近学术交流舞台的核心"①。当前,"尽管中国发展对世界政治具有重要意义,但涉及此转型过程的学术探讨依然对比较政治学的核心议题影响有限。"②"很多人自觉不自觉地以舶来的概念为尺度衡量中国政治,其结果之一就是出现了政治语言和学术语言'两张皮'的现象。"③同时,中国政治学学术话语走出去也是希望让更多西方政治学者了解中国的进步,通过中国政治学概念和理论的构建以及运用其解决中国问题,而且进一步能为其他国家治理提供中国经验。

二、理论转化

理论构建和交流还只是处于理论在学术界的话语体系。理论的生命力在于它必须在政治实践中扎根发芽,并不断繁殖生长。"协商式治理"就是需要借助实践的途径,深刻的扎根在人们的头脑中,使人们认识到只有做到人人厌腐、人人反腐,并通过合作机制、共有平台、公共空间,以组织的力量、科学的制度、严谨的程序落实廉政成果。只有使得反腐理念形成人们的一种习惯,才能达到人人"不想腐"的效果。在由现实转化为理论的过程中,需把握三个层面

---

① 张桂林:《逻辑要义、历史努力与认知前提:建构中国特色政治学话语体系》,《政治学研究》2017 年第 5 期。

② Marie-Eve Reny, "REVIEW Essay: What Happened to the Study of China in Comparative Politics?" *Journal of East Asian Studies*, 11, 2011, pp.105–135.

③ 杨光斌:《作为建制性学科的中国政治学——兼论如何让治理理论起到治理的作用》,《政治学研究》2018 年第 1 期。

的更进。

一是,借助问题催生意识。当前,反腐已经由惩治腐败分子转向防腐制度的构建,只有制度才是治理腐败的根本措施。反腐也开始向社会深入,解决群众身边的腐败,乃至纠正群众自身的不正之风,成为当前和未来实现廉政建设的全面胜利的关键。"协商式治理"就是一种群众亲身参与公共事业的决策过程,通过协商和讨论的方式,将建议甚至批评的意见体现于决策方案之中,并通过协商的过程严格监督决策者的行为,从而将腐败问题制止于事前。当前的关键是群众必须有参与反腐的问题意识,让群众意识到腐败问题的严重性,降低群众对腐败的"容忍度",从而促发群众参与协商式治理的动力。

二是,借助实践达到明辨。只有通过实践的锻炼,群众才能将这些行动转化为思维,只有形成了参与的思维或者意识,才能转化为现实参与的力量。也就是只有通过参与才能使得理论形成人们的能力,将理论形成人们行动的指南。"协商式治理"的实践重要性在于让群众真正认识到腐败问题的严重性,也真正能够看清腐败产生的问题原因。如果群众仅仅将"参与"挂到嘴边,只是看到机构反腐的成绩或者媒体的相关报道,群众是难以知晓这些腐败问题的真实背景以及对于群众的危害程度。

三是,借助制度形成原则。"协商式治理"实践经过不断地挫折、改进和提升,形成的成功经验应及时归纳为书面的制度性的东西,通过公开维护,久而久之化约为人们心中评判对错的原则。在日常公共生活中,人们就是基于这些原则调整人们的心态,纠正人们的行为,端正人们的态度,防止人们的错误倾向。哈贝马斯认为,"一个社会是合法的,不是意味着这个社会的政治制度和政治秩序是符合法律的,而是意味着它们是合乎道德原则。"①

四是,借助斗争形成价值。群众必须直接参与到治理中来,才能够体会到腐败的危害,才能认识到腐败的真正面目,也才能真正体会到群众的行为对于

---

① 姚大志:《何谓正义:罗尔斯与哈贝马斯》,《浙江学刊》2011 年第 4 期。

反腐的重要性。通过协商式治理的斗争实践,群众才能正确形成公正、廉洁的价值理念。协商式治理过程中人们认识到必须遵守相互尊重,平等公正的原则,才不至于导致某一主体对于另一主体的利益侵犯,如果因为一己之利违反这个原则,下一次利益被侵犯的就可能是自己。"人们必须首先基于一个价值判断,才能使得程序和实践不出现利益侵犯问题。"①

因此,基于协商方式的治理是一个系统工程,它涉及的问题复杂,涉及的层面繁多,涉及的主体多元,需要从社会历史发展背景,从政策演变趋势,从政治建设规律等方面深入剖析,通过严谨的逻辑推理,以科学的思维、历史的眼光、独特的视角,建构可行的、可推广的且能够经得住考验的反腐路径。"协商式治理"理论不能藏在深闺,也不能高驻雅台,而是走出去,让人们践行它,从而理解它,学会它,并完善它,最终形成自己的东西,使得理论普遍化和世俗化,从而进一步指导人们的实践。

---

① Rawls,John.*political Liberalism*.Columbla University Press,1996,p.429.

参 考 文 献

一、中文文献

[1][美]塞缪尔·P.亨廷顿:《变化社会中的政治秩序》,王冠华、刘为等译,上海人民出版社 2008 年版。

[2]《马克思恩格斯全集》第 4 卷,人民出版社 1972 年版。

[3]康晓光、韩恒:《分类控制:当前中国大陆国家与社会关系研究》,《社会学研究》2005 年第 6 期。

[4]罗豪才:《软法与协商民主》,北京大学出版社 2008 年版。

[5][奥地利]尤根·埃利希:《法律社会学基本原理》,叶名怡、袁震译,中国社会科学出版社 2009 年版。

[6]肖滨、黄迎虹:《发展中国家反腐败制度建设政治动力机制——基于印度制定"官员腐败调查法"的分析》,《中国社会科学》2015 年第 5 期。

[7]詹姆斯·博曼:《公共协商、多元主义、复杂性与民主》,黄相怀译,中央编译出版社 2006 年版。

[8]琼·M.纳尔逊:《选举、民主与社会服务》,包雅钧译,《经济社会体制比较》2009 年第 4 期。

[9]《邓小平文选》第三卷,人民出版社 1993 年版。

[10]王绍光:《抽签替代选举成西式民主新动向》,《武汉大学学报(哲学社会科学版)》2017 年第 4 期。

［11］康晓强：《社会组织协商民主建设的四个关系》，《领导科学》2015 年第 8 期。

［12］廖鸿、康晓强：《逐步探索社会组织协商》，《中国社会组织》2016 年第 2 期。

［13］谈火生、苏鹏辉：《我国社会组织协商的现状、问题与对策》，《教学与研究》2016 年第 5 期。

［14］张爱军：《社会组织协商及其构建路径》，《社会科学研究》2015 年第 3 期。

［15］李莉、陈秀峰：《推进中国协商民主完善的新路径：社区组织发展》，《社会主义研究》2008 年第 3 期。

［16］王浦劬：《中国协商治理的九大基本特点》，《求是》2013 年第 10 期。

［17］［美］罗伯特·D.帕特南：《使民主运转起来》，王列等译，江西人民出版社 2001 年版。

［18］［美］阿尔蒙德、维巴：《公民文化：五国的政治态度和民主》，马殿君等译，浙江人民出版社 1989 年版。

［19］陈家刚：《协商民主引论》，《马克思主义与现实》2004 年第 3 期。

［20］康晓强：《社会组织一定促进协商民主吗？——对国外文献的评述和批判性考察》，《马克思主义与现实》2018 年第 1 期。

［21］房宁：《中国政治参与报告（2013）》，社会科学文献出版社 2013 年版。

［22］约·埃尔斯特：《协商民主：挑战与反思》，中央编译出版社 2009 年版。

［23］何包钢：《近年中国地方政府参与式预算试验评析》，《贵州社会科学》2011 年第 6 期。

［24］赵早早、杨晖：《构建公开透明的地方政府预算制度研究——以无锡、温岭和焦作参与式预算实践为例》，《北京行政学院学报》2014 年第 4 期。

［25］陈家刚：《参与式预算的兴起与发展》，《学习时报》2007 年 1 月 29 日。

［26］何增科：《廉能政治是更高目标》，《领导科学》2017 年第 27 期。

［27］任勇：《基层协商民主中的参与式预算：困境与出路》，《公共管理与政策评论》2015 年第 3 期。

［28］任建明、马喆：《廉洁政治：概念与目标》，《理论与改革》2017 年第 5 期。

［29］朱圣明：《民主恳谈：中国基层协商民主的温岭实践》，复旦大学出版社 2017 年版。

［30］［德］哈贝马斯：《在事实与规范之间——关于法律和民主法治国的商谈理论》，童世骏译，三联书店 2014 年版。

［31］马骏：《中国预算改革的政治学：成就与困惑》，《中山大学学报》2007 年第 3 期。

[32][德]哈贝马斯:《在事实与规范之间——关于法律和民主法治国的商谈理论》,童世骏译,三联书店2014年版。

[33]王浦劬、莱斯特·《M.萨拉蒙·政府向社会组织购买公共服务研究》,北京大学出版社2010年版。

[34]余佶:《政府向社会组织购买公共服务的风险管理——基于委托代理视角及其超越》,《马克思主义与现实》2016年第3期。

[35]倪星、郑崇明:《非正式官僚、不完全行政外包与地方治理的混合模式》,《行政论坛》2017年第2期。

[36]李楯:《圆明园听证:政府与NGO合作的一次实践》,法律出版社2015年版。

[37]姜明安:《行政法与行政诉讼法》,北京大学出版社2005年版。

[38]俞建兴:《在参与中成长的中国公民社会》,浙江大学出版社2008年版。

[39]王名、邓国胜、何建宇:《中国社团改革——从政府选择到社会选择》,社会科学文献出版社2001年版。

[40]庞正:《法治的社会之维:社会组织的法治功能研究》,法律出版社2015年版。

[41]董英豪:《民间反腐和防腐——国情调研的系统化思维》,中国水利水电出版社2014年版。

[42]廖鸿、石国亮、朱晓红:《国外非营利组织管理创新与启示》,中国言实出版社2012年版。

[43]哈贝马斯:《交往行动理论》,重庆出版社1994年版。

[44]吴新叶:《农村基层非政府公共组织研究》,北京大学出版社2006年版。

[45]石国亮:《论私人组织、公共组织与社会组织》,《中国行政管理》2010年第10期。

[46]乔耀章:《从"治理社会"到社会治理的历史新穿越——中国特色社会治理要论:融国家治理政府治理于社会治理之中》,《学术界》2014年第10期。

[47]邓正来:《国家与社会:中国市民社会研究》,四川人民出版社1997年版。

[48]王颖等:《社会中间层:改革与中国的社团组织》,中国发展出版社1993年版。

[49]王栋:《政社分开:善制与善治的双重进路》,《行政论坛》2016年期3期。

[50]王栋、乔耀章:《整体化分散治理:中国特色政社关系与治理机制》,《学术界》2017年第7期。

[51]罗豪才:《加强软法研究 推动法治发展》,《人民日报》2014年6月20日。

[52]姜明安:《软法的兴起与软法之治》,《中国法学》2006年第2期。

[53]王红艳:《社会组织腐败治理机制变迁与发展》,《政治学研究》2016年第

2 期。

[54]郭剑鸣:《公共预算约束机制建设与中国反腐败模式的完善》,《政治学研究》2004 年第 4 期。

[55]任建明:《廉洁政治:概念与目标》,《理论与改革》2017 年第 5 期。

[56]朱圣明:《民主恳谈:中国基层协商民主的温岭实践》,复旦大学出版社 2017 年版。

[57]石国亮、廖鸿:《社会组织党建的现状、难题与对策——基于一项全国性调查的深入分析》,《长白学刊》2012 年第 3 期。

[58]马庆钰:《论"政社分开"与社团管理改革》,《行政管理改革》2010 年第 7 期。

[59]杨雪冬、陈雪莲:《政府改革创新的社会条件与发展状态——地方干部的视角》,《社会科学》2010 年第 2 期。

[60]王栋:《社会组织参与协商治理程序的规范化逻辑》,《天津行政学院学报》2015 年第 6 期。

[61]倪明胜:《公民网络抗争动员:从概念建构到关联性议题反思》,《天津社会科学》2017 年第 4 期。

[62]张康之、姜宁宁:《社会治理变革中的公共管理研究》,《中国行政管理》2017 年第 2 期。

[63]王栋:《放权方式转型与政社关系重构》,《晋阳学刊》2016 年第 4 期。

[64]何包钢:《协商民主和协商治理》,《开放时代》2012 年第 4 期。

[65]俞可平:《敬畏民意:中国的民主治理与政治改革》,中央编译出版社 2012 年版。

[66]申建林、蒋田鹏:《中国民主政治发展的"协商"与"选举"之辩》,《武汉大学学报(哲学与社会科学版)》2014 年第 1 期。

[67]杨雪冬:《协商民主的前途及挑战》,《中国党政干部论坛》2013 年第 7 期。

[68]马得勇:《选举抑或协商:对两种乡镇民主模式的比较分析》,《国外理论动态》2015 年第 6 期。

[69]朱芳芳、陈家刚:《协商民主:替代性选择?——基于地方官员问卷调查结果的分析》,《马克思主义与现实》2016 年第 4 期。

[70]陈家刚:《当代中国的协商,民主:实践探索与理论思考》,《马克思主义与现实》2014 年第 4 期。

[71]俞可平:《中国特色协商民主的几个问题》,《学习时报》2013 年 12 月 23 日。

[72][美]詹姆斯·菲什金:《协商民主》,载陈家刚:《协商民主》,上海三联书店

2004 年版。

[73]王栋:《从分散协同到整体联动:自媒体时代网络公民组织发展与治理》,《黑龙江社会科学》2015 年第 3 期。

[74]康晓光:《NGO 与政府合作策略》,社会科学文献出版社 2010 年版。

[75]周光辉:《新时代应以原创性研究推动中国政治学发展》,《政治学研究》2018 年第 2 期。

[76]吴冠军:《再探代议民主的规范性困局》,《当代世界与社会主义》2017 年第 3 期。

[77]毛益民、陈国权:《民主就能抑制腐败吗?》,《经济社会体制比较》2018 年第 2 期。

[78]肖汉宇、公婷:《腐败研究中的若干理论问题——基于 2009—2013 年 526 篇 SSCI 文献的综述》,《经济社会体制比较》2016 年第 2 期。

[79]王婷、李景平、方建斌:《协商民主:村民自治过程中治理的生长点》,《西北农林科技大学学报(社会科学版)》2018 年第 1 期。

[80]高建、佟德志:《协商民主》,天津人民出版社 2010 年版。

[81]张成福、李丹婷:《公共利益与公共治理》,《中国人民大学学报》2012 年第 2 期。

[82]俞可平:《国家治理与评估:中国与世界》,中央编译出版社 2009 年版。

[83]周平:《概念供给:中国政治学构建的关键》,《江汉论坛》2017 年第 11 期。

[84]詹姆斯·N.罗西瑙:《没有政府的治理》,江西人民出版社 2001 年版。

[85]胡象明:《协商治理:中国公共管理体制改革的目标模式》,《学术界》2013 年第 9 期。

[86]王浦渠:《中国协商治理的基本特点》,《求是》2013 年第 10 期。

[87]王岩、魏崇辉:《协商治理的中国逻辑》,《中国社会科学》2016 年第 7 期。

[88]张桂林:《逻辑要义、历史努力与认知前提:建构中国特色政治学话语体系》,《政治学研究》2017 年第 5 期。

[89][美]约翰·费尔约翰:《建构协商民主制度》,载陈家刚:《协商民主》,上海三联书店 2004 年版。

[90]王沪宁:《中国抑制腐败的体制选择》,《政治学研究》1995 年第 1 期。

[91]陈尧:《从参与到协商:协商民主对参与式民主的批判与深化》,《社会科学》2013 年第 12 期。

[92]杨光斌:《作为建制性学科的中国政治学——兼论如何让治理理论起到治理

的作用》,《政治学研究》2018 年第 1 期。

[93]周亚越、俞海山:《我国社会组织政治参与:机制与对策研究》,载国家民间组织管理局编:《2010 年中国社会组织理论研究文集》,时事出版社 2011 年版。

[94]康晓光:《权力的转移——转型时期中国权力格局的变迁》,浙江人民出版社 1999 年版。

[95]郑琦:《论公民共同体:共同体生成与政府培育作用研究》,中国社会出版社 2011 年版。

[96]马庆钰:《论"政社分开"与社会组织管理改革》,《行政管理改革》2010 年第 7 期。

二、外文文献

[1]Marie-Eve Reny,"REVIEW Essay:What Happened to the Study of China in Comparative Politics?"*Journal of East Asian Studies*,11,2011,pp.105-135.

[2]Dahl,*Dilemmas of Pluralist Democracy:Autonomy vs.Control*,New Haven:Yale University Press,1982,p.1.

[3]Rawls,John.*Political Liberalism*.Columbla University Press,1996.

[4]Giocanni Sartori."Concept Misformation in Comparative Politics".*The American Political Science Review*.Vol 64 No.4.(Dec.1970).

[5]"Social Innovation and Civil Society in Urban Governance:Strategies for an Inclusive City",*Urban Studies*,Vol.42,No.11,October,2005.

[6]Konstantinidis,I.and G.Xezonakis,2013."Sources of Tolerance towards Corrupted Politicians inGreece:the Role of Tradeoffs and Individual Benefits." *Crime*,*Law and Social Change*.60(5):549-63.

[7]Klanja,M.and J.A.Tucker,2013."The Economy,Corruption,and the Vote:Evidence from Experi-ments in Sweden and Moldova."*Electoral Studies*.32(3):536-43.

[8]Mary Ann Glendon,David Blankenhon,"Seedbeds of Virtue:Sources of Competence Character & Citizenship in American Sociey",*American political science review*,2014,pp.1-15.

[9]Kotera,G.,K.Okada and S.Samreth,2012."Government Size,Democracy,and Corruption:An Em-pirical Investigation."*Economic Modelling*.29(6):2340-2348.

[10] John Dryzek, "Democratization as Deliberative Capacity Build-ing," *Comparative Political Studies*, Vol.42, No.11, 2009.

[11] Mark Warren, "Deliberative Democracy and Authority", *American Political Science Review*, 1996, p.58.

[12] Judy Freeman, "The Private Rolein Public Governance", *New York University law Review*, vol.75, 2000, p.654.

[13] Michael Power, *The AuditSociety: Rituals of Verification*, Oxford: Oxford University Press, 1999, p.68.

[14] Cabannes, "Participatory budgeting: a significant contribution to participatory democracy", *Environment and Urbanization*, 2004, p.16.

[15] Leonardo, "Public deberation at the local level: participatory budgeting in Brazil", *Experiments for Deliberative Democracy Conference*, 2004, p.6.

[16] Themudo, N.S., "Reassessing the Impact of Civil Society: Nonprofit Sector, Press Dreedom, and Corruption", *Governance*, 2013, No.26(1), pp.63-89.

[17] Schatz, F., "Fighting Corruption with Social Accountability: A Comparative Analysis of Social Ac-countability Mechanisms' Potential to Reduce Corruption in Public Administration.", *Public Administration and Development*, 2013, No.33(3), pp.161-74.

[18] Ackerman B., "Social Justice in the Liberal state", *New Haven*, 1980, p.11.

[19] John Rawls, *Political Liberalism*, New York: Columbia University Press, 1996, pp.133-172.

[20] Christian Hunold, "Corporatism, Pluralism and Democracy: Toward a Deliberative Theory of Bureaucratic Accountability", in Governance: *An International Journal of Policy and Administration*, vol.14, No.2, Blackwell Publishers, 2001.

[21] Hajer, M. (2003a), "A frame in the fields: policy making and the reinvention of politics". In *Deliberative Policy Analysis: Understanding governance in the network society*, M. Hajer and H. Wagenaar(eds), Cambridge University Press, Cambridge, pp.88-110.

[22] Benjamin Reilly Democracy and Diversity: Political Engineering in the Asia-Pacific. Nick Jorgensen, "Managing Diversity through Institutional Design", *Taiwan Journal of Democracy*, Vol.3, No.2, December 2007, pp.189-195.

[23] Stetan Krause and Fabio Mendez, "Corruption and Elections", *Economics &Politics*, July, 2009.

[24] "Emergent Public Spheres: Talking Politics in Participatory Governance",

American Sociological Review, Vol.68, No.1. Feb.2003.

［25］Joshua Cohen, "Deliberation and Democratic Legitimacy", in Alan Hamlin and Philip Pettit, eds., *The Good Polity*: *Normative Analysis of the State*, Oxford: Blackwell, 1989, pp.21-22.

后　　记

本书是我们研究团队在廉政治理领域进行的一项初步探索。此前我一直致力于社会组织协商民主建设,在调动到重庆工商大学重庆廉政中心工作以后,这一研究对于我切入到廉政建设研究领域起到很大启发作用。尤其是我对于政府购买社会组织服务中引入参与式预算研究,打开了社会组织协商参与廉政治理革新的领域,之后我先后对于社会组织参与第三方评价、社会组织参与立法协商,社会组织参与听证协商以及社会组织参与网络协商多个领域的关注,发现这些内容都与廉政治理有着密不可分的关系,而且都有一个共同的特点——"利用协商技术参与廉政治理",由此协商民主与廉政治理这一关系领域,成为我重点拓展的方向,本书则是对于前期思考的整体体现。

本研究先后得到中共中央党校王立峰教授、苏州大学乔耀章教授和芮国强教授、南京审计大学金太军教授、《中共中央党校学报(国家行政学院学报)》主编焦利教授的精心指点;另外,也得到四川社科院周冬、安徽理工大学刘德林等同学的倾力协助,在写作过程中还得到了我的同事重庆工商大学重庆廉政研究中心的朱伯兰教授、法学与社会学院的张忠民教授、袁维勤副教授的指导。在此表示衷心感谢!

另外,我的研究生胡珊珊、张梦影、经凤、何阳、李江雁、高珊、刘金元、周晨阳、彭文等同学也对著作的修改校对、排版等做了大量细致入微的工作,在此也深表谢意!

尤其特别感谢人民出版社法律编辑部洪琼主任,在洪主任的大力支持和指导下,著作出版工作得以顺利进展。

由于作者水平有限,书中出现问题在所难免,恳请读者给予批评指正!

王　栋

2021 年 3 月于重庆工商大学南山脚下